Eighteen Lectures On Dunhuang

敦煌学十八讲

（第二版）

荣新江 著

北京大学出版社
PEKING UNIVERSITY PRESS

图书在版编目（CIP）数据

敦煌学十八讲 / 荣新江著. —— 2 版. —— 北京：北京大学出版社，2024.9.
ISBN 978-7-301-35322-6

Ⅰ. K870.6

中国国家版本馆 CIP 数据核字第 20248MC397 号

书　　　名	敦煌学十八讲（第二版） DUNHUANGXUE SHIBA JIANG（DI-ER BAN）
著作责任者	荣新江　著
责 任 编 辑	吴　敏
标 准 书 号	ISBN 978-7-301-35322-6
出 版 发 行	北京大学出版社
地　　　址	北京市海淀区成府路 205 号　100871
网　　　址	http://www.pup.cn　新浪微博 @ 北京大学出版社
电 子 邮 箱	编辑部 wsz@pup.cn　总编室 zpup@pup.cn
电　　　话	邮购部 010-62752015　发行部 010-62750672 编辑部 010-62752025
印 　刷 　者	北京中科印刷有限公司
经 　销 　者	新华书店
	730 毫米 ×1020 毫米　16 开本　21.75 印张　366 千字 2001 年 8 月第 1 版 2024 年 9 月第 2 版　2025 年 3 月第 2 次印刷
定　　　价	89.00 元

未经许可，不得以任何方式复制或抄袭本书之部分或全部内容。
版权所有，侵权必究
举报电话：010-62752024　电子邮箱：fd@pup.cn
图书如有印装质量问题，请与出版部联系，电话：010-62756370

目 录

绪论 …………………………………………………………… 1
 一 何谓"敦煌学" ………………………………………… 1
 二 敦煌学的现状 ………………………………………… 2
 三 敦煌学研究的旨趣和难点
  ——以归义军史研究为例 …………………………… 4
  1. 归义军研究的旨趣 ………………………………… 4
  2. 归义军史研究的难点 ……………………………… 5
 四 本书的基本内容提要 ………………………………… 7

第一讲　中国历史上的敦煌 …………………………… 12
 一 两汉时期的敦煌 ……………………………………… 12
 二 魏晋南北朝时期的敦煌 ……………………………… 14
 三 隋唐时期的敦煌 ……………………………………… 17
 四 吐蕃统治时期的敦煌 ………………………………… 21
 五 归义军时期的敦煌 …………………………………… 22
 六 西夏元明清时期的敦煌 ……………………………… 26

第二讲　敦煌在丝绸之路上的地位 …………………… 30
 一 张骞西行与丝路开通 ………………………………… 30
 二 文化昌盛与莫高窟的开凿 …………………………… 33
 三 隋唐盛世与国际都会 ………………………………… 37
 四 佛教独尊与吐蕃、归义军的贡献 …………………… 41
 五 丝路改道与敦煌的衰落 ……………………………… 43

第三讲　敦煌藏经洞的发现及文物的早期流散 ······ 48
- 一　王道士其人 ······ 48
- 二　藏经洞的发现 ······ 49
- 三　敦煌藏经洞文物的早期流散 ······ 51
  1. 廷栋旧藏 ······ 51
  2. 叶昌炽旧藏 ······ 53
  3. 端方旧藏 ······ 58
  4. 苏子培旧藏 ······ 59
  5. 陆季良旧藏 ······ 60
  6. 其他散出的文献 ······ 60
- 四　敦煌宝藏的命运和王道士的下场 ······ 62

第四讲　敦煌藏经洞的原状及其封闭原因 ······ 68
- 一　藏经洞的原状 ······ 68
- 二　归义军时期的敦煌藏经状况 ······ 73
- 三　构成藏经洞内涵的各种材料 ······ 75
- 四　封闭原因 ······ 78

第五讲　敦煌宝藏的收藏与整理 ······ 87
- 一　斯坦因收集品 ······ 87
- 二　伯希和收集品 ······ 97
- 三　奥登堡收集品 ······ 102
- 四　中国收集品 ······ 103
- 五　日本收集品 ······ 106
- 六　其他 ······ 108

第六讲　于阗、龟兹、楼兰、高昌宝藏的争夺 ······ 112
- 一　"西域古物争夺战"的序幕 ······ 112
- 二　20世纪初叶的西域考古调查 ······ 116
  1. 斯文·赫定的踏查 ······ 116
  2. 斯坦因的三次中亚考古调查 ······ 118
  3. 俄国考察队 ······ 119

          4. 德国吐鲁番探险队 ………………………………… 120
          5. 大谷探险队 …………………………………………… 122
          6. 法国伯希和探险队 …………………………………… 124
    三 西域考古的学术收获 …………………………………… 125
          1. 于阗 …………………………………………………… 125
          2. 龟兹、焉耆 …………………………………………… 126
          3. 楼兰、尼雅 …………………………………………… 126
          4. 高昌 …………………………………………………… 127

第七讲 敦煌学对欧美东方学的贡献 ……………………… 131
    一 俄国 ……………………………………………………… 131
    二 英国 ……………………………………………………… 134
    三 法国 ……………………………………………………… 136
    四 德国 ……………………………………………………… 139
    五 其他 ……………………………………………………… 140

第八讲 中国和日本的敦煌学研究 ………………………… 147
    一 中国 ……………………………………………………… 147
          1. 京师大学堂的学者开创了中国的敦煌学 …………… 147
          2. 20—40年代的贡献 ………………………………… 150
          3. 50年代到"文革"的成果 ……………………………… 157
          4. "文革"以后至20世纪末的热潮 ……………………… 158
          5. 总结 …………………………………………………… 159
    二 日本 ……………………………………………………… 160
          1. 从初始到40年代的研究 ……………………………… 161
          2. 50—70年代的热潮 ………………………………… 161
          3. 80年代至2000年的成果 …………………………… 164

第九讲 敦煌学与隋唐五代政治、经济史研究 …………… 172
    一 文书制度 ………………………………………………… 172
    二 官制与法制 ……………………………………………… 176
    三 兵制 ……………………………………………………… 179

四　均田、赋役制度 ………………………………………… 180
　　五　政治史 …………………………………………………… 182

第十讲　敦煌学与中古社会史研究 ………………………………… 186
　　一　人口与家庭 ……………………………………………… 186
　　　　1. 人口 …………………………………………………… 186
　　　　2. 家庭 …………………………………………………… 188
　　二　士族与基层社会 ………………………………………… 189
　　　　1. 士族 …………………………………………………… 189
　　　　2. 社邑组织及其运营 …………………………………… 190
　　三　佛教教团与僧尼生活 …………………………………… 192
　　　　1. 佛教教团 ……………………………………………… 192
　　　　2. 僧尼生活 ……………………………………………… 193
　　四　敦煌文献中的民俗资料 ………………………………… 195
　　　　1. 节日 …………………………………………………… 195
　　　　2. 衣食住行 ……………………………………………… 196
　　　　3. 婚丧 …………………………………………………… 197
　　　　4. 民间信仰 ……………………………………………… 198
　　　　5. 娱乐 …………………………………………………… 199

第十一讲　敦煌学与民族史和中外关系史研究 …………………… 203
　　一　吐蕃史 …………………………………………………… 203
　　二　吐蕃统治敦煌 …………………………………………… 205
　　三　禅宗入藏与汉藏文化交流 ……………………………… 207
　　四　甘州回鹘与西州回鹘 …………………………………… 209
　　五　于阗王国 ………………………………………………… 210
　　六　粟特聚落 ………………………………………………… 211
　　七　三夷教 …………………………………………………… 213
　　八　求法僧的记录 …………………………………………… 216

第十二讲　敦煌佛教、道教文献的价值 …………………………… 220
　　一　敦煌佛典概说 …………………………………………… 220

二　敦煌佛典的价值 ………………………………… 222
　　　　1. 古写本的校勘价值 ……………………………… 223
　　　　2. 初期禅宗典籍和史料的发现 …………………… 223
　　　　3. 古佚佛典对佛教史的价值 ……………………… 225
　　　　4. 疑伪经 …………………………………………… 227
　　三　敦煌的道教文献 ………………………………… 229
　　附　唐代西州的道教 ………………………………… 230

第十三讲　敦煌四部书抄本与中古学术史研究 ……… 235
　　一　经部 ……………………………………………… 235
　　二　史部 ……………………………………………… 237
　　三　子部 ……………………………………………… 242
　　四　集部 ……………………………………………… 244

第十四讲　敦煌学与语言文学研究 …………………… 248
　　一　汉语 ……………………………………………… 248
　　　　1. 音韵 ……………………………………………… 248
　　　　2. 文字与训诂 ……………………………………… 249
　　二　胡语 ……………………………………………… 249
　　三　俗文学 …………………………………………… 251
　　　　1. 讲经文 …………………………………………… 252
　　　　2. 变文 ……………………………………………… 253
　　　　3. 因缘 ……………………………………………… 255
　　　　4. 词文 ……………………………………………… 255
　　　　5. 话本 ……………………………………………… 256
　　　　6. 故事赋 …………………………………………… 256
　　　　7. 俗赋 ……………………………………………… 257
　　　　8. 曲子词 …………………………………………… 257
　　　　9. 通俗诗 …………………………………………… 258

第十五讲　敦煌学与科技史研究 ……………………… 261
　　一　天文学 …………………………………………… 261

二　数学 ··· 263
　　三　医药学 ··· 264
　　四　造纸和印刷术 ······································· 266

第十六讲　考古、艺术视角中的敦煌 ················· 270
　　一　石窟形制与艺术风貌 ······························ 270
　　二　雕塑艺术 ·· 276
　　三　敦煌壁画 ·· 283
　　　　1. 佛说法图 ··· 283
　　　　2. 佛传图 ·· 284
　　　　3. 本生图 ·· 285
　　　　4. 菩萨图 ·· 286
　　　　5. 经变图 ·· 287
　　　　6. 瑞像图 ·· 292
　　四　石窟装饰图案 ······································· 292
　　五　莫高窟以外的石窟群 ······························ 295

第十七讲　敦煌写本学 ···································· 302
　　一　纸张和形制 ··· 302
　　二　字体和年代 ··· 308
　　三　写本的正背面关系 ································· 310

第十八讲　敦煌写本的真伪辨别 ······················· 314
　　一　关于伪本的最新说法 ······························ 314
　　二　敦煌写本的真伪辨别 ······························ 317
　　　　1. 要明了清末民国的历史和相关人物的事迹 ··· 317
　　　　2. 要弄清藏卷的来历 ····························· 319
　　　　3. 要弄清文书的格式 ····························· 321

后论 ·· 325
参考文献 ··· 328
后记 ·· 331
第二版后记 ·· 333

图版目录

第一讲

图 1-1 敦煌汉简(《文物》2000 年第 5 期,42 页) ………………… (13)
图 1-2 P.2143 东阳王写经(Serinde, 172) ………………………… (17)
图 1-3 P.2005《沙州图经》卷三(Serinde, 59) …………………… (20)
图 1-4 张议潮领军出行图·敦煌莫高窟第 156 窟(Cave Temples of Mogao, 26-27) ……………………………………………………… (24)
图 1-5 P.3805 曹议金签发的归义军节度使授官牒(《敦煌书迹精选》) ……… (25)

第二讲

图 2-1 张骞辞别汉武帝图·敦煌莫高窟第 323 窟(《佛教东传故事画卷》126 页,图 105) ……………………………………………………… (31)
图 2-2 夕阳映照下的鸣沙山(《敦煌交响》7 页) ………………… (35)
图 2-3 北魏广阳王慧安发愿刺绣佛像残片(《敦煌》238 页) ……… (36)
图 2-4 粟特文古信札(局部)(H. Reichelt, Die soghdischen Handschriftenreste 附图) ……………………………………………………… (37)
图 2-5 胡商遇盗图中的外来商人·敦煌莫高窟第 45 窟盛唐壁画(Cave Temples of Mogao, 14) ………………………………… (39)
图 2-6 第 96 窟北大像(华尔纳《在漫长的中国古道上》) ………… (40)
图 2-7 敦煌藏经洞发现行脚胡僧形象 MG.17683 (Images de Dunhuang, 49) … (42)

第三讲

图 3-1 王道士(Ruins of Desert Cathay, fig.187) ………………… (48)
图 3-2 藏经洞位置图(《敦煌ものがたり》64 页) ………………… (50)
图 3-3 叶昌炽旧藏于阗公主供养的《地藏菩萨像》(弗利尔美术馆提供) …… (57)
图 3-4 斯坦因从藏经洞搬出经卷的情形(Ruins of Desert Cathay, fig.188) …… (62)
图 3-5 伯希和在藏经洞中选取文物(Grottes de Touen-houang, pl.368) …… (63)
图 3-6 王道士塔(《莫高窟形》三,图版 432) ……………………… (65)

第四讲

图 4-1 刚刚移出藏经洞的汉文写卷(Ruins of Desert Cathay, fig.194) …… (70)
图 4-2 敦煌研究院藏《三界寺见一切入藏经目录》题记(《中国古代写本识语集录》图 173) ………………………………………… (74)
图 4-3 敦煌经帙·集美博物馆藏(Serinde, 68) …………………… (76)
图 4-4 完整的敦煌幡画(《敦煌ものがたり》76 页) ……………… (77)

第五讲

图 5-1 《英国博物馆藏敦煌汉文写本注记目录》书影(原书) ……… (89)

图 5-2	《列子》残片缀合图(The British Library Journal,24:1,84)	(93)
图 5-3	《敦煌汉文写本目录》第一卷书影(原书)	(98)
图 5-4	伯希和敦煌石窟笔记(《伯希和敦煌石窟笔记》1,127 页)	(101)
图 5-5	九州大学藏敦煌造窟用料文书(坂上康俊提供)	(107)

第六讲

图 6-1	佉卢文写本《法句经》(Serinde,105)	(114)
图 6-2	楼兰古城遗址中的佛塔(《斯文赫定与楼兰王国展》51 页)	(117)
图 6-3	斯坦因在和田丹丹乌里克遗址发掘的祆教图像木板画(Serinde,285)	(118)
图 6-4	德国考察队在克孜尔石窟发掘的菩萨头像(Serinde,132)	(121)
图 6-5	大谷探险队在吐鲁番古墓发掘的唐朝给田文书(《西域文化资料选》77 页)	(123)
图 6-6	伯希和在托古孜萨来佛寺遗址发掘的菩萨头像(Serinde,121)	(124)

第七讲

图 7-1	丘古耶夫斯基刊《寿昌县户籍》(《敦煌汉文文书》图 59-42)	(132)
图 7-2	魏礼《斯坦因敦煌所获绘画品目录》书影(原书)	(135)
图 7-3	戴密微《敦煌学》第 1 辑	(137)
图 7-4	《远东研究纪要》敦煌学专号(原书)	(139)

第八讲

图 8-1	罗振玉为请伯希和拍敦煌照片事致端方信(《敦煌图史》100 页)	(149)
图 8-2	《荷泽大师神会遗集》胡适自校本(《胡适校敦煌唐写本神会和尚遗集》111 页)	(151)
图 8-3	王重民在法国国立图书馆敦煌书库(《敦煌图史》101 页)	(154)
图 8-4	向达(笔名方回)呼吁将莫高窟收归国有的文章(《敦煌图史》108 页)	(156)
图 8-5	《西域文化研究》书影(《西域文化资料选》93 页)	(162)
图 8-6	日本《亚洲学刊》敦煌吐鲁番研究专号(原书)	(166)

第九讲

图 9-1	S.11287A 景云二年(711)赐沙州刺史能昌仁敕(The British Library Journal,24:1,82)	(175)
图 9-2	吐鲁番出土《唐贞观二十二年安西都护府承敕下交河县符》录文(《吐鲁番出土文书》7,2-7 页)	(176)
图 9-3	Дх.06521 开元《格式律令事类》(《俄藏敦煌文献》13,120 页)	(178)
图 9-4	S.2278《佛说宝雨经》卷九题记(《中国古代写本识语集录》图 95)	(182)

第十讲

| 图 10-1 | 天宝六载(747)敦煌郡敦煌县龙勒乡都乡里籍(Dunhuang and Turfan Documents II,71) | (188) |
| 图 10-2 | P.t.993 敦煌纸画吐蕃时期寺院图(Serinde,195) | (193) |

图 10－3　莫高窟第 85 窟壁画中的住宅图（马世长《中国佛教石窟考古文集》）……………………………………………………………………（197）

图 10－4　莫高窟第 156 窟壁画中的乐舞百戏图（马世长《中国佛教石窟考古文集》）………………………………………（199）

第十一讲

图 11－1　P. t. 1287《吐蕃王朝大事记》(Serinde, 195) ………………（204）

图 11－2　王锡《顿悟大乘正理决》(P. 4646) (Le concile de Lhasa, pl. I) ………（208）

图 11－3　回鹘文祈愿文(Serinde, 78) ……………………………………（209）

图 11－4　P. 2826 于阗王致归义军节度使信(Serinde, 61) ………………（211）

图 11－5　粟特文《善恶因果经》(Serinde, 73) …………………………（212）

图 11－6　藏经洞保存的一幅祆神图像(Serinde, 294) …………………（213）

图 11－7　P. 3884《摩尼光佛教法仪略》(Serinde, 81) …………………（214）

图 11－8　P. 3847《大秦景教三威蒙度赞》(Serinde, 79) ………………（215）

第十二讲

图 12－1　日本中村不折旧藏《譬喻经》(《中国古代写本识语集录》图 2) ………（221）

图 12－2　S. 797《十诵比丘戒本》(《敦煌楼兰古文书展》33 页) ………（221）

图 12－3　昙旷《大乘起信论广释》(《中国古代写本识语集录》图 130) …（226）

图 12－4　绘图本《十王经》(Images de Dunhuang, 181) ………………（228）

图 12－5　P. 2806《太玄真一本际经》(《中国古代写本识语集录》图 98) …（229）

第十三讲

图 13－1　P. 5557 天宝改字前一年所写《古文尚书》(《中国古代写本识语集录》图 123) ……………………………………………………………（236）

图 13－2　敦煌市博物馆藏《天宝十道录》(作者自藏照片) ……………（239）

图 13－3　气象杂占(Images de Dunhuang, 123) …………………………（243）

图 13－4　《瑶池新咏集》(上海古籍出版社提供) …………………………（245）

第十四讲

图 14－1　P. 2058《碎金》(《敦煌写本碎金研究》404 页) ………………（249）

图 14－2　P. 3513 于阗文写经(Serinde, 74) ………………………………（250）

图 14－3　P. 4524《降魔变文》《降魔变相》(Serinde, 76-77) ……………（252）

图 14－4　P. 2553《王昭君变文》(《しにか》1998. 7, 39) ………………（254）

图 14－5　俄藏法忍抄本《王梵志诗集》(《敦煌吐鲁番文献集成》宣传册) …（258）

第十五讲

图 15－1　S. 3326 星图紫微垣部分(Ancient China, 125 页) ……………（262）

图 15－2　龙谷大学藏《本草集注》(《中国古代写本识语集录》图 113) …（265）

图 15－3　S. 6168《灸法图》(Images de Dunhuang, 140) ………………（266）

图 15－4　咸通九年刻本《金刚经》(《中国古代写本识语集录》图 190) …（267）

第十六讲

图 16－1　莫高窟洞窟位置图(由南至北)(《敦煌ものがたり》20-25 页) ……（271）

图 16-2　禅窟(《中国石窟·敦煌莫高窟》2,192 页) …………………… (272)
图 16-3　中心塔柱窟(《中国石窟·敦煌莫高窟》2,189 页) ………… (272)
图 16-4　"覆斗顶窟"(《中国石窟·敦煌莫高窟》2,193 页) ………… (272)
图 16-5　第 275 窟交脚菩萨像(《中国石窟·敦煌莫高窟》1,图版 11) … (276)
图 16-6　第 259 窟北壁坐佛(Cave Temples of Mogao, 59) …………… (277)
图 16-7　第 328 窟西壁龛内坐佛(《中国石窟·敦煌莫高窟》3,图版 114) … (278)
图 16-8　第 328 窟胁侍菩萨(Cave Temples of Mogao, 81) …………… (279)
图 16-9　第 45 窟胁侍菩萨(Cave Temples of Mogao, 82) …………… (280)
图 16-10　第 328 窟龛内供养菩萨(《中国石窟·敦煌莫高窟》3,图版 119) … (281)
图 16-11　第 384 窟龛内北侧供养菩萨(《中国石窟·敦煌莫高窟》4,
　　　　　图版 22) ……………………………………………………… (281)
图 16-12　第 419 窟迦叶(《中国石窟·敦煌莫高窟》5,187 页图 8) … (282)
图 16-13　第 45 窟阿难(《中国石窟·敦煌莫高窟》3,图版 130) …… (282)
图 16-14　第 46 窟四壁龛内汉式天王(同上,图版 149) ……………… (283)
图 16-15　第 257 窟西壁九色鹿本生(局部)(马世长《中国佛教石窟
　　　　　考古文集》) ………………………………………………… (285)
图 16-16　第 220 窟"新样文殊"像(《佛教东传故事画卷》196 页,图 171) … (287)
图 16-17　第 217 窟南壁《化城喻品》中的山水人物画(《敦煌ものがたり》
　　　　　51 页) ………………………………………………………… (289)
图 16-18　第 220 窟帝王图(马世长《中国佛教石窟考古文集》) …… (291)
图 16-19　榆林窟第 3 窟唐僧取经图(《佛教东传故事画卷》175 页) … (298)

第十七讲

图 17-1　标准的写经卷子(Serinde, 377) …………………………… (304)
图 17-2　上元三年(676)唐朝长安宫廷写《妙法莲华经》(Cave Temples of
　　　　　Mogao, 123) ………………………………………………… (305)
图 17-3　经折装写本(Contributions aux etudes de Touen-houang III, pl. XXX) … (306)
图 17-4　册子本(《中国国家图书馆藏敦煌遗书精品选》60 页) …… (307)
图 17-5　梵夹装写本(《敦煌学大辞典》47 页) ……………………… (308)
图 17-6　P.2179 令狐崇哲写经(《中国古代写本识语集录》图 40) … (309)
图 17-7　P.3559《唐天宝十载差科簿》(正),禅宗文献(背)(Dunhuang and Turfan
　　　　　Documents II, 188、198) ………………………………… (311)
图 17-8　S.514《唐大历四年手实》(正),《众经要攒》(背)(Dunhuang and Turfan
　　　　　Documents II, 97、98) …………………………………… (311)

第十八讲

图 18-1　1997 年 6 月 23 日英国《泰晤士报》(原件) ………………… (315)
图 18-2　京都大学羽田亨纪念馆藏李盛铎旧藏卷照片
　　　　　(《羽田博士史学论文集》下) ……………………………… (319)
图 18-3　小岛文书之一(《清朝基督教史研究》) …………………… (320)

图 18-4　有邻馆藏长行马文书(真)(《墨美》60) ·················· (322)
图 18-5　有邻馆藏长行马文书(伪)(《墨美》60) ·················· (322)
图 18-6　书道博物馆藏《药师琉璃光如来本愿功德经》题记(《中国古代写本识语集录》图 207) ·················· (322)

地图目录

地图 1　西汉的敦煌郡及长城(《敦煌学大辞典》925 页) ·················· (10)
地图 2　唐代前期敦煌及其周边(《敦煌学大辞典》925 页) ·················· (11)
地图 3　丝绸之路(《夏鼐文集》中,307 页) ·················· (32)
地图 4　广义的敦煌石窟分布图(《佛教东传故事画卷》244 页) ·················· (295)

绪　论

一　何谓"敦煌学"

"敦煌学"是个约定俗成的名字。然而,到底什么是"敦煌学"?它的内涵应包括哪些内容?学者间的意见并不一致。

1930年,著名学者陈寅恪先生在《敦煌劫余录序》中说:"一时代之学术,必有其新材料与新问题。取用此材料,以研求问题,则为此时代学术之新潮流。""敦煌学者,今日世界学术之新潮流也。"正如陈寅恪先生在文中指出的那样,在当时,"吾国学者,其撰述得列于世界敦煌学著作之林者,仅三数人而已"[1]。刚刚从国外游学回来的陈先生,站在世界学术的高度,不仅把敦煌当作一门学问而响亮地叫了出来,还指出了20世纪敦煌学迅猛发展的趋向,诚可谓远见卓识。

敦煌的魅力何在?敦煌学的研究范围有多广?

从陈寅恪先生《敦煌劫余录序》的上下文来看,他所说的"敦煌学",主要是指对敦煌藏经洞出土文书的研究。以后随着敦煌当地考古工作的进步,特别是敦煌石窟的保护与研究,敦煌汉简和吐鲁番文书、西域文书的大量出土,以及海内外所藏敦煌绢纸绘画等美术品的发表,越来越多的学者认为"敦煌学"的范围应当扩大。姜亮夫先生在《敦煌学之文书研究》中说:"敦煌学之内涵,当以千佛岩、榆林诸石窟之造型艺术与千佛洞所出诸隋唐以来写本、文书为主,而爰及古长城残垣、烽燧遗迹、所出简牍,及高昌一带之文物为之辅。"[2]这里表述的虽然不十分科学,但姜亮夫先生强调应当把"敦煌学"的内涵,扩大到敦煌乃至吐鲁番出土或保存的所有文物和文献,实已为敦煌学界广泛接受。

然而,整个现代人文科学和社会科学的框架里,很难摆放一个所谓的"敦煌学"。

学贯东西而又对敦煌文献做过深入研究的周一良先生,在《王重民敦煌遗书论文集序》中说:"敦煌资料是方面异常广泛、内容无限丰富的宝藏,而不是一门有系统成体系的学科。如果概括地称为敦煌研究,恐怕比'敦煌学'的说法更为确切,更具有科学性吧。"[3] 后来,他又在《何谓"敦煌学"》中进一步指出:"从根本上讲,'敦煌学'不是有内在规律、成体系、有系统的一门科学。"[4] 周先生还建议把"敦煌学"永远放在括号里。

周先生的看法极有见地,"敦煌学"的确是一门不成系统的学问。这里特别提请人们注意周先生这一看法的原因,是目前的敦煌学研究,有一种就敦煌而说敦煌的倾向,把自己完全封闭在敦煌学的范围里,使敦煌学的路子越走越窄。我们切不可把敦煌学孤立起来,而应当利用各个不同学科的方法来研究敦煌吐鲁番材料,用开放的眼光来看待敦煌的问题,这样往往可以在自己所研治的对象之外获得更多的知识。

因此,有关敦煌学的存在问题首先涉及一个基本的理论问题,这也涉及我们在大学课程和人文、社会科学研究的序列里如何安排"敦煌学"的位置。比如在大学里,"敦煌学"的课程往往被放在"隋唐史""历史文献学"下面,作为"三级学科"对待,其实这不仅不伦不类,而且也遮盖了敦煌学的广阔内涵。

从目前来看,敦煌学也确实有自己的一套方法和独特的研究对象,这主要是因为敦煌学所研究的材料主要是写本,和我们常常使用的印本书籍材料不同,使用的方法也就不一样;此外,这些资料都出自边远的敦煌、吐鲁番等地,需要对当地的时代背景有充分的了解,才能比较合理地利用这批资料;而且,敦煌学提供了一些研究敦煌、吐鲁番、丝绸之路等等问题的特殊材料,从而出现了新的课题供我们研究;此外,有关敦煌学的研究日益壮大,而且逐渐概括出一些有系统的研究方法,并大体上自有其研究范围,可以作为一门学问而存在。

二 敦煌学的现状

敦煌学的发展,虽然有材料分散、内容庞杂、语言多异等种种困难,但各国学者孜孜不倦、苦心孤诣,使敦煌学日新月异,加之敦煌文献陆续公布,敦煌考古也续有发现,到了20世纪80年代,敦煌学一跃而成为世界学林中的一门显学。

事实也正是如此。就以关于敦煌的学术会议为例,1983年在兰州,1984年在巴黎,1985年在乌鲁木齐,1986年在台北,1987年在香港和敦煌,

1988年在北京和京都,1990年在威尼斯、台北和敦煌,1992年在北京,1993年在香港和敦煌,1994年在敦煌和柏林,1995年在嘉义,1996年在成都和兰州,1997年在伦敦、布达佩斯和杭州等地,几乎每一年都有综合的或专题性的敦煌学术讨论会召开。2000年6月22日,是敦煌藏经洞发现一百周年的纪念日,在此前后,北京、香港、敦煌、蒙特利尔等地都举办了高水准的敦煌学国际会议。

此外,除了创办《敦煌学》《敦煌研究》《敦煌学辑刊》《敦煌吐鲁番研究》等杂志和专刊外,还出版了大量的学术专著。据我和赵和平先生在编辑《敦煌学大辞典》时的初步统计,自1980年至1994年,海内外出版的敦煌学研究专著共有近四百种之多。1997年,我在美国耶鲁大学图书馆中以主题索引的方式查有关"敦煌"的著作,映入眼帘的有多达数百个名目;而今年(2001),在香港中文大学图书馆网页上,竟能检索到六百多笔。敦煌只是唐朝边疆的一个小州,但有关敦煌的著作远远多于有关唐朝都城长安的著作。

在敦煌学的领域里,仅就中国的敦煌学研究来说,确实取得了辉煌的成就。比如有关历史方面的研究,学者们利用敦煌资料,研究北朝隋唐均田制、赋役制、租佃关系、寺院经济、法制文书、氏族、兵制、归义军史、唐五代西北民族、丝绸之路等等,都取得了相当大的成绩。同时,宗教、文学、语言、艺术、考古、科技等学科,也利用敦煌资料,有程度不同的学术贡献。由于中国学者在八九十年代的突出表现,可以说,在敦煌汉文文献方面,国外的研究者越来越少,中国的研究者越来越多。

90年代以来,中国一些出版社对敦煌写本的影印倾注了极大的热情,一系列大型图录正在陆续出版,如《英藏敦煌文献》《俄藏敦煌文献》《法藏敦煌西域文献》《上海博物馆藏敦煌吐鲁番文献》《北京大学藏敦煌文献》《天津市艺术博物馆藏敦煌文献》《中国国家图书馆藏敦煌遗书》《甘肃藏敦煌文献》《浙藏敦煌文献》等等,这极大地改变了过去阅读资料的局限,而《俄藏敦煌文献》等首次刊布的新材料,也大大推动了敦煌学许多领域的具体研究。

敦煌资料的大量公布,使得一些个案研究得以深入,所以近年来对敦煌文献的分类研究,如书仪、变文、佛经目录、社邑文书、星图日历、俗语词、归义军文书等方面的工作,确实比前人更为完善。但我们没有像王重民先生那样的大家,我们对整个敦煌古籍还没有清楚的把握,也没有能够把世界各地的敦煌目录统编为一个分类目录。在深入研究具体问题的同时,目前敦煌学的研究似乎有忽视基本工具书的编纂的倾向,而且未能有超出个案研究的鸿篇巨制问世。

三 敦煌学研究的旨趣和难点——以归义军史研究为例

我本人的敦煌学研究方向之一,是对晚唐五代宋初归义军史的研究。现在就以归义军史研究为例,来说明敦煌学研究的旨趣和难点所在,这两方面的内容,对于一般的敦煌学研究,特别是敦煌历史资料的利用,具有普遍的意义。

1. 归义军研究的旨趣

归义军本是唐朝在大中五年(851)设立的一个军镇,但由于位于中原王朝"王命所不及"的西北一隅,又处在中西交往的孔道上,以及周边地区都为回鹘、吐蕃、党项、于阗等民族占据,所以,这个存在了将近二百年的汉人为主体的政权,自有其特殊的研究旨趣和历史意义。以下从两个方面加以说明。

旨趣之一,我们可以摆脱旧史家的束缚,独立地审视历史。

大家知道,传统的旧史家为中国历史的研究提供了丰富的史料,如正史、编年、政书、纪事本末等体裁的史书,这是我们研究历史的人常常引以为自豪的事情。但是,与之俱来的一个缺点是,今天的历史研究方向和结论,不能不受到旧史家的影响,因为我们所依据的材料主要是出自官僚士大夫们的手笔。敦煌藏经洞发现的敦煌文书,却提供给我们一批从未经过任何史家整理、订正甚至篡改的原始材料。也就是说,我们常常可以利用一个事件发生的当时所遗留下来的材料,来看这个事件本身。甚至我们可以从原始的文件揭示出旧史所掩盖住的某些历史真相。比如,归义军建立的初期,唐朝方面所留下来的史料记载大多数都着力渲染张议潮的归降和献款,唐朝对归义军如何如何优待等等。但是,我们通过敦煌文书,可以清楚地看出张议潮乃至张淮深统治时期的归义军政权,与唐朝有着明争暗斗的情形,从而使我们能够更深刻地理解归义军作为晚唐的一个藩镇,与中央朝廷之间若即若离的真实关系。

旨趣之二,我们可以根据最原始的材料,来直接撰写没人写过的历史。

归义军是唐朝的一个边远的藩镇,于五代、宋初则成为实际上的"外邦",新、旧《五代史》附在《吐蕃传》中,《宋史》则编入《外国传》,《宋会要》列为"蕃夷",这个奉中原正朔却被屏除于中原之外的地方政权,在中国历史上自有其独特的性格。传统的中国史书,都是以中央王朝为主干而加以记录的,所记大多是帝王将相的事迹。敦煌文书中的归义军史料,提供给我们多方面的资料,从统治者归义军节度使和其手下的文臣武将,到敦煌地方的僧俗大众,甚至于妇女和学童,都有丰富多彩的文献可供研究。归义军时期的敦煌文书,还包括许多传世史料所没有的非汉字所写的其他民族语言文字文献,如藏文、回鹘文、于阗文、粟特文、梵文等等,记录了敦煌当地及其周边各民族的状况以及他们和归义军政权及民众的关系,这些胡语文献用本民族的文字记载本民族的史事,较汉文的记载更加真实,也更加珍贵。可以说,有关归义军的敦煌史料,提供给我们做历史研究的一个新的出发点和新的视角。我们利用这些材料可以揭示出归义军政权与甘州回鹘、西州回鹘之间的战争和文化交往的许多史实,完全超过了旧史所记两个回鹘政权向中原朝贡的那么一点点记录。

2. 归义军史研究的难点

然而,归义军史的研究也有其自身材料性质所造成的困难。

难点之一,在做历史研究之前,先要整理档案式的史料。

略微翻检过敦煌文书照片图录或缩微胶卷的人都知道,这些文书大多数是残缺不全的,与传世史籍的保存状态完全不同。另外,这些文书都是手写体,有些还是行书或草书,要比传世的印刷体史书难认得多。因此,研究归义军史与研究某个断代史或专题史有所不同。中国古代断代史的研究,几乎都有各个朝代的正史、编年史、别史或其他史书可以依靠,专史的情形大体相同,可以根据这些已有的史书条理出大致的脉络。归义军史则完全没有翔实的史料可言。敦煌文书中虽然保存下来大量的公私文书,但由于出自佛寺,大多数是作为佛寺藏书的附属品而保存下来的,所以杂乱无章。我认为这些文书原是位于莫高窟前三界寺的物品,或者是佛教文献的附着物,如裱纸或写在经卷背面,或者是留待用于抄经或裱经的废纸。研究者在进行归义军史的研究之前,首先要像处理最原始的档案资料一样,做文字的校录工作,将残文书整理成可读的文献,然后才能参互对比,进行历史研究。当然,有不少研究论文是把两项工作结合在一起做的,即先录文,然后做研究。这样往往使得一篇文章有大段的按行校录的文书原文,影响文章的文风,但也是不得已而为之的。

难点之二,敦煌文书散在四方,收集不易。

1900年在敦煌莫高窟藏经洞发现的敦煌文书,有年代记载的文献从406年至1002年,从内容上看,大体上来说,年代越后,资料越多;年代越后,世俗材料越多;也就是说,封存于归义军后期的这批文书,以归义军时期的材料最多。但是,由于发现以后没有得到妥善的保存,所以这批总共约有五万件的文书,现分散收藏在英国、法国、俄国、中国、日本等国的公私收藏者手中。归义军史的研究是随着敦煌文书的发现而开始的,但是,由于资料的分散,前辈学者虽然取得不少成就,最终被条件所局限,而无法全面地探讨归义军史。60年代公布了英国图书馆藏和北京图书馆藏的大部分文书缩微胶片,情况有所改观,但"文革"使中国的敦煌学研究处在停顿状态。70年代末,包含世俗文书最多的法国国立图书馆藏卷全部公布,使我们有条件全面掌握敦煌文书最主要的三大馆藏的资料,才使得归义军史的全面系统的研究成为可能。这也就是我自70年代末80年代初以来自觉不自觉地开始系统收集材料,来研究归义军史的学术背景。

六七十年代所制成的胶片和照片,清晰的程度还十分有限,特别是法藏文书,由于原件上面包了一层薄纱,拍摄的照片效果很不理想,所以有很多重要的文书无法识读。还因为负责交换胶片的人没有认真核查,使得法藏的藏文文书部分有许多文书没有拍照,而且常常是比较重要的文书。我们知道,法藏藏文文书的目录(拉露目录)编在汉文文书目录之前,在拉露编目时,把许多编在汉文文书部分而背面有藏文的文书,提到藏文文书部分编目,使我们在汉文文书部分无法找到原件照片。而英图和北图公布的胶片,也非其馆藏的全部。我在研究归义军史的十余年中,有不少机会出国调查抄录未公布的或者不清楚的敦煌文书,我的《归义军史研究——唐宋时代敦煌历史考索》(上海古籍出版社,1996年)一书中有不少录文是从胶片或照片上看不到的文字。敦煌文书不过五万左右的编号,但由于分散收藏在世界各地,甚至秘藏在公私收藏者手中,学者难以利用,使得归义军史的研究较利用普通书籍所作的断代史或专题史研究在获取资料上要困难得多,花费的时间和经费也要多得多。

难点之三,归义军史的研究和其他敦煌学门类一样,学术研究的规范还没有建立。

归义军史的研究,没有许多传统古籍那样的各种版本甚至标点本史籍可供参考。如前所述,归义军史料的整理,往往和研究论文一同发表。由于敦煌资料不少收藏在国外,首次发表的材料又有不少是外文研究文献,这样就使得引用归义军资料时，不仅要克服语言的障碍，还要翻检大量的中外文学术论著，以便在前人取得的优秀研究成果的基础上继续前进。但有一些研究者，由于种种原因，没有好好做基本的学术积累，以为找到一件文书就可以写文章，注引出处无非就是给出编号而已。更有甚者，转抄别人的校录文书的成果，而只注出编号，好像都是他本人从法国或英国抄来的一样。这种不遵守学术规范的做法，在归义军史研究乃至许多敦煌学的研究论著中大量存在。归义军史的研究涉及大量敦煌文书，要做好这方面的研究成果的积累并非一日之功，特别是现在敦煌学研究起点已经很高，不是随便拿来一篇文书就可以写文章的。由于学术规范的不健全，产生了一些重复研究、水平不高甚至结论错误的论著，使得我们做一篇文章时，往往先要费些笔墨来清理本不应该有的错误，费时费力。

四　本书的基本内容提要

绪论

分析"敦煌学"概念的形成和局限，概括介绍敦煌学研究的现状，以归义军史研究为例，阐述敦煌学研究的旨趣和难点，最后介绍本书的基本内容。

第一讲　中国历史上的敦煌

综合利用传世史书、石刻材料、敦煌文书、考古文物资料，概述从秦汉到明清的敦煌地方史，在整个中国历史发展的大背景下，看看作为中原王朝边远城镇的敦煌，如何随着中原王朝的历史脉搏而跳动。

第二讲　敦煌在丝绸之路上的地位

利用史籍，特别是敦煌文书和考古材料，阐述位于中西交往孔道上的敦煌，如何随着陆上丝绸之路的盛衰而兴盛与败落，以及在中西文化交往促进下，融汇东西南北各种文化因素的敦煌，其自身文化的发展和对周边地域或民族的促进作用。

第三讲　敦煌藏经洞的发现及文物的早期流散

讲述清末敦煌莫高窟的状况和王道士发现敦煌藏经洞的故事，收集零碎的资料，追寻斯坦因1907年到来之前所流散出来的绢画和写本，以及它们的目前所在。从敦煌发现的历史，来总结中国文物流失的沉痛教训。

第四讲　敦煌藏经洞的原状及其封闭原因

根据斯坦因、伯希和等人的最初描述和留下的照片，探讨敦煌藏经洞发现时其收藏品的原状，从而推测敦煌藏经洞宝藏原来的性质，即它们原本是莫高窟前三界寺的供养物，它们的封闭不是废弃，而是为了保存。

第五讲　敦煌宝藏的收藏与整理

介绍入藏英、法、俄、中、日等国的敦煌收集品的情况，概要介绍各国学者对海内外敦煌文献的编目、整理和刊布情况。

第六讲　于阗、龟兹、楼兰、高昌宝藏的争夺

回顾以斯文·赫定、斯坦因为代表的西方列强在掠夺敦煌宝藏的前后，对新疆各地文化宝藏的掠夺过程，概要介绍瑞典、俄国、英国、德国、法国、日本所攫取的于阗、龟兹、楼兰、高昌等地出土文献材料的学术价值。

第七讲　敦煌学对欧美东方学的贡献

略谈欧美各国所获敦煌吐鲁番文献的不同，对欧美东方学，特别是汉学格局的影响。分析介绍欧美学者利用敦煌吐鲁番文献对东方学，特别是汉学研究的主要贡献。

第八讲　中国和日本的敦煌学研究

分析几乎同时接触到敦煌资料的中国和日本学界对敦煌资料的利用和不同学术走向，阐述敦煌资料在建立中国和日本现代学术上的贡献，以及二战后两国敦煌学研究的优劣。在本讲中，将特别表彰北京大学对敦煌学研究的贡献。

第九讲　敦煌学与隋唐五代政治、经济史研究

从第九讲到第十六讲，根据学者近百年来的研究成果，分别介绍敦煌学研究对中国学术研究的主要贡献。本讲集中在隋唐五代政治、经济和制度史方面，特别是文书制度、官制、兵制、均田、赋役、财政等。

第十讲　敦煌学与中古社会史研究

介绍敦煌学资料对于中国中古的人口、下层社会、佛教社会、僧尼生活、民俗等方面研究的价值和成果。相对于研究比较充分的政治、制度史，敦煌学资料涉及下层社会较多，因此对社会史的研究将会发挥更大作用。

第十一讲　敦煌学与民族史和中外关系史研究

介绍敦煌文献对吐蕃王朝史、吐蕃统治敦煌、禅宗入藏、甘州回鹘和西州回鹘、于阗王国研究的贡献，以及在研究中外文化交流史，如祆教、摩尼教、景教、中印文化交流等方面的价值。

第十二讲　敦煌佛教、道教文献的价值

介绍敦煌材料在佛教文献学和佛教史方面的价值，特别是与社会史密切相关的三阶教经典、禅宗文献的情况。同时，阐述敦煌道教文献和道教思想史对整个中古思想史研究的贡献。

第十三讲　敦煌四部书抄本与中古学术史研究

介绍敦煌文献中保存的经、史、子、集四部书籍的情况,分析何以有些典籍有存,有些典籍无存,并据以说明它们在探讨中古学术史上的价值。

第十四讲　敦煌学与语言文学研究

介绍敦煌保存的汉语韵书、字书、音义书,以及各种民族文字材料(藏、回鹘、于阗、粟特),利用前人有关研究的方法,说明这些文字材料对于敦煌语言文字研究的价值。介绍俗文学作品的内容、价值,特别是它反映的社会情貌和民间文学的流行状况。

第十五讲　敦煌学与科技史研究

讲述敦煌文献在天文、历法、数学、医药、造纸、印刷等科技史研究方面的贡献。

第十六讲　考古、艺术视角中的敦煌

根据考古学和艺术史的研究成果,介绍敦煌石窟形制、雕塑、壁画、图案的基本内容和时代演变情况,从图像的角度来看敦煌石窟绘画的丰富内涵和研究旨趣。

第十七讲　敦煌写本学

就整理、研究、利用敦煌文献时所遇到的问题,介绍有关敦煌写本纸张、装潢、形式、书体、字体、书写格式、题记、印记、年代、正背关系、缀合、断代等方面的基础知识。

第十八讲　敦煌写本的真伪辨别

面对流散的敦煌收集品的大量刊行,分析如何辨别敦煌藏经洞文献和今人伪造的"古代文献",并据前人研究成果和笔者考察真伪写本的经验,提出敦煌写本真伪辨别的几个原则,以利于敦煌写本的正确使用。

后论

从历史学的跨学科研究角度,展望 21 世纪的敦煌学研究。

敦煌学的内容是丰富多彩的,敦煌学的研究对象固然是敦煌、吐鲁番等西北边陲出土的文物、文献,以当地人的写本为多,但也未必全都是敦煌、吐鲁番所写,其中有长安、洛阳、河西、中亚各地所写的文书而流传到敦煌、吐鲁番的,敦煌和吐鲁番是唐朝丝路城镇汇聚多种文明的典型代表。

敦煌学的丰富内容可以使我们得到一种多学科的、综合的学术训练,你可以通过这一课程了解敦煌学的内涵,在丰富历史知识之余,增进对宗教、艺术、文学、语言等多方面的了解,或者进而利用敦煌文献进行相关课题的研究。这就是本课程的目的。

注　释

〔1〕　陈寅恪《金明馆丛稿二编》,上海:上海古籍出版社,1980年,236页。
〔2〕　《敦煌吐鲁番文献研究论集》第二辑,北京:北京大学出版社,1983年。
〔3〕　参见王重民《敦煌遗书论文集》,北京:中华书局,1984年。
〔4〕　《文史知识》1985年第10期。

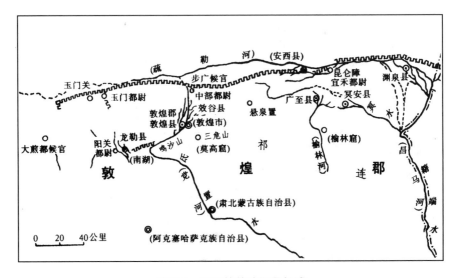

地图1　西汉的敦煌郡及长城

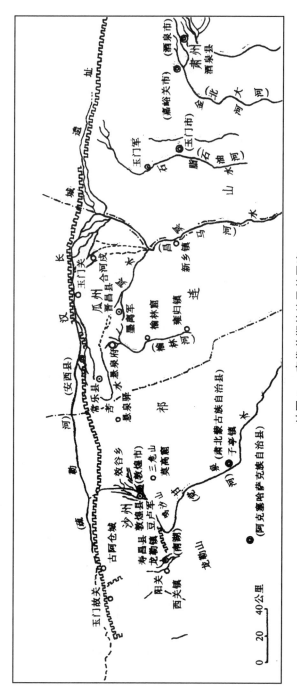

地图 2　唐代前期敦煌及其周边

第一讲
中国历史上的敦煌

敦煌，位于今甘肃省河西走廊的最西端，是古代中原进入西域的门户。连接着东西方文化的陆上丝绸之路干道，就从这里通过。敦煌重要的地理位置，使它在中国历史的舞台上扮演了重要的角色，也给我们留下了丰富的文化遗产。

一 两汉时期的敦煌

敦煌有文字记载的历史，最早可以上溯到战国时期（前475—前221）。当时，河西走廊的主体民族是月氏人，他们的游牧区域是以敦煌和祁连山为中心的，范围十分广阔，向东到达河西走廊东部和陇右地区，向西进入塔里木盆地东部和天山东部地区。大约在秦朝（前221—前207）末叶，月氏势力日益强盛，击败了同在河西走廊西部地区游牧的乌孙人，迫使乌孙西迁到天山以北地区。就连蒙古高原的强悍民族匈奴，也不得不把首领头曼单于的儿子冒顿送到月氏那里去当人质[1]。

秦汉之际，匈奴在新的首领冒顿单于的率领下强大起来，先是打败了东边的强邻东胡，又乘秦汉交替时中原战乱的机会，夺得河套以南的鄂尔多斯地区，然后向西击溃强大的月氏，迫使月氏人大举西迁，河西走廊成为匈奴控制的地区，包括敦煌在内的河西走廊西部归匈奴的浑邪王统治，东部则由匈奴休屠王驻守。随后，匈奴又向南吞并楼烦王、白羊王和河南王的领地，并进一步向西控制了西域地区，成为中国北方从东到西的霸主。新立的汉王朝也备受匈奴的侵扰，由于没有力量反击，只好用和亲、赠送缯帛的方式换取短暂的和平[2]。

汉朝经过七十多年的休养生息，渐渐富强起来。公元前140年汉武帝即位后,开始筹划反击匈奴的战争。有充足的物质准备,再加上张骞第一次西行所获河西匈奴情报的帮助,元狩二年(前121)春,将军霍去病率军越过祁连山,直接进击河西走廊的匈奴。同年夏,霍将军再次进入河西地区,使匈奴的统治秩序遭重创,匈奴浑邪王率部下四万余众投降汉朝。匈奴人唱道:"亡我祁连山,使我六畜不蕃息;失我燕支山,使我嫁妇无颜色。"[3]从此,河西地区归入汉朝的版图。

就在夺取了河西走廊的元狩二年,汉朝设置武威、酒泉二郡,敦煌一带归酒泉郡管辖。十年后的元鼎六年(前111),又分武威、酒泉两郡之地,设张掖、敦煌二郡[4]。与此同时,汉朝又把长城从酒泉修筑到敦煌以西,并在敦煌郡城西面,分别设立了玉门关和阳关,扼守西域进入河西、中原的大门。这就是《汉书·西域传》一开篇所说的"列四郡,据两关"。

敦煌郡是从酒泉郡中划出来的,是随着汉朝军事力量的向西开拓和灌溉农业区的扩展而设置的。开始时敦煌只是一个很小的郡,但因为地理位置十分重要,很快就发展起来了。西汉时的敦煌郡,下辖敦煌、冥安、效谷、渊泉、广至、龙勒六个县,包括今天敦煌、安西两县和肃北蒙古族自治县的一部分。汉平帝元始年间(1—5),敦煌有11200户,人口38335,每户不到4人[5]。虽然从人口密度来看,每平方公里只有0.3人,但这些人口集中在六个县中,比以前要多得多了。人口的增长推动了耕地面积的扩大,粮食产量的提高,敦煌六县之一的"效谷",就是由于任鱼泽尉的崔不意,"教力田,以勤效得谷"而得名的[6],反映了敦煌农业生产的发展。这是敦煌发展的基础,也是西汉进取西域的必要条件。

汉武帝太初元年(前104),将军李广利第二次西征大宛(今费尔干纳盆地)时,就有兵六万人,牛十万头,马三万多匹,其他牲畜数以万计经敦煌奔赴前线[7]。为了巩固这一基地,汉朝一面迁徙内地贫民、囚犯来此定居,一面征发大批士兵到此戍守[8](图1-1)。中原汉族民众的迁入,改

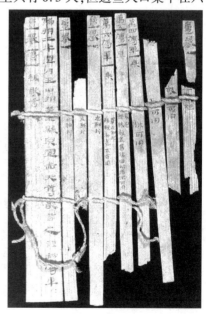

图1-1 敦煌汉简

变了河西的民族布局,推动了生产进步。因此可以说,自从建郡以后,敦煌确立了自己在中国历史上的地位。

西汉末,中原动乱,河西却富庶平安,许多中原的大族避乱西迁,在河西定居下来。大族的到来,带来了中原的文化,也为河西地区增添了熟悉农业生产技术的大批劳动人手。东汉时,河西东部地区常常受到羌人的起兵扰乱,西部却相对比较平安。同时,北匈奴重新强盛,控制了西域,汉朝在西域的统治逐渐崩溃,代替西域都护主管西域事务的护西域副校尉长驻敦煌,而敦煌太守成为汉朝在西域地区采取军事行动的实际负责人。清朝初年在新疆巴里坤湖畔发现的汉顺帝永和二年(137)立的《敦煌太守裴岑纪功碑》,就是敦煌太守率军进击匈奴呼衍王的记录[9]。敦煌可以说是当时统治西域的军政中心。

二 魏晋南北朝时期的敦煌

东汉末年,中原军阀割据混战,最后形成魏、蜀、吴三国鼎立局面,敦煌在曹魏的统治下生产有了进一步的发展。西晋虽然有短暂的统一,但很快就是八王之乱(291—306)、永嘉之乱(311),接着是西晋灭亡(316)、晋室南迁(318),北方少数民族入主中原,大批中原的士人逃到河西。十六国时期(304—439),敦煌先后归属于前凉、前秦、后凉、西凉和北凉五个政权。

曹魏在统一北方以后,魏文帝曹丕委任尹奉为敦煌太守,继续维持西汉以来河西屯戍政策。明帝太和元年(227),仓慈继任敦煌太守,抑制豪强势力,抚恤贫穷,鼓励不同民族间通婚,并对来往的西域商人提供贸易和交通的便利,使敦煌社会稳定,生产和商业得到发展[10]。齐王嘉平元年(249),皇甫隆出任敦煌太守,在敦煌推广中原先进的耕作技术和生产工具,使敦煌的农业生产得到进一步发展[11]。

前凉(313—376)张氏的统治中心在河西东部的武威,但敦煌仍然是河西政权控制西域的重镇。张骏太元二十二年(345),前凉把敦煌、晋昌、高昌三郡和西域都护、戊己校尉、玉门大护军三营合并,称作沙州,治所在敦煌,以西胡校尉杨宣为刺史[12]。据敦煌写本唐朝地方官府所修的《沙州都督府图经》卷三记载,杨宣曾组织民众,兴修水利,建五石斗门,堰水溉田,建成长十五里的水渠,百姓为了纪念他的功绩,称作"阳(杨)开渠"。杨宣还用自家的粮食万斛,买石头修理城北北府渠上的平河斗门,保证不再被水冲坏。另外,沙州太守阴澹也曾在城西南修渠,长七里,被称作"阴安渠"[13]。

前秦(376—387)是由氐族苻氏建立于长安的政权。苻坚建元十二年(376),前秦灭前凉,控制包括敦煌在内的河西。十八年(382),派吕光进攻龟兹。为了巩固经营西域的基地,二十一年(385),苻坚迁江汉百姓一万户、中原百姓七千余户到敦煌。大批中原士族和百姓的到来,促进了敦煌耕地的开发和经济的发展。

前秦政权因淝水之战的失败而瓦解。386年,吕光从西域返回河西,在凉州(武威)建立后凉政权(386—403)。麟嘉七年(395),后凉内乱,"武威、张掖已东人西奔敦煌、晋昌者数千户",继续给敦煌输入人力。后凉敦煌太守孟敏又在州城西南主持修建了长二十里的水渠,人称"孟授渠"[14],对当地农业开发起了促进作用。

400年,李暠在敦煌自称凉王,建立了独立于武威后凉政权的割据政权——西凉。这是敦煌历史上第一次成为一个独立政权的都城,据《沙州都督府图经》卷三记载,李暠在敦煌城内修建恭德殿、靖恭堂、嘉纳堂、谦德堂,议朝政,阅武事;又为其父立先王庙;还设立泮宫,增设高门学生五百人[15];而于阗、鄯善等西域王国也来遣使朝贡[16];敦煌俨然有都城规模。然而,沮渠蒙逊灭后凉建立北凉(401—439)后,对西凉构成巨大威胁。李暠为对付北凉的侵逼,于建初元年(405)迁都酒泉,并随之带走了两万三千人户,使敦煌的实力大为削弱。嘉兴四年(420),北凉打败酒泉的西凉王李歆,西凉灭亡,歆弟恂等曾据敦煌抵抗。421年,沮渠蒙逊亲率二万大军攻敦煌,以水灌城,恂派壮士潜出城外掘堤,均被擒获。李恂最后兵败自杀,蒙逊"屠其城"[17]。敦煌丁壮被杀,人口减少,更加衰落下去。

由于敦煌的衰微,而北凉的主要对手是立都平城(今山西大同)的北魏鲜卑人,所以北凉时期的敦煌没有特别的事迹。北魏太延五年(439),太武帝拓跋焘率军攻占北凉首都姑臧(武威),凉王沮渠牧犍降魏,北凉实际灭亡,但凉王诸弟仍在河西西部进行抵抗。在北魏军队的强大压力下,441年,据守敦煌的牧犍弟无讳,派遣弟安周率五千人西击鄯善,鄯善王比龙拒之,安周不能克。442年,无讳见河西大势已去,自率万余家撤离敦煌,西渡流沙,尚未至鄯善而比龙已西奔且末,其世子投降安周,无讳兄弟占据鄯善。同年八月,无讳留从子丰周守鄯善,率众经焉耆进军高昌。九月,击败高昌太守阚爽,入主高昌城,仍号"河西王"。443年,无讳改元"承平",建立号称"大凉"的高昌地方割据政权。444年,无讳死,安周即位。由于北凉王族带入高昌的人口过多,引起饥荒,"死者无限"[18],这说明北凉王族带走了大批敦煌户口,而且这些人正是因为北魏从东向西的进攻而聚集在敦煌的河西精英。可以说,在北凉灭西凉和北魏灭北凉的过程中,敦煌遭受了前所未有的破坏。

就在沮渠无讳撤离敦煌的442年,西凉李暠的孙子李宝乘机占据敦煌,并派其弟李怀达为使入魏归降。北魏封李宝为沙州牧、敦煌公。但北魏很快就在444年把李宝召到平城[19],直接控制了敦煌,并建立了敦煌镇[20],将之作为经营西域的基地和抗击北方柔然汗国的前沿阵地。太平真君六年(445),北魏太武帝派成国公万度归发凉州以西兵,出敦煌,西击鄯善。九年(448),万度归继续西进,击破焉耆和龟兹,大获驼马而归[21]。与此同时,以蒙古高原为根据地的柔然,帮助高昌的沮渠安周,在450年攻灭交河的车师国,统一了吐鲁番盆地,车师王车伊洛率残众,经焉耆,最后入魏[22]。接着,柔然在460年灭掉沮渠安周的大凉政权,立阚伯周为高昌王[23]。柔然不仅控制了敦煌以西的西域地区,而且直接控制了与敦煌最为接近的吐鲁番盆地。延兴二年至四年(472—474),柔然连年进攻或骚扰敦煌,多者兵力达到三万骑。在敦煌镇将尉多侯、乐洛生的率领下,敦煌军民击败了来犯的敌军,保住了敦煌[24]。但严峻的形势使得不少政府官员建议放弃敦煌,把北魏边界后撤到凉州。给事中韩秀认为,如果放弃敦煌,不仅凉州不能保,恐怕关中也不得安宁[25]。孝文帝坚决支持韩秀的看法,升敦煌镇将为都大将,以加强敦煌的守备力量。太和九年(485)以前,任敦煌镇都大将的穆亮,"政尚宽简,赈恤穷乏"[26],使敦煌得到恢复。同时,叛离柔然的高车族在高昌西北立国,487年击败柔然。488年,柔然所属的伊吾戍主高羔子投降北魏。492年,北魏出十万大军,击败柔然,敦煌由此得到安宁。但因长年的征战和人口的流失,敦煌在短期内很难恢复元气。神龟年间(518—520),凉州刺史袁翻说敦煌、酒泉"空虚尤甚"[27],建议加强河西的屯田,可见当时敦煌衰落的情形。

孝明帝正光五年(524),北魏的北方边镇爆发"六镇起义"。八月,下诏:"诸州镇军贯,元非犯配者,悉免为民,镇改为州,依旧立称。"[28]敦煌因盛产美瓜而取名"瓜州"(一度易名"义州"),领敦煌、酒泉、玉门、常乐、会稽五郡,治敦煌[29]。六镇起义也引起河西动荡,为加强河西西部的统治,孝昌元年(525),北魏以明元帝四世孙元荣出任瓜州刺史。孝庄帝永安二年(529),又封元荣为东阳王。瓜州偏处边陲,没有受到北魏末年中原动乱的太大影响。534年、535年,东魏、西魏分立,河西属于西魏的版图,元荣又作为西魏的瓜州刺史,一直到文帝大统十年(544)。在元荣统治敦煌的近二十年中,他团结敦煌豪右,使境内保持安定。元荣曾出资写经十余部,有数

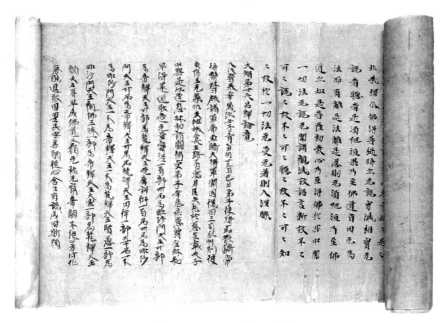

图 1-2　P.2143 东阳王写经

百卷之多(图 1-2),又在莫高窟开凿大型石窟,这些行事反映了敦煌经济文化的恢复和发展[30]。

元荣卒,其子元康继任瓜州刺史,但元荣的女婿邓彦(又作季彦)杀康,自立为刺史,西魏不得已而承认[31]。大统十一年(545),西魏河西大使申徽至敦煌,在大族令狐整等人的协助下,擒获邓彦,送京师治罪。546年,申徽被任命为瓜州刺史。申徽为政勤俭,百姓得以安居乐业。

557年,宇文觉废西魏,立北周,与550年高洋废东魏所立的北齐对垒。大约565—576年任瓜州刺史的建平公于义,继续元荣在敦煌莫高窟的开窟造像活动,敦煌碑记中因称"建平、东阳弘其迹"[32]。北周武帝建德三年(574),曾下诏灭佛,但对瓜州的影响似乎不大。

三　隋唐时期的敦煌

577年北周灭北齐,581年杨坚废周建立隋朝,是为隋文帝。589年,隋灭陈,统一中国,为敦煌的兴盛打下了基础。隋文帝仁寿元年(601),令天下各州建舍利塔,供养佛舍利,瓜州也在莫高窟的崇教寺起塔供养[33]。敦煌出土过一些隋朝皇室成员的写经[34],表明隋朝对敦煌的控制和影响已经日渐增强。但由于南北朝时期敦煌的衰落,虽经北朝末年东阳王、建平公等人的经营,至隋朝尚不能与河西其他州相比,所以隋炀帝让裴矩经营西域的主要基地是在张掖[35]。然而,敦煌的进步,可以从隋朝时期莫高窟建造了大批石窟中反映出来。可惜隋炀帝的暴政引起全国的反抗,使隋朝成为一个短命的朝代。大业十三年(617),李轨在武威举兵,自称凉王,控制河西。李唐在长安立足后,利用凉州粟特安氏的势力,于高宗武德二年(619),从内部搞垮了李轨政权,把河西纳入自己的版图。

唐初,敦煌地区并不稳定。武德三年(620),瓜州刺史贺拔行威举兵反唐。五年(622),瓜州土豪王干斩贺拔行威降唐。唐改瓜州为西沙州,治敦煌,而在常乐县置瓜州。六年(623),当地人张护、李通叛唐,拥立别驾窦伏明为主,被唐瓜州长史赵孝伦击败,窦伏明降唐。至此,敦煌地区的动乱基本平息。但敦煌以西、以北地区,都是取代柔然而控制漠北和西域的突厥汗国的势力范围,以南则是吐谷浑的地盘,所以武德末、贞观初,唐朝关闭西北关津,"禁约百姓,不许出蕃",玄奘在太宗贞观元年(627)西行求法,是从瓜州、敦煌间偷渡出去的[36]。

贞观四年(630),唐朝出兵漠北,消灭了东突厥汗国,东突厥所控制的伊吾,也在首领石万年的率领下归降唐朝,立为伊州。九年(635),唐朝又出兵青海,击败吐谷浑,使河西走廊不再受外部的干扰,步入稳步发展的轨道。贞观七年,去"西"字,敦煌正式名为沙州。贞观十四年(640),唐太宗以吐鲁番的高昌王国阻隔丝路北道经焉耆、高昌到敦煌的道路为由,出兵高昌,灭掉持续存在了一百三十九年的麹氏高昌王国,在高昌设西州,在天山北的今新疆吉木萨尔一带设庭州,行政建置均与内地州县相同,又在西州交河县设安西都护府,以控制西域。这是唐朝进军西域的重要一步,据记载唐灭高昌的《大唐左屯卫将军姜行本纪功碑》,率领骁雄鼓行而前的诸将领中,第一位就是"沙州刺史上柱国望都县开国侯刘德敏",而碑文的作者则是"瓜州司法参军河内司马太真"[37],表明敦煌、常乐的文武官员和士兵参加了这次重要的战役,敦煌又一次成为中原王朝进军西域的物资和兵员供应基地。贞观十八年(644),唐朝出兵讨焉耆。二十二年(648),进击龟兹。但由于唐太宗的去世,高宗永徽二年(651)正月,西突厥阿史那贺鲁举兵反叛,唐朝进军西域的步伐暂时受阻。经过反复争夺,唐朝最终在显庆二年(657)打败阿史那贺鲁,西域的宗主权从西突厥转移到唐朝手中。显庆三年(658)五月,唐朝迁安西都护府于龟兹,并设立龟兹、于阗、焉耆、疏勒四镇,镇守西域广大地区[38]。自龙朔二年(662)始,青藏高原吐蕃王国的军队进入西域,与西突厥余部联合,和唐朝争夺西域的控制权。咸亨元年(670),吐蕃攻占西域十八州,唐朝一度罢安西四镇。不久,唐朝陆续收复失地,到上元二年(675),四镇基本恢复。为了加强西域的镇防能力,特别是针对南面吐蕃的威胁,唐朝在上元二年、三年(675—676),把丝路南道上的两个重镇——典合城和且末城,改称石城镇和播仙镇,并划归沙州直接管辖。这样做的目的是加强南道的军事镇守能力,同时也标志着敦煌实力的上升,以及敦煌在唐朝经营西域方面所发挥的重要作用。编订于此后不久的《沙州图经》卷五,有关于石城镇和播仙镇的详细记录,反映了沙州对两镇的控制实况。[39]上元以后,唐朝和吐蕃在西域的争夺仍持续不断。仪凤年间(676—679),吐蕃再次攻占安西四镇。调露元年(679)裴行俭收复西域失地,重立四镇,以碎叶代焉耆,切断吐蕃与西突厥余部的联合。武周初,东突厥复兴,侵扰唐朝。吐蕃乘机进攻安西四镇,唐朝不支,于垂拱二年(686)放弃四镇。长寿元年(692),王孝杰率军收复四镇[40],并发汉兵三万人镇守,大大增强了唐朝在西域的战斗力。从此以后,直到8世纪末的一百年间,安西四镇的建制没有再动摇,西域基本在唐朝统治之下。在唐朝用兵西域和镇守西域的过程中,不少沙州将士奔赴前线。《沙州都督府图经》卷三"张芝墨池"条(图1-3),记有玄宗开元二年(714)任"游击将军、守右玉钤卫西州蒲昌府折冲都尉、摄本卫中郎将、充于阗录(镇)守使、敦煌郡开国公"的张怀福[41],就是任职西州蒲昌府而镇守于阗镇的敦煌人。据敦煌写本P.2625《敦煌名族志》,任职西域的敦煌人还有"游击将军上柱国西州岸头府果毅都尉"张端、"正议大夫北庭副大都护瀚海军使兼营田支度等使上柱国"阴嗣监、"昭武校尉庭州咸水镇将上柱国"阴嗣宗、"壮武将军行西州岸头府折冲兼充豆卢军副使"阴守忠等[42]。沙州和西州同属唐朝经营西域的基地,两地之间的官员迁转十分频繁,与上述敦煌人任职西州相类,也有一些高昌人任职沙州,如阿斯塔那239号墓所出《唐西州高昌县成默仁诵经功德疏》记:"西州高昌县安西乡成默仁,前任敕授焉耆都督府录事。去景龙四年(710)二月廿七日,制改授沙州寿昌县令。"[43]正是因为两地官员的任职关系,所以我们在敦煌文书中常常发现有原本是吐鲁番的文书,而吐鲁番墓葬中也出土有不少敦煌文书。随着唐朝的府兵制向募兵制的转化,武周时在沙州设立了豆卢军。睿宗景云二年(711),唐朝分陇右道,设河西道,并置河西节度使,治凉州,统辖河西地区的军政。玄宗天宝元年(742),河西节度使有兵7.3万人,战马1.94万匹,兵力居全国第三,而战马则为全国总数的四分之一。[44]

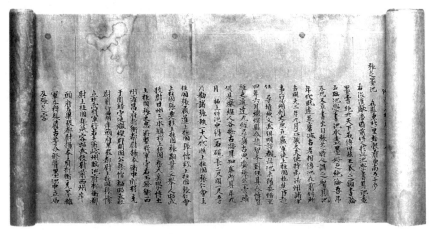

图1-3 P.2005《沙州图经》卷三

唐朝前期的敦煌,在全国统一、国力蒸蒸日上的大环境下,也得到了充分发展。沙州下辖敦煌、寿昌二县(寿昌有时废置),共十三乡,唐朝的均田、籍帐制度贯彻到每个乡里,在严格的律令制管理体制下,敦煌井然有序,生产得以稳步发展。水渠灌溉系统比以前更加完善,围绕敦煌城四周,就有五支水系、84条干渠、支渠、子渠构成的水利网络。耕地面积不断扩大,从西魏文帝大统十三年(547)计帐所见的狭乡,变成唐朝敦煌户籍所见的宽乡。粮食产量不断增长,商品经济也走向繁荣。在敦煌的市场上,有中原来的丝绸、瓷器,有西域的玉石、珍宝,有北方的驼马、毛织品,也有当地出产的五谷。《资治通鉴》卷二一六说,天宝年间,"自〔长安〕开远门西尽唐境万二千里,闾阎相望,桑麻翳野,天下称富庶者无如陇右"。这里的陇右,是包括敦煌在内的。天宝时(742—755),沙州有户6395,口32234[45],达到了前秦以来的又一个高峰。

天宝十四载(755),安禄山叛乱爆发,驻守河西的唐军劲旅都前往中原靖难,吐蕃乘机从青海北上,进攻唐朝领地,先是占领了陇右,切断了河西与唐朝的联系,继而在代宗广德二年(764)攻占凉州,河西节度使杨志烈被迫西奔甘州。永泰二年(766),吐蕃进而攻陷甘州、肃州,继任河西节度使杨休明退守沙州。大历十一年(776),吐蕃攻陷瓜州,进围沙州。敦煌军民在阎朝的率领下,艰苦抵抗,经过十年的奋战,到德宗贞元二年(786)时[46],已经弹尽粮绝,在吐蕃答应"勿徙他境"的条件下,"寻盟而降"。敦煌从此进入吐蕃统治的时代。

四 吐蕃统治时期的敦煌

从755年到796年,是吐蕃赞普赤松德赞统治时期,也是吐蕃王朝有史以来国势最强的时代。敦煌本《吐蕃王朝大事记》称颂道:"韦·赞热多禄(dBa's bTsan bzher mDo lod)等率军至凉州以上(西),攻占八座州城后,编组降人,使之成为〔赞普〕臣民。〔吐蕃〕国威远震,陇山地区以上(西)尽入手中。而后,设立五个通颊(mThong khyab)万户部落,新生一个德论(bDe blon)所辖之大区。"[47]这是吐蕃史官所记载的攻占唐朝领地的情形,所谓凉州以西八州,即上述凉、甘、肃、瓜、沙、伊(781年占领)、西(791)、庭(790)八州,德论辖境可以考订在陇山以西,且末以东吐蕃新占领的河、陇地区。

据藏文史籍《智者喜宴》记载,吐蕃本部的军政组织是分成翼(ru,"如")和千户部落(stong sde,"东岱"),总共有五翼六十一千户部落,而若干个千户所属的民众立一个万户长(Khri dpon)管辖。随着吐蕃势力的向外扩张,又把新占领和吸收的部族民众编成新的部落,如唐蕃交界处的通颊和吐谷浑分别被编成九个和六个千户部落。这些部落随着吐蕃王国的扩张而伸向新的领域,因此,通颊、退浑(吐谷浑)部落的名字也都见于吐蕃新占领的陇山以西地区[48]。

为了镇守新的占领区,吐蕃王朝在其东北到西北的边境上设立了一系列军镇(Khrom),从东到西,计有:黄河上游河曲附近的玛曲军镇,位于青海湖东部或东北的野猫川军镇,河西走廊的凉州军镇、瓜州军镇,罗布泊地区的萨毗军镇,和田的于阗军镇,吉尔吉特的小勃律军镇。敦煌从军镇体制上属于瓜州军镇,在吐蕃时仍称作沙州,但只是一个城,其首脑叫"节儿",即城主的意思(并不是汉文"节度使"的另一种说法)[49]。吐蕃占领敦煌后,于790年,按照其本身的制度,把沙州百姓按职业编成若干部落,现在知道的有"丝绵部落""行人部落""僧尼部落""道门亲表部落"。820年前后,增置军事系统的阿骨萨(曷骨萨或纥骨萨)、悉董萨(思董萨或丝董萨)部落(上、下部落)。824年,又增置通颊军部落[50]。部落有部落使,下设将,将有将头。吐蕃改变了敦煌的军政管辖体制,虽然继续计口授田,但这种部落编制显然不利于生产。僧尼的大量增加,也减少了劳动人口。按地亩征收的地子和按户征收的突税,使百姓负担大大超过了唐朝时期。吐蕃收缴民间铁器,影响了农业生产。唐朝的货币被废除,交易退回到以物易物。瓜沙大族的社会基础虽然没有受到多大的影响,但汉人的社会地位要低于吐蕃人,甚至低于吐谷浑和通颊人。在吐蕃统治初期,曾爆发了玉关驿户起义,还发生过氾国忠等于深夜杀入沙州子城、吐蕃节儿投火自焚等事件[51]。

吐蕃占领敦煌的时期,也正是大力弘扬佛教的时代。吐蕃把敦煌看做是一个佛教的中心,极力加以保护,对这里佛教的发展也极力予以支持。在这种情况下,沙州的佛教迅速膨胀。在吐蕃统治敦煌初期,沙州有僧寺九所,尼寺四所,僧尼三百一十人。到吐蕃统治末期,寺院增加到十七所,僧尼猛增到数千人,而沙州的总人口只有两万五千人左右[52]。吐蕃对敦煌的统治一直延续到848年,所以,和中原地区相比,敦煌避过了唐朝的"会昌灭法"(844—845)对佛教的破坏,当地佛教教团和寺院经济得到了空前的发展。

五 归义军时期的敦煌

在吐蕃王朝内部,一直存在着佛教和吐蕃人信奉的原始宗教——本教(Bon)的斗争。吐蕃赞普郎达玛(gLang dar ma)即位后,在一些大臣的怂恿下灭佛,842年被僧人刺杀,随之吐蕃国内大乱,河陇地区的洛门川讨击使论恐热与鄯州节度使尚婢婢相攻不已,吐蕃势衰,其在河西和西域的统治秩序迅速崩溃。

唐宣宗大中二年(848),沙州土豪张议潮率众起义,赶走吐蕃守将节儿,夺取沙、瓜二州,并迅速向东西方向扩展,又遣使分几路往唐朝长安告捷。五年(851),敦煌使者抵达长安,唐朝设立归义军,以张议潮为节度使,兼沙、瓜、甘、肃、伊、西、鄯、河、兰、岷、廓等十一州观察使[53],敦煌从此开始了延续近二百年的归义军时期。归义军前期(晚唐)只是唐朝的一个军镇,但独立性十分强;而归义军后期(五代、宋初),实际已是一个地方王国,《宋史》入《外国传》,表明其在中国历史上的特殊性。

9世纪中叶,正是西北地区各种势力兴衰起伏的时期。吐蕃王国崩溃,漠北回鹘西迁(840),各种地方势力随之兴起,如吐谷浑、龙家、嗢末、萨毗、仲云、南山等,都想在河西走廊或塔里木盆地争得一块地盘。张议潮以敦煌为中心,以汉族为主力,团结境内各民族,建立并巩固了归义军政权。归义军政权存续了近二百年,其意义非同一般。根据史籍特别是敦煌文书,我们目前大体可以描述出归义军政治史的基本脉络如下[54]。

张议潮在占领瓜、沙等州后,恢复唐制,重建州县乡里和户籍土地制度,且耕且战,在大中三年、四年(849—850),攻占甘、肃、伊州。又整顿清理寺院财产,立河西都僧统司,以管理境内僧尼大众。在讨平伊州等地回鹘的骚扰后,于大中十二年(858)率蕃汉兵东征,经三年苦战,于懿宗咸通二年(861)攻占凉州(图1-4),归义军辖境东抵灵武(宁夏),西达伊吾(新疆东部),势力达到最盛期。面对张议潮势力的扩张,唐朝君臣颇为踌躇,一方面为张议潮打败唐朝多年无法打败的吐蕃而欢呼,另一方面又怕张议潮成为下一个"吐蕃"——与唐朝对抗的西部势力。所以,在四年(863),唐朝设凉州节度使,希望削弱张议潮势力,但从敦煌文书中可知,凉州的实际控制权仍在张议潮手中。七年(866),北庭回鹘仆固俊攻占西州、北庭、轮台、清镇等城,创建西州回鹘政权,但与归义军保持友善的关系。八年(867),张议潮的势力影响到陇右和西州,而先身入朝为质的张议潮兄议潭卒于长安。张议潮奉诏入京,一去不返,最后在十三年(872)卒于长安。其侄张淮深代掌归义军政权,但唐朝并不给予淮深节度使旌节。张淮深得不到唐朝的支持,而西迁回鹘已深入到甘、肃等地,甚至侵扰瓜州。张淮深虽然击败回鹘散众的袭扰,但僖宗乾符三年(876),西州回鹘攻占伊州,使归义军丧失了一个重要的城镇。张淮深虽然三番五次地遣使唐朝,求授旌节,但均未能如愿。中和二年(882),他的部下在沙州立《敕河西节度兵部尚书张公德政之碑》,为张淮深颂德。但实际上甘州、凉州已渐渐不为归义军所守。光启二年至三年(886—887),张淮深分遣三批使者入唐朝求授旌节,唐朝不予,引起瓜沙内部对张淮深的不满。文德元年(888)十月,唐朝终于授予张淮深归义军节度使旌节,但归义军内部矛盾已不可收拾。昭宗大顺元年(890),张淮深及夫人、六子同时被杀,大概是其叔伯兄弟的张淮鼎继任节度使。三年(892),张淮鼎卒,托孤子张承奉于索勋。索勋乃自立为归义军节度使,掌握实权,并得到唐朝的认可,沙州百姓为他立《大唐河西道归义军节度索公纪德之碑》。乾宁元年(894),张议潮女、敦煌大族李明振妻张氏,率诸子灭掉索勋,由李氏诸子掌握归义军实权。瓜沙大族对这种暗中窃取张氏政权的做法显然不满,三年(896),张承奉依靠大族势力,夺回实权。因为归义军内乱,东面的肃州,西面的鄯善,都陆续脱离归义军的统治,归义军的辖境缩小到瓜、沙范围。张承奉建立二州六镇防戍体系,主要是为了抵御来自东面的甘州回鹘政权的侵逼,所以军镇主要在东部沿边地带。光化三年(900)八月,唐朝正式授予张承奉节度使旌节,唐朝使臣于翌年到达沙州,西面独立的于阗国的使臣也在同年首次来访沙州,表明归义军在外交上的成功。但不久敦煌受到甘州回鹘的侵扰,莫高窟窟阁曾被焚烧。

　　天复七年(907),朱全忠废唐昭宣帝自立,建立大梁政权。十年(910)秋,张承奉知唐朝已亡,自称白衣帝,建号金山国。金山国新立,锐意恢复归

图1-4 张议潮领军出行图·

义军旧地,曾派国相率军讨鄯善的璨微部落,北征伊吾,均无功而还。而甘州回鹘数次进攻沙州,金山国先胜后败,最后在辛未年(911)七月,与回鹘订立城下之盟:回鹘可汗是父,金山天子是子。

甲戌年(914),曹议金(名仁贵)取代张承奉,废金山国,去王号,仍称归义军节度使。曹议金改善与周边民族的关系,遣使甘州,并娶回鹘可汗女为妻,确定和亲关系。后梁末帝贞明四年(918),曹议金在回鹘可汗、凉州仆射、灵州相公的帮助下,遣使后梁,受到后梁王朝给予的归义军节度使的封赠。曹议金于莫高窟建大窟一所(98窟),以庆贺中朝授节降恩。曹议金在通使伊州、西州回鹘并稳固后方以后,于后唐庄宗同光三年(925),乘甘州回鹘汗位交替之机,亲率兵征讨甘州回鹘,经苦战,使之屈服。新立的回鹘可汗娶曹议金女为妻,成为曹议金子婿。曹议金妥善处理对外对内的关系,使归义军实力有所增强。明宗长兴二年(931),曹议金号称"令公""拓西大王",归义军成为名副其实的地方王国(图1-5)。曹议金又积极发展与于阗的关系,双方使者频繁往来,最后在934年,曹议金女下嫁于阗国王李圣天。

末帝清泰二年(935),曹议金卒,其子曹元德即位。沙州入朝中原的使臣在甘州被劫,归义军与甘州回鹘关系破裂。后晋高祖天福四年(939),曹元德卒,弟曹元深即位,曹议金妻、回鹘夫人掌握实权,号称"国母"。沙州利用后晋册封于阗王李圣天的使臣回朝的机会,遣使后晋,并与甘州修好。

天福九年(944),曹元深卒,弟曹元忠即位。曹元忠统治期是归义军后期文化比较昌盛的时代。曹元忠发展与周边民族政权的友好往来,并与中

敦煌莫高窟第 156 窟

原后晋、后汉、后周和北宋政权保持联系,给瓜沙地区的稳定和发展带来时机。北宋太祖开宝三年(970),于阗与信奉伊斯兰教的黑韩王朝相攻战,于阗王尉迟输罗曾写信向其舅曹元忠求援。七年(974),曹元忠卒,侄曹延恭即位。九年(976),曹延恭卒,弟曹延禄即位。

曹元忠以后的归义军政权,开始走下坡路。东西方两支回鹘势力,不断侵凌敦煌,瓜沙境内也产生内部矛盾。真宗咸平五年(1002),瓜沙军民不满曹延禄的统治,围攻军府,曹延禄及弟延瑞自杀,族子曹宗寿即位,并得到宋朝的承认。与此同时,归义军也和辽朝开始通使。大中祥符七年(1014),曹宗寿卒,子曹贤顺即位。1036年,西夏占领沙州,归义军政权基本结束。

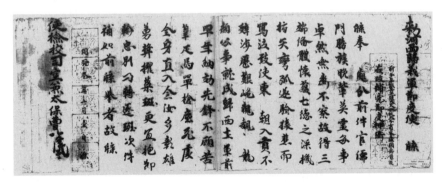

图1-5　P.3805 曹议金签发的归义军节度使授官牒

25　第一讲　中国历史上的敦煌

六 西夏元明清时期的敦煌

唐朝后期活动在今陕、甘、宁的党项族,北宋初年在首领李继迁的率领下与宋朝对抗。1002年,李继迁攻下灵州,称西平府,迁都于此。1004年,李继迁卒,子德明即位,与宋议和,并把目标转向河西走廊。1028年,攻占甘州,灭甘州回鹘政权。1030年,瓜州王以千骑降[55]。1036年,西夏攻占沙州[56]。但开始时党项对沙州的统治较弱,据《宋会要》瓜沙二州条记载,归义军仍入宋朝贡了七次,最晚一次在仁宗皇祐四年(1052)十月[57],莫高窟第444窟也有"庆历六年(1046)"的北宋年号题记[58],说明敦煌归义军政权或许还在西夏的控制下继续存在。

1038年,李元昊称帝,建大夏国,史称西夏。大概在1052年以后,西夏加强了对所占领的瓜沙二州的直接控制。莫高窟最早的西夏纪年,是在1070年(天赐礼盛国庆元年),也是写在第444窟的题记[59]。同是在1070年所写的西夏文《瓜州审判案》,表明西夏对当地的统治情况[60]。为了和北宋争战,西夏曾迁徙敦煌民众向东,使敦煌受到削弱。

蒙古兴起后,出征西夏。1205年曾侵扰瓜沙地区。1224年,蒙古骑兵围攻沙州半年,敦煌势蹙。到1227年3月,敦煌终于为蒙古汗国占领。同年6月,西夏被蒙古灭亡。蒙古占领敦煌后,将其划入八都大王的封地[61]。

1271年元朝建立后不久,马可·波罗曾经过沙州。元朝于1277年重设沙州,隶肃州,归元朝中央政府管辖,授当地百姓田种、农具。1280年,沙州升格为路,设总管府,统瓜、沙二州[62]。同年,又遣汉军屯田沙州。敦煌成为元朝与西北藩王斗争的重要基地。但蒙古汗国的中心在和林,元朝则立都北京,其西向的交通干道已不通过敦煌,使敦煌失去了重要的地理上的优势。1291—1292年,元朝移瓜、沙州居民入肃州[63],敦煌的地位更不如前。

1368年明朝建立。1372年,明将冯胜经略河西,取得初步胜利,但敦煌仍为元朝残部所守。为防蒙古东进,冯胜在肃州西七十里处建嘉峪关,成为明朝西部的边关,敦煌被弃置关外。1391年,明朝进兵哈密,沙州蒙古王子归顺明朝。1404年,明朝设沙州卫,仍以蒙古后裔统辖。1446年,沙州内乱,明将任礼率军入沙州,把沙州卫属下二百余户,一千二百三十余人迁入关内,沙州仍由蒙古后裔占据。以后吐鲁番势力强大,于1515年进攻沙州蒙古,1528年吐鲁番占领沙州。明朝在1524年闭嘉峪关,又在1529年放弃哈密。敦煌从明朝初年开始已成为牧区,至此尤甚。

1644年明亡,清兵入关,定都北京。康熙时平定新疆。1723年在敦煌设沙州所。1725年升格为卫,并迁2400余户来此屯田。沙州旧城为水冲毁,在东面筑新城(即今城址)。1760年,改沙州卫为敦煌县,隶安肃道。敦煌在清朝时略有恢复,但没有太大起色。道光十一年(1831)所刊《敦煌县志》[64],描述了清代敦煌的面貌。

注　释

[1]　《史记》卷一一〇《匈奴列传》;卷一二三《大宛列传》。
[2]　《史记》卷一一〇《匈奴列传》。
[3]　《史记索隐》引《西河旧事》,标点本《史记》,2909页。
[4]　关于敦煌郡的设置年代,此据《汉书·武帝本纪》,同书《地理志》则说是后元年(前88—前87)。此外还有一些介乎两者之间的说法,目前还没有统一的意见。
[5]　《汉书》卷二八下《地理志》。
[6]　《汉书》卷二八下《地理志》颜师古注。
[7]　《史记》卷一二三《大宛列传》。
[8]　大量士兵的到来,可以从陆续出土的汉简的记录得到印证。
[9]　关于《裴岑碑》,参看吴其昌《汉敦煌太守裴岑破北匈奴纪功碑跋尾》,《匈奴史论文选集(1919—1979)》,北京:中华书局,1983年,335—360页;王炳华《裴岑纪功碑》,《新疆日报》1981年5月3日。
[10]　《三国志》卷一六《魏书·仓慈传》。
[11]　《三国志》卷一六《魏书·仓慈传》注引《魏略》。
[12]　《魏书》卷九九《张骏传》。
[13]　此据最新的《沙州都督府图经》录文,见李正宇《古本敦煌乡土志八种笺证》,台北:新文丰出版公司,1998年,16—17、50—55页。
[14]　《古本敦煌乡土志八种笺证》,16、49—50页。
[15]　《古本敦煌乡土志八种笺证》,19、26—28页。
[16]　《晋书》卷八七《凉武昭王李玄盛传》。
[17]　《晋书》卷八七《凉武昭王李玄盛传》。参看《沙州都督府图经》"一所故堤"条,见《古本敦煌乡土志八种笺证》,18—19页。
[18]　关于北凉王族自敦煌败走鄯善,到高昌立足的过程,参看荣新江《〈且渠安周碑〉与高昌大凉政权》,《燕京学报》新5期,1998年,75—79页。
[19]　《魏书》卷四《世祖纪》下;卷三九《李宝传》。
[20]　《元和郡县图志》卷四〇陇右道沙州。
[21]　《魏书》卷四《世祖纪》下;《北史》卷九七《西域传》。

〔22〕《魏书》卷三〇《车伊洛传》;《北史》卷九七《西域传》。

〔23〕从北凉灭亡到麹氏高昌建立(501),高昌地区的政权转移,详见王素《高昌史稿·统治编》第四、五章,北京:文物出版社,1998年。

〔24〕《魏书》卷七《高祖纪》上;卷二六《尉古真传》附《尉多侯传》。

〔25〕《魏书》卷四二《韩秀传》。

〔26〕《魏书》卷二七《穆崇传》附《穆亮传》。

〔27〕《魏书》卷六九《袁翻传》。

〔28〕《魏书》卷九《肃宗纪》。

〔29〕《元和郡县图志》卷四〇陇右道沙州。

〔30〕参看宿白《东阳王与建平公(二稿)》,原载《敦煌吐鲁番文献研究论集》第四辑,北京:北京大学出版社,1988年,收入宿白《中国石窟寺研究》,北京:文物出版社,1996年,244—259页。

〔31〕参看上引宿白文。

〔32〕参看上引宿白文。

〔33〕《广弘明集》所收王邵《舍利感应记》。

〔34〕参看池田温《中国古代写本识语集录》所收敦煌隋代写经题记,东京大学东洋文化研究所,1990年。

〔35〕《隋书》卷六七《裴矩传》。

〔36〕慧立、彦悰《大慈恩寺三藏法师传》卷一,北京:中华书局,1983年,12—17页。

〔37〕北京图书馆金石组《北京图书馆藏中国历代拓本汇编》第11册,郑州:中州古籍出版社,1989年,86页。

〔38〕关于安西都护府初迁龟兹的年代,参看荣新江《新出吐鲁番文书所见西域史事二题》,《敦煌吐鲁番文献研究论集》第五辑,1990年,339—354页。

〔39〕池田温《沙州图经略考》,《榎博士还历记念东洋史论丛》,东京:山川出版社,1974年,91—97页。

〔40〕有关唐朝与吐蕃在西域的争夺,参看王小甫《唐吐蕃大食政治关系史》,北京:北京大学出版社,1992年。

〔41〕见《古本敦煌乡土志八种笺证》,30页。

〔42〕唐耕耦等编《敦煌社会经济文献真迹释录》一,北京:书目文献出版社,1986年,100—102页。

〔43〕《吐鲁番出土文书》第七册,北京:文物出版社,524页。图录本叁,567页。

〔44〕《资治通鉴》卷二一五天宝元年条。

〔45〕《通典》卷一七四《州郡典》敦煌郡条。

〔46〕关于敦煌的陷蕃时间,过去有782和787年说,现在基本上一致认为在786年,参看陈国灿《唐朝吐蕃陷落沙州城的时间问题》,《敦煌学辑刊》1985年第1期,1—7页。

[47] 译文据荣新江《通颊考》,《文史》第 33 辑,1990 年,124 页,有关《大事记》的其他研究,参见该文注释。
[48] 参看荣新江《通颊考》的有关论述。
[49] 乌瑞(G. Uray)《KHROM(军镇):公元 7 至 9 世纪吐蕃帝国的行政单位》(Khrom: Administrative Units of the Tibetan Empire in the 7th-9th Centuries),《纪念黎吉生藏学研究论集》(Tibetan Studies in Honour of Hugh Richardson),威敏斯特,1979 年,310—318 页;荣新江译,载《西北史地》1986 年第 4 期,106—113 页。
[50] 参看山口瑞凤《吐蕃支配期的敦煌》,《讲座敦煌》第 2 卷《敦煌的历史》,东京:大东出版社,1980 年,195—232 页。
[51] 姜伯勤《唐敦煌〈书仪〉写本中所见的沙州玉关驿户起义》,《中华文史论丛》1981 年第 1 辑,157—170 页。
[52] 参看藤枝晃《敦煌的僧尼籍》,《东方学报》(京都)第 29 册,1959 年。
[53] 《唐会要》卷七一。
[54] 参看荣新江《归义军史研究——唐宋时代敦煌历史考索》(上海:上海古籍出版社,1996 年)相关章节,特别是第一章《归义军大事纪年》,有关史事的出处已见该书,以下不一一注出。
[55] 《宋史》卷四九〇《夏国传》。
[56] 《续资治通鉴长编》卷一一九宋仁宗景祐三年十二月条。
[57] 《宋会要辑稿·蕃夷》五。
[58] 敦煌研究院编《敦煌莫高窟供养人题记》,北京:文物出版社,1986 年,169 页。
[59] 史金波、白滨《莫高窟榆林窟西夏文题记研究》,《考古学报》1982 年第 3 期。
[60] 见《北平图书馆馆刊》第 4 卷第 3 号《西夏文专刊》,1932 年。
[61] 《元史》卷一二二《昔里钤部传》;卷六〇《地理志》。
[62] 《元史》卷六〇《地理志》。
[63] 《元史》卷六〇《地理志》。
[64] 苏履吉修、曾诚纂《敦煌县志》,台北:台湾学生书局影印本,1966 年。

第二讲
敦煌在丝绸之路上的地位

敦煌地处河西走廊西端,正好在古代中原王朝的西北边境,陆上丝绸之路干道经过这里东往西去,使得敦煌在古代中西文化交往史上扮演着重要的角色。

一 张骞西行与丝路开通

欧亚大陆出土的考古资料,揭示了先秦时期东西方交往的存在,如河南安阳殷墟妇好墓出土的商代和田玉[1],俄罗斯阿尔泰山西麓巴泽雷克(Pazyryk)大墓发现的公元前四五世纪的中国铜镜和丝织品[2],都是考古学上的印证。在先秦的典籍中,把西方运来的玉称之为"禺氏边山之玉","禺氏"即月氏,表明在中原与西域直接沟通以前的相当长一段时间里,游牧于敦煌、祁连间的月氏人,扮演着向中原转输玉石的角色[3]。大概正是因为于阗的玉源源不断地经过敦煌运到内地,所以当汉武帝在敦煌西北设立第一座关城时,就把它叫作"玉门关"了。

雄才大略的汉武帝,在派兵正面进攻匈奴的同时,还作出一个伟大的战略决断:派人到西方去联络被匈奴人从河西打跑的月氏人,请他们返回原来的居住地,以切断匈奴的"右臂"。公元前138年,汉中人张骞应征前往(图2-1),历经千难万险,经匈奴、大宛、康居等国,来到阿姆河北岸大月氏的住地。张骞虽然没有得到大月氏的许诺,却全面了解了西域各国的政制、兵力、道里、物产等情况,探知了匈奴西部的虚实。张骞带回来的情报,为将军霍去病夺取河西走廊打下了基础[4]。更为重要的是,张骞西行的壮举,在历史上首次打通了联系中原与西域各国的丝绸之路,开启了中西文化交往的新纪元。因此,史书上把张骞通西域一事形象地称之为"凿空",意思是

图 2-1 张骞辞别汉武帝图·敦煌莫高窟第 323 窟

说张骞开辟了通往西方新天地的道路,而这条道路正是从敦煌延续出去的。

汉代丝绸之路的基本走向是,东面始于西汉的首都长安(今西安)或东汉的首都洛阳,经咸阳,一条路沿泾河而上,经固原、景泰进入河西走廊;另一条路沿渭水西行,经陇西、金城(今兰州)进入走廊。沿河西走廊西行,经武威、张掖、酒泉,到敦煌。由敦煌出玉门关或阳关,穿过白龙堆到罗布泊地区的楼兰。汉代西域分南道、北道,南、北两道的分岔点就在楼兰。北道西行,经渠犁(今库尔勒)、焉耆、龟兹(今库车)、姑墨(今阿克苏),至疏勒(今喀什)。南道自鄯善(今若羌),经且末、精绝(今民丰尼雅遗址)、于阗(今和田)、皮山、莎车,至疏勒。从疏勒西行,越葱岭(今帕米尔),至大宛(今费尔干纳)。由此西行可至大月氏(在今阿富汗)、康居、奄蔡、安息(今伊朗),最远可达大秦(罗马帝国)的犁靬(又作黎轩,在埃及的亚历山大城)。另外一条道路是,从皮山西南行,越悬渡(今巴基斯坦达丽尔),经罽宾(今阿富汗喀布尔)、乌弋山离(今锡斯坦),西南行至条支(在今波斯湾头)。如果从罽宾向南行,至印度河口(今巴基斯坦的卡拉奇),转海路,也可以到达波斯和罗马等地[5]。这是自汉武帝时张骞两次出使西域以后形成的丝绸之路的基本干道,换句话说,狭义的丝绸之路指的就是上述这条道路。我们可以看出,敦煌在丝绸之路上是处在多么重要的地理位置上。1974 年,甘肃省文物考古研究所曾在居延发掘到《传置道里簿》木简,记长安到张掖郡氏池的 20 个置(置是西汉时对邮驿的称呼)间的里程;1990 年,又在敦煌悬泉置发掘到《传置道里簿》木牍,记武威郡仓松到敦煌郡渊泉间 12 个置间的里程;两相结合,正可以复原从长安到敦煌西汉时期的传置驿道[6]。

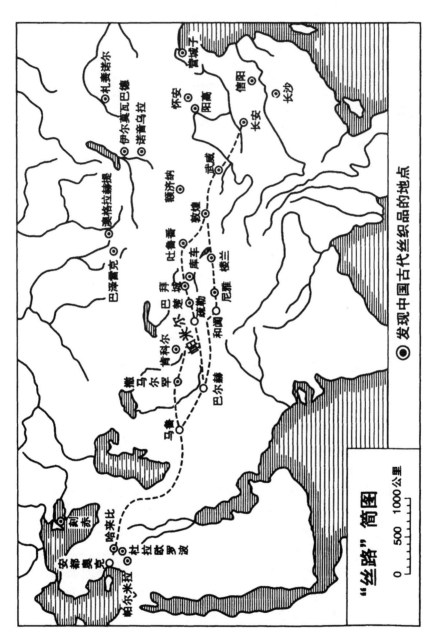

地图 3　丝绸之路

沿着张骞开辟的这条丝绸之路的基本干线,中国的丝绸源源不断地运往西方,成为罗马帝国时髦的服装原料。同时,西方各国的珍禽异物、宗教思想,也陆陆续续流入中原。位于丝路干线上的敦煌,很快就成为东西方的贸易中心和商品中转站。

西汉末年,王莽专权,用传统儒家贬斥四夷的做法处理民族关系,中原与西域的联系一度中断。东汉初,汉明帝派班超经营西域,重新恢复了西域都护对塔里木盆地的统治。以后汉朝与西域的联系时断时续,河西东部也时有动乱,西域各国入朝的王子,都逗留在敦煌,大批商胡也随之而来。

历史上的丝绸之路也不是一成不变的,随着地理环境的变化和政治、宗教形势的演变,不断有一些新的道路被开通,也有一些道路的走向有所变化,甚至废弃。比如敦煌、罗布泊之间的白龙堆,是一片经常使行旅迷失方向的雅丹地形。中原王朝在东汉初年打败蒙古高原的北匈奴,迫使其西迁,并牢固地占领了伊吾(今哈密)以后,开通了由敦煌北上伊吾的"北新道"[7]。从伊吾经高昌(今吐鲁番)、焉耆到龟兹,可以和原来的丝路北道会合。南北朝时期,中国南北方处于对立的状态,而北方的东部与西部也时分时合,在这样的形势下,南朝宋、齐、梁、陈四朝与西域的交往,大都是沿长江向上到益州(今成都),再北上龙涸(今松潘),经青海湖畔的吐谷浑都城,西经柴达木盆地到敦煌,与丝路干道合;或更向西越过阿尔金山口,进入西域鄯善地区,与丝路南道合,这条道被称作"吐谷浑道"或"河南道",今天人们也称作"青海道"[8]。还有一条道从中原北方或河西走廊向北到蒙古高原,再西行天山北麓,越伊犁河至碎叶(今托克马克附近),进入中亚地区。这条道路后来也被称作"北新道",它在蒙古汗国和元朝时期最为兴盛。

二 文化昌盛与莫高窟的开凿

东汉末年,中原战乱频仍,秩序混乱。作为中西交通的咽喉之地敦煌,甚至二十多年没有太守,当地豪强大姓雄张,兼并土地,使小民无立锥之地,前来贸易的西域商胡也备受欺诈。227—233年间,仓慈出任敦煌太守,有力地抑制了豪强的兼并和勒索,为西域商人前往内地买卖提供种种方便[9],使得敦煌成为汉族与西域各族民众密切交往贸易的一个国际都会。魏晋南北朝时期,中原天下大乱,不少大族和有文化的士人纷纷迁居河西以避战乱,促使中西交往的孔道——河西走廊的文化得到前所未有的提高,先后建立的五凉王朝,也集中了大批人才。前凉、西凉和北凉的统治者,都十分注重尊重、保护知识人,为他们教授生徒和著书立说提供良好的条件。如敦煌效谷人宋纤,就有受业弟子三千余人[10]。当时敦煌的汉文化水平,并不亚于中原北方甚至东晋南朝,这里涌现出一大批著名学者,如宋纤、郭瑀、刘昞、阚骃、宋繇、张湛等,他们的某些著作曾传写到南朝,有些人则由北凉入北魏,为魏、周乃至隋、唐制度与文化的形成作出了贡献[11]。

中原世家大族的到来,也把内地流行的道教传到敦煌。上面提到的前凉和前秦时的郭瑀,就是一位"虽居元佐,而口咏黄老"的道教信徒[12]。敦煌西北长城烽燧下,曾发现一枚早期天师道的符箓[13]。S.6825《老子想尔注》写本,如果不是后代才传入的北朝抄本,那就更证明敦煌天师道的流行[14]。从敦煌佛爷庙、新店、祁家湾等地出土的镇墓文,也可以看到民间的方仙道的影响[15]。

文化水平的提高和大量士人的存在,为本地区接受外来文化提供了知识的基础,也为向中原输送外来文化提供了方便。两汉之际,佛教已经从大月氏人建立的贵霜王朝,经敦煌等地区传入中原,很快就和中国传统的神仙方术一起,在东汉都城洛阳和东南沿海一带流传开来。相比之下,从敦煌北面长城沿线出土的大批简牍文书来看,两汉之际的敦煌,主要是一个贫民、士兵、遣犯屯戍的兵站,没有传播佛教的文化基础。汉末魏晋时期,随着中原士族的到来和当地文化水平的提高,佛教很快就在这里传播开来。五凉的动乱和北魏与柔然的战争等一连串动荡的岁月,给佛教在敦煌的流传和发展提供了条件。西晋时,有世居敦煌的月氏高僧竺法护,率领一批弟子在这里译经布道,人们称之为"敦煌菩萨"[16]。他的弟子竺法乘,也在这里"立寺延学,忘身为道,诲而不倦"[17]。前凉时,又有高僧单道开、竺昙猷等人,在敦煌修习禅法。

据武周圣历元年(698)立于莫高窟的《李君莫高窟佛龛碑》的记载,前秦建元二年(366)[18],有个叫乐僔的沙门,杖锡来到敦煌城东南鸣沙山东麓,忽然眼前一亮,金光灿烂,好像有千佛在金光中显现(图2-2)。于是,他就在鸣沙山东面的悬崖上,开凿了莫高窟的第一所佛窟。不久以后,又有一位从东方来的法良禅师,在乐僔的窟旁边,又营造了一个洞窟[19]。从此,开启了近千年的敦煌石窟艺术创造史。从前凉到北凉,在高僧的感召下,在统治者的支持下,在当地大族的资助下,敦煌的佛教得到迅猛发展,到北魏平定北凉之前,这里已是"村坞相属,多有塔寺"了[20]。至今,乐僔、法良开凿的洞窟已经很难追寻[21],但有一些属于北凉时期的洞窟和小佛塔保存下来[22]。

北魏虽然统一了包括敦煌在内的北方,但由于柔然的不断南侵,敦煌在

图 2-2　夕阳映照下的鸣沙山

5 世纪后半叶,社会仍然动荡不安,佛教却沿着五凉王朝以来的发展势头进一步扩大其影响。特别是北魏王朝对敦煌的直接统治,为敦煌地区带来了中原的佛教文化,这是北魏吸收了凉州佛教以后,经过平城到洛阳的发展而形成的更高水平的文化。敦煌藏经洞保存了北魏迁都洛阳前的太和三年(479)驸马都尉冯熙在洛州写的《杂阿毗昙心经》卷第六[23];莫高窟还发现过北魏广阳王慧安发愿刺绣的佛像残片(图 2-3),那是从都城平城带到敦煌的[24]。孝昌元年(525)以后,东阳王元荣出任瓜州刺史,使北魏王室和敦煌佛教的关系进一步密切起来。东阳王在敦煌做了大量功德,抄写了一大批佛教经典,也在莫高窟开凿了一个大窟。北周时,建平公于义任瓜州刺史,也在莫高窟开凿了一个大窟[25]。这些王公贵族的做法,给当地各阶层的民众作了榜样,上行下效,不久就在莫高窟掀起了一个造窟热潮。

而且,不论是西晋十六国,还是后来的南北朝,都不断有东往西去的求法僧和译经僧途经敦煌,给敦煌的佛教不断注入活力。比如,399 年,东晋僧人法显等经敦煌西行取经。404 年,智猛等一行十五人出阳关西行取经。518 年,北魏派敦煌人宋云与惠生自洛阳出发,西行取经,之所以选宋云出使,应当和他是敦煌人而熟悉西域情形有关。敦煌既是东来僧人步入河西走廊的最初落脚点,也是西去僧侣和使臣告别故国的地方,莫高窟作为西行

图2-3 北魏广阳王慧安发愿刺绣佛像残片

者祈求道途平安的处所,香火不断。

除了印度佛教之外,伊朗文化系统的祆教,也在此时流入敦煌。

1907年,英国考古探险家斯坦因(Aurel Stein)在敦煌西北的一座长城烽燧下,发现了一组用中亚粟特民族的文字所写的粟特文信件,学界称之为"粟特文古信札"(Sogdian Ancient Letters,图2-4)。这是在凉州(武威)和敦煌的粟特商人写给家乡撒马尔干(Samarkand,在今乌兹别克斯坦)贵人的书信,不知什么原因埋藏在敦煌长城脚下。信中谈到,这些以凉州为大本营的粟特商团,活动范围东到洛阳,西到敦煌,他们长途贩卖,经营的商品有金、麝香、胡椒、樟脑、麻织物、粮食,当然还有中国丝绸[26]。这组书信写于西晋末年(312年前后)[27],它们真切地反映了当时丝绸之路上的商品交易活动。尽管目前还没有令人满意的译文发表,但粟特文专家提供的一些专名和大意的解说,有助于我们理解4世纪初叶敦煌粟特人的状况。据考,这些信札有两封是从敦煌寄出的,说明敦煌和另一个发信地点姑臧(武威)都是粟特商人的聚居地。现编为第二号的信札说到某地有撒马尔干来的贵人(自由民)一百人,可惜地名有残,是否就是恒宁(W. B. Henning)所读的"敦煌",尚难以确认。但可以肯定的是,这些粟特人是由萨宝(s'rtp'w)统领的,即他们有自己的"队商首领"("萨宝"一词的本意)。而且,琐罗亚斯德教(中国称"祆教")的神职人员 βγnpt(祠主)的存在,表明自那时起,敦煌就有由粟特人建立的祆祠。古信札表明波斯的琐罗亚斯德教早在4世纪初叶

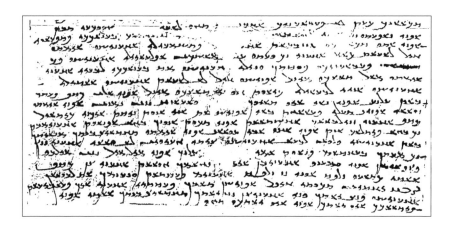

图2-4 粟特文古信札(局部)

就由粟特商人传入敦煌[28]。此外,'yps'r 和 β'nkr'm 两个职称的出现,表明这个粟特聚落具有很强的自治性。事实上,从已经确定的粟特文古信札的内容来看,早在4世纪初叶,敦煌就有了以粟特商人为主体的自治聚落,而且伴随有祆教祠舍。这些粟特商胡东到洛阳,西到家乡,正与仓慈治理敦煌时商胡的活动范围大体相同。

魏晋以来敦煌汉文化的发展,为各种外来文化的传播打下了基础;丝绸之路的开通,则为敦煌带来了丰富多彩的外来文明。

三 隋唐盛世与国际都会

隋朝统一南北,中国又开始走向两汉以来的全盛时期。不论是隋文帝还是隋炀帝,都十分佞佛。在统治阶级崇佛浪潮推动下,敦煌各阶层民众在短短的三十多年中,仅在莫高窟一处,就开凿了七八十个洞窟,掀起了一个兴建石窟的高潮。

隋炀帝时,让黄门侍郎裴矩往来于张掖、敦煌之间,通过西域商胡,联络各国首领。《隋书·裴矩传》仅存的裴矩撰写的《西域图记序》,记载了当时的丝绸之路走向:从敦煌出发,直到西海(地中海),有三条路。北道从伊吾(哈密)越过天山,沿草原之路西行,经过铁勒、突厥等游牧民族地区,一直到达东罗马;中道从高昌(吐鲁番)西行,经焉耆、龟兹、疏勒,翻过葱岭,经瓦罕山谷,进入粟特地区,再到波斯,最后到达地中海沿岸;南道从鄯善到于阗、朱俱波(叶城)、喝槃陀(塔什库尔干),逾过葱岭,经瓦罕山谷,过吐火罗地区(阿富汗),进入印度。三条道路,分别以伊吾、高昌、鄯善为门户,但"总凑敦煌,是其咽喉之地"[29]。这使我们了解到当时丝绸之路通向东罗马、波斯、印度的情况,也清楚地说明了敦煌在隋唐时期中西文化交往中的重要地位。

进入唐代,民族的进一步融合,疆域的更广阔开拓,政治制度与思想文化的整合,使得唐王朝凝聚了极大的力量。生产发展,商业繁荣,文化昌盛,唐王朝以博大的胸怀,大量接受外来文化,使之融会到中国文化的整体当中。从唐太宗到武则天,唐朝的势力不仅直接牢固控制了塔里木盆地的西域诸王国,而且成为天山以北、葱岭以西广大区域内各个王国的宗主国,中西往来更加畅通无阻,当时的文化交流也呈现出令人眼花缭乱的景象。西方的珍禽异兽、珠宝香料、玻璃器皿、金银货币纷纷传来;中亚、西亚的穿着、饮食等生活方式,音乐、舞蹈等文化娱乐活动都源源进入中原;佛教进一步盛行的同时,祆教、摩尼教、景教以及新兴的伊斯兰教都在此时正式传入中国内地。唐朝的两京长安和洛阳,以及丝绸之路上的一些城市,如凉州、敦煌,都纷纷呈现出国际都市的风貌。在吸收外来文化的同时,借助唐朝强大的政治力量,中原文明也传入西方,深浅不等地影响了西方各国。

经济的发展和丝绸之路的畅通,也丰富了敦煌文化的内容。沙州城内有州、县两级学校,教授唐朝规定的儒家经典。大量的宫廷写经从长安输送过来,给这座佛教圣城进一步灌注了汉地佛教的影响。武周、中宗到玄宗时敕建的大云寺、龙兴寺、开元寺,并立于敦煌。因为李唐王室奉老子为先祖,唐玄宗更是大力弘扬道教,敦煌也建立了供奉老子的紫极宫和神泉观等道观,教授弟子,传写经书。经过唐朝一百多年的统治经营,这种汉文化更加根深蒂固。

唐代的敦煌,是丝绸之路上一个典型的国际文化都会,汇聚了各种不同系统的宗教、文化、艺术,招徕了不同血统的民众在此定居(图2-5)。唐代前期敦煌十三乡之一的从化乡,就是在粟特聚落的基础上建立的,其位置恰好就在敦煌城东一里处的祆舍所在地,这里又称安城,也是粟特民众的精神信仰中心[30]。沙州所辖的石城镇和播仙镇,唐朝初年分别由来自中亚的康国人康艳典和何国人何伏帝延任首领。武周天授二年(691),石城镇将粟特人康拂耽延弟地舍拨状称附近的蒲昌海变成五色,作为沙州一系列祥瑞之一,由刺史李无亏上报朝廷,为武则天登基制造舆论[31]。这些号称"陆上腓尼基人"的粟特商人,除了从事国际间的转手贸易外,还是传播文化的友好使者。他们大多数信奉波斯、粟特地区正统的祆教,但也有的皈依了曾经

图 2-5 胡商遇盗图中的外来商人（敦煌莫高窟第 45 窟盛唐壁画）

受到禁止的摩尼教。敦煌保存了开元十九年(731)摩尼教大德拂多诞奉唐玄宗诏编译的《摩尼光佛教法仪略》，似乎透露出摩尼教在敦煌流行的影子。有的粟特人大概较长时期生活在敦煌，深受汉地佛教的影响，渐渐接受了汉化佛教。敦煌发现了大批译自汉文的粟特语佛典，不仅有正统的佛经，也有汉人编纂的伪经和禅籍。由于粟特人的商业活动和不断迁移的特性，他们的宗教信仰必然也随着他们的四处迁徙而传播到四面八方。据《金石萃编》卷八八所收《大唐博陵郡北岳恒山封安天王之铭》(立于天宝八载/749)，安禄山的郡望是瓜州常乐。唐长孺先生在讨论这条材料时说，南北朝隋唐时人称某郡某人往往指这一姓族的郡望而非本贯，即其祖先之来历与郡望没有关系。但他又从安禄山不依附武威安氏而称常乐一点，怀疑安禄山的先人或许是世居瓜、沙的胡人[32]。安禄山不仅是使唐朝由盛转衰的关键政治人物，他也是一个自称为天神化身的祆教信徒，并充分利用了宗教的号召力来发动叛乱[33]。

在生产发展、商业繁荣、文化昌盛的形势下，敦煌莫高窟也在持续不断地修建，一些大家族争先恐后地开凿"家窟"，如翟氏、李氏、阴氏，其中翟家窟(第 220 窟)是唐太宗贞观十六年(642)凿成的，这正是唐平高昌之后第三年，国威远扬西土的时候。敦煌当地的文武官员，仍然是敦煌石窟的重要供养人，如沙州刺史李光庭，就曾在莫高窟开窟造像，并立有《莫高窟灵岩佛窟之碑》[34]。到极力崇佛的武则天执政时期，莫高窟已经是号称有一千多所窟龛的雄伟石窟了，而且建立了模仿武则天形象的弥勒像(第 96 窟北

图 2-6　第 96 窟北大像

大像,图 2-6)。《武周李君莫高窟佛龛碑》称颂道:"升其栏槛,疑绝累于人间;窥其宫阙,似游神乎天上。岂异夫龙王散馥,化作金台;梵王飞花,变成云盖。"[35]真仿佛是佛国仙境。

在唐朝,敦煌不仅留下了精神文化交流的遗迹,也同样有技术和物质文化交流的佳例。唐太宗曾派人到摩揭陀国,学习印度的熬糖法[36]。敦煌写本 P.3303,是关于五天竺制糖法的抄本,虽然文字不多,但却涉及有关制糖法的许多方面[37],表明敦煌人对技术的追求。敦煌既是商人东西往来的通路,因此,大量西方的舶来品和中原的特产也都经此地运输,也一定会有不少精美的物质文化产品留在敦煌,其中不少作为供养品进入佛教寺庙和石窟当中,我们目前没有看到唐朝时期的寺院财产账,但吐蕃和归义军时期寺院账目中登记有许多西方来的物品,如高档织物、金银器、宝石、香料、珍稀药材等,其中有些东西应当是从唐朝时期传承下来的,它们反映了丝绸之路带给敦煌异彩纷呈的物质文化。

四 佛教独尊与吐蕃、归义军的贡献

唐代宗大历十一年(776),吐蕃进围沙州,但迟到十年以后的德宗贞元二年(786),才最后以"勿徙他境"的条件,迫使敦煌百姓"寻盟而降"。按照吐蕃当年所向披靡的实力,要拿下一个敦煌城,应当不难,但为何围而不攻呢?在敦煌军民已经弹尽粮绝、没有抵抗力的情况下,为什么还要与敦煌百姓立盟后受降呢?有的学者认为这是因为吐蕃正在大力弘扬佛教,而敦煌正是他们所要保护的一座佛教圣城[38]。的确,吐蕃占领敦煌以后,吐蕃赞普马上敦请从武威退避敦煌的高僧昙旷入藏讲道,昙旷辞以年老多病,所以用文字的形式作答,写成《大乘二十二问》(有 P.2287 等多件抄本)[39]。一度风行吐蕃的汉地禅法,很可能就是汉僧摩诃衍在沙州降蕃后奉赞普诏命而入藏传播的[40]。这些正好是敦煌佛教对吐蕃的意义所在。

从另一方面看,我们从吐蕃王朝的发展史可以看出,吐蕃每攻占一地,往往把当地的官僚和高僧等具有社会号召力的人士迁往别处。如吐蕃占领西州后就曾做了这种迁徙工作。敦煌文书 P.3918《金刚坛广大清净陀罗尼经》题记所记唐伊西庭节度留后使判官朝散大夫试太仆卿赵彦宾、僧广林阇梨,P.2132《金刚般若经宣演》题记中的僧义琳,和 P.2732《绝观论》题记中的"西州落蕃僧怀生"[41],就是从西州迁出的官人或僧侣。世家大族、官吏、高僧是汉文化以及汉化佛教的传承者,他们的离去,使得西州汉文化的根基被抽空。相对而言,敦煌却因为在降蕃以前与吐蕃订立了"勿徙他境"的盟誓,所以得以保存更多的汉文化。而"勿徙他境"的另一成果,是为敦煌保存了人力物力,使敦煌不像北凉灭亡后的情形那样,人口大量流失。

在吐蕃王朝崇佛的强大压力下,敦煌教授儒家经典的学校不见了,读书的儿童转到寺院接受童蒙教育;虽然有"道门亲表部落"的建制,但道观也在文献中消失;摩尼教是吐蕃公开禁止的宗教;除了在敦煌文书中可以见到景教的两个十字架和一段占卜文之外,吐蕃统治时期的敦煌文化,几乎是佛教一枝独秀。沙州的僧尼寺院从13所增加到17所,僧尼从310人猛增到数千人。而且,敦煌在吐蕃的庇护下躲过了"会昌法难",佛教教团和寺院经济得到了空前的发展。在敦煌教法方面,不论是早期出身西明寺的学僧昙旷,还是后期出身藏族的"大蕃国大德三藏法师"法成[42],都给敦煌留下了丰富的文化遗产。而民间百姓的抄经、念佛、开窟、造像,更是始终不绝。

张议潮在848年赶走了吐蕃的统治者节儿,却留下了自己少年时从学的老师法成,让这位藏族大法师在沙州继续讲经,教授弟子。归义军成立后,极力恢复唐朝各项制度,强化汉文化教育,并不断吸收中原文化的营养成分,使得汉文化在敦煌乃至整个河西地区部分地巩固下来。总体上讲,归义军时期的文化较吐蕃时期更加开放,佛教向民俗化方向发展,其他宗教文化也表现出各自的活力,并且与民间文化渐渐合流。

吐蕃崇佛的政策,造就了强大的敦煌佛教教团,汉族高门出身的洪䛒(俗姓吴)领导的敦煌僧尼大众,参加了张议潮领导的起义。吐蕃的崇佛政策深深地影响了归义军,佛教在归义军时期继续盛行,莫高窟在归义军张氏时期迎来了一个新的造窟高潮,有人称之为"敦煌千佛洞的中兴"[43]。曹氏归义军继续这一做法,在莫高、榆林两地,修建或改造了许多洞窟,几乎历任归义军节度使都建造了自己的功德窟。敦煌重新发挥了她在丝绸之路上的重要作用,即转输商品,传播文化。归义军官府安排协助了许多西行取经的和尚前往印度,敦煌的寺院也接待了不少东来的梵僧前往中原[44](图2-7)。经行敦煌的当然不只是僧侣,还有一批批使者、商人和其他宗教的传教士们。归义军政权与西面的佛教王国于阗保持着密切的关系,与沙州联姻的于阗王室对敦煌石窟作出过很多贡献,

图2-7 敦煌藏经洞发现行脚胡僧形象(MG.17683)

他们的供养人像也都绘画在莫高窟和榆林窟中[45]。西州回鹘在复兴佛法时,也得到了敦煌的帮助,归义军节度使曹元忠就曾让人抄写《大佛名经》送到西州,两地的讲唱文学作品也互有交流[46]。

在中国其他地区基本已经绝迹的祆教,又频繁出现在归义军官府的入破历(收支账目)上,此时是以"赛祆"这种民间信仰的形式重新活跃起来,但赛神的地点,仍然在原本立有祆舍的城东一里的甘泉水边[47]。

敦煌写本《大秦景教三威蒙度赞》的题记表明,这篇赞文和后面书写的《尊经》,很可能是五代曹氏归义军时期写成的,如果是归义军当地所用的文本,则说明了景教教堂的存在[48]。敦煌发现的从外地(吐鲁番)寄来的一封粟特文信函表明,这里的景教徒与西州回鹘的基督教牧师保持着通信交往[49]。近年,考古工作者在莫高窟北区发现了叙利亚文的《圣经·诗篇》,为景教在敦煌的存在提供了更重要的证据[50]。

敦煌发现的三种摩尼教经典,其中一件是五代后唐时从内地带到敦煌的,似乎它们早已没有人信奉,但却相对完好地保存在佛教寺院的藏书中。

封存于归义军后期的莫高窟藏经洞,原本应当是三界寺的藏书,这座不大的寺庙,却保存了如此丰富的宝藏,汇聚了各种文化因素的典籍[51],这可以说是敦煌国际都会面貌的完整展现。

敦煌在9至10世纪的中西文化交往中起了相当重要的作用,这是归义军对中国历史的贡献,也是敦煌藏经洞宝藏的文化面貌之所以如此丰富的原因。相反,原本较敦煌更具规模的国际大都会凉州(武威),就是在这两百年间衰落下去的,战乱频仍,不复昔日之盛。

五 丝路改道与敦煌的衰落

公元10世纪中叶以后,宋王朝先后与北方的辽、西夏、金处于敌对的状态中,影响了通过陆上丝绸之路的中西交往。西夏占领瓜沙后,征发百姓去进攻宋朝,使敦煌日趋衰落。特别是南宋建都于东南的杭州,加之中国经济、文化重心的南移,海上丝绸之路更加繁盛起来,渐渐取代陆上丝路原有的作用,敦煌逐渐失去了在中西文化交往上的重要地位。

蒙元时期,北方草原之路连接了大都(北京)、和林(今蒙古鄂尔浑河上游东岸哈尔和林遗址)和中亚,敦煌被弃置一旁。虽然在某些特定的时间里,陆上丝绸之路也被利用,如马可·波罗来华就走的是传统的陆路,经过敦煌,但相对来讲,来往者要比以前少得多了。

明朝划嘉峪关为界,敦煌成了边外的荒凉之地,从嘉峪关通哈密的路成为中原与中亚往来的干道,敦煌彻底失去了在丝绸之路上的重要地理位置,无法发挥她在中西文化交往上的原有作用。

从西夏到元朝,敦煌还不断有小规模的开窟造像活动,但艺术上已经越来越没有生命力了。明朝时期,位于关外的敦煌,更无任何造作,敦煌一带甚至成为从吐鲁番地区来的维吾尔族人放牧的场所。敦煌城东南鸣沙山麓的莫高窟,也渐渐为人们遗忘,成为牧羊人憩息的地方,数百座石窟中精美的壁画和雕塑,也任凭夜以继日的风沙吹拂。

敦煌不论从地理范围还是从州县等级来说,都不能算是很大的地方,但她位于丝绸之路的咽喉地段,自汉代以来,就是"华戎所交,一都会也"[52]。这里既是东西方贸易的中心和商品中转站,又是中国文化西传的基地和西方文化东来的最初浸染地。自汉至唐,敦煌这个国际都会的兴衰是与这一地区是和平还是战争紧密相关的。唐朝所创造的和平环境,为敦煌多姿多彩的文化繁荣提供了保障。在经过吐蕃征服和统治后,归义军政权维持了敦煌地区近二百年的社会稳定(短命的金山国除外),使当地的文化得以保存、发展。在东西方文化交往的历史上,敦煌自有其不可磨灭的贡献。

注 释

[1] 关于妇好墓的玉器,见中国社会科学院考古研究所编《殷墟妇好墓》,文物出版社,1980年;又《殷墟玉器》,文物出版社,1982年;张培善《安阳殷墟妇好墓中玉器宝石的鉴定》,《考古》1982年第2期。

[2] 参看本克尔(E. C. Bunker)、恰特温(C. C. Chatwen)、法尔卡斯(A. R. Farkas)《从东到西的兽形意匠纹艺术》("*Animal Style*" *Art from East to West*),纽约,1970年。

[3] 榎一雄《禹氏边山之玉》,《东洋学报》第66卷第1—4号,1985年,109—132页;又《榎一雄著作集》第1卷,东京:汲古书院,1992年,265—285页。

[4] 《史记》卷一二三《大宛列传》;《汉书》卷六一《张骞传》。

[5] 关于汉代丝路走向,见《史记·大宛列传》和《汉书》卷九六《西域传》。

[6] 何双全《汉代西北驿道与传置——甲渠候官、悬泉汉简〈传置道里簿〉考述》,《中国历史博物馆馆刊》总30期,1998年,62—69页。

[7] 嶋崎昌《西域交通史上的新道与伊吾路》,《东方学》第12辑,1956年;收入《隋唐时代的东突厥斯坦研究》,东京:东京大学出版会,1977年,467—493页。

[8] 夏鼐《青海西宁出土的波斯萨珊朝银币》,《考古学报》1958年第1期;周伟洲《古青海路考》,《西北大学学报(哲学社会科学版)》1982年第1期;唐长孺《南北朝

〔9〕《三国志》卷一六《魏书·仓慈传》。

〔10〕《晋书》卷九四《宋纤传》。

〔11〕参看陈寅恪《隋唐制度渊源略论稿》有关论述,上海:上海古籍出版社,1982年。

〔12〕《晋书》卷九四《郭瑀传》。

〔13〕张凤《汉晋西陲木简》,有正书局,1932年;劳榦《汉晋西陲木简新考》,台北:"中研院"史语所,1985年,48—59页。

〔14〕饶宗颐《老子想尔注校证》,上海:上海古籍出版社,1991年。

〔15〕参看姜伯勤《道释相激:道教在敦煌》,氏撰《敦煌艺术宗教与礼乐文明》,北京:中国社会科学出版社,1996年,266—283页。

〔16〕《高僧传》卷一《晋长安竺昙摩罗刹传》。

〔17〕《高僧传》卷七《晋敦煌竺法乘传》。

〔18〕关于莫高窟创建的年代,敦煌文书中有两种说法,比较多的是以上述《圣历碑》为代表的建元二年(366)说。另外一种说法是敦煌文书P.2691《沙州城土境》中的"永和八年癸丑岁创建窟",据干支,"八年"为"九年"之误,应为公元353年,更在建元二年之前十三年。近年,王素先后撰《敦煌出土前凉文献所见"建元"年号的归属——兼谈敦煌莫高窟的创建时间》(《敦煌吐鲁番研究》第二卷,1997年)和《敦煌莫高窟创建时间补说》(《敦煌文献论集——纪念敦煌藏经洞发现一百周年国际敦煌学术研讨会论文集》,沈阳:辽宁人民出版社,2001年)两文,认为366年时敦煌在前凉治下,不应用前秦年号,但前凉曾奉东晋年号,所以此建元二年,当是东晋建元二年,即344年。此说尚未得到学界认可,若然,则莫高窟创建年代更早于通常的说法二十二年。

〔19〕宿白《武周圣历李君莫高窟佛龛碑合校》,《中国石窟寺研究》262—269页。

〔20〕《魏书》卷一一四《释老志》。

〔21〕马德《敦煌莫高窟史研究》(兰州:甘肃教育出版社,1996年)提出267窟和272窟很可能即乐僔、法良所开凿。这一说法没有坚实的根据,敦煌研究院的大多数研究者认为目前保存最早的洞窟是北凉时期的,宿白先生则认为莫高窟现存最早的洞窟是北魏时期的,见所著《莫高窟现存早期洞窟的年代问题》,《中国石窟寺考古研究》270—278页。

〔22〕关于北凉佛塔,参看殷光明《敦煌市博物馆藏三件北凉石塔》,《文物》1991年第11期,76—83、64页;又《美国克林富兰艺术博物馆所藏北凉石塔及有关问题》,《文物》1997年第4期,42—45页;又《北凉石塔研究》,台北:觉风佛教艺术文化基金会,2000年。

〔23〕饶宗颐《北魏冯熙与敦煌写经》,《饶宗颐史学论著选》,上海:上海古籍出版社,1993年,481—490页。

〔24〕敦煌文物研究所《新发现的北魏刺绣》,《文物》1972年第2期,54—59页。

[25] 赵万里《魏宗室东阳王荣与敦煌写经》,《中德学志》第5卷第3期,1943年;宿白《东阳王与建平公(二稿)》与《建平公于义续考》,收入《中国石窟寺研究》244—261页。

[26] 恒宁(W. B. Henning)《粟特文古信札年代考》(The Date of the Sogdian Ancient Letters),《伦敦大学亚非学院学报》(BSOAS)第12卷,1948年,602—605页;辛姆斯-威廉姆斯(N. Sims-Williams)《中国和印度的粟特商人》(The Sogdian Merchants in China and India),卡多那(A. Cadonna)与蓝其奥狄(L. Lanciotti)编《中国与伊朗——从亚历山大到唐朝研究论集》(Cina e Iran. Da Alessandro Magno alla Dinastia Tang),佛罗伦萨,1996年,47—48页。

[27] 关于粟特文古信札的年代,有公元2世纪末和4世纪初两种说法,笔者采用后一种说法,有关的争论和笔者的看法,详见荣新江《祆教初传中国年代考》,《国学研究》第三卷,1995年,339—340页。

[28] 参看上两注引恒宁、辛姆斯-威廉姆斯、荣新江文,以及荣新江《北朝隋唐粟特人之迁徙及其聚落》,《国学研究》第六卷,1999年,38—39页。

[29] 《隋书》卷六七《裴矩传》。

[30] 池田温《8世紀中叶における敦煌のソグド人聚落》,《ユーラシア文化研究》第1号,1956年,49—92页。

[31] 见《沙州都督府图经》卷三,见《古本敦煌乡土志八种笺证》35页。

[32] 唐长孺《跋唐天宝七载封北岳恒山安天王铭》,《山居存稿》,北京:中华书局,1989年,273—292页。

[33] 荣新江《安禄山的种族与宗教信仰》,《第三届中国唐代文化学术研讨会论文集》,台北,1997年,231—241页。

[34] S.1523+上海博物馆藏40号缀合写本,见马德《敦煌莫高窟史研究》80—85页。

[35] 宿白《武周圣历李君莫高窟佛龛碑合校》,《中国石窟寺研究》265—266页。

[36] 季羡林《唐太宗与摩揭陀——唐代印度制糖术传入中国问题》,《文献》1988年第2、3期。

[37] 季羡林《一张有关印度制糖法传入中国的敦煌残卷》,《历史研究》1982年第1期。

[38] 山口瑞凤《吐蕃支配期的敦煌》,《讲座敦煌》第2卷《敦煌的历史》,东京:大东出版社,1980年,227—228页。

[39] 上山大峻《西明寺学僧昙旷と敦煌の佛教学》,收入上山的《敦煌佛教の研究》,京都:法藏馆,1990年。

[40] 参看戴密微(P. Demiéville)《拉萨宗教会议》(Le concile de Lhasa),巴黎,1952;上山大峻《敦煌佛教の研究》第一、二章。

[41] 西州落蕃人的写经题记,见池田温《中国古代写本识语集录》,东京大学东洋文化研究所,1990年,315—316、311、308页,参看荣新江《摩尼教在高昌的初传》,

《中国学术》第 1 辑,2000 年,167—170 页。

〔42〕 上山大峻《大蕃国大德三藏法师沙门法成之研究》,收入《敦煌佛教の研究》。

〔43〕 藤枝晃《敦煌千佛洞の中兴》,《东方学报》(京都)第 35 册,1964 年。

〔44〕 荣新江《敦煌文献所见晚唐五代宋初中印文化交往》,《季羡林教授八十华诞纪念论文集》,南昌:江西人民出版社,1991 年,955—968 页。

〔45〕 参看张广达与荣新江《于阗史丛考》相关部分,上海:上海书店,1993 年,32—70、98—139 页;同作者《10 世纪于阗国的天寿年号及其相关问题》,余太山编《欧亚学刊》第 1 辑,北京:中华书局,1999 年,181—192 页。

〔46〕 荣新江《公元 10 世纪沙州归义军与西州回鹘的文化交往》,《第二届敦煌学国际研讨会论文集》,台北,1991 年,583—603 页;又《归义军史研究》,346—385 页。

〔47〕 姜伯勤《论高昌胡天与敦煌祆寺》,《世界宗教研究》1993 年第 1 期;格瑞内(F. Grenet)和张广达合撰《粟特宗教的最后避难地——9、10 世纪的敦煌》,《亚洲研究所集刊》(Bulletin of the Asia Institute, new series)第 10 卷,1996 年。

〔48〕 林悟殊《敦煌景教写本 P.3847 之再研究》,《敦煌吐鲁番研究》第五卷,北京:北京大学出版社,2001 年,59—77 页。

〔49〕 陈怀宇《高昌回鹘景教研究》,《敦煌吐鲁番研究》第四卷,北京:北京大学出版社,1999 年,165—214 页。

〔50〕 段晴《敦煌新出土叙利亚文书释读报告》,敦煌研究院编《敦煌莫高窟北区石窟》第 1 卷,北京:文物出版社,2000 年,270—278 页;同上《续篇》,《敦煌研究》2000 年第 4 期,120—126 页。

〔51〕 荣新江《敦煌藏经洞的性质及其封闭原因》,《敦煌吐鲁番研究》第二卷,北京:北京大学出版社,1996 年,23—48 页。

〔52〕 《续汉书·郡国志》刘昭注引《耆旧记》。

第三讲
敦煌藏经洞的发现及文物的早期流散

敦煌藏经洞的发现,是中国近代学术史上的四大发现之一,但却是由一个不懂学术的道士偶然发现的,这就决定了敦煌宝藏的悲惨命运。

一 王道士其人

敦煌藏经洞的发现是和王道士的名字分不开的。那么敦煌佛教圣地莫高窟为什么住上了一个道士?而藏经洞又是怎样被他发现的呢?

王道士是湖北麻城县人,大约出生于清道光三十年(1850),死于民国二十年(1931)农历四月十八日,活了八十多岁。大概出身农家,小的时候读过几年书。以后家乡连年闹灾荒,据《麻城县志》记载,如咸丰六年(1856),因为夏天没有雨水,"禾麦尽槁,斗米千钱,人有菜色,野有饥莩"。王道士大概从很小的时候开始,就因为家乡的灾荒而"逃之四方"。从今天所见到的照片(图3-1)看,王道士个头矮小,与青少年时期的营养不良是有关系的。

图3-1 王道士

有关王道士逃难的过程没有任何详细的记载,据他的弟子为他立的

《墓碑》说,他曾"历尽魔劫,恢心名利"。最后,他在甘肃西部的肃州(今酒泉)的巡防军中,当了一名士兵。退伍以后,在酒泉出家当了道士,师傅名叫盛道。以后,他离开师傅,云游到敦煌莫高窟,住了下来,时间大概在光绪二十四年(1899)或稍前一些,年龄在五十左右[1]。《墓碑》说王道士名圆箓,法号法真[2]。但"圆箓"这个名字仍然像个道教的法名,而不是他的本名,大概他从来没有向敦煌人讲过自己的真名,所以人们也就不知道他的本名是什么。其实他的本名如何并不重要,重要的是他隐没本名的目的,无疑是从一开始就想在敦煌人面前树立一个神圣的道士形象。

二 藏经洞的发现

位于甘肃省最西端的敦煌,在中国历史的很长一段时间里,曾经是丝绸之路上繁荣的国际都会之一。从汉代经魏晋南北朝到隋唐五代,由于通过陆上丝绸之路的中西交往比较频繁,敦煌曾经汇聚了东西方的多种文化,这就是我们在藏经洞中不仅看到有汉文文献,还有藏文、回鹘(维吾尔)文、于阗(和田)文、粟特(中亚古代民族)文、梵文等文献材料,又有儒家经典、佛教、道教、摩尼教、景教的典籍和有关拜火教的记载的原因。然而,从北宋王朝开始,因为中原王朝的政治、经济、文化中心的南移,海上丝绸之路渐渐取代陆上丝路而繁荣起来,特别是明朝把敦煌弃置于嘉峪关之外,经河西走廊通向西域的道路也改从嘉峪关到哈密,敦煌地区日益荒凉下来,甚至成为放牧的场所。敦煌城东南鸣沙山麓的莫高窟,也渐渐为人们遗忘。

一百年前的中国,正处在日渐衰落的清朝末叶,远离政治、文化中心的敦煌石窟,根本没有受到中国政府和学者的注意,偌大一个莫高窟佛教艺术宝库,就由一个云游而来的道士看管起来。然而,此时充满进取心的各种类型的西方探险家,已经开始注意到了敦煌莫高窟,在 1900 年以前,俄国的普尔热瓦尔斯基(N. M. Przheval'skii)、匈牙利的洛克济(Lajos Loczy)、法国的邦宁(Charles Eudes Bonin)等人,都曾走访过敦煌千佛洞,但他们的主要目的是地理探查,也还没有特别留意于莫高窟的艺术价值[3]。敦煌石窟的广为人知,是以敦煌藏经洞的发现为嚆矢的。

王道士来到敦煌莫高窟时,窟前有三所寺庙,即上、中、下寺。上、中两寺为西藏的喇嘛占据,于是,王道士就在莫高窟南区北部的下寺住了下来。当地百姓以汉族为主体,他们诚实而愚昧,敬畏神祇,分不清什么是佛教和道教,有神则信。而王道士比讲藏文的喇嘛更容易和敦煌的老百姓接触,所以很快立住脚跟,并四处化缘,努力想把莫高窟的佛殿改造成道教的灵宫。他把一些佛像改塑成俗不可耐的道教灵官,又因为窟前的栈道多已崩毁,他就把一些洞窟间的隔墙打通,以便往来。其实,他的这些做法,对敦煌石窟造成了一些不可挽回的损害。现在,那些王道士供奉的道教灵官早已经从洞窟中移走,但我们可以从斯坦因和伯希和留下的照片中看到一些形象,与敦煌石窟原有的塑像相比,它们没有什么艺术价值可言;而他凿通的墙壁,现在也已经都被封堵起来,但我们参观莫高窟时常常可以看到洞窟角落里那没有壁画了的光秃泥巴,不禁为一幅幅完整的壁画被人为地破坏而痛心。

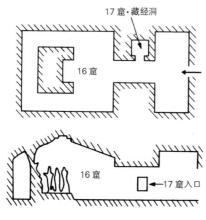

图3-2 藏经洞位置图

开凿在鸣沙山东崖上的莫高窟,窟室大体上分为上中下三层,由于西北风的长年吹拂,沙子从窟顶蔓延下来,把底层一些洞窟的洞口埋了起来。王道士居住的下寺对面的大窟(现编为第16窟),是他改建灵官的主要处所,但洞口甬道堆满了沙土,整个洞门都被封了起来。现在留在甬道两壁的一道道沙痕,直抵洞口的顶部,表明当年积沙之多。王道士雇了几个伙计,帮忙清扫长年堆积在窟前的沙子。请记住中国历史上的这个日子——1900年6月22日(光绪二十六年庚子五月二十六日),16窟甬道的沙土已经渐次清理完毕,一位姓杨的伙计发现甬道北壁的壁画后面可能有洞。于是"王道士夜半与杨某击破壁,则内有一门,高不足容一人,泥块封塞。更发泥块,则为一小洞,约丈余大,有白布包等无数,充塞其中,装置极整齐,每一白布包裹经十卷。复有佛帧绣像等则平铺于白布包之下"[4]。这段出自1942—1943年逗留敦煌的画家谢稚柳先生的记载,虽然来自敦煌民间的传说,但比较真实准确地描写了藏经洞(现编为第17窟,图3-2)发现时的情形。关于藏经洞门是如何发现的还有其他一些更传奇的说法,但可以想象的是,只要塞满洞口的积沙被挖走,掩盖藏经洞门部分的壁画失去承重的力量,很可能会有裂痕出现,所以一旦积沙移走,藏经洞的发现就是必然的结果。敦煌藏经洞是在一个纯偶然的时间和环境下被王道士等人发现的。应当说,若没有王道士雇人清理16窟甬道的积沙,藏经洞还会在那壁画的背后沉睡不知多长时间。从这一点上来讲,不论怎样评价王道士以后的作为,敦煌藏经洞的发现还是要归功于他。

一座给20世纪的学术研究带来丰富素材的文化宝库就这样被发现了,一个在中国考古学史上难得的惊人发现就这样被一名完全不懂得考古为何物的道士发现了。可惜的是,号称近代中国学术史上四大发现之一的敦煌文献,不是像甲骨文和明清档案那样首先被中国学者所认识;也不像敦煌西域汉晋简牍那样由外国考古学者所掘得,而是落入没有多少文化知识的王道士手中。

三 敦煌藏经洞文物的早期流散

王道士虽然没有读过多少书,但面对这么多古代的经本和画卷,当然也知道它们的"价值"。他不断拿出一些书法精美的佛经写卷和漂亮绢画,送给附近的官绅和过往的官僚士大夫们,以换取一些功德钱。但这些人都不识货,也没有人去追问这些古老的经卷和绘画是从哪里来的。

由于材料的缺乏和零散,我们目前还无法厘清藏经洞文物流散的早期历史,以下是从零碎的资料中辑出的有关藏经洞文物早期(斯坦因到来以前)流散的情况。

1. 廷栋旧藏

据说,王道士最早赠送的对象是驻扎酒泉的安肃道道台兼兵备使廷栋,因为他可能是王道士原来在肃州当兵时的上司。《敦煌石室记》有如下记载:

> 王道士颇机诈,思借之贸利,私载经卷一箱至酒泉,献于安肃道道台满人廷栋。廷栋不省,以为此经卷其书法乃出己下,无足重。王道士颇丧沮,弃之而去。嘉峪关税务司比国人某将回国,来谒廷栋。临行,廷栋出数卷赠之。此比国人行过新疆,复谒长庚将军(亦满人)及道台潘某,相与道敦煌事,复以经卷分赠长庚与潘道台[5]。

这段可能是得自敦煌当地传闻的记载似乎不是无稽之谈,因为斯坦因在他的考察游记《沙埋契丹废址记》和正式考古报告《西域考古图记》中,都提到王道士曾经通过"肃州道台"把一些经卷报送"甘肃藩台",却没有得到重视[6]。廷栋,这位自负的满族官僚只是觉得这些古代写经的书法还不如自己写得好,而没有对它们表示特别的兴趣,也没有采取任何保护的措施。

廷栋留下的卷子哪里去了?据上引《敦煌石室记》,其中有数卷作为礼物,送给了一个比利时的税务官,后者在新疆转送给长庚和潘道台。而更多的卷子,应当仍然存在廷栋的家中。这批卷子的去向,仍然有迹可寻。水梓《张广建督甘时期的见闻》记:

> 1917年(民国六年)12月,肃州驻军哗变,经分统领周炳南戡定后,办理善后。安肃道尹杨炳荣涎前道尹廷栋财富,密与周炳南商,诬廷栋是宗社党,兵变是由宗社党鼓动。周炳南突入廷栋家,杀廷栋及其二子,抄出廷栋财物六十大箱,内藏有价值文物不少,将其中敦煌经卷、流沙坠简之类,择优贡给[张]广建,其余财物,道、县、分统剖股表分。旋被廷栋在京之子向中央控诉,广建派司法人员许家拭、张庆瑜等往查,乃与杨炳荣分赃作弊(分得唐人写经,首尾完备的不少,后来许家拭的父亲许承尧,所存此项经卷有六百卷之多,大部皆从此案得来),一味袒护。廷栋之子控诉不已,后任道尹杨思到任后,派秘书兼酒泉县长蔡镇西彻查,才和盘托出,报京了案[7]。

由此可知,廷栋的藏品主要落入张广建、许承尧、杨炳荣、周炳南等人手中。

张广建(1867—?),字勋伯,安徽合肥人。1916年7月,任甘肃省督军兼省长。1917年支持张勋复辟,被任命为甘肃巡抚。1920年12月去职,以后寓居天津。他攫取到敦煌写经数百卷,其中一些精品,曾在1924年秋北京举办的"江西赈灾书画古物展览会"上展出[8]。至迟在1929年以前,张氏藏品经白坚(1883—?)的转手,出售给日本三井家族。1985年,三井文库接受三井家(包括北三井、新町三井、南三井三家)捐赠的敦煌写经。1989—1991年间,经施萍婷先生的努力,这批写经由施先生与三井文库的同行重新登记,整理编目,见施先生《日本公私收藏敦煌遗书叙录(一)——三井文库所藏敦煌遗书》一文,收有《日本三井文库珍藏敦煌遗书目录》,共著录112件写经[9]。三井文库藏卷主要是佛经,而且有不少经卷首尾完整,说明王道士拿出来送给廷栋的卷子,应当是检取他认为比较好的,因此大多数是写经,而且品第较佳。

许承尧(1874—1964),字际唐,号疑庵,安徽歙县人。1911年后任甘凉(今甘肃张掖)道尹,后辞官归乡,致力于乡邦文献的收集整理。由于兴趣的转移,许氏藏卷后分次售出,叶恭绰、龚钊等人购得七八十卷,其余零售,现分藏于安徽省博物馆、中国国家图书馆(北京图书馆)、北京大学图书馆、上海图书馆、上海博物馆、天津艺术博物馆、台北"中央"图书馆、台北"中研院"史语所、日本天理大学图书馆、美国弗利尔美术馆(Freer Gallery of Art)等处。从已经发表的北大、上图、上博、天津艺术博物馆藏卷和笔者经眼的台北"中央"图书馆、天理大学图书馆、弗利尔的许氏旧藏卷看,其中不乏精品[10]。还没有经过敦煌学者仔细调查的安徽省博物馆藏卷,从《中国古代书画图录》发表的《本际经》和《书信》卷子来看[11],也是早期流散出来的重要典籍和文书。水梓上引文中提到的许承尧之子许家拭,也藏有敦煌文书,此即最近《上海图书馆藏敦煌文献》所刊《敦煌石室捃佚七种》,有许家拭识语[12]。

杨炳荣分得的卷子下落不明。周炳南,字静山,甘肃狄道人。保定陆军学堂毕业,曾任肃州巡防各部帮统兼带第四营,人称"周统领"。他作为一介武夫,也分得一些经卷,不过品次要比张广建、许承尧所得差得多。现敦煌研究院收藏有他旧藏的若干写经,已经装裱成两册,题"敦煌石室遗墨"[13],其中多为残经,不知是否是当时分得。周炳南在敦煌一带任职很长时间,当然有机会从其他途径获得文书,如他旧藏的《元延祐三年(1316)奴婢买卖红契》[14],就应当是莫高窟北区出土的元代文书。此外,他还是1925年阻止华尔纳考古队剥取敦煌壁画的主要人物之一。

总之,王道士送给廷栋敦煌卷子的事并非虚言,有关记载中特别提到书法好坏,而没有提到绘画,这和张广建、许承尧所藏主要是佛经写本正好相符,从这些佛经写本可以大略看出藏经洞最初流散出来的经卷情况,因为这毕竟是有案可查的第一批王道士从藏经洞拿出来的文物,这批卷子的详细情况有待据原卷加以仔细考察。

2. 叶昌炽旧藏

光绪二十八年(1902)农历正月,著名金石学家叶昌炽(1849—1917)出任甘肃学政。他五月份在兰州接印任职,一直到1906年废科举、停学政时止,四年中他周游甘肃各地,按试诸生,考核教官。他在《缘督庐日记》中,对所见所闻做了详细的记载,也为我们留下了有关藏经洞的最早记录。叶氏的这部日记,曾在1931年由他的学生王季烈等人从原稿辑出十分之四的内容,出版了《缘督庐日记钞》。1990年11月,江苏广陵古籍刻印社把苏州图书馆所藏《日记》原稿本影印出版,计48册六函,提供给我们有关敦煌藏经洞最早记录的原始资料。现把《缘督庐日记》中有关获得敦煌经卷绘画的记载转录于下：

光绪二十九年十一月十二日(1903年12月30日)记：

> 汪栗庵大令自敦煌寄至唐元拓片。……又旧佛像一幅，所绘系水陆道场图。绢色黯黩，丹黄陊剥，惟笔墨出于俗工，尚不甚古，极早为明人之笔。又写经四卷，皆《大般涅槃经》，笔法遒古，确为唐经生派，纸色界画与日本估舶者无毫厘之异，乃知唐人经卷中东同一流传，特以震旦重遭劫火，消磨殆尽。敦煌僻在西荒，深山古刹，宜其尚有孑遗。闻此经出千佛洞石室中，室门熔铁灌之，终古不开，前数年始发而入，中有石几石榻，榻上供藏经数百卷，即是物也。当时僧俗皆不知贵重，各人分取。恒介眉都统、张又履、张篠珊所得皆不少。《大中碑》亦自洞中开出，此经疑即为大中写本也。

汪栗庵即1902年出任敦煌县长的湖北通山县人汪宗翰，他是王道士的同乡，所以王道士把一些很好的经卷和绢画送给了他。他为求上司的好感，必然是把最精美的绘画和卷子送给了叶昌炽。

光绪三十年八月二十日(1904年9月29日)又记：

> 汪栗庵来公私两牍。……又宋画绢本《水月观音像》，下有绘观音菩萨功德记，行书右行，后题："于时乾德六年岁次戊辰五月癸未朔十五日丁酉题纪。"又大字一行云："节度行军司马金紫光禄大夫检校司空兼御史大夫上柱国曹延清供养。"又三行云："女小娘子宗花一心供养，慈母娘子李氏一心供养，小娘子阴氏一心供养。"其帧仅以薄纸拓，而千余年不坏，谓非佛力所护持邪？又写经三十一叶，密行小字，每半叶八行，行三十三至三十五字不等，旁有紫色笔，如斜风细雨，字小于蝇，皆梵文。以上经象栗庵皆得自千佛洞者也。

同年九月初五日(1904年10月13日)记：

> 敦煌王广文宗海以同谱之谊馈塞外土宜，拒未收，收唐写经两卷、画像一帧，皆莫高窟中物也。写经一为《大般若经》之第百一卷，一为《开益经》残帙。画像视栗庵所贻一帧笔法较古，佛像上有贝多罗树，其右上首一行题"南无地藏菩萨"，下侧书"忌日画施"四字，次一行题

"五道将军",有一人兜牟持兵而立者即其象。左一行题"道明和尚",有僧像在下,其下方有妇人拈花象,旁题一行云:"故大朝于阗金玉国天公主李氏供养。"元初碑版多称"大朝",然不当姓李氏。此仍为唐时物耳,公主当是宗室女,何朝厘降,考新旧《唐书》外夷传或可得。

王宗海是敦煌当地文人,也是最早的敦煌藏经洞出土物的收藏者,看他送给叶氏的经卷绘画,其收藏的品第并不比县长汪宗翰差。

总计叶昌炽所得经卷画像,共有:佛像一幅、宋乾德六年曹延清供养《水月观音像》、于阗公主供养《地藏菩萨像》等三幅绢画,《大般涅槃经》四卷、《大般若经》卷一百一、《开益经》残帙、梵文写经三十一叶等经卷。

1906年,叶昌炽拜见其师汪鸣銮(1839—1907,字柳门,号郋亭),《日记》中记载:"〔丙午〕七月初四日(1906年8月23日)五点钟,始赴郋亭师之招,导登万宜楼藏书之所也。……携陇上所得写经卷,请郋师鉴定,频许可,请留置文房。"根据这条记载,叶昌炽所得的经卷,大概在1906年就送给了汪鸣銮,但是不是全部,是否包括梵文经卷,我们仍不得而知。

至于三幅绢画,叶氏带回苏州老家,保存情况不佳。《日记》辛亥年八月三十日(1911年10月21日)条记:"旧藏书画以次抖捒。敦煌石室乾德画像内夹油纸,经蒸经后胶黏牢固,手自揭开,已损四五字,罪过罪过。"表明那幅《水月观音像》已经破损,文字有缺。叶昌炽没有子嗣,1914年已将所藏碑拓出售,为刘承幹的嘉业堂和刘世珩的聚学轩所得。大概所藏敦煌绢画较为珍贵,所以到1915年还在手中。乙卯年二月二十四日(1915年4月8日)的《日记》中记载:"聪生、印若(翁绶祺)先后来谈极久,出所藏敦煌莫高窟宋画佛像两轴示之。绢质,已破烂。印若允代付装池。"这里只提到两幅绢画,恐怕那幅佛像已经不在叶氏手中了。由于苏州潮湿,所以绢画保存情况欠佳,已经破烂。这两幅绢画大概在1917年叶氏去世后流出,先归福州梁氏。1919年出版的英文本《著名艺术鉴赏家福州梁章钜名画藏品图录》上,曾刊出其中的《地藏菩萨像》[15]。因为梁章钜(1775—1849)的生存年代在藏经洞开启半个世纪以前,因此有人怀疑这幅画可能是赝品。实际上,伯希和早就指出,这本《目录》虽然声称是1837年梁氏自己编写的,但这无疑是不可靠的[16]。从这幅画的出现也可以断言《目录》的年代不应早于1915年。以后,这两幅画归浙江吴兴蒋汝藻的传书堂所有。1919年,王国维受聘为传书堂编藏书志,在蒋家看到这两幅绢画,先在同年9月10日和16日给罗振玉的信中简单考释[17],以后又写成两篇跋文,刊于《观堂集林》卷二十。据王氏跋文,乾德六年画像的题记已有残缺,因此王氏所录不如叶氏《日记》齐全。1925年,蒋汝藻因兴办的实业亏损,开始典卖图书,所藏大多数辗转为北京图书馆和商务印书馆所得。两幅敦煌绢画后来流入上海书肆,1930年被一日本人从上海中国书店主人金颂清处买走[18]。这两幅画后来分别于1930年和1935年,由美国华盛顿的弗利尔美术馆从纽约买到,经过装裱后一直妥善保藏在该馆库房中,尤其是《地藏菩萨像》一幅,如同新绘的一样。其中《水月观音像》曾多次发表[19],而《地藏菩萨像》因为色彩过新,以致让研究者迟疑不定,而长期没有正式发表。1997年2月,笔者有机会走访弗利尔美术馆,见到这幅寻觅已久的于阗公主供养的《地藏菩萨像》(图3-3),向馆方提供了这两幅绢画在入藏该馆前的流传情况和相关记载,得到馆方许可,予以发表,以便学人探讨[20]。

叶昌炽旧藏经卷,现在不知何在。收藏在弗利尔美术馆的两幅绢画,一幅原有"乾德六年(968)"的题记,一幅虽然没有题记,但有"故大朝于阗金玉国天公主李氏供养",供养人于阗天公主李氏,是归义军节度使曹延禄(976—1002年在位)的夫人,其绘制的年代更晚[21]。这两幅10世纪后半绘制的精美绢画,是属于最早移出敦煌藏经洞的文物,在叶昌炽收到时保存良好,估计它们原本是放在藏经洞书堆的上部,或者是靠近门口的地方,而不是像斯坦因入洞后翻到底层才得到的被压在底层而折断的那些大幅绢画,这些都表明了藏经洞发现时某些绢画和经卷的位置。

顺带提示一下,叶昌炽《缘督庐日记》首次记录了藏经洞发现的确切年份(光绪三十年九月初七日条),但他当时误信了汪宗翰所说的石室所出只有"藏经数百卷","各人分取",已经分光,所以也就没有把这事太当真。而过去学术界传说叶昌炽曾建议甘肃藩台把所有藏经洞古物运到省垣兰州保存,但因运费无着落,没有成功。细检《日记》全本,没有找到相关的记载,从叶昌炽当时不知有数万写本被发现的情形来推测,这个传说大概是难以成立的。据斯坦因的记载,王道士刚一发现藏经洞,就通过肃州道台转送给甘肃藩台敦煌经卷,但因运费无着,甘肃藩台命令王道士看管[22]。又有一种说法是,汪宗翰曾经到敦煌藏经洞考察,并建议兰州的藩台衙门妥善保护这批文物,但因为种种原因,藩台只是在1904年命令汪宗翰把经卷画像检点封存于原地,仍交王道士保管[23]。无论哪一种说法,目前都还没有得到确切的史料证明。

图3-3 叶昌炽旧藏于阗公主供养的《地藏菩萨像》

3. 端方旧藏

端方(1861—1911),字午桥,一字悟樵,号匋斋、陶斋,谥忠愍,是满洲正白旗人。1882年举人,历任陕西按察使、山西布政使、河南布政使、湖北总督,摄湖广总督。1905年赴日、英、德等国考察政治。1906年任两江总督。同年,端方转任直隶总督兼通商事务大臣。1911年任川汉粤汉铁路督办大臣,保路运动中在资州被起义军所杀。端方身居要职,喜收藏古物书画,因藏有《华山碑》拓本,故名其书斋为宝华庵,他的幕府中也云集了一批金石书画名家[24]。不少官员把收集到的金石书画送给端方,敦煌绘画和经卷也不例外。

在斯坦因1907年3月到达敦煌之前,一件敦煌藏经洞出土的绢画就已经寄达南京的端方幕府。这幅画是北宋开宝八年(975)绘制的敦煌灵修寺尼戒净供养的《观音菩萨像》,其照片刊布在1929年8月11日出版的《艺林旬刊》第59期上。图画的右侧题记为:"宋灵修寺开宝八年观音画像,光绪二十五年(1899)出敦煌千佛洞,严金清自兰州寄赠。"左侧题记为:"匋斋尚书永充供养,光绪三十三年(1907)元旦清信士王瓘敬书。"两侧题记都出自著名篆书家王瓘(字孝玉)之手,他当时正参端方幕府。严金清(1837—1907)字紫卿,曾随魏光焘镇压甘肃回民起义,任职兰州,因此有机会得到敦煌新出绢画。这幅绢画至迟在光绪三十二年底就从兰州寄出,所谓"光绪二十五年出敦煌千佛洞"的说法,应当是传自兰州的严金清。根据有关藏经洞发现年份的其他记载,这一说法应当是兰州地方的误传。罗振玉子罗福苌编《沙州文录补》,曾录有《敦煌灵修寺尼戒净画观音菩萨像记》,题"丰润端氏宝华庵藏",对比《艺林旬刊》图版所示题记,就是这件绢画的题记。《艺林旬刊》还有编者的跋语:

此观音变相宝像,绢本,笔法道紧,仪容俨然,赋色深厚,犹有唐风。记字经生所书,与同出唐经卷体格相类,盖一时风行,至宋初未改也。

此跋当出自《艺林旬刊》编者周肇祥手笔,他应当见到原件,所以描述贴切。此画像上为六手观音,左右上下有供养人像及榜题。绢本保存完好,是10世纪后半绘制的精品。

1936年出版的松本荣一《敦煌画之研究·附图》(东方文化学院东京研

究所)四三,也发表过这件绢画的图版,题作"法华经普门品变相",在正文136页称此画藏美国波士顿美术馆(The Museum of Fine Arts,Boston)[25]。

目前所知的另一件端方旧藏品是《金刚般若波罗蜜经》,有唐高宗咸亨四年(673)三月十一日长安弘文馆写经题记,是严整的唐朝宫廷写经。此卷现存德国巴伐利亚州立图书馆(Bayerische Staatsbibliothek),据说是一个德国人在1900年前后从天津买到的,其背面有"光绪贰拾伍年敦煌千佛洞塌出唐时写经"的题记[26]。这件写经即罗振玉《唐馆本金刚经跋》中研究的卷子,罗振玉说他是"宣统元年(1909)十一月"借自匋斋藏书[27],说明此写本原属端方,1909年时还在端方手中,所谓德国人1900年就从天津购买到手的说法是不足为据的,而题记"光绪二十五年敦煌千佛洞塌出"的说法,与严金清寄赠绢画上的说法一致,或许这件写经也是兰州的严金清所赠。罗振玉跋语没有提到写卷背面的这则题记,所以也不排除是后来人写上去的。

我们目前所见端方旧藏卷不多,但一件975年的精美绢画,一件673年宫廷写经,都是藏经洞中的精品。从研究藏经洞早期文物的角度看,它们与叶昌炽所得有着许多相同的性格。

4. 苏子培旧藏

彰明人苏子培任敦煌典史,曾获得《庄子·知北游品》和佛经、道科等六个卷子。关于苏子培藏卷的来历,龚煦春在《庄子·知北游品》写本(现藏书道博物馆)后的跋语中有详细的说明:

此卷乃光绪三十一二年间(1905—1906)彰明苏子培任敦煌典史时所得以寄其弟季培者,书法醇厚,颇似初唐人所书。然篇首题目称"南华真经",则玄宗以后人所书矣。……末有净土寺藏经图记。……子培寄其弟之卷凡六,中有佛经一卷,系武德四年长安令李某监造,字体类钟绍京。又佛经三卷,汉中田承伯、康星甫暨余各得其一,字皆方整,谛审乃晚唐人笔。又道科一卷,亦在余处,字甚拙劣,知此经虽同藏石窟,其由来非一时所聚也。……唐末距今已千年,等而上之,已千二三百年矣。此卷尚首尾全具,纸墨如新,非有神灵呵藏之名山,更千余年乃发见于世,则后之人又何从得见唐代手写书卷程式乎。……余素不识季培,绵竹冯春翘以余留心古迹,乃为余介绍以归于余,春翘亦可谓善成人之美者矣。季培,绵竹杨叔桥之婿,长安令造经一卷归叔桥长嗣思永,附记于此。辛亥(1911)十月,成都乱起,余携此卷归井研,藏之古美堂。明年壬子(1912)正月六日,独坐山窗,反复展玩,因记此卷发见原始及购得之缘于此,俾后有考焉。

写卷上有满汉文对照"敦煌县印"[28]。

苏了培所得共有《南华真经》一卷、道科一卷、佛经四卷,其中一件为唐高祖武德四年(621)所写。这些卷子辗转收藏于私家,除《南华真经》目前在日本东京书道博物馆外,其他不知所在。但这些卷子一般都是品相较好、书法亦佳者,表明了王道士取以送人的选材标准,也注定了早期流散的敦煌文献的类型多是佛经道典。

5. 陆季良旧藏

1909年伯希和携敦煌经卷到北京时,曹元忠曾往伯氏寓所抄录敦煌文书,成《沙州石室文字记》一文,其序言开头处记:

> 光绪戊申(1908),同年陆季良示余甘肃敦煌县令汪宗翰所遗后唐天成四年己丑岁五月廿九日樊宜信造《药师琉璃光如来象》,绢本,长三尺许,笔意古拙,彩色鲜明。其题记文字皆右行,盖千佛岩莫高窟物也[29]。

这是汪宗翰送给陆季良的后唐明宗天成四年(929)绢本《药师琉璃光如来像》,彩色鲜明。

王惠民先生《日本白鹤美术馆藏两件敦煌绢画》一文所介绍的第一件《药师说法图》[30],应当就是这件陆季良旧藏绢画。据说,这幅画是1932年前后被大阪古董商浅野梅吉(1877—1960)从中国买去,后由白鹤美术馆创立者嘉纳治兵卫(1862—1951)购得,于1936年入藏白鹤美术馆[31]。

6. 其他散出的文献

此外,1907年,斯坦因在遇见王道士之前,在千佛洞的藏族小喇嘛手里,初次见到一卷敦煌写经[32]。1908年,伯希和在乌鲁木齐清朝官员载澜处,看到两件敦煌唐人写经[33]。这几件写经打动了斯坦因和伯希和,其品相一定不差。

以上是笔者所知1900年敦煌藏经洞开启以后到1907年3月斯坦因进洞以前流散出来的敦煌绢画和经卷。这些已知的文物虽然不是这一阶段中流散出来的全部，但如果把这些材料综合起来，可以看出藏经洞文物初期流传的一些情况，并由此看出一些问题的线索。

第一，这些文物应当都是经过王道士之手送出来的，因为从汪宗翰告诉叶昌炽的藏经洞只有数百卷的情形来看，王道士其实对当地的官府和文人耍了个花招，并没有把真相告诉他们，而这些官员和文人也没有追根问底地去追询这些绢画和经卷的来历。敦煌的官员和文人如果知道洞中还有如此多的像他们送给叶昌炽那样的宝贝，他们不会傻到如此地步，而从不到莫高窟去瞧一眼。它们大多数是学术价值和艺术价值都很高的写本和绢画，这说明王道士颇有一些鉴赏能力。从这一点来看，王道士是个十分狡猾的人。

第二，王道士送出来的这些写本和绢画，对比今天接近全部公布的藏经洞文物，它们仍然是属于藏经洞文物和文献的精品。这说明王道士并不是像人们过去想象的那么笨，他从绢画和经卷的外观和书法来判断，选择的文物大多数是属于藏经洞中的精品。也正是由于王道士的鉴赏能力只有外观和书法两个方面，所以他送出去的文物是以书法精美的写经和色彩鲜艳的绢画为主。以后王道士把书法较佳但文献价值不高的汉文写经留给自己，而把书法不佳的世俗文书、非汉语文献和绢纸绘画等学术价值最高的材料出让给斯坦因、伯希和，这种做法也可以反衬出他早期送人时的选择标准。

第三，早期流出的绢画大多数是10世纪后半绘制的，经卷也是一些比较完整的写经卷子。由此或许可以推知藏经洞书堆上层放置的材料，可能是这些10世纪后半的绢画和一些佛经卷子。根据斯坦因的记录，在他到来之前，藏经洞上层的原貌已经打乱，但从斯坦因对整个藏经洞书堆的描述和他摄制的藏经洞经卷刚搬出来的照片看，藏经洞原本的包裹堆基本保持原状，王道士是否把这样的一堆材料通通翻个底朝天，目前还无法得出定论。

第四，这些早期的文物一经确认，其对于研究敦煌卷子的价值是很大的，因为散藏的敦煌写经中有不少伪卷，如果可以证明它们是1907年以前流散出来的，那么我们可以断言它们的可靠性，并且可以把它们作为判别伪品的标本。可惜的是我们对于早期流散的全部文物情况并不清楚，即便是上述有记载的流散写经绢画，有些今天也不知所在，希望以后能够在陆续公布的敦煌小收集品中，重新看到这些珍本秘籍的原貌。

四 敦煌宝藏的命运和王道士的下场

中国学者与敦煌宝藏失之交臂,不到几年,在中国新疆已经盗掘了大量古物并运回伦敦的英籍匈牙利人斯坦因来到敦煌,这位受过严格的考古学和东方语文训练的学者,由此成为当时来中亚考古的一批西方探险家中最有收获的一个,也是由此在西方世界获得最高"荣誉"的一个。

1907年3月,斯坦因根据他的同乡洛克济(L. de Loczy)的建议,到敦煌莫高窟考察。当他得知藏经洞发现了大批写本和绘画以后,就一面到敦煌西北长城沿线做考古发掘,获得大批汉简;一面耐心地等待外出化缘的王道士回来。5月间,王道士回到莫高窟,不懂中文的斯坦因通过他的中文秘书湖南人蒋孝琬与王道士周旋,编造花言巧语,说斯坦因是从印度来的取经僧,要把唐僧取经带到中国的经卷取回印度,骗得了对《西游记》中唐僧取经故事很熟悉的王道士的信任。在一个漆黑的夜晚,斯坦因被允许进入藏经洞。然而,当时的藏经洞中塞满了写卷、绢纸绘画的包裹,只能容下两个人站在里面,所以,斯坦因就在16窟中搭了个帐篷,由蒋孝琬和王道士夜间

图3-4 斯坦因从藏经洞搬出经卷的情形

把包裹运到帐篷中展示给他。在包裹搬出大半后(图3-4),他进洞清理,把藏经洞中的文献和文物翻了个底朝天,最后露出里层的壁画和镶在墙里的石碑(洪䛒告身碑)。

根据斯坦因的统计,洞中所有的材料原来分包在两种包裹中,一类是所谓"正规的图书包裹",总共有1050个装汉文卷子的包裹,还有80个装藏文卷子的包裹;另一类是所谓"杂包裹",包着梵文、于阗文、藏文的贝叶形写本和回鹘文、粟特文卷轴以及绢纸绘画、丝织品、修补佛经或佛画的文书、废纸、木棍等等。王道士当然也不懂这些文献的学术价值,当斯坦因以四个马蹄银(相当于200两银子)跟他达成交易时,他留下的是那些他看上去书法精美的普通佛经,而斯坦因除了获得270个装有汉、藏文写卷的"正规包裹"外,更多的是得到了装有美术品和非汉文文献的"杂包裹",也就是说,斯坦因装走的29箱材料,从学术研究而不是从欣赏的角度来说,是敦煌宝藏中更有价值的部分[34]。

斯坦因走后不到一年,即1908年2月,沿新疆塔克拉玛干沙漠北沿进行考古的法国人伯希和(Paul Pelliot)在乌鲁木齐休整时见到两件敦煌写经,立刻赶往敦煌。由于他可以讲流利的汉语,很快被王道士允许进入藏经洞内拣选写卷(图3-5)。伯希和知道自己无法获得所有洞内的资料,因此为自己订立了几个选择标准,即选取背面有非汉文的卷子、带有写经题记的卷子、估计未入佛藏的卷子和非佛教的典籍与文书。伯希和以500两银子,从王道士手中换取了藏经洞宝藏的精华[35]。

1909年8—9月间,伯希和已经把大批敦煌收集品运送回法国,又从他供职的越南河内法国远东学

图3-5 伯希和在藏经洞中选取文物

院北上,到北京购书。在北京期间,他邀请罗振玉等中国著名学者看了他随身携带的敦煌藏经洞发现的一些珍本文献,使中国学者首次清楚地认识到藏经洞宝藏的价值。当罗振玉从伯希和那里获知敦煌藏经洞还有剩余写卷时,于是提请学部收集。1910年,清学部电令甘督何彦升,把所余经卷悉数购买,运到北京收藏。学部为此拨款共银6000两,合敦煌市平银6918.4两,比斯坦因和伯希和的总和要多得多。但这笔钱主要被敦煌官府用作改修孔庙,剩余的用作修补城墙,只给了王道士300两作香火费[36],为此王道士对官府颇为不满。

其实,负责收购经卷的官员并没有十分用心,虽然运到北京的残卷超过一万个编号,但留在当地的写本和残片也不在少数。地方官府对经费的截留,使王道士得到的官府经费还不如斯坦因和伯希和给的多,于是他把一些书法整严的写经偷偷地藏了起来。1911—1912年,日本大谷探险队的橘瑞超、吉川小一郎到敦煌,从王道士手中买到数百写卷。1914—1915年,俄国奥登堡(S. F. Oldenburg)考察队到敦煌,又从王道士那里获得300多个卷子。1914年,斯坦因再次到敦煌,又从王道士手中买了570个卷子,花了500两银子。这些卷子,都是很普通的写经,而且副本很多,学术价值不大,比如大谷探险队所得的200多个卷子,多是重复抄写的藏文《大乘无量寿经》[37]。

当藏经洞的经卷大体上瓜分完毕以后,藏经洞的发现者王道士的身影也就逐渐在历史记载中黯淡下来。1923—1924年,美国哈佛大学的华尔纳(Langdon Warner)来到敦煌,但那时藏经洞的文物已经搬空,王道士手中也没有了存货。华尔纳的主要目标是揭取壁画,他说他曾送给过王道士礼物,所以在他把壁画和一尊塑像搬走时,王道士毫无惋惜之情[38]。1925年,陈万里随华尔纳等第二次赴敦煌"考古",王道士避而不见,人称已经因为受到当地百姓的谴责而得了精神病,但也有人说他是装疯卖傻[39]。晚年的王道士过得不会很舒服,他受到当地民众道义上的强烈责难。所以,当他在1931年去世时,他的弟子是得到当地绅士们的允许,才敢为他们的师傅立了一块泥制的墓碑[40]。

作为敦煌藏经洞的发现者,王道士的名字可以说是无人不晓的了。长期以来,他作为敦煌藏经洞宝藏流失的责任者,被钉在中国历史的耻辱柱上,普通人骂他是"卖国贼",文人指他是"敦煌石窟的罪人",学者也斥责他的"无知"和"愚昧"。近年来,人们的眼界渐宽,看到的资料也多了起来,有的人开始为王道士"平反昭雪",或把更多的不满,发泄在斯坦因、伯希和等身上[41]。

历史是复杂的,有关王道士的历史除了真伪并存的民间传说外,都来自斯坦因、伯希和等外国探险家的记录,就连王道士本人的照片,我们也是不断地翻拍着同一张斯坦因书中的图版。从上述敦煌藏经洞宝藏的发现和流散的经过,我们不难看出王道士在其中所扮演的角色。作为敦煌学者,我们应当说,王道士是敦煌藏经洞的发现者,这是不必否认的事实;然而,我们也应当肯定地说,王道士是盗卖敦煌宝藏的历史罪人,他的墓碑——道士塔(图3-6)——不应是人们所要凭吊的对象,而应是永远树立在敦煌莫高窟前的历史耻辱柱。

图3-6　王道士塔

注　释

〔1〕参看金荣华《王道士》,《第二届敦煌学国际研讨会论文集》,台北:汉学研究中心,1986年;收入作者《敦煌文物外流关键人物探微》,台北:新文丰出版公司,1993年,99—141页。

〔2〕赵明玉《太清宫大方丈道会司王师法真墓志》,见卫聚贤《敦煌石室》附录九,《说文月刊》第3卷第10期,1946年,35—36页。

〔3〕榎一雄《外国人の記録に見える敦煌》,《講座敦煌》第1卷《敦煌の自然と現狀》,東京:大東出版社,1980年,303—354页。

〔4〕谢稚柳《敦煌石室记》,1949年,3页。

〔5〕谢稚柳《敦煌石室记》,3页。

〔6〕A. Stein, *Ruins of Desert Cathay*, II, London, 1912, 166; idem., *Serindia*, II, Oxford

1921,802,803-804.

〔7〕《甘肃文史资料》第2辑,兰州,1963年,30—31页。又参看同一辑《甘肃文史资料》所刊韩定山《张广建督甘七年》一文对同一事件的更详细记载,特别是20—21页。

〔8〕展品有晋人写经卷、魏延昌写经卷、北周保定写经卷、北朝写经卷、隋大业写经卷、唐人草书经卷、唐景龙写经卷、唐人泥金写经卷等,见《甲子年江西赈灾书画古物展览目录》,《收藏家》1993年第2期,61页。这些经卷即《昭和法宝总目录》(1929年编成)著录三井源右卫门所藏经卷前面所列各经,为张氏原藏卷子的精品。

〔9〕《敦煌研究》1993年第2期,74—91页。

〔10〕已经散入《北京大学藏敦煌文献》,上海:上海古籍出版社,1995年。《上海图书馆藏敦煌文献》,上海:上海古籍出版社,1999年。《上海博物馆藏敦煌吐鲁番文献》,上海:上海古籍出版社,1993年。《天津艺术博物馆藏敦煌文献》,上海:上海古籍出版社,1996—1998年。在嘉德公司1995年春季拍卖会上,有一件许承尧旧藏卷,前后裱纸上有乙丑年(1925)许氏题记,后归张伯驹(1897—1982)收藏,见《中国嘉德'95春季拍卖会·古籍善本》图录,北京,1995年5月,No.413。

〔11〕《中国古代书画图目》第12册,北京:文物出版社,1992年,177页。

〔12〕《上海图书馆藏敦煌文献》第4册。

〔13〕笔者1994年调查敦煌研究院藏卷时,曾仔细翻捡这两册写经。

〔14〕施萍亭《延祐三年奴婢买卖文书跋》,《敦煌研究》1989年第2期,61—64页。

〔15〕*Illustrated Catalogue of Famous Paintings from the Great Collection of the Celebrated Connoisseur of Art*,*Liang Chang-chu of Foochow*,1919,pl. 3A.

〔16〕《通报》(*T'oung Pao*)第21卷,1922年,329页。

〔17〕《王国维全集·书信》,北京:中华书局,1984年,293—294页。

〔18〕吴琦幸《叶昌炽与敦煌研究》,《兰州学刊》1985年第4期,72页。

〔19〕Dietrich Seckel,*Buddhistische Kunst ostasiens*,Stuttgart,1957,fig. 111;Thomas Lawton,*Chinese Figure Painting*,Washington,D. C. 1973,No. 16;《海外遗珍》第一卷,台北故宫,1985年,图版33。

〔20〕荣新江《叶昌炽——敦煌学的先行者》(Ye Changchi. Pioneer of Dunhuang Studies),《国际敦煌学项目通讯》(*IDP MEWS*)No. 7,Spring 1997,5页。

〔21〕参看张广达与荣新江《关于唐末宋初于阗国的国号年号及其王家世系问题》,《敦煌吐鲁番文献研究论集》,北京:中华书局,1982年,186—187页;又同作者《于阗史丛考》,上海:上海书店,1993年,38—39页。

〔22〕Stein,*Serindia*,II,802,803-804.

〔23〕参看卫聚贤《敦煌石室》,《说文月刊》第3卷第10期,1946年,24页。

〔24〕参看尚小明《学人游幕与清代学术》,北京:社会科学文献出版社,1999年,165—

169页。

〔25〕其清晰的图版曾印入日本国立西洋美术馆编《ボストン美术馆展》(日本美术出版计划中心,1978年),马德先生曾据以介绍,并重录题记,文载《敦煌研究》1999年第2期,172—173页。

〔26〕W. Fuchs,"Eine buddhistische Tunhuang-Rolle v. J. 673", *Asiatica. Festschrift Friedrich Weller*, Leipzig 1954, 155-160 + 1 pl.

〔27〕罗振玉《永丰乡人甲稿》,北京,1920年;此据《罗雪堂先生全集》初编第一册,44—46页。

〔28〕影本见寺冈龙含《敦煌本郭象注庄子南华真经研究总论》,福井:汉文学会,1966年,294—299页。

〔29〕《沙州石室文字记》收入罗振玉编《敦煌石室遗书》,1909年诵芬室刊本。

〔30〕《敦煌研究》1999年第2期,176—177页。

〔31〕松本荣一《敦煌画拾遗》(一),《佛教艺术》第28号,1956年。图版见《竹石山房中国金石陶瓷图鉴》(中国金石陶瓷图鉴刊行会,1961年)、《白鹤英华》(白鹤美术馆,1978年)等,详参上引王惠民文。

〔32〕*Serindia*, II, 802.

〔33〕参看秋山光和《伯希和调查团的中亚旅程及其考古学的成果》,《佛教艺术》第20号,1953年,64页。

〔34〕*Serindia*, II, pp. 807-830.

〔35〕P. Pelliot, "Une bibliothèque médiévale retrouvée au Kan-sou", *Bulletin de l'École Française d'Extrême Orient*, 8, 1908, pp. 509-529;陆翔译《敦煌石室访书记》,《国立北平图书馆刊》第9卷第5期,1935年,6—27页。

〔36〕金荣华上引文,117—118页。

〔37〕参看尚林、方广锠、荣新江合撰《中国所藏大谷收集品概况——特别以敦煌写经为中心》,京都:龙谷大学西域文化研究会,1991年。

〔38〕华尔纳(L. Warner)《在中国漫长的古道上》(*The Long Old Road in China*),纽约,1926年,136—145页。

〔39〕陈万里《西行日记》,北京朴社,1926年,81、96页;1926年12月26日华尔纳致斯坦因信,藏牛津大学包德利图书馆,转引自王冀青《华尔纳与中国文物》,华尔纳《在中国漫长的古道上》中译本附录三,乌鲁木齐:新疆人民出版社,2001年待刊。

〔40〕见《王圆箓墓志》。

〔41〕不同观点的比较集中的阐述,见金荣华《王道士》;余秋雨《道士塔》,作者《文化苦旅》,上海:东方出版中心,1993年,1—7页;雒青《百年敦煌》,兰州:敦煌文艺出版社,1997年,21—47页;陈作义《敦煌失宝记》,兰州:甘肃人民出版社,1998年,1—132页;李正宇、赵和平《王道士》,《敦煌学大辞典》,上海:上海辞书出版社,1998年,887—888页。

第四讲
敦煌藏经洞的原状及其封闭原因

敦煌藏经洞的发现,为学术界提供了大量的写本和美术品。当时人是出于什么原因把这么丰富的宝藏封存在这个小耳洞中?它们封闭的年代又在何时?这些问题关系着我们对藏经洞出土资料的正确理解和总体认识,也离不开我们对大约11—13世纪(宋元时代)西北地区的重大历史事件的全面了解,然而,对此迄今还没有十分令人满意的解说。

一 藏经洞的原状

关于敦煌藏经洞的封闭,争论主要集中在两点,一是封存的原因,一是封存的年代,二者又是相互关联的。迄今为止,学者们从各自的立场出发,对这两点提出种种解说,归纳起来,影响最大的说法仍然是最早讨论这个问题的斯坦因和伯希和提出的。

斯坦因根据他在洞中所藏一些包裹中发现的一批相当数量的汉文碎纸块、带有木轴的残经尾、木轴、丝带、包裹布、丝织品做的还愿物、绢画残片、画幡木网架等等,认为这些东西是从敦煌各寺院中收集来的"神圣废弃物",藏经洞就是堆放它们的处所。他还根据所见写本和绢画题记最晚者为10世纪末的情况,推测洞窟的封闭是在11世纪初叶[1]。其观点可以作为"废弃说"的代表。伯希和根据洞中无西夏文书,而藏汉文本及绢画、壁衣、佛像、石碑杂沓堆置,认为是1035年西夏入侵敦煌时为避外寇而仓皇封闭的[2]。有人称之为"避难说"。此后,藤枝晃教授采用"废弃说",他认为废弃的主要原因是中国印本佛典取代了卷轴装佛典,图书馆书架的重新布置导致原来的卷轴佛典的废弃,时间在1002年以后不久[3]。方广锠博士也主张"废弃说",他提出的假设是在曹氏政权的某一年,敦煌各寺院进行了一次寺院藏书大清点,结果将一大批残破无用的经卷、过时的文书、废纸、幡画、多余的佛像等等,统统集中封存在藏经洞中[4]。通过对藏经洞发现史和藏经洞发现文书的研究,我对这两种看法都难以苟同。

斯坦因是第一位留下详尽记载的考古学家,他根据洞中包裹的放置情形,认为在他到来之前,藏经洞上层的原貌已被打乱,有许多包裹中的分类也已混淆[5]。但是,从斯坦因描述的情况来看,斯坦因所见到的藏经洞情形,仍然大体上保存了原本的一些状态。因此,我认为斯坦因第二次中亚探险的正式考古报告《西域考古图记》所记录的情形,应当是讨论藏经洞封闭原因的出发点。

《西域考古图记》第二十二章,集中记载了斯坦因在蒋孝琬帮助下考察藏经洞的详细过程。斯坦因的报告大体上是按照时间先后加以叙述的,但他又做了某些归类。这里只能非常简要地按原书顺序概述一下他的报告的主要内容。第一节《藏经洞的首次开启》,记斯坦因先是看到一捆蒋孝琬偷偷拿到他帐篷中的汉文佛经包裹,然后是他见到的藏经洞情形,写本包裹塞满了洞窟,只能容下两个人站在里面。因此不可能在洞中检寻这些包裹,所以在藏经洞外的大窟(16窟)中进行。最初见到的包裹中的汉文经卷保存得十分完好,由于数量太多,斯坦因放弃了让蒋孝琬编目的计划。接着记藏文卷子、于阗文写本、杂纸包裹、大的幡画包裹等等。第二节《多种语言藏书室中的发现物》,叙述斯坦因接着看到的包有他认为是废物的一些包裹、梵文和于阗文的贝叶写本包裹、藏文贝叶写本包裹、回鹘文和粟特文写卷,以及这类杂包裹中发现的如尼突厥文摩尼教忏悔词,其中许多是完本。第三节《写本和艺术品的获得》,记他翻检藏经洞最里层的汉藏文卷子包裹的过程,并描写了挡在写本绢画包裹后面的壁画和洪䛒碑的原来位置。最后是他与王道士谈判而攫取宝藏的经过。第四节《对藏经洞的进一步考察》,主要是讲述伯希和的收获以及他所听说的运送北京时的情况[6]。

根据斯坦因的记载,藏经洞中几乎所有的材料原来都是分类包在两种包裹中的,一类是所谓"杂包裹"(mixed bundles 或 miscellaneous bundles)、梵文、于阗文、藏文的贝叶形写本、回鹘文或粟特文写本卷轴及绢纸绘画、丝织品和上面提到过的各种斯坦因认为是废弃物的东西都装在这类包裹中;另一类是所谓"正规的图书包裹"(regular library bundles),总共有1050个装汉文卷子的包裹,每包平均装卷子12个左右;还有80个包裹装藏文卷子,此外还有11个较大的藏文贝叶夹本包。斯坦因是在对藏经洞做完彻底的翻检以后做出上述统计的,反映了他所见到的藏经洞的实貌。但斯坦因

图 4-1 刚刚移出藏经洞的汉文写卷

开始时是靠王道士和蒋孝琬的夜间偷运来一步步接触藏经洞材料的，而且他的分类叙述也有碍于我们精确了解藏经洞的原貌。幸运的是斯坦因《西域考古图记》插图 200 和他第二次中亚探险的旅行记《沙埋契丹废址记》插图 194，有一张汉文写卷刚刚移出藏经洞的照片（图 4-1），可以让人们一眼就看出这些汉文卷子是整齐地一捆捆包着的，其中一个包裹布上还可以看见"摩诃般若 海"五个字，这正是依《开元录·入藏录》所写的经名和帙号，这个包裹所包的应当就是"海"字号的佛典四十卷本《摩诃般若经》第二帙[7]。这张照片说明这些所谓"正规的图书包裹"正是分帙存放的佛经。

然而，斯坦因当时不懂得汉文佛典在中古时代的图书馆中是分帙存放的，也未详究为什么许多保存完好的文献或绘画都包好了放置在一起，如他所列举的 69 叶的梵文《大般若波罗蜜多经》（Ch. 0079. a）、44 叶的于阗文《金刚般若波罗蜜经》（Ch. 00275）、长 1108 行的于阗文佛典合集（Ch. c. 001）、十五英尺长的回鹘文摩尼教赞美诗（Ch. 0015）等精品[8]。他在讨论藏经洞封闭时片面地强调了藏经洞中的一些残品，而忽视了他本人所看到和介绍给读者的大量完整的资料，从而得出废弃说的看法。斯坦因作为一个不懂汉文的西方考古学家，他当然不懂得中国古代的经帙制度，因而影响到他的结论的可靠性。但他以严谨的考古学方法，将他所获得的材料都用 Ch.（"千佛洞"的缩写）为字头作原始编号；他还用小罗马数字作为"正规包裹"的编号,可以使人得知藏品的原貌[9]。由于王道士对汉文写卷的兴趣较非汉文写卷及美术品要大,所以,斯坦因尽可能多地取走了"杂包裹",而只获得了270个装有汉藏文卷子的"正规包裹"[10],这样就使得原本由1130个包裹所构成的正规藏书分散开来。遗憾的是,斯坦因为了尽快攫取藏经洞宝藏,放弃了让蒋孝琬随地编制汉文写本目录的计划,在《西域考古图记》中有厚达150页的"千佛洞所获绘画、木刻品、丝织品及其他各种古物登记目录"和粟特文、回鹘文、于阗文、梵文、龟兹文的登记目录,唯独没有所获汉文写本目录。而且,当斯坦因敦煌收集品送达伦敦后,由于资助他此次探险的是印度政府和英国博物馆(The British Museum),所以收集品又分散入藏英国博物馆、印度事务部图书馆(India Office Library)、新德里中亚古物博物馆(Central Asian Antiquities Museum)。更为不幸的是,入藏英博的美术品和入藏印度事务部图书馆的非汉文文献仍保留了 Ch. 起首的原始编号,而原本可以反映经帙情况的汉文卷子包裹的原始编号,却被英博在编目整理时废弃了,代之以 S. 编号[11]。今天,在伦敦,汉文佛经写卷作为图书资料保存在英国图书馆,而包裹这些经卷的经帙,由于大都用丝锦制成,则被作为美术品收藏在英国博物馆,使帙与经卷进一步分离,目前想恢复藏经洞汉文佛典经帙合一的状态已经不可能了。

斯坦因记录的藏经洞情形,基本上反映了藏经洞的大体面貌。汉藏文佛典是分帙整齐地存放的,其他文字材料和绘画也都分类包在一起。这些主体内容很难被看做是废弃物,如完整地包在帙中的经卷,写于10世纪末叶首尾完整的一大批于阗文佛典,983年绘制的精美观音像(Ch. lvii.004),一大批完整的菩萨画幡(Ch. 0025等)[12],若笼统地被当作废弃物,是很难理解的。

藏经洞经过斯坦因的一番折腾,在伯希和到来时已非原貌。伯希和说他所见到的情况是"洞中所弃,至为凌乱",实是斯坦因等人翻检的结果,而伯希和却以此为藏经洞原状,因而认定是西夏来侵时僧人仓皇出逃时的样子。从这一点来看,伯希和提出的藏经洞封闭原因和年代是不足信的。伯希和的文字记录远较斯坦因简略[13],他似乎也不懂中国古代经帙制度。从他的摄影师留下的一张他在洞中翻捡卷子时的照片可以看出,他身后堆积的写本还包在帙中,而经他翻检后放置在一边的部分,则已经没有次序可言。最遗憾的是伯希和将全部藏品翻检一遍时,明知不可能将所有藏品带走,故订立了几条选择标准,即只取背面有非汉语的卷子和带有题记的卷子,而一般他估计已入藏的普通汉藏文写经,则弃置未收。从大多数研究者的角度来讲,伯希和的检选受到了很高的评价,巴黎所存敦煌文书的确在许多方面优于伦敦藏卷。但是,正是这些普通的佛典,才能反映藏经洞原本的经帙合一的情形,经过伯希和这遍全面无遗漏的检选,藏经洞中的主体藏书佛典部分,就再也不能恢复原貌了。

伯希和确是个行家,他不仅拿走了藏经洞留给今天研究者的文献精华,而且把斯坦因所遗的几乎所有美术品和普通藏文佛典之外的非汉语文献,都带回到巴黎,其中包括他在最初的报告中就已提到的一件竹制经帙[14]。伯希和收集品的收藏和斯坦因收集品有些类似,即六千余件写本全归巴黎国立图书馆(Bibliothèque Nationale)收藏,而绘画、木雕、绢幡、经帙以及各类丝织品,先是入藏罗浮宫,最后在1947年,全部美术品都入藏集美博物馆(Musée Guimet)[15]。因此,经帙与经卷分离,研究文献的人很少注意收藏在集美的原本与文献混为一体的经帙或其他美术品,以致上面提到的那件竹制经帙里面裱糊的一件唐代告身文书,迄今似仍不为研究唐代官文书者所知。

据宣统二年(1910)十月二十三日敦煌县档案记载,在光绪三十四年(1908),王道士已将一些经卷,装成两个木桶,封订坚固,中立木柱,安于佛殿,名曰转经桶。1910年,清朝学部电令甘督,将所余经卷悉数运到北京收藏。但敦煌县政府虽称"尽其洞中所存者一律搜买护解省垣",但实际上草率从事,经桶原封未动,而且大量藏文卷子和夹板贝叶写经也不在取限。此次官府收取未尽,大量写本流散于当地民众手中[16]。而所谓转经桶,不过是王道士欺骗官府的把戏,我们可以想见他一定还窝藏了不少写经和绢画,以至于后来的大谷探险队、斯坦因,都从王道士手中买到数百件敦煌写卷和一些绢画[17]。1914—1915年的奥登堡,也从当地收集了大量残卷[18]。因此,真正入藏北京图书馆的藏经洞材料,主要是些汉文写经,它们本是斯坦因、伯希和、王道士的"劫余"之物。而且,运送到北京的写卷又经人截取菁华,把普通佛典断为数段充数[19],造成我们今天看到的北京图书馆藏卷往往一件写经断为十五六截的残状[20]。这种人为造成的残损不完的情形,不是藏经洞藏卷的原貌,也不能作为所谓"废弃说"的根据。

从斯坦因最原始的考察报告中,可以确认藏经洞原本是分帙封藏着大批佛典,同时也精心保存着许多信士供养的佛画,还有一些残纸和丝织品残片等。斯坦因以后,藏经洞原貌已乱,藏品经过多次分割,形成今天我们在各个收藏单位见到的敦煌残卷的样子。然而,今天的这种保存状态不是藏经洞的原貌,据此声称藏经洞中的材料都是废弃物,是难以使人信服的。

二 归义军时期的敦煌藏经状况

我们在批评持"废弃说"者忽视藏经洞内较为完整的经卷和美术品的同时,并不否认其中也有相当数量的佛典残片和丝织品残块等今人看来应当废弃的东西。这些东西是否是废弃物,关系到我们对五代宋初敦煌地区各寺院的收藏情形的认识。斯坦因提出"废弃说"的时候,对唐宋时代敦煌佛教寺院的情况可以说所知甚少,因为那时大多数汉文文书尚未作过研究。今天,经过学者们半个多世纪的努力,我们可以大致窥知当时寺院藏经以及其他供养具的收藏情况,从而可以对藏经洞中的这些残件作出比较圆满的解说。

归义军时期,敦煌佛寺有十七八座。其中以龙兴寺最大,它是唐朝以来敦煌的官寺,位于沙州子城内,临近州衙。设立于莫高窟前的三界寺远离州城,是五代时期敦煌十七寺中较小的一个,它的创立远较龙兴、开元、灵图等大寺为晚,其藏经和其他供养具也无法与大寺相比。但无论敦煌的大寺还是小寺,佛藏和供养佛像的残缺都是十分普遍的现象。我们举大寺龙兴寺为例。P.3432是《吐蕃时期敦煌龙兴寺供养佛像佛经等历》,其中登录了龙兴寺所藏的佛像、佛经、衣物和法器等,包括一部大藏经,是按《大唐内典录·入藏录》的顺序排列的,依《内典录》,可知这部藏经有些帙不具足。更值得注意的是其所藏佛像画幡和经巾,有的已经"不堪受用"[21],但仍然保存而不被废弃,从现存敦煌绢画、经帙的古人修裱情形,可知它们等待的是修复,而不是废弃。

据S.2142《佛典目录》题记云:"大唐(宋)乾德二年(964)岁次甲子四月二十三日,经司僧政惠晏、法律会慈等点检《大般若经》两部,欠数较多,未得成就。同日,法律海诠请藏《大佛顶略咒本》一卷,法律会慈请藏细字《最胜王经》两卷,计一部。"此时敦煌佛教教团所属的经司都无法配全藏经,更不用说一些一般的寺院了。从吐蕃时期到五代宋初,敦煌各寺佛典的缺欠是普遍的现象,在敦煌文书中有许多这一时期的欠经目录、缺帙录、补写佛经目录、向中原乞经状等等[22],说明了这种情况的持续存在。

相比而言,较小的三界寺所藏佛典和幡画的情况更差。敦煌研究院藏0345号《三界寺见一切入藏经目录》有如下题记:"长兴五年岁次甲午(934)六月十五日,弟子三界寺比丘道真乃见当寺藏内经论部〔帙〕不全,遂乃启颡虔诚,誓发弘愿,谨于诸家函藏,寻访古坏经文,收入寺〔中〕,修补头

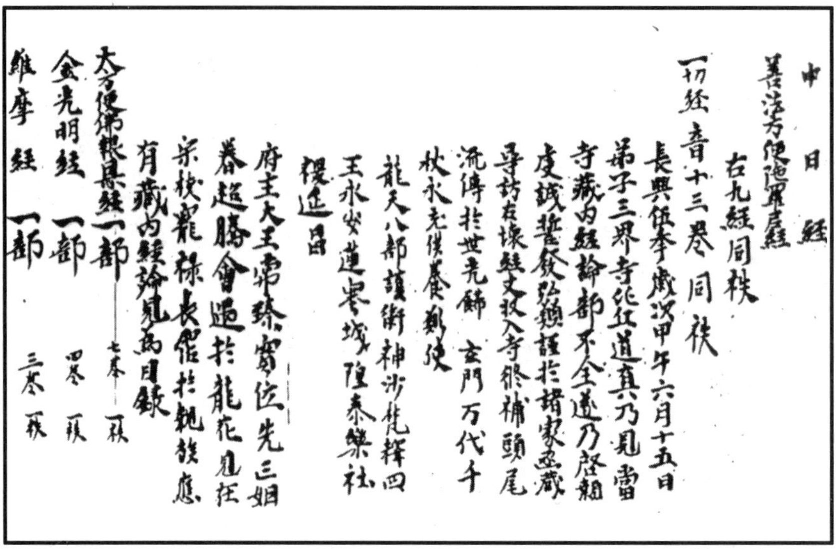
中日經
善法方便陁羅尼經 右九經同帙
一切經音十三卷 同帙
長興伍年歲次甲午六月十五日
弟子三界寺比丘道真乃見當
寺藏內經論部不全遂乃啓顙
虔誠誓發弘願謹於諸家函藏
尋訪古壞經文收入寺修補頭尾
流傳於世光飾玄門万代千
秋永充供養敬使
龍天八部護衛神沙光輝四
王永安蓮宮域隍泰樂社
稷遐昌
府主大王常臻寶位先三娘
眷超勝會遊於龍花鬼狂
宗枝寵祿長居於[illegible]應
有藏內經論見為目錄
大方便佛報恩經一部 七卷 一袟
金光明經一部 四卷 一袟
維摩經一部 三卷 一袟

图 4－2 敦煌研究院藏《三界寺见一切入藏经目录》题记

尾，流传于世，光饰玄门，万代千秋，永充供养……应有藏内经论，见为目录。”（图 4－2）据施萍亭先生研究，此卷是道真清理三界寺藏经目录，北京图书馆新 0329 号《见一切入藏经目录》则是收集修补佛经后的登录，其中也有同上题记，只是最后一句改为“应有所得经论，见为目录”；而 S. 3624 是该目录的缮清本，惜仅存 24 行[23]。从记载较全的新 0329 所登录的藏经来看，补充后的三界寺经藏仍然是部帙不全的，而且，值得注意的是，道真修补的这部不全的藏经中，有一些正统佛藏排斥的三阶教经典、疑伪经和禅籍，如《大乘无尽藏法》《阎罗王受记》《八阳神咒经》《父母恩重经》《无量大慈教经》《善恶因果经》《历代法宝记》等。这个目录有助于我们理解藏经洞所含佛典的情况，即部帙不全，真伪混杂，如果按《开元录》组织的唐五代寺院中完整规范的藏经来要求藏经洞藏品，当然就会认为它们是废弃物，但当年的三界寺藏经本来就是如此地残缺不全和真伪混乱。我们不能用唐代长安、洛阳一些皇家官藏的情形来要求处于穷乡僻壤的敦煌三界寺藏经。

道真的修补佛典一直持续不断。S. 6225 一面写“三界寺比丘道真诸方求觅诸经随得杂经录记”，另一面也是道真手迹，写“集《大般若经》一部六百卷，具全；又集《大般若经》一部，未全；《大涅槃经》三部，《大悲经》三卷，具全；《经录》一本”，这是道真收集佛经的简单随记，意思是说他集成了一部完整的《大般若经》，还有一部不全的《大般若经》及《大般涅槃经》三部，

《大悲经》三卷等。又 S.6191 也是道真所写:"杂《大般若经》,或有施主及官家缺帙号处,取添帙内,计十卷。"[24] 这是说他续得的十卷《大般若经》已是多余的本子,如其他施主或官家藏经有缺,可以此补充。这些成果应是 934 年以后陆续取得的,说明了道真收集佛经的成绩,也告诉我们他这样集合的佛典必然会有大量的副本。三界寺是个小寺,无法雇用大量写经生来抄写佛典,所以道真采用从各寺收集古旧佛典抄本,修补集成的做法,藏经洞出土的一些非三界寺的写卷,应当就是这样从各处收罗来的,而现在我们所见到的敦煌佛经写本,如《大般若波罗蜜多经》,出自不同时代、不同抄书手、有不同寺院的藏书印,其原因就是它们原本是集成的。另外,因为莫高窟是敦煌民众供养佛像和佛经的主要场所之一,所以,在三界寺中应当有相当数量的供养经和画。而且,我认为道真从各寺收罗来的古坏经文,也作为有待修补的材料保存在三界寺,并最终进入藏经洞。斯坦因所见藏经洞中的残经废纸、木轴引首、经帙残片及丝带等,是作为修补佛经、经帙、绢画的材料而保存在那里的,它们对于敦煌的一些大寺可以说是废物,但对于三界寺来说,却不能说是废品。

在伦敦和巴黎所藏的敦煌写本中,还有相当一批残片实际上是揭自一些绢纸绘画和经帙经卷的。在伦敦,馆方把这些残片放在总编号的后面顺序给号,使得伦敦残卷的数量不断增加;而巴黎国立图书馆则将这些残片放在所揭自的卷子后面,编作 bis 或 piece 1,2,3……这些残片本是古代僧人修复绢纸绘画和经帙经卷的,在藏经洞开启时并不独立存在,它们是一些完整文物的组成部分[25]。遗憾的是,揭出的这些材料越来越多,给人以藏经洞文献十分零乱残碎的印象,甚至成为"废弃说"的证据。

三 构成藏经洞内涵的各种材料

据道真以沙州释门僧政的身份签发的《辛亥年(951)腊八燃灯分配窟龛名数》、俄藏敦煌文书 Дх.1400 + Дх.2148 + Дх.6069《于阗天寿二年(964)九月弱婢祐定等牒》记宕泉造窟和三界寺供养事,以及 P.2130 题记"三界寺道真,经不出寺门,就此灵窟记"等材料,可以证明道真所在的三界寺位于莫高窟前。除了上面提到的藏经洞文献和文物与三界寺藏经和供养具之间的种种联系外,敦煌写经中带有寺院标记(包括藏书印、寺名缩写等等)的写本,无疑以三界寺最多。

藏经洞原本是归义军初期的河西都僧统洪䛒的影窟[26],大概是因为距三界寺寺址较近,故此在10世纪中叶渐渐成为道真收罗古坏经卷修补佛典的储藏所,放置佛典残卷和一些供养具。其中既有完整的藏经,也有绢画、法器乃至残经。在很长一段时间里,它一直是由道真管理的。

佛典和佛画无疑是藏经洞所存文献和文物的主体,它们原本是属于三界寺的财产。这里有5世纪初叶以来写的各种佛教典籍,有些虽然残缺,但在10世纪的道真眼里,它们无疑是珍贵的文献,就像今天中国国家图书馆所藏的宋版书一样,虽然大都残缺不完,但却被精心地保存着。而许多10世纪末期所写的佛典和所绘的绢画,则更难说是废弃物了。这些文献和文物全都包好一起整齐地存放在洞中的情形,也不能使我们认为是一堆废弃物。如果说印刷术的发明带来的书籍形制的变化导致了写卷的废弃,则无法解释绢画和刻本本身的存在。况且,虽然有北宋颁给沙州刻本藏经的可能[27],但即使这部藏经运到了沙州,也不会入藏三界寺。俄藏F.32A记有:"施主敦煌王曹宗寿与济北郡夫人氾氏,同发信心,命当府匠人,编造帙子及添写卷轴,入报恩寺藏讫,维大宋咸平五年壬寅岁五月十五日记。"[28]说明迟至1002年,沙州官府仍在抄写卷轴式佛经,所以,藤枝晃教授的废弃说理由也是不充分的。

人们常常根据现在在各国图书馆中所见到的敦煌文书的现状,笼统地说敦煌写本多为残卷,但事实上并非完全如此。在伦敦藏品中,有许多长达十米以上的佛经写卷,不少是首尾完整的[29]。当然,从当时三界寺的藏经情况看,要想奢望根据藏经洞出土写卷复原一部完整的《开元录》大藏似乎是不可能的,但《开元录》是当时三界寺藏经的主要依据,所以按《开元录》来点勘藏经洞写卷是一项十分重要的工作。《敦煌大藏经》编辑委员会编纂

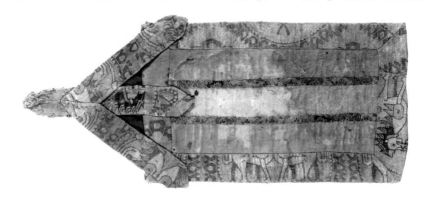

图4-3　敦煌经帙·集美博物馆藏

的《敦煌大藏经》，是这种点勘藏经洞写经的一项成果[30]，使我们多少能够看出当年三界寺藏经的一些情况。

由于大多数经帙(图4-3)被当作美术品放在博物馆中，已经发表的一些精品都是为研究花纹图案、经纬线等方面问题而公布的[31]，所以我们尚难了解经帙的全貌。保存在英国图书馆的一些纸质或麻布经帙，为了揭出粘在上面的文书材料，大都已经拆开，只保留了几件作为标本。这些经帙的存在，证明了藏经洞所藏写经是按帙存放的。但这些经帙到底有多少，尚有待我们去做系统的整理[32]。

大多数研究藏经洞封闭的学者，往往忽视了大量绢纸绘画和丝织、刺绣等美术品的存在。上面已经提到过，在这些美术品中，不乏精美完整之作(图4-4)，今人看了都爱惜不已，当年敦煌的信士僧人怎么会将其废弃？据美术史家的考察，这些绘画品的年代大都为9至10世纪的作品，有些是接近10世纪末才完成的，它们作为三界寺的供养具尚未到"不勘受用"的时期。今天，我们很容易地从印制精美的《西域美术》彩色图录中看到斯坦因和伯希和收集品中的精美绘画[33]，这些是持"废弃说"者不应回避的藏经洞文物。依我的看法，如果没有反佛的外力的促使，这些绢画是不会封存的。

还有一个要考虑的因素是非汉语文献。一般认为藏经洞中的藏文写本一定是废物，因为藏人对敦煌的统治早在848年就结束了。但是，吐蕃对敦煌的长期统治，对敦煌佛教有着决定性的影响，像吐蕃高僧法成在吐蕃统治结束时，并未随吐蕃势力退走，而是听从曾跟从他念经的弟子张议潮的劝请，留在敦煌讲经，法成所使用的藏文经典没有马上就被废掉[34]。上述《三界寺见一切入藏经目录》，即著录有"番本《大般若经》"，表明藏文经典在10世纪仍未废弃。而且，乌瑞和武内绍人两位先生的研究成果表明，直到10世纪末，藏文仍然是河西地区的通用语言之一[35]。考虑到大量吐蕃、退浑、通颊等部落在敦煌的存在，似不能说在藏经洞封闭

图4-4 完整的敦煌幡画

时这些藏文文献都已成为废弃物了。

敦煌是丝绸之路上的一个重要城市,其他语言在这里流行的情况与藏文相似。在敦煌,8世纪时曾有一个人数颇多的粟特人聚落,吐蕃统治以后,由粟特人组成的从化乡已不复存在,但粟特人还要经过一段漫长的时间才可能消失,所以,藏经洞里出有10世纪的粟特语文献是不足为奇的。回鹘、于阗文献的保存更容易理解,因为曹氏与甘州回鹘和于阗王国有着姻亲关系,终10世纪,敦煌与甘州回鹘、西州回鹘和于阗王国间的往来不断,许多回鹘和于阗人长时期留在敦煌,许多回鹘、于阗文佛典或文书就出自这些人的手笔[36]。同时,归义军的僧俗民众也不乏懂得回鹘、于阗文者,我们举几条属于10世纪曹氏归义军时期的材料。S.5448《浑子盈邈真赞》云:"明闲礼则,传戎音,得顺君情;美舌甜唇,译蕃语,羌浑叹美。"浑子盈死于925年。P.2991《张灵俊邈真赞》云:"杏坛流训,梵汉翻传。"张灵俊卒于936年前后[37]。又敦煌研究院藏001号+董希文旧藏+P.2629《归义军官府酒破历》(964)中,记有"孔目官修西州文字"、"案司修甘州文字"、"供修甘州文字孔目官"、"案司修西川(州)文字"、"供修于阗文字孔目官"等[38],沙州案司孔目官所修西州或甘州文字,即指回鹘文无疑,于阗文字则指于阗语。

总之,不论是汉文佛典,还是藏文文书,也不论是绢纸绘画,还是回鹘、于阗文献,我们如果把它们放在公元10世纪,而不是今天已被局限的目光里,我想藏经洞的主体材料不应是废弃物。根据以上的论说,我认为藏经洞的主体文献佛典和供养具,原是三界寺的藏经和资产。

四 封闭原因

佛教教团将残经破像废弃掩藏起来,的确是佛教的传统做法。我们难以接受"废弃说"的原因之一,是藏经洞作为这样一种废弃方法的掩埋处所似乎太大了些,因为如果自5世纪以来的写经早已是废物的话,不应一总放在这个窟中,而是早就放在佛像中或其他什么地方。1965年在莫高窟第125—126窟前地埒和第130窟底层壁画下岩洞等处发现的北魏和唐代残刺绣、绢绘佛像和雕版捺印佛像等[39],属于这种废弃方式的废弃物。而敦煌藏经洞的封闭,应当另有原因。

上引俄藏F.32号1002年的施入记是目前所知最晚的一件藏经洞出土文书,此前的纪年写本大体上持续不断,而此后有年代的写本迄今尚未发现。从现存写本年代的累计,可知藏经洞的封闭应在1002年以后不久,不应晚到伯希和提出的 1035 年西夏的到来[40]。伯希和时代,人们对西北历史的了解还比较有限,因此找了一些较晚的历史事件来解释藏经洞的封闭原因和年代。在经过多年来对唐宋时期西北历史的探讨之后,我以为最有可能促成藏经洞封闭的事件,是 1006 年于阗王国灭于黑韩王朝一事。

从 1002 年往后,西北地区最重要的历史事件,首先就是 1006 年于阗佛教王国灭于信奉伊斯兰教的黑韩王朝[41]。因为于阗与沙州的姻亲关系,970 年于阗国王曾致函其舅归义军节度使曹元忠,请求发兵援助抵抗黑韩王朝[42]。当于阗陷没后,大批于阗人东逃沙州,甚至远到青海[43]。在藏经洞中有一批相当完整的于阗文佛典,许多是于阗王尉迟输罗(Visa Sura,966—977 年在位)和尉迟达磨(Visa Dharma,978 年以后在位)时写成的,如 Ch.00274《佛本生赞》、Ch.i.0021b《金刚乘文献》等,它们或许是写后不久,就在佛教像法灭尽思想的影响下被带到敦煌保存起来的,也可能就是逃难的于阗佛教僧人带来的[44]。于阗僧人所带来的伊斯兰东进的消息,要比信佛的西夏人到来的消息可怕得多,因为黑韩王朝是经过近四十年的血战才攻下于阗的,他们对于阗佛教毁灭性的打击[45],应当是促使三界寺将所得经卷、绢画等神圣的物品封存洞中的直接原因。而由于黑韩王朝并未马上东进,所以,封存活动是主动而有秩序地进行的,并且在封好的门前用壁画做了必要的掩饰[46],以致当事者离开人世后被人们长期遗忘。

在关于敦煌藏经洞封闭年代的研究中,时常有人提出一些材料,来说明藏经洞的封闭要晚于伯希和提出的 1035 年。通观这些材料,可分为两类。一类是与西藏、回鹘、西夏相关的材料,如罗斯提到的元至正十年(1350)所写回鹘文佛典[47],举出韩廷顿的西藏风格的绢画[48]。这些材料应当出自莫高窟北区的第 464 窟(伯希和编号 181 窟)。斯坦因、伯希和已经指出,在他们到来之前,王道士曾将别处发现的晚期材料放入藏经洞,伯希和还特别指出他在洞中见到的清光绪年间刊印的小本道经,它们不能作为藏经洞封闭年代的证据[49]。虽然这一事实累经罗斯、罗纳-塔斯、韦陀等人强调[50],但仍有人时而忘掉这一点。

另一类则是确为出自藏经洞的汉文文书。谭真先生认为 P.3810《养生神仙粥食方》中,有"山药"一名,应是避宋英宗(赵曙,1064 年即位)讳而改"薯蓣"为山药[51]。毕素娟先生认为 P.2159 背辽僧诠明著《妙法莲华经玄赞科文》是 1006—1020 年间传入敦煌的[52]。陈祚龙先生以为 S.4358《李相公叹真身》系抄自宋仁宗 1031 年所撰的《佛牙赞》(《佛祖统记》卷四五)[53],李正宇先生持同样看法[54]。相对于数万件属于 1002 年以前的藏经洞文献,这几条证据显得十分孤单,而且,我们也可以作另一种解释。关于 P.3810 中的"山药",虽然说者查阅了大量文献,认定即"薯蓣"的讳改,但宋以前的医书许多已残缺不全,不能肯定山药不是"薯蓣"之外的另一种药材[55]。把辽僧诠明著作的传入敦煌放在 1006—1020 年间,其根据仅仅是史料记载统和开泰年间辽与沙州之间往来不绝,并无实证。据考,诠明此书完成于 965—1002 年间,995 年经敦煌往西天取经的僧道猷,曾把北京石壁沙门传奥的《梵纲经记》带到敦煌[56],也不能排除他把诠明著作于此时一并携来的可能性。宋仁宗的《佛牙赞》与《李相公叹真身》文字基本相同,当出一源,但《佛牙赞》的文字似更典雅,我以为其传抄关系正相反,即先有《李相公叹真身》,辗转又由佛教徒安在了宋仁宗身上,如果先有宋仁宗《佛牙赞》,则敦煌抄本必然标明为宋仁宗诗,这样更具影响力。称《李相公叹真身》,反映了它来自民间,而且早于所谓宋仁宗《佛牙赞》的蛛丝马迹[57]。

此外,还应指出的是,俄藏敦煌写本目录中著录了两件《景德传灯录》[58],此书是 1004 年编成,敦煌学界也常有人以此为藏经洞最晚的写本之一。按这两件写本,一件编号 F.229b(M.897),确为《景德传灯录》。这件写本的正背内容和行款格式,都与马伯乐著录的斯坦因在黑城(哈拉浩特)所获 KK.II.0238(K)号写本相同[59],根据英国图书馆提供的照片,我发现英俄分藏的两件写本实为同一写本所撕裂的散叶[60]。故此件可排除于敦煌写本之外。另一件编号 Dx.1728(M.2686),残存一纸下半十行文字,俄藏目录在《景德传灯录》一名后加了问号[61]。1991 年访圣彼得堡时,我也曾见到此件原物,确为敦煌文书,然审其内容,实为唐开元间成书的早期灯史《楞伽师资记》净觉序的残文,与《景德传灯录》毫无关涉[62]。因此,对于某些被认为是藏经洞出土的晚于 1002 年的材料,大多可以指出它们的其他来源或误解之处。

藏经洞的封闭问题涉及历史、宗教、美术、语言、文学、考古等各个方面,我在此尽可能全面考虑藏经洞内部的各种资料和外部的相关历史事件,对藏经洞的封闭原因和年代提出一种较为合理的解说,但决不敢说这一问题已经解决。相反,问题的提出,目的是希望相关学科的专家能从各自的立场出发,对自己所熟悉的材料作出具体的分析,以期通过藏经洞问题的研究,加深我们对藏经洞宝藏的认识。

注　释

[1] 斯坦因(A. Stein),《西域考古图记》(*Serindia*)二,牛津,1921 年,820 页。按《西域考古图记》是斯坦因第二次中亚探险的正式考古报告,有关斯坦因获取敦煌藏

经洞宝藏的记录以此书最详。此外,斯坦因第二次中亚探险的个人旅行记 *Ruins of Desert Cathay: Personal narrative of explorations in Central Asia and Westernmost China*,两卷本,伦敦 1912 年出版,也有内容大致一样的记录。国内学者过去主要利用向达先生译《斯坦因西域考古记》(上海:中华书局 1936 年版),其所据原本为 *On Ancient Central-Asian Tracks. Brief narrative of three expeditions in Innermost Asia and North-Western China*,1933 年伦敦出版。这是斯坦因在美国所作关于他三次中亚探险的概要讲演稿,有关藏经洞的记载较上述两书要简单得多。以下主要利用斯坦因的正式报告 *Serindia*,辅以 *Ruins of Desert Cathay*。

〔2〕伯希和(P. Pelliot),《敦煌石室访书记》(Une bibliothèque médiévale retrouvée au Kan-sou),506 页;陆翔译,载《国立北平图书馆馆刊》第 9 卷第 5 期,1935 年,7—8 页。持伯希和说者有,翟林奈(L. Giles),《敦煌 6 世纪:英国博物馆藏斯坦因收集的汉文写本简记》(*Six centuries at Tun-huang, a short account of the Stein collection of Chinese manuscripts in the British Museum*),伦敦,1944 年,5 页;苏莹辉《跋黑城所出西夏时写本佛教偈名卷子》,《敦煌论集续编》,台北:学生书局,1983 年,231—240 页;阎文儒《莫高窟的创建与藏经洞的开凿及其封闭》,《文物》1980 年第 6 期,61—62 页。

〔3〕藤枝晃(Akira Fujieda)《敦煌写本》(The Tun-huang Manuscripts),《中文史料论集》(*Essays on the Sources for Chinese History*),堪培拉,1973 年,128 页;又《敦煌"藏经洞"的一次复原》(Une reconstruction de la 'bibliothèque' de Touen-houang),《亚洲学报》(*Journal Asiatique*)第 269 卷,1981 年,65—68 页;魏英邦译,载《敦煌学研究》(《西北师范学院学报》增刊),1984 年,96—97 页。

〔4〕方广锠《敦煌藏经洞封闭原因之我见》,《中国社会科学》1991 年第 5 期,213—223 页。

〔5〕《西域考古图记》二,813 页。

〔6〕《西域考古图记》二,807—830 页。

〔7〕方广锠《8—10 世纪佛教大藏经史》(北京:中国社会科学出版社,1991 年)351 页据《敦煌吐鲁番文物》(香港中文大学博物馆,1987 年)一书转载的这幅照片,正确地指出了"图面上是一帙帙包卷着的经卷",并确定了"照片上的那帙是《摩诃般若经》第二帙"。遗憾的是他把这幅照片当作是伯希和所摄,见所撰《敦煌经帙》(1992 年敦煌学术研讨会论文,北京房山)4 页,从而忽视了它在研究敦煌藏经洞封闭问题上的价值。

〔8〕后来各种语言专家对这些文献的解读,进一步肯定了斯坦因从外观所确认的价值。Ch. 0079. a 见 E. Conze, "Preliminary Note on a Prajñāpāramitā Manuscript", *Journal of the Royal Asiatic Society*, 1950, pp. 32-36; Ch. 00275 见 S. Konow, "The Vajracchedikā in the old Khotanese version of Eastern Turkestan", *Manuscript Remains of Buddhist Literature found in Eastern Turkestan*, vol. I, ed. by A. F. R. Hoernle (Oxford 1916), pp. 214-288, pls. V-XIV; Ch. c. 001 是由六种文献组成的密教经典集,

见田久保周誉《敦煌出土于阗语秘密经典集之研究》(东京,1975 年)及 R. Emmerick, *A Guide to the Literature of Khotan* (Tokyo 1992), pp. 21-22; Ch. 0015 见 A. von Le Coq, "Dr. Stein's Turkish Khuastuanift from Tunhuang", *Journal of the Royal Asiatic Society*, 1911, pp. 277-314; 李经纬《古代维吾尔文献〈摩尼教忏悔词〉译释》,《世界宗教研究》1980 年第 3 期, 57—78 页。

[9] 《西域考古图记》二, 814 页, 注 2; 836 页, 注 13。

[10] 《西域考古图记》二, 824—825 页。

[11] 《西域考古图记》二, 814 页, 注 2。

[12] 这些精美的绘画,大部分发表在《西域考古图记》四,图版 LVI-XCIX; 斯坦因《千佛洞:中国西部边境敦煌石窟寺所获古代佛教绘画》(*The Thousand Buddhas: ancient Buddhist paintings from the cave-temples of Tun-huang on the western frontier of China*), 伦敦, 1921 年; 韦陀(R. Whitfield)《西域美术:英国博物馆藏斯坦因收集品》(*The Art of Central Asia: the Stein collection in the British Museum*), 东京, 1982—1984 年。

[13] 伯希和《敦煌石室访书记》, 509—529 页; 陆翔译本, 6—27 页。

[14] 《敦煌石室访书记》译本, 26 页。1909 年, 伯希和曾带着这件经帙和其他一些文献精品来到北京, 出示给中国的士大夫们。罗振玉等人不仅抄录了大量文献材料, 也记下了这件经帙, 见罗振玉《敦煌石室秘录》,《考古学零简》, 北京:商务印书馆, 1923 年, 40 页。王仁俊曾将背面贴的告身录入他编的《敦煌石室真迹录》, 1909 年刊。

[15] 参看 L. Fergere《伯希和在敦煌收集的文物》(*The Pelliot Collection from Dunhuang*),《导向》(*Orientations*), 1989 年 3 月号, 41—42 页; 杨汉璋汉译文载《敦煌研究》1990 年第 4 期, 46 页, 图版 29—30。

[16] 见卫聚贤《敦煌石室》一文及其所附敦煌县档案, 载《说文月刊》第 3 卷第 10 期, 1946 年, 24—25、37—39 页。当时,那些藏文写本已被移到另一个洞窟,迟到 1919 年才作出妥善保管,见上文 40 页所附敦煌县档案, 这些藏文本后来主要归敦煌市博物馆、甘肃省图书馆、敦煌研究院收藏, 见敦煌县博物馆(荣恩奇整理)编《敦煌县博物馆藏敦煌遗书目录》, 北京大学中国中古史研究中心编《敦煌吐鲁番文献研究论集》第 3 辑, 1986 年, 541—542 页; 黄文焕《河西吐蕃文书简述》,《文物》1978 年第 12 期, 59—63 页。

[17] 吉川小一郎《"支那"旅行》(《新西域记》下卷所收)的有关记载, 已摘入井之口泰淳《龙谷大学图书馆藏大谷探险队搜集敦煌古写经》,《佛教学研究》第 39、40 号, 1984 年, 181—183 页; 贺小平汉译文载《敦煌研究》1991 年第 4 期, 58—60 页。斯坦因《西域考古图记》二, 830 页。

[18] 斯卡奇科夫《1914—1915 年俄国西域(新疆)考察团记》,《中华文史论丛》第 50 辑, 1992 年, 109—117 页; 孟列夫《1914—1915 年俄国西域(新疆)考察团资料研究》, 同上杂志, 119—128 页。

[19] 斯坦因记载了在路上遗失的情形, 见《西域考古图记》二, 829—830 页; 进京后的

情况,见饶宗颐《京都藤井氏有邻馆藏敦煌残卷纪略》,《选堂集林·史林》,香港:中华书局,1982年,1000—1001页。

[20] 中田笃郎编《北京图书馆藏敦煌遗书总目录》(京都:朋友书店,1989年)53—155页有缀合文书一览;又,《敦煌大藏经》编辑委员会编纂的《敦煌大藏经》(台北,1989—1991年)各卷的校勘记,也有一些写本的缀合记录,可以看出北图藏卷被撕裂的情形。

[21] 全卷录文见池田温《中国古代籍帐研究》,东京,1979年,514—516页。方广锠研究了此卷所记佛经部分,见所著《8—10世纪佛教大藏经史》,96—106、309—310页。侯锦郎研究了此卷所记佛像部分,他注意到了这些不堪使用的佛像,并且提醒人们这份寺院财产账与藏经洞中的文物的相似性,见所撰《敦煌龙兴寺的器物历》(Trésors du monastère Long-hing à Touen-houang),《敦煌学新探》(Norvelles contributions aux études de Touen-houang),巴黎,1981年,149—168页;耿升汉译,载《法国学者敦煌学论文选萃》,北京:中华书局,1993年,77—95页。

[22] 土肥义和编《斯坦因敦煌文献及研究文献中业经引用介绍的西域出土汉文文献分类目录初稿》非佛教文献之部·古文书类II,东洋文库,1966年,33—55页著录了当时见到的这类文书。梅应运《唐代敦煌寺院藏经之情形及其管理》(《新亚书院学术年刊》第12期,1970年,173—179页)、冈部和雄《敦煌藏经目录》(《敦煌与中国佛教》,《讲座敦煌》第7卷,1984年,297—317页)、京户慈光(J. Kyoto)《敦煌佛教写本研究——分类与方法》(A Study of the Buddhist Manuscripts of Dunhuang: Classification and Method,《壬生台舜博士颂寿记念佛教的历史与思想论集》,东京,1985年,17—70页)、方广锠《8—10世纪佛教大藏经史》等对此类文书都有引用、论说,可以参看。

[23] 施萍亭《三界寺·道真·敦煌藏经》,《(1990年)敦煌学国际研讨会文集·石窟考古编》,沈阳:辽宁人民出版社,1995年,185—187页。敦煌研究院藏卷的部分图版刊布于敦煌研究院编《敦煌》,江苏美术出版社与甘肃人民出版社合刊,1991年;新0329号写本原为大谷探险队收集品,其全卷照片载井之口泰淳等编《旅顺博物馆旧藏大谷探险队搜集敦煌古写经目录》图版编,龙谷大学西域出土佛典研究班,1989年刊,图56—76;录文并研究见小田义久《敦煌三界寺的〈见一切入藏经目录〉考》,《龙谷大学论集》第434.435合并号,1989年,555—579页。

[24] 这两件文书之属于道真,系据施萍亭《三界寺·道真·敦煌藏经》,195页。

[25] 关于这一点,参看荣新江《英国图书馆藏敦煌汉文非佛教文献残卷目录》前言,台北:新文丰出版公司,1994年。

[26] 马世长《关于敦煌藏经洞的几个问题》,《文物》1978年第12期,21—33页。

[27] 按史籍只记有写本藏经赐给沙州,见《宋会要》蕃夷五瓜沙二州条: 景德四年闰五月,"诏益州写金银字经一藏赐之"。尚未见颁赐刻本的记载。

[28] 见《俄藏敦煌文献》第1册,上海:上海古籍出版社,1992年,321—322页。

［29］ 翟林奈的目录《英国博物馆藏敦煌汉文写本注记目录》（*Descriptive Catalogue of the Chinese Manuscripts from Tun-huang in the British Museum*），伦敦，1957年著录了写本的长度和首尾完整情况，可惜常常被人们忽略。

［30］《敦煌大藏经》，共63册，前60册是汉文部分，台北：前景出版社，1989—1991年出版。

［31］ 英国所藏已经发表的经帙见韦陀《西域美术：英国博物馆藏斯坦因收集品》第3卷，东京，1984年，图版6—7，286—288页（Ch. xlviii. 001，Ch. xx. 006）；法国所藏，见里博（K. Riboud）与维亚（G. Vial）《集美博物馆和国立图书馆所藏敦煌纺织品》（*Tissus de Touen-houang conservées au Musée Guimet et a la Bibliothèque Nationale*）（Mission Paul Pelliot XIII），巴黎，1970年，图版1，3，4，12，30，39，43，45，87，pp. 3-26，69-71，145-155，201-207，221-228，231-235，369-370，编号为EO. 1200，EO1208，EO1209/1，EO3664，EO. 1199，EO. 1207，EO.3663，MG. 23082，MG. 23083。

［32］ 1994年8月，笔者借参加敦煌学国际研讨会的机会，得以浏览一些敦煌研究院所藏文献和文物，其中包括两件麻布经帙。一件长宽为50×50cm，一角题"宝女所问经等帙 殷"；一件为48×49cm，一角题"正法念处经第三帙 美"。据《开元录释教录略出》，《宝女所问经》正是千字文编号"殷"字号的第一部经；而"美"字号应是《正法念处经》第四帙，或系佛僧误写"四"为"三"。这两件经帙因为没有什么艺术价值而被斯坦因和伯希和所弃，辗转流传而最后为敦煌研究院收藏。我们也可以由此想到，一些被认为是无用的麻布经帙，或许早已不存在了。

［33］ 韦陀《西域美术——英国博物馆藏斯坦因收集品》；贾里觉、秋山光和编《西域美术——集美博物馆藏伯希和收集品》（*Les Arts l'Asie Centrale: Pelliot collection au Musée Nationale des Asiatique-Guimet*），2卷，东京：讲谈社，1994年。

［34］ 方广锠《关于敦煌遗书北新八七六号》，《九州学刊》第6卷第4期，1995年敦煌专号。

［35］ G. Uray, "L'emploi du tibétain dans les chancelleries des États du Kan-sou et de Khotan postérieurs à la domination tibétaine", *Journal Asiatique*, CCLXIX, 1981, pp. 81-90; idem, "New Contributions to Tibetan Documents from the post-Tibetan Tunhuang", *Tibetan Studies: Proceedings of the* 4*th Seminar of the International Association for Tibetan Studies*, Schlosse Hohenkammer-Munich 1985, München 1988, pp. 515-528; T. Takeuchi, "A Group of old Tibetan Letters Written under Kuei-i-chun: a preliminary study for the classification of old Tibetan letters", *Acta Orientalia* (Hung.), XLIV, 1990, pp. 175-190.

［36］ 拙稿《公元10世纪沙州归义军与西州回鹘的文化交往》，《第二届敦煌学国际研讨会论文集》，台北：汉学研究中心，1991年，583—603页；又《甘州回鹘与曹氏归义军》，《西北民族研究》1993年第2期，60—72页；又《于阗王国与瓜沙曹氏》，《敦煌研究》1994年第4期，111—119页；张广达、荣新江《关于敦煌出土于阗文献的年代及其相关问题》，北京大学中国中古史研究中心编《纪念陈寅恪先生诞辰百年学术论文集》，北京：北京大学出版社，1989年，284—306页。

[37] 以上邈真赞文见饶宗颐编《敦煌邈真赞校录并研究》,台北:新文丰出版公司,1994年。

[38] 施萍亭《本所藏〈酒帐〉研究》,《敦煌研究》创刊号,1983年,142—155页。

[39] 敦煌文物研究所《新发现的北魏刺绣》,《文物》1972年第2期,54—59页;又《莫高窟发现的唐代丝织物及其它》,《文物》1972年第12期,55—67页。

[40] 斯坦因在写《西域考古图记》时,更强调公元11世纪初叶封存说,见《西域考古图记》二,820页、827页。在封闭年代问题上,藤枝晃《敦煌"藏经洞"的一次复原》、姜亮夫《莫高窟年表》(上海古籍出版社,1985年)610页、方广锠《敦煌藏经洞封闭年代之我见》(第34届亚非研究国际会议论文,香港,1993年8月),也都主张11世纪初叶说。白滨《试论敦煌藏经洞的封闭年代》一文对伯希和的说法反驳最有力。

[41] 参看华涛《喀喇汗朝王室族属问题研究》,《元史及北方民族史研究集刊》第12—13期,1989年,107—116页;又《萨图克布格拉汗与天山地区伊斯兰化的开始》,《世界宗教研究》1991年第3期,10—23页。

[42] 贝利(H. W. Bailey)《尉迟输罗与大王》(Srī Visa Sūra and the Ta-Uang),《泰东》(*Asia Major*)新辑(New series)第11卷第2期,1964年,17—26页。

[43] 北宋元丰元祐间的青唐羌首领阿里骨,原本是于阗人,见《宋史》卷四九二《外国传》。推测也是属于东逃的于阗人后裔。参看铃木隆一《青唐阿里古政权的成立与契丹公主》,《史滴》第4号,1983年,35—50页。

[44] 参看拙稿《于阗王国与瓜沙曹氏》,《敦煌研究》1994年第4期,118页。

[45] 关于这场残酷的战争对于阗的毁灭,参看殷晴《关于大宝于阗国的若干问题》,《新疆历史论文续集》,乌鲁木齐:新疆人民出版社,1982年,241—258页。

[46] 藏经洞门所在的第16窟甬道北壁壁画的年代,有宋初和西夏早期的不同说法。原画见《中国石窟·敦煌莫高窟》,文物出版社,1987年,图118。贺世哲《从一条新资料谈藏经洞的封闭》(《西北史地》1984年第3期,83—86页)考订为1002—1014年所绘,与本文结论略合。同时请参看西夏说的代表性观点:刘玉权《敦煌莫高窟安西榆林窟西夏洞窟分期》,《敦煌研究文集》,兰州:甘肃人民出版社,1982年,294—295页。我倾向于前者的看法。根据一般的看法,西夏早期壁画与宋代曹氏晚期壁画有许多相似点,参看刘玉权上引文294页。

[47] 罗斯(E. D. Ross)《关于西部摩尼教与吐鲁番发现的注记》(Note to Legge, "Western Manichaeism and the Turfan Discoveries"),《英国皇家亚洲学会会刊》(*Journal of the Royal Asiatic Society*),1913年号,81页。

[48] 韩廷顿(J. C. Huntington)《关于敦煌藏经洞或洪䛒影窟的问题》(Note on Dunhuang Cave 17, 'The Library,' or Hong Bian's Reliquary Chamber),《东方艺术》(*Ars Orientalis*)第16卷,1986年,93—101页。

[49] 《西域考古图记》第二,828—829页;P. Pelliot, "Une bibliothèque médiévale retrouvée au Kan-sou", 506、529页;陆翔译《敦煌石室访书记》,8、27页;白滨《试

论敦煌藏经洞的封闭年代》,351—353 页;刘永增《回鹘文写本与莫高窟第二藏经洞》,《敦煌研究》1988 年第 4 期,40—44 页。最近出版的耿升译《伯希和敦煌石窟笔记》380—390 页,详细记载了伯希和在这所元代窟及相邻的伯编 182 窟中进一步发现的元代文书。

〔50〕 罗斯《千佛洞》(The Caves of the Thousand Buddhas),《英国皇家亚洲学会会刊》(Journal of the Royal Asiatic Society)1913 年号,434—436 页;罗纳-塔斯(A. Rona-Tas)《关于敦煌收集品年代的简要注记》(A Brief Note on the Chronology of the Tun-huang Collections),《匈牙利东方学报》(Acta Orientalia Hung.)第 21 卷,1968 年,313—316 页;韦陀《西域美术》第 2 卷,183、347 页。

〔51〕 谭真《从一份资料谈藏经洞的封闭》,《敦煌研究》1988 年第 4 期,36—39 页。

〔52〕 毕素娟《辽代名僧诠明著作在敦煌藏经洞出现及有关问题》,《中国历史博物馆馆刊》第 18—19 期,1992 年,133—139 页。

〔53〕 陈祚龙《敦煌学园零拾》上册,台北:台湾商务印书馆,1986 年,65—68 页;又《敦煌学林札记》上册,台北:台湾商务印书馆,1987 年,247—248 页。

〔54〕 李正宇《敦煌遗书宋人诗辑校》,《敦煌研究》1992 年第 2 期,47 页。

〔55〕 《敦煌汉文写本目录》(Catalogue des Manuscrits chinois de Touen-houang)第 4 卷,巴黎,1991 年,297 页,于此件年代未作考订。郑阿财《敦煌写本〈呼吸静功妙诀〉试论》,《敦煌学》第 19 辑,1992 年)111 页云,此件抄写年代"恐怕为晚唐五代,甚至晚到北宋初期"。

〔56〕 北京图书馆藏收字 4 号写本正面为北京石壁沙门傅奥述《梵纲经记》,背面为《至道元年(995)道猷状》,参看荣新江《敦煌文献所见晚唐五代宋初的中印文化交往》,《季羡林教授八十华诞纪念论文集》下,南昌:江西人民出版社,1991 年,961—962 页。

〔57〕 按佛牙也不等于真身,参看荣新江《法门寺与敦煌》,《'98 法门寺唐文化国际学术讨论会论文集》,西安:陕西人民出版社,2000 年,66—75 页。

〔58〕 孟列夫等编《亚洲民族研究所藏敦煌汉文写本注记目录》第一卷,353—354 页;第二卷,409—410 页。前者原卷图版载《俄藏敦煌文献》第四册,299—305 页。

〔59〕 马伯乐(H. Maspero)《斯坦因第三次中亚探险所获汉文文书》(Les documents chinois de la troisième expédition de Sir Aurel Stein en Asie Centrale),伦敦,1953 年,230 页。

〔60〕 荣新江《俄藏〈景德传灯录〉非敦煌写本辨》,《段文杰敦煌研究五十年纪念论集》,北京:世界图书出版公司,1996 年,250—253 页,图版 XVIII-XIX。

〔61〕 戴密微(P. Demiéville)对此卷比定已表示怀疑,但他未见原件文字,故不知为何书断片,见《敦煌学近作》(Récents travaux su Touen-houang),《通报》(T'oung Pao)第 56 卷,1970 年,2 页,注 1;耿升译,载《敦煌译丛》第一辑,兰州:甘肃人民出版社,1985 年,2 页,注 1。

〔62〕 荣新江《敦煌本禅宗灯史残卷拾遗》,《周绍良先生欣开九秩庆寿文集》,北京:中华书局,1997 年,232—235 页。

第五讲
敦煌宝藏的收藏与整理

敦煌藏经洞的宝藏因为没有及时被学术界发现而整体收藏，造成了流散世界各地的悲惨命运，主要的收集品集中在伦敦、巴黎、圣彼得堡和北京，还有大大小小的收藏分散在中国、日本、欧洲、美国公私收藏者手中，给研究者造成极大的不便。

以下简要介绍比较重要的敦煌文献的收集品和整理情况。

一 斯坦因收集品

斯坦因收集的敦煌文献和文物，主要收藏在伦敦的英国图书馆、英国博物馆、印度事务部图书馆。

英国博物馆又译作大英博物馆、大不列颠博物馆、不列颠博物馆，是英国的国家博物馆，也是全世界收藏东西方文物最多的博物馆之一。其所藏大量的中国新疆、甘肃、蒙古、西藏等地出土的文献和文物，主要来自于"斯坦因收集品"(Stein Collection)。

"斯坦因收集品"是指1900—1916年由匈牙利裔英籍考古学家斯坦因（M. A. Stein, 1862-1943）在三次中亚考察期间收集的中国西北地区出土的文献和文物，其中包括敦煌文献和文物[1]。

斯坦因所获得的庞大收集品陆续运到英国后，按照资助他中亚之行的印度政府和英国博物馆、印度事务部之间签署的分配方案，文献部分，凡汉文、粟特文、突厥文、回鹘文材料，归英国博物馆保存；凡于阗文、龟兹文、藏文材料，归印度事务部保存；梵文写本，用佉卢文书写者归前者，用婆罗谜文书写者归后者。其他文物材料如绢画、刺绣、木板画、陶器、木雕、钱币等等，在印度德里中亚古物博物馆和英国博物馆之间平分。于是，斯坦因收集品的考古文物材料，入藏于英国博物馆的东方古物部（Department of Oriental Antiquities）；文献材料入藏于东方印本与写本部。1973 年英国图书馆独立后，文献材料转归英图参考部，入藏于英国图书馆东方写本与印本部（Department of Oriental Manuscripts and Printed Books）。

英博所藏敦煌藏经洞出土的绢纸绘画，是斯坦因收集品中的精华之一。早在 1921 年，斯坦因本人就选取其中的精美绢画四十八幅，用彩色和黑白照片影印，辑成《千佛洞：中国西部边境敦煌石窟寺所获之古代佛教绘画》一书，在伦敦出版[2]。在 1918 年英国博物馆和印度中亚古物博物馆瓜分这批美术品之前，任职英国博物馆的魏礼（Arthur Waley，1889—1968），编成《斯坦因敦煌所获绘画品目录》，1931 年伦敦出版[3]。该书编成时，这批绘画品的分配方案已经出笼，所以，该目录由两部分组成。第一部分为英国博物馆藏品目录，第二部分为德里中亚古物博物馆藏品目录，总共著录绢纸绘画、板画、刺绣等五百余件，对每一件绘画品的内容作详细描述，抄录上面的汉文题记并译成英文，还简记其颜色、质地、大小以及研究文献。在很长时间里，魏礼的这本目录是我们研究敦煌绘画时不可或缺的参考书。此后，留存英国博物馆的部分美术品由韦陀（Roderick Whitfield）作了系统的整理和研究，编成《西域美术：英国博物馆藏斯坦因收集品》，共三卷，1982—1984 年由英国博物馆和日本讲谈社联合在东京出版[4]。这部巨著选印了现在主要藏于英国博物馆和少量藏于英国图书馆的斯坦因三次中亚考察所得绘画品、染织品及其他考古遗物的精品。第一卷为敦煌绢画，按佛传图、菩萨像、金刚力士像、天王像的顺序排列；第二卷为敦煌 10 世纪的大幅绢绘，以及纸画和木板画；第三卷为染织品、雕塑、壁画等，除敦煌发现者外，也有新疆各地的收集品。每卷有导言、彩色图版和附有黑白照片的文字解说，印刷极为精美，是斯坦因收集品的重要资料集。由于使用了先进的照相仪器，所以本书的图版甚至较原物清晰，这是我 1985 年带着这部书在英国图书馆的敦煌绢画库房中对比时得到的印象。

斯坦因三次中亚考察所获汉文、粟特文、突厥文、回鹘文等材料，编为 Or. 8210—8212 三个总号。在将三次考察所获文献编号时，似乎按照语言和出土地点大体上作过一些归类。

Or. 8210 主要是敦煌藏经洞出土的汉文写本和印本，此后又用缩写 S.（Stein number，"斯坦因编号"，中文作"斯"）1—13677 号和 P.（Printed books，印本）1—20 号具体标示每一件文献。S. 编号虽说著录的主要是斯坦因第二次中亚考察从敦煌藏经洞取得的汉文写本和印本，但也有一些斯坦因第一、三次考察得自新疆和田和吐鲁番等地的文书混入其中，如 S. 5862—5872，6964—6972，9437，9464，11585，11606—11609，12597 号等，甚至还混入霍恩雷的中亚收集品，如 S. 9222—9225 号。如果不注意这一点，就容易误用史料。另外，斯坦因第三次中亚考察时从王道士手中又获得的 570 件写本，也编入其中。

其实斯坦因在敦煌莫高窟翻检藏经洞文献时，没有时间现地编目，只是用 Ch.（Ch. 系 Ch'ien-fo-tung 即“千佛洞”的缩写）下的一个小罗马数字（如 i，ii，iii，iv…）表示包裹经卷等材料的包袱号。遗憾的是，这些整包整包的收集品入藏英国博物馆以后，由负责编目的翟林奈（Lionel Giles，1875-1958，又译作翟理斯或小翟理斯）重新编在 S. 号下，而废掉原有的 Ch. 号。此外，在大约 1920 年前后，翟林奈曾经把原编的 S. 号重编了一遍，以至于在此之前抄录的一些文书的编号，与今天所用者不同。如矢吹庆辉提供给《大正新修大藏经》的许多 S. 编号写本的号码，就是用的旧编号，不注意这一点，常常会将一件文书看成两件。另外，S. 编号的写本原来只有八千余件，1953—1954 年英国博物馆制作缩微胶卷时，编号只到 S. 6980，还未编目的两千余件没有包括在内。近年来，英国图书馆修复部又陆续从敦煌绢画、写经、经帙等已编号文物或文献上，揭出许多残片，在总编号后顺序增加，截止到 1991 年 8 月我离开伦敦时，已编到 13677 号。一般来讲，S. 编号的写本不论长短，一纸一号，但揭自经帙或绢画的写本残片往往较多，于是在一个号下，各残片又细分为 A，B，C…，如 S. 6998A，S. 6998B 等。相对而言，S. 6980 以前的写本

(N. 1177 ; K. XXI. 3 ; T. 1602)

4294. 顯揚聖教論 *Hsien yang shêng chiao lun*, ch. 15 (begin.). See 2898 (2).

Abhidharma-samuccaya-vyākhyā-śāstra

(N. 1178 ; K. XXI. 4. b ; T. 1605)

4295. 大乘阿毗達磨雜集論 **Ta shêng a p'i ta mo tsa chi lun*, ch. 13. Begin. slightly mtd. Good MS. of 7th cent. Pale yellow paper. $22\frac{1}{4}$ ft. S. 3346.

Mādhyamika-śāstra

(N. 1179 ; K. XXI. 4. b ; T. 1564)

4296. 中論 *Chung lun*,* [ch. 1,] p'in 1, 2. Fairly good, slightly cursive MS. 18 numbered strips of thick buff paper, pierced for string. 30·5 × 8·5 cm. S. 5607.

4297. [*—*] ch. 1, p'in 2 (end only), 3. Mediocre MS. of 5th cent. *Verso*: [提婆菩薩傳 **T'i p'o p'u sa chuan**.] Life of Deva-bodhisattva (N. 1462 with some omissions and variations.) Handwriting of 5th cent., careless to good. Good buff paper, ruled on both sides. 3 ft. S. 3286.

4298.*—*ch. 2 [= 3], p'in 15 (end only)–ch. 4, p'in 26. 57 loose strips, 30·5 × 8·5 cm., pierced for string. With separate foliation for each ch. Colophon at end of ch. 2: 己亥年七月十五日寫畢三界寺律大德沙門惠海誦集 [? for 訖] 乙未年正月十五日三界寺修大般若經兼內道場課念沙門道眞兼

图 5-1 《英国博物馆藏敦煌汉文写本注记目录》书影

较为完整,有不少长达十米以上;而 S.6981 以后的写本较残,大多数为一两尺长,还有许多只有巴掌大小,最后百余件实际只有一个或半个字。有些学者总想确切统计出敦煌写本到底有多少件,或者想比较哪一处藏家藏品最多,我以为这都是无法做到的,从斯坦因编号文书来看,有的一件长卷比一百件碎片的分量还要大,它们是无法用编号多少来比较的。

S. 编号的敦煌藏经洞出土汉文文献内容丰富,很早就引起人们的注意。但是,在公布 S.1—6980 的缩微胶卷之前,能够大量使用这部分材料的学者很少。从 1919 年就开始负责这些写本整理工作的翟林奈,得天独厚,把自己的毕生精力贡献在这部分写本的编目和研究上,直到他去世的前一年(1957),他所编的《英国博物馆藏敦煌汉文写本注记目录》(图 5-1)方才由英国博物馆董事会出版[5]。

翟林奈的目录著录了斯坦因敦煌收集品中的 S.1—6980 和 Or.8212/1—195 中的少量敦煌汉文写本以及 P.1—19 号印本,按翟氏的分类,统编为 G.1—8102 号。其分类是先把全部资料分为佛教文献、道教典籍、摩尼教经、世俗文书和印本五类。佛经部分先按南条文雄《大明三藏圣教目录》(*A Catalogue of the Chinese Translation of the Buddhist Tripitaka*)排列,然后分十四项收藏外文献。道教典籍分作十项,著录《道德经》《列子》《庄子》、道经及《道藏》外文献和医药、占卜、日历等。世俗文书分为二十二项:(1)儒家典籍,(2)史籍,(3)地志,(4)诗歌杂曲,(5)故事与传记,(6)各体文章,(7)诏敕榜文,(8)奏疏牒状,(9)书翰、书仪及官府报告,(10)契约、法律文书,(11)社条与社司转帖,(12)入破历、账簿,(13)算书,(14)语汇、辞书、字书,(15)僧俗名簿、氏族谱,(16)户籍,(17)寺院什物历,(18)藏经目录,(19)杂器物历,(20)习字,(21)绘画、图表,(22)双语写本。对每号写本或印本,著录其新编号、汉文名称及威妥玛式转写、卷数与品第、汉文题记并英译,以及书法、纸色纸质、长度,最后是斯坦因编号。附录有专名索引及 S. 编号与翟氏新编号对照表。这本目录采用分类编目的方法,对佛典的比定和归类成绩很大,但对世俗文书的分类则欠妥当。由于编者长年据原卷编目,所记写本外观及一些朱笔或红印在缩微胶卷上不易看出,所以尤堪注意。

与翟目的出版几乎同时,S.1—6980 的缩微胶卷也陆续运到中国和日本。刘铭恕根据中国科学院图书馆新收到的胶卷,用了几个月的时间,编成《斯坦因劫经录》,收入《敦煌遗书总目索引》[6]。刘目按 S. 顺序号著录到 6980 号,未及印本。除题名外,还抄录了题记和一些编者以为重要的文书,在说明一项中提示一些研究心得。与翟目相比,刘目的项目要少,由于时间仓促，佛典道经的比定工作不如翟目，但在四部古籍和一些世俗文书的考订上，颇多贡献。

日本学者在接到胶卷后，以东洋文库为中心，成立了敦煌文献研究委员会，负责编印敦煌文献的分类目录，先后油印了四本。

(1) 池田温、菊池英夫编《斯坦因敦煌文献及研究文献中业经引用介绍的西域出土汉文文献分类目录初稿》I 非佛教文献之部·古文书类（I），1964 年 11 月东洋文库印行。此目是对斯坦因敦煌文献中官文书所编的分类目录，附以当时从研究文献中可以看到的其他资料，内容共八类：①诏敕类写本、②律令格式、③告身、④度牒、⑤公验、过所、⑥有关中原的表文、⑦有关敦煌的表文、⑧诸官府文书。其中第⑧项内容最丰富，包括中央尚书省各部文书、地方各级官府文书，如牒、状、账簿、诉状、判辞、户籍、计帐、有关田制、税役制、军制的文书等等，每条除著录编号、名称、首尾存欠、行数等情况外，还著录有关这件文书的研究论著索引，有些还抄有文书内容。附录有研究文献目录和文书编号索引。

(2) 土肥义和编《斯坦因敦煌文献及研究文献中业经引用介绍的西域出土汉文文献分类目录初稿》II. 非佛教文献之部·古文书类（II），1967 年 3 月印行。此目是对斯坦因敦煌文献中寺院文书的分类著录，内容分寺院行政和寺院经济两类。前者包括告身、任职书、度牒、戒牒、寺院行政文书、僧尼籍、写经勘经历、付经转经历、经藏点勘及补充目录、追福疏等，后者包括什物历、诸色入破历、贷便契约、出便历等。每条著录编号、名称、行数、年代、内容提要、参考文献等，后附 9 世纪写经校勘人一览表、参考文献目录、文书编号索引。

(3) 吉冈义丰编《斯坦因所获大英博物馆藏敦煌文献目录——道教之部》，1969 年 3 月印行。此目按三洞、四辅、《道藏》未收（古佚）、其他（经名不详）四部分来编排敦煌道教文献，每条著录斯坦因和翟林奈编号、名称、首尾形态、行数、与《道藏》对应及异同情况、题记、研究论著等，后附印度事务部图书馆藏四件道教写本目录。

(4) 金冈照光编《敦煌出土汉文文学文献分类目录附解说》，1971 年 3 月印行。由于敦煌文学作品的发表较早，而且研究也较深入，本目录除斯坦因本外，也收录大量的伯希和本。全书分目录和解说两部分，目录分为①讲唱体，收讲经文和变文两类、②散文体，收俗文、对话体、小说三类、③韵文体，分长歌、短篇歌咏、押座文、赞文佛曲、曲子词、定格联章、通俗诗、杂诗赋、诗文等九类，每件作品著录其编号、名称、外观、年代、题记、正背其他内容及作品内容、形式、出典、字体、可与之缀合的文献、研究文献等,附有编号索引。解说部分主要是对分类问题加以说明,阐述敦煌文学文献的文学形态和分类方法。

以上四种东洋文库目录虽然没有正式出版,但由于所编都是佛典之外极富研究旨趣的社会经济文书和道教、文学典籍,而且分类编排,附有详备的每件文献的参考文献,所以很受学界好评。现在看来,有些部分已经过时,如道教一册,其主要内容已为大渊忍尔《敦煌道经目录编》(1978)所取代,但其他几册仍有参考价值。

英藏敦煌文献的编目整理是个漫长的过程。1986年,黄永武编《敦煌遗书最新目录》由台北新文丰出版公司出版。黄氏为了编辑《敦煌宝藏》大型图录,对敦煌写本的编目下了不少功夫,先是发表了一系列补正前人编目缺失的单篇文章,以后汇总在《敦煌宝藏》各册的标目和这本与《宝藏》配套的《最新目录》中。黄目只有标题,而没有提要或其他内容,应当说它主要是一部配合《敦煌宝藏》使用的工具书,而不是一本完整的目录。对斯坦因部分,按编号顺序著录了S.1—7599和碎片1—197及印本P.1—19号。其中S.6981—7599号是黄氏据缩微胶卷新编的目录,曾以《六百号敦煌无名断片的新标目》为题,发表在《汉学研究》第1卷第1期(1983)上;而所谓197件碎片,实系Or.8212编号下的文书,多为斯坦因第三次中亚考察在吐鲁番、和田、黑城子等地所得,而非敦煌文献,本不应阑入。黄目在世俗文书的标目上一仍《敦煌遗书总目索引》,其进步在于佛典和部分四部书的比定上。但对于他的比定,也需要做核实工作。

另一本新编的目录是台北中国文化大学中国文学研究所敦煌学研究小组编《伦敦藏敦煌汉文卷子目录提要》,共三册[7]。此书是在翟目、刘目、黄目的基础上,对S.1—7599所做的分类目录。全书依四库分类法排列,唯宗教典籍另外分类,不入子部。写本最多的佛典,按《大明三藏圣教北藏目录》次序编排,经律论后,为三藏外其他佛典、纂集、杂抄、杂咒、不知名佛典、三阶教文献,佛典后为道教、摩尼教文献,最后附图像、残杂和其他材料。对每一件写本,著录其书名、作者、斯坦因编号、卷子长度、纸色、全文完缺情况及起讫句,有题记者则照录全文,后为说明,记录同卷其他情况,或对写本年代、内容略加考订。书后附人名、年号、寺名、地名、俗字、缺笔字、武后新字索引和斯坦因编号与本书编号对照表。本书晚出,在四部古籍的考订上有所贡献,且分类编排,便于研讨,但通观全书,并未能吸收已有的研究成果。

如上所述,斯坦因编号的文书已到S.13677号。1991年2—8月,英国图书馆邀请方广锠和我去做S.6981—13677号的编目工作,方广锠负责佛教文献,我负责非佛教文献。我所编的《英国图书馆藏敦煌汉文非佛教文献残卷目录(S.6981—13624)》一书,1994年7月由台北新文丰出版公司出版。此目除标题外,包括对外观、内容、专有名词、题记、朱笔、印鉴、杂写、年代及与其他写本关联情况的提要,凡能找到的有关该号写本研究的文献和图版,均予著录。目录按编号顺序排列,后附分类索引。《前言》概述了残卷来源和写本的价值。此目实为继续翟目的成果之一。然如前所述,这一部分的残片大多没有首尾和题名,而且所存文字极少,比定工作十分艰难(图5-2),拙编目录只能说是一个初步的整理结果,为学界提供这些残卷的若干线索,某些古籍的比定和研究尚有待方家。2000年,我已经把自己和其他学者对这些残片的陆续比定结果和改订意见,汇总发表,是使用拙编目录者所必须参考的[8]。佛教文献部分数量较多,比定不易,直到最近,方广锠编著的《英国图书馆藏敦煌遗书目录(斯6981号—斯8400号)》方才出版[9]。

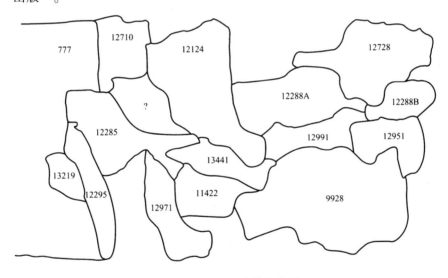

图5-2 《列子》残片缀合图

S.1—6980号的缩微胶卷自20世纪50年代末公布以后,为学界广泛使用。黄永武编《敦煌宝藏》140册,1981—1986年由新文丰出版,其第1—55册收载S.1—7599及上述断片和19件印本。此书系据缩微胶卷翻拍制成图版,所以图版质地不够清楚,有时需要核对胶片。自1990年开始,四川人民出版社开始出版15卷本《英藏敦煌文献(汉文佛经以外部分)》,刊布

S.1—13677号中的所有汉文佛经以外的文献[10]。此书图版系根据从原卷拍照的底片制成,较为清晰,但定价颇昂,流布不广,书中的题名反映了历年来学术界对英藏敦煌文献的研究成果,但仍有不少问题[11]。

Or.8211/1—3326号主要是斯坦因第一次考察所得,但也有第二次考察所获敦煌汉简和其他遗址出土的各种语言文献。在利用这组文献时,除了Or.8211/1—3326这种博物馆编号外,还应标明斯坦因的原始编号,以便了解其来历,如T.编号指敦煌烽燧出土汉简,N.表示尼雅出土佉卢文书,M.T.或M.Tagh.表示和田麻札塔格出土文献。L.A.或L.B.指楼兰遗址等等。其中,Or.8211/1—991主要是斯坦因第一、二次中亚考察所得汉晋时代的木简或木牍,由沙畹整理,发表于《斯坦因在东突厥斯坦沙漠中发现的汉文文书》一书中[12]。

Or.8212/1—1946的情形与Or.8211类似,主要是斯坦因第三次中亚考察所获文献,但也有不少第一次和第二次所获文书。这一部分标示的主要出土地点的原编号,Ast.指吐鲁番阿斯塔那墓地,Bal.指和田巴拉瓦斯特遗址,Ch.指敦煌藏经洞,Domoko指策勒达玛沟,Kao.指高昌故城,Khad.指和田卡达利克遗址,K.K.指喀喇浩特古城,LA.LB.LC.LE.LF.LL.LM.等指楼兰一带遗址,M.Tagh指麻札塔格古堡,T.指敦煌长城烽燧,Toy.指吐峪沟石窟寺,Yar.指交河古城等等。Or.8212/1—195号是民族语言或汉文和民族语言文字混在一起的写本,文字有梵、佉卢、藏、粟特、于阗、吐火罗、突厥、回鹘和汉文,出土地点有敦煌藏经洞、敦煌长城烽燧、吐鲁番、和田等地,许多极具研究价值的文书都在其中,如著名的"粟特文古信札"(Or.8212/92—101)。以下,Or.8212/196—199为预留空号,迄今未用。Or.8212/200—855是木简或纸本汉文文书。Or.8212/856以下是汉文或其他语言文字资料。除了Or.8212/417—477号木简碎片外,马伯乐(H.Maspero)整理了Or.8212/200—855汉文文书,编成《斯坦因第三次中亚探险所得汉文文书》,由于二战的原因,迟到1953年才由英国博物馆出版[13]。

印度事务部图书馆创建于1801年,原是英国东印度公司为保存该公司和其他人士所获得的东方书籍和写本而设立的,后归英国印度事务部管理。1947年印度和巴基斯坦独立后,该馆又归联邦对外关系部所属,同时成为对公众开放的专业图书馆。1982年,该馆转归英国图书馆参考部管理。1991年与英国图书馆东方部合并为东方与印度事务收集品部(Oriental and India Office Collections),但藏品仍独立收藏在不同的部门,而且研究成果也与原英图藏品有别,所以仍独立介绍于此。

敦煌藏经洞和新疆米兰、麻札塔格三处出土的古藏文写本,是最具研究价值的藏品之一。早在 1914 年,斯坦因就邀请比利时佛学家瓦雷·普散(Louis de la Vallee Poussin,1869-1937)为敦煌藏文写卷编目。普散生前编好了 765 号藏文佛典的目录,但迟至 1962 年,他的《印度事务部图书馆藏敦煌藏文写本目录》才出版[14]。编者将这批写本分作十类:一、律,二、经及注疏(可考梵文名称者),三、经(译自汉文或可考藏文名称者),四、经及注疏(未比定者),五、怛特罗文献(可考梵文名称者),六、怛特罗文献(比定而无梵文名称者),七、怛特罗文献(未比定者),八、论(可考名称者),九、论(未比定者),十、藏人著述。对每件写本,均转写其首尾一行,并给出相应的刊本及研究文献出处。书后附榎一雄所编汉文写本目录,著录了 136 件写在藏文或于阗文背面的汉文文献,共分八类:一、佛经(名称可考者),二、佛经(未比定者),三、佛教文献和文书,四、道教文献,五、世俗文书,六、杂文,七、藏文或婆罗谜文音译汉文文献,八、藏、汉文字音译梵文经典。编者给出每件写本的斯坦因原编号、普散目录的编号、写本外观描述、汉文文书行数,在内容上,给出写本名称(有的佛经附有梵文名称),佛典则注明南条文雄目录的编号和《大正藏》的号、卷、页、行,世俗文书则尽量抄录全文。

瓦雷·普散的目录只著录了敦煌藏文佛典,非佛教文书则由 1903—1927 年任印度事务部图书馆馆长的托玛斯(Frederick William Thomas,1867-1956)负责整理工作。在该馆所藏手稿中,有托玛斯编写的《斯坦因第三次考察所获藏文文书目录草稿》,但始终没有正式的目录出版。托玛斯将他的整理研究成果发表在一系列文章中,后辑为《有关西域的藏文文献和文书》一书。其第一卷 1935 年伦敦出版,主要是从藏文大藏经中辑录并翻译的有关于阗的史料,其中《于阗国阿罗汉授记》一种参照了两件敦煌藏文写本,附录是伯希和所获敦煌藏文写本 P. t. 960《于阗国教法史》的译注。第二卷 1951 年出版,分七类刊布敦煌、新疆出土的藏文世俗文书,即一、阿豺(即吐谷浑),二、沙州地区,三、罗布泊地区,四、于阗地区,五、突厥,六、政府与社会状况,七、吐蕃军队,包括转写和译注,这虽然不是斯坦因所获藏文世俗文书的全部,但精华部分集中于此。由于敦煌古藏文的研究进步很快,作者的第三卷是对前两卷的订正和补充,后附藏文词汇索引和编号表,还有少量图版,1955 年出版。作者去世后,由孔兹(E. Conze)所编的主题、梵文、藏文专有名词三种索引,作为该书第四卷于 1963 年出版[15]。此外,托玛斯还出版了《东北藏区的古代民间文学》[16]、《南语——汉藏边境地区的一种古语言》[17],也是他整理敦煌古藏文非佛教文献的结果,所刊多为重要的文学、占卜和语言资料。

60年代初，榎一雄就将印度事务部图书馆所藏大部分藏文文书的缩微胶卷购回日本，收藏在东洋文库。自70年代中叶开始，由藏学家山口瑞凤领导的东洋文库西藏研究委员会，以东洋文库所藏缩微胶卷为基础，编纂新的目录，并陆续派人到伦敦，补充东洋文库所没有的材料。1977—1988年，东洋文库出版了《斯坦因搜集藏语文献解题目录》第1—12分册[18]。其中第1—8分册是按瓦雷·普散《印度事务部图书馆藏敦煌藏文写本目录》的顺序，将该书著录的765件佛典重新编目，每件写本著录东洋文库缩微胶卷号、斯坦因编号、该文献的藏文题目（用藏文印刷体抄录）、北京版藏文大藏经编号及卷页行、对应的汉译本题目、《大正藏》所收汉文本的编号及卷页行、对应的梵文题目（用拉丁字母转写）、写本开头和末尾字句的原文抄录、与该文献有关的斯坦因、伯希和藏文写本及研究文献目录，若某项缺考，则留出余白，如第九项全为空白，以备读者使用时随时填写。自第9册开始，新编顺序号，从1001开始，著录普散目录未收的藏文写本，至第12册止，共著录到1518号。而第12册的主要篇幅，是据原卷的调查结果，对前11册的补正，后附《斯坦因搜集敦煌藏语文献各种番号对照表》《本分册所收文献番号一览表》和《藏汉文书所在一览表》。这部目录有助于人们了解印度事务部图书馆所藏敦煌西域藏文文书的全貌，但事实上仍不完全。

在此应当说明一下该馆敦煌写本的编号问题。敦煌藏文写本入藏印度事务部图书馆后，馆方将一部分尺幅较短的写本装裱在报纸大小的硬纸上，然后装订成73册，每册称为一卷（指英文的Volume，缩写为Vol.）。但不知何因，现缺两卷，其中的Vol.41最初即不存在，而Vol.10则是后来佚失的。每一卷内，叶数多少不等，每一叶（英文folio，缩写为fol.）分正背两面（用a,b表示），所以，引用这部分文书时，一般写作Vol.50,fol.25a或Vol.50,fol.25b等。实际上，大多数写本上都有Ch.标示的原编号，也有人引用时只用Ch.编号，Vol.与Ch.编号的对照表，见《斯坦因搜集藏语文献解题目录》第12分册。另外，瓦雷·普散目录是藏学界长期使用的工具书，它所著录的765件藏文佛典有的是Ch.原编号，有的是Vol.＋fol.编号，使用起来不便，所以人们引用时，常常即用目录的顺序号，但顺序号码之前的缩写词，则有各种不同的写法，有的用I. O.，系印度事务部图书馆的缩写；有的用VP.，即瓦雷·普散（Vallee Poussin）名字的缩写；有的用S.，系斯坦因编号的缩写，但这容易与Or.8210号下的S.编号汉文写本混淆；现在许多学者用S.t.表示斯坦因所获藏文写本，这与伯希和所获藏文写本编号P.t.相类似，应较其他缩写更好。至于榎一雄编目部分的汉文文书，一般就用榎氏所使用的 C.1—136 号。

二　伯希和收集品

巴黎的法国国立图书馆(Bibliothèque Nationale，以下简称国立图书馆)的东方写本部(La Section Orientale du Departement de Manuscrits)收藏着丰富的敦煌西域文献，它们主要是伯希和中亚考察队的收集品。

国立图书馆所藏敦煌文献材料，全部用伯希和的名字 Pelliot 标号，简作 P.，中文简称"伯"。各种文字资料又按语种大致作了分类的编号：Pelliot chinois 指汉文材料，Pelliot tibétain 指藏文材料，Pelliot ouigour 指回鹘文材料，Pelliot sogdien 指粟特文材料，Pelliot sanskrit 指梵文材料，Pelliot Si-hia 指西夏文材料，在敦煌藏经洞等处出土的几种主要语言文献中，只有于阗文材料没有单列。

Pelliot tibétain(伯希和藏文写本)简称 P. t.。伯希和最初为敦煌写本编号时，在汉文写本的前面为藏文写本预留了 2000 个号码，交巴考(Jacques Bacot，1890-1967)作具体的编号和编目工作。后来，这项繁重的任务由拉露(Marcelle Lalou 1890-1969)完成。拉露分别在 1939 年、1950 年和 1961 年，陆续刊出三卷本的《国立图书馆所藏敦煌藏文写本注记目录》[19]，按编号顺序著录藏文写本。计第一卷收 P. t. 1—849 号，第二册收 P. t. 850—1282 号，第三册收 P. t. 1283—2216 号，已经超出当年伯希和预留的 2000 号。此外，还有大量的《无量寿宗要经》和《十万颂般若经》写本，拉露认为重复太多而没有编目，计自 P. t. 2217—2224 和 P. t. 3500—4450 号[20]。拉露的《注记目录》对每件写本的外观和内容都作了详细的记述，佛典之外的文献或文书，用拉丁字母转写出每项内容的起止词句，如有研究成果发表，也加以著录，前有主题索引，便于学者按类查找写本。80 年代初，中国获得法藏敦煌藏文文书的缩微胶卷后，王尧组织一些藏学研究者，以拉露目录为基础，参考原卷和后人研究成果，编成《法藏敦煌藏文文献解题目录》，著录较拉露目录为详，且有后人研究论著索引附于每号写本之下，极便学人[21]。

1978—1979 年，埃·麦克唐纳和今枝由郎合作编辑了两卷本的《国立图书馆所藏藏文文书选刊》[22]。第一卷从 P. t. 1—990 中选择佛教文献中的发愿文、藏外文献，如《罗摩衍那》《于阗国教法史》等研究价值较高的文献，精制成图版影印；第二卷从 P. t. 996—2220 中选择世俗文书、史籍、占卜书等非佛教文献，如《吐蕃王朝编年史》《大事记》、吐蕃统治时期及以后的各种官私文书，影印出版，更富研究价值。法国在70年代末公布了全部敦煌藏卷的缩微胶卷，但我国所得胶卷的藏文部分有许多缺号，因此，有些重要的文书我们仍要仰仗于这两卷《选刊》，况且其图版的质量远胜于胶卷。

Pelliot chinois（伯希和汉文写本）简称作 P. ch. 或 P.，编号为 2001—4099，4500—5043，5522—6038，前面和中间的缺号，是留给藏文或其他民族文字材料的，有的后来没有使用，成为空号，即 P. 4100—4499，5044—5521号。即使是在属于汉文写本编号当中，也有一些缺号情况，有些是因为同卷有其他文字，而后来又归入其他编号类中；有些则是因为缀合的原因而放在其他号下了。还应说明的是，国立图书馆把原来贴在写本上的残片揭下后，不是像英国图书馆那样放在整个编号后面，而是附在所揭写本之后，编作某号的"bis"，如 P. 2675 bis；如残片较多，则在该号下另编 piéce 1、piéce 2……或 piéce a、piéce b……等。有些卷号原本就由多件纸本组成，如 P. 2222、4514、4518，则编号后附有 A，B，C，D……。

伯希和汉文写本最早由伯希和本人编目，他完成了 P. 2001—3511 号的法文原稿，但没有刊布。伯希和以后，1932—1933 年留学巴黎的那波利贞，1934—1939 年作为交换学者到巴黎国立图书馆工作的王重民，和 1951 走访巴黎的杨联陞，都陆续为敦煌写本的编目作了贡献。二战后，在戴密微（Paul Demiéville，1894-1979）的推动下，法国科研中心组成专门的敦煌研究小组，从事敦煌写本的编目和研究。1970 年，谢和耐（J. Gernet）和吴其昱（Wu Chiyu）主编的《敦煌汉文写本目录》第一卷由国立图书馆出版（图 5－3），这是在上述编目成果以及左景权等人编目草稿的基础上完成的，收 P. 2001—2500 号；1983、1991、1995 年，分别出版了苏远鸣

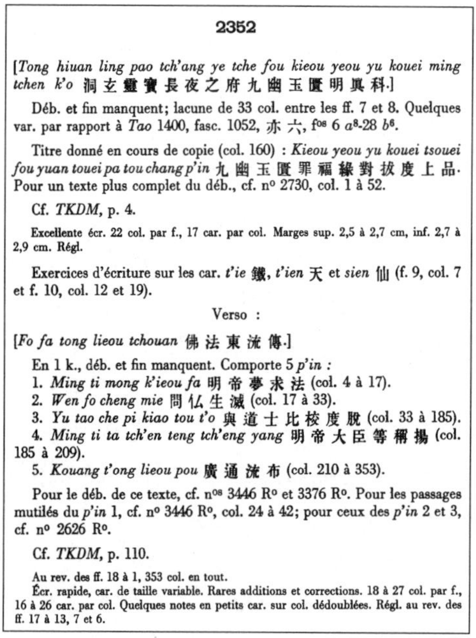
2352

[*Tong hiuan ling pao tch'ang ye tche fou kieou yeou yu kouei ming tchen k'o* 洞玄靈寶長夜之府九幽玉匱明眞科.]

Déb. et fin manquent; lacune de 33 col. entre les ff. 7 et 8. Quelques var. par rapport à *Tao* 1400, fasc. 1052, 亦 六, f°s 6 a^{8}-28 b^{6}.

Titre donné en cours de copie (col. 160) : *Kieou yeou yu kouei tsouei fou yuan touei pa tou chang p'in* 九幽玉匱罪福緣對拔度上品. Pour un texte plus complet du déb., cf. n° 2730, col. 1 à 52.

Cf. *TKDM*, p. 4.

Excellente écr. 22 col. par f., 17 car. par col. Marges sup. 2,5 à 2,7 cm, inf. 2,7 à 2,9 cm. Régl.

Exercices d'écriture sur les car. *t'ie* 鐵, *t'ien* 天 et *sien* 仙 (f. 9, col. 7 et f. 10, col. 12 et 19).

Verso :

[*Fo fa tong lieou tchouan* 佛法東流傳.]

En 1 k., déb. et fin manquent. Comporte 5 *p'in* :
1. *Ming ti mong k'ieou fa* 明帝夢求法 (col. 4 à 17).
2. *Wen fo cheng mie* 問仏生滅 (col. 17 à 33).
3. *Yu tao che pi kiao tou t'o* 與道士比校度脫 (col. 33 à 185).
4. *Ming ti ta tch'en teng tch'eng yang* 明帝大臣等稱揚 (col. 185 à 209).
5. *Kouang t'ong lieou pou* 廣通流布 (col. 210 à 353).

Pour le déb. de ce texte, cf. n°s 3446 R^{o} et 3376 R^{o}. Pour les passages mutilés du *p'in* 1, cf. n° 3446 R^{o}, col. 24 à 42; pour ceux des *p'in* 2 et 3, cf. n° 2626 R^{o}.

Cf. *TKDM*, p. 110.

Au rev. des ff. 18 à 1, 353 col. en tout.
Écr. rapide, car. de taille variable. Rares additions et corrections. 18 à 27 col. par f., 16 à 26 car. par col. Quelques notes en petits car. sur col. dédoublées. Régl. au rev. des ff. 17 à 13, 7 et 6.

图 5－3 《敦煌汉文写本目录》第一卷书影

(Michel Soymié)主编的第三、四、五卷，分别收 P. 3001—3500、P. 3501—4000、P. 4001—6040[23]；最近出版的第六卷，是著录藏文卷子背面的汉文写本[24]。与已刊敦煌写本目录相比，法目著录最详，每号内各项内容均——分别著录。一般是先列标题，凡文献类先列汉文原文，再作法文转写；题目已残者大都考证补出，并指出通行印本如《大正藏》《道藏》《四部丛刊》中的出处及同类写本编号；凡文书类则用法文拟题，并有简要提要提示文中的专有名词；有题记者译为法文；还详记有关该写本的研究文献出处；最后是写本尺幅长短、纸质、颜色等物质性描述；后附两个索引，一是按拉丁字母顺序排列的专有名词索引，一是主题分类索引，后者分佛教文献、道教文献、诸种古籍和特殊项目四大类，前三类又细分为若干小类，每小类下列属于此类的写本编号，这样就弥补了按编号顺序编目在分类上的缺陷；最后一类列出有题记、年代、年号、绘画、其他民族文字、印鉴等专门内容的写本编号；第四卷又增加了见于本册目录注记中的其他敦煌写本和洞窟题记的编号索引。本目录无疑是迄今为止已出版的敦煌汉文写本目录中最佳的一种，其优点在于著录详尽，可以让看不到原卷的人尽可能了解原卷的外观，特别是一些缩微胶卷或照片上看不到的红字和朱印；其每项内容附有研究文献出处，与东洋文库目录相仿，虽然不够完备，但极便学者使用；目录按伯希和编号排列，便于检索，又用主题分类索引的方式统一作了安排，这是目前处理敦煌写本编目的可取方法。

相对而言，伯希和汉文写本中富有研究旨趣的材料较多。遗憾的是，70年代末出售的缩微胶卷质量很不理想，许多原卷十分清楚的写本不知为何在胶卷上模糊不清，《敦煌宝藏》中的影本更差，编者黄永武不得不加放大照片，但有时也无济于事。现在，上海古籍出版社与法国国立图书馆合作出版《法藏敦煌西域文献》，已经出版 13 卷[25]，影印 P. 2001—2432 号。这部书提供给人们更为清晰的照片。

Pelliot sogdien（伯希和粟特文写本）共 30 个号码，其中一部分系移自 Pelliot chinois 3511—3521 号。1940 年，邦旺尼斯特编成《粟特文献选刊——国立图书馆所藏写本（伯希和文库）》一书，影印刊布了除 Pelliot sogdien 4《佛说善恶因果经》之外几乎所有法藏粟特文写卷[26]，此书为粟特文献的研究提供了重要的原材料。同年，邦氏还出版了《粟特语文献》一书，也是除了《善恶因果经》，把法藏粟特写本一一作了外观概述、拉丁转写、法文译注，附有词汇索引[27]。

Pelliot ouigour（伯希和回鹘文写本）共 16 个号码，有的也是移自汉文写本部分,如 Pelliot ouigour 12 即移自 Pelliot chinois 4637;有的移自粟特文写本部分,如 Pelliot ouigour 11 即 Pelliot sogdien28 等等。哈密顿在《敦煌回鹘文写本善恶二王子的佛教故事》一书中重新整理刊布其中长卷,1971年巴黎法国国家科研中心出版[28]。哈密顿又把其他各类回鹘文写本一一整理,于1986年出版了两卷本的《敦煌9—10世纪回鹘文写本汇编》。该书收集了伯希和与斯坦因所获敦煌回鹘文写本38件,缀合成36种文献或文书,做了精心的转写、翻译、注释,并编制词汇索引,影印了全部图版[29]。至于一些较难解读的突厥化粟特文文书,则由辛姆斯-威廉姆斯和哈密顿合作,整理为《敦煌9—10世纪的突厥化粟特语文书集》一书[30]。

集美博物馆,一译作吉美博物馆,是法国著名的东方古物收藏单位。1909年11月,当伯希和收集品运回巴黎后,计有220多幅绘画品、21件木雕、丝织品残片和画幡、经帙等美术品的主体,于1910年入藏罗浮宫博物馆。其后不久,15幅绘画品转存于集美博物馆。1922年,又有40幅绢画转入集美。1947年,集美博物馆改组为法国国家博物馆的亚洲艺术部(Departement des Arts Asiatiques des Musées Nationaux),收藏于罗浮宫的所有伯希和所获美术品全部归集美博物馆收藏,这里建成三个大展室,放置敦煌和新疆发现的画卷和画幡[31]。伯希和收集的绘画精品大都放在展室中公开展览,至今人们到该馆参观,仍可以方便地饱览这些艺术珍品。

二战后,由韩百诗组织一批学者,对这些美术品进行系统地分类整理工作,其成果编为《伯希和考察队考古资料丛刊》(Mission Paul Pelliot. Documents archeologiques)。1978年韩百诗去世后,这项工作仍由法兰西学院下属的中亚与高地亚洲研究中心负责继续进行。截止到目前,已刊的《伯希和考察队考古丛刊》中有关敦煌资料情况如下(按卷次先后):

第十一卷《伯希和敦煌石窟笔记》六册,旺迪埃-尼古拉和玛雅尔合编[32]。这是伯希和1908年在敦煌时抄录的洞窟笔记(图5-4),也是第一份敦煌石窟文字的录文,历史文献价值极高,现分述各册具体所收伯希和编号洞窟如下:第一册,1—30窟,1980年出版;第二册,31—72窟,1981年;第三册,73—111a窟,1983年;第四册,112a—120n窟,1985年;第五册,120n—146窟,1986年;第六册,146a—182窟,1992年。伯希和笔记所录的一些文字后来毁掉,他的录文成为"孤本",已出版的敦煌研究院编《敦煌莫高窟供养人题记》一书[33],收入了《伯希和笔记》前三本的录文,因此,迄今尚没有新的合校本出版。另外,此书每一册的后面,刊载了所收编号洞窟的照片,即1920—1924年伯希和本人刊布过的六册《敦煌石窟图录》(Les

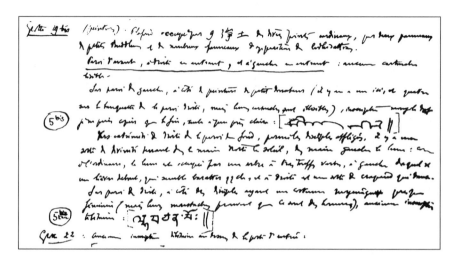

图 5-4　伯希和敦煌石窟笔记

grottes de Touen-houang)的重印,图文对照,可省翻检之劳,但个别图版不如 20 年代的图版清晰。

第十三卷《集美博物馆和国立图书馆所藏敦煌丝织品》,里博(K. Riboud)与维亚(G. Vial)合编[34]。本书主要是研究敦煌藏经洞出土的丝织品的材料和织法,导言之后,是丝织品目录,共著录了 99 件,对每件物品注记其质地、大小、保存状态、装饰、组织结构和制作情形等项内容。从文献的角度看,其所刊布的有些丝织品原件,原为藏经洞出土的经帙,对于藏经洞文献的整体研究具有十分重要的价值。

第十四卷《集美博物馆所藏敦煌绢幡绘画》(解说),尼古拉-旺迪埃编[35]。本书系整理伯希和敦煌所获绢幡绘画的结果之一,共著录 216 号,总 220 幅作品。绘画品分佛像、菩萨像、天王力士像、高僧像和其他形像五类加以记录,注记的内容包括原编号、名称、质地、长宽、时代、内容概述、保存状态、有关注记和参考文献目录。画上的汉藏文题记,做了部分录文和翻译。

第十五卷《集美博物馆所藏敦煌绢幡绘画》(图版),韩百诗编[36]。本书与前一卷图版相配合,刊布 230 幅敦煌绢幡绘画照片,其中包括一些彩色图版。其排列顺序与解说卷相同,两书对照使用,是长期以来人们研究敦煌绘画的重要原始资料。

1994—1995 年,贾里觉和秋山光和合编的《西域美术——集美博物馆藏伯希和收集品》两卷本由东京讲谈社出版。此书与韦陀编《西域美术——大英博物馆藏斯坦因收集品》一样，分类刊布法藏敦煌绘画，全用彩版精印而成。第一卷共99件作品，主要是面积较大的佛传图、变相图、佛像、菩萨像。第二卷发表敦煌绘画作品89件，也选印一些国立图书馆藏写经插图，主要是篇幅较小的菩萨像、天王像、行脚僧图等。然后是约30件丝织品，包括幡、幡头、经帙。最后约三分之一的分量，刊布新疆发现的塑像、彩绘舍利容器、壁画、陶器、木器等西域美术资料。在《集美博物馆所藏敦煌绢幡绘画》图版卷中看不清楚的一些题记，可以在本书中找到更清晰的图版。1995—1996年，法国学者也出版了法文本《西域美术——集美博物馆藏伯希和收集品》两卷[37]，图版基本相同，而所附文章不同。两书应当同样重视，可惜都是极为昂贵的图录，所以一般的单位只存有一部。

三 奥登堡收集品

俄罗斯科学院东方学研究所圣彼得堡分所（St. Petersburg Branch of the Institute of Oriental Studies, Russian Academy of Science），是世界上敦煌吐鲁番文献的主要收藏地之一。其前身是1818年建立的亚洲博物馆，1930年改为苏联科学院东方学研究所。1950年，该所迁往莫斯科时，在列宁格勒设立的分所，一度称亚洲民族研究所，现在称为圣彼得堡东方学研究所。19世纪末和20世纪初俄国和苏联从我国西北地区收集的文献材料，都收藏在该所的图书馆里，其总数达几万件之多，而且，相比于其他几大敦煌吐鲁番文献收藏单位，这里收藏的文献大多公布较迟，因此许多情形以前不甚明了。

由俄国奥登堡（S. F. Oldenburg, 1863-1934）考察队所获敦煌汉文文献，首先由亚洲博物馆写本特藏部保管员弗路格（K. K. Flug, 1893-1942）从事整理工作。在1942年饿死于被围的列宁格勒城之前，他完成了Ф编号的307件和Дх编号的2000件写本的目录，并发表了《苏联科学院东方学研究所藏汉文写本非佛教部分概况》和《苏联科学院东方学研究所藏汉文佛经古写本简目》[38]。

俄藏敦煌汉文写本的编号，Ф.共366个号码，是经弗路格（Флуг）整理的较完整写卷，因此用其姓的字头表示。Дх.是俄文"敦煌"的缩写，大多数写本都以此为馆藏编号。Ф.和Дх.分别可以用拉丁字母 F. 和 Dx. 或 Dh. 表示。已被编目的写本，其目录的顺序号有时被冠以"L""列"，表示其为列宁格勒藏卷；或冠以"M""孟"，则表示其为孟列夫（L. N. Men'sikov）主编《敦煌汉文写本注记目录》所著录的藏卷。

从 1957 年开始,在弗路格工作的基础上,由孟列夫领导的研究小组重新开始汉文写本的编目工作,其成果是于 1963 年和 1967 年分别出版了《苏联科学院亚洲民族研究所藏敦煌汉文写本注记目录》第一、二册[39]。第一册著录新编号(简称"M""L"或"孟""列")1—1707 号,第二册著录 1708—2954 号。目录分类编排,首为佛教经、律、论、未入藏佛典及汉文著述。然后是儒道著述、地志、史籍、律令、各种文学作品、辞书、韵书、字书、艺术品、医药文献、星历、占卜、习字、各种杂文书,最后是非汉文献。对于每件写本注录颇详,有旧编号、名称、作者、年代、外观描述、内容提要、起讫字句,如有题记则抄录,有的注记参考文献。附录有新旧编号对照表等。第二册附有孟列夫撰《论敦煌写本的断代》一文。因为过去学术界对苏联所藏敦煌写本情况不甚了然,因此本目录的出版使人们得以略窥俄藏写本的部分内容。但本目对世俗文书的分类尚不完善,而且第三册以下迄今还没有出版。此书原本国内收藏不多,台北新文丰出版公司出版的《敦煌丛刊初集》第 11—12 册有影印本。黄永武博士将本目录的题名部分译出,收入其所编《敦煌遗书最新目录》。

最值得敦煌学研究者庆贺的是,自 1992 年开始,俄国科学院东方学研究所圣彼得堡分所、俄国科学出版社东方文学部与上海古籍出版社合作,编辑出版《俄藏敦煌文献》大型图录,影印俄藏 18000 余件全部资料,迄今已出版 15 卷,刊布了 Ф.1—366 号和 Дх.1—11900 号[40],以下尚有三卷,此项工程的完成,将给学术界提供大量新材料,可谓功德无量。

与此同时,上海古籍出版社还和俄罗斯艾尔米塔什博物馆(冬宫)合作,刊布俄藏敦煌艺术品,现已出版《俄藏敦煌艺术品》四册[41],前两册是俄国所藏敦煌壁画、藏经洞出土绢纸绘画、刺绣和丝织品等,后两册是奥登堡考察队拍摄的敦煌莫高窟照片,和伯希和的照片一样,对于敦煌石窟的研究,极富参考价值。以下未刊的两册,将继续发表俄国考察队测绘的洞窟图和考察日记,我们相信同样可以增进我们对敦煌艺术的认识。

四 中国收集品

中国所藏敦煌写本,以国家图书馆(原北京图书馆)所藏最多,其他各地所藏,多少不等,但都有可以重视的资料。以下介绍,重点在未刊资料,已有图录发表者,则提示而已。

中国国家图书馆是中国敦煌文献的最大收藏者,其收藏品分作四部分,即(1)《敦煌劫余录》著录的8679号[42],现实际只有8653号;(2)《敦煌石室写经详目续编》稿本著录的1192号,这是1929年《劫余录》编定后陆续整理出来的;(3)1990年善本搬迁后发现的残片,约近4000号;(4)1949年以后调拨、购买、受赠的敦煌写卷,编作"新"字号,约1600号,还有"简"字若干号。

近年来,国家图书馆善本部编辑《中国国家图书馆藏敦煌遗书》,拟发表该馆所藏全部敦煌文献,目前已经出版第一期五册:第1—2册是《劫余录》部分,第5册是《详目续编》部分,第3—4册是新字号部分[43]。这样的安排是接受学术界同仁的建议的结果,即在重印《劫余录》部分的同时,发表未刊的《详目续编》和"新"字号部分。虽然这五册的内容都是佛典,而且距离全部出版还有很长一段时间,但我们可望在不久以后看到后两个序列中的唐代文书资料,如《详目续编》中的"周""殷"字号中的文书。

关于中国历史博物馆的藏品,该博物馆所编《中国历史博物馆藏法书大观》[44],是从书法的角度选材的,尽管我们对比了罗振玉的《贞松堂西陲秘籍丛残》和黄文弼的《吐鲁番考古记》后得知,罗振玉旧藏和黄文弼所得,基本都收入书中,但我们从其他途径所知道的历博藏卷,有的没有见于此书,不知是否仍有遗漏。该书已经出版的资料中,有不少重要的唐代史料,如《法书大观》No.37《唐定远道行军大总管牒》,是研究开元初年西域形势和碛西节度使的重要史料[45]。又如 No.42《唐天山县南平乡户籍》,与《艺林旬刊》第29期(1928年10月11日)所刊《唐天山县户籍残本》图版完全相同,这件与北京大学图书馆所藏《唐开元二十五年户籍》可以缀合的残本,现完好收藏在中国历史博物馆[46]。

甘肃省也是收藏敦煌写卷的大户,由敦煌研究院施萍婷主持的《甘肃藏敦煌文献》,囊括了几乎全省各个单位收藏的敦煌文献,计有敦煌研究院383件、甘肃省博物馆138件、敦煌市博物馆81件、甘肃省图书馆31件、西北师范大学历史系19件、酒泉市博物馆18件、定西县博物馆10件、永登县博物馆8件、高台县博物馆6件、甘肃中医学院3件、张掖市博物馆1件,附录有吐鲁番文书和日本古写经[47]。其中敦煌研究院、甘肃省博物馆、敦煌市博物馆、西北师大历史系等单位的藏卷发表过目录[48],重要的文书已有图版、录文或研究论著发表[49]。这次新刊布的各馆藏卷,大多数是佛经,但也有一些唐代文书,富有研究旨趣。

没有收入《甘肃藏敦煌文献》的一组敦煌文书材料,是近年莫高窟北区洞窟发掘所得的文书材料。我曾在1999年5—7月间三次赴敦煌考察,翻阅了其中的大部分材料,有佛典,有文书,写本印本,汉语胡语,内容十分丰富。这批资料,作为考古资料的一部分,全部由敦煌研究院编,彭金章、王建军所著三卷本《敦煌莫高窟北区石窟》发表。其中第一卷收 B1—94 窟的材料,已由文物出版社出版[50];第二卷收 B95—173 窟(含原编号 462—465 窟)材料;第三卷收 B174—243 窟(含 461 窟)材料[51];后两卷 2002 年上半年出版。在第一卷中,包含有不少唐朝官私文书,如告身、户籍、兵健名籍、宴设司捉钱账、贷钱折粮账等,还有刻本《资治通鉴》、叙利亚文《圣经·诗篇》等重要文献资料。

除了上面提到的图录,到目前为止,已经出版的中国所藏敦煌吐鲁番资料的大型图录有:

《上海博物馆藏敦煌吐鲁番文献》1—2 册,上海:上海古籍出版社,1993 年。

《北京大学藏敦煌文献》1—2 册,上海:上海古籍出版社,1995 年。

《天津艺术博物馆藏敦煌文献》1—7 册,上海:上海古籍出版社,1996—1998 年。

《上海图书馆藏敦煌文献》1—4 册,上海:上海古籍出版社,1999 年。

《天津文物公司藏敦煌写经》,天津:天津文物公司编,文物出版社,1998 年。

《浙藏敦煌文献》1 册,杭州:浙江教育出版社,2000 年。

从中我们可以全面了解上海博物馆、北京大学图书馆、天津艺术博物馆、上海图书馆、天津文物公司、浙江省图书馆、浙江省博物馆、杭州市文物保护管理所、灵隐寺的藏卷情况。当然这些合集所刊布的唐代文书材料,需要对其真伪加以判断,像《天津艺术博物馆藏敦煌文献》No. 060《咸亨二年沙州胡萨坊口户牒》,文书的字体和形式,都不合唐人体制,表明是今人拙劣的伪迹[52]。

此外,数量不大的敦煌小收集品还有不少藏家,目前已经发表过目录的有:

杨铭《重庆市博物馆藏敦煌吐鲁番写经目录》,《敦煌研究》1996 年第 1 期,121—124 页。著录 13 号,均为佛经。

徐忆农《南京图书馆藏敦煌卷子考》,《敦煌学辑刊》1998 年第 1 期,77—80 页;方广锠、徐忆农《南京图书馆所藏敦煌遗书目录》,《敦煌研究》1998 年第 4 期,134—143 页。著录 32 号,基本都是佛经。

郑阿财《台北"中研院"傅斯年图书馆藏敦煌卷子题记》,《吴其昱先生八秩华诞敦煌学特刊》,台北:文津出版社,2000 年,355—402 页。

王倚平、唐刚卯《湖北省博物馆藏敦煌经卷概述》(附目录),《敦煌吐鲁番研究》第五卷,北京:北京大学出版社,2001年,269—276页。著录31号,均为佛经。

还有一些收藏单位,尚未对馆藏敦煌文献或绘画进行系统的整理,其中比较重要的藏家有故宫博物院、安徽省博物馆、辽宁省博物馆、旅顺博物馆、南京博物院等单位,其余的藏品,不会太多。

五　日本收集品

京都龙谷大学图书馆,藏有大谷探险队所获敦煌写卷,原放在大谷光瑞在神户郊外六甲的别墅二乐庄。1914年8月,曾在二乐庄举办"中亚发掘物之展览",当时因辛亥革命而亡命日本的罗振玉前往参观,从橘瑞超处抄得其所编《敦煌将来藏经目录》,发表在《国学丛刊》卷九上,题《日本橘氏敦煌将来藏经目录》,著录汉文写本430件,并称吉川小一郎也获得敦煌写经百余件,唯尚未编目[53]。罗氏所刊目录虽然不全,但却是大谷收集品中敦煌写本的第一个目录,是橘氏所获敦煌写本未流散之前的原始记录。以后,这些写本转存于旅顺博物馆。战后,一部分运回日本,藏龙谷大学图书馆,一部分留在旅顺,主体后归北京图书馆(今中国国家图书馆)。

龙谷大学所藏敦煌写本,早在1958年京都法藏馆出版的西域文化研究会编《西域文化研究》第一卷《敦煌佛教资料》中,就刊布了其中对于佛教学研究有价值的文献的录文和研究,并发表了《龙谷大学所藏敦煌古经现存目录》,著录了大谷收集品中的37件和他人捐赠的27件[54]。1984年,井之口泰淳和白田淳三发表《龙谷大学图书馆所藏大谷探险队搜集敦煌古写经目录》,对旧目有所订正,仅著录大谷收集品的37件,并增加了橘文书中的6件[55]。除写经外,其中的陶弘景《本草集注》最为重要,1997年龙谷大学以原大影印出版[56]。

东京国立博物馆有被日本政府定为重要文化财的敦煌本《刘子》残卷,原为罗振玉所藏。此外还有一些绢画,则来自与法国集美博物馆的馆际交换,原为伯希和携自敦煌的真品[57]。该馆更重要的收藏,是原大谷探险队所得的中亚考古资料。

1961年时任京都国立博物馆馆长的塚本善隆,邀请京都大学人文科学研究所敦煌写本研究班的成员,对京都国立博物馆的守屋孝藏(1876—1953)收集品中的敦煌写经进行整理考订,编成《守屋孝藏氏搜集古经图录》[58]。但敦煌写本研究专家藤枝晃认为,72件敦煌写经中,只有上元二年(675)写的《妙法莲华经》一件是真品。

东京书道博物馆有中村不折的收集品,来历复杂,有来自敦煌的,也有吐鲁番的,由于没有系统的出版图录,所以详细情况不清。目前,书道博物馆已从私家转归台东区政府管理,相信这将有助于学者的研究利用。

京都有邻馆是藤井善助氏于1926年10月设立的私家博物馆,其历年收购的文献材料中,也有部分敦煌写经、文书及绘画作品等。饶宗颐于1954年走访有邻馆,饱览该馆藏品,并撰《京都藤井氏有邻馆藏敦煌残卷纪略》一文,详记所见残卷内容,并附有《藤井氏所藏敦煌残卷简目》,分类著录书札5件、牒状23件、宗教文献7件、歌赞4件、杂类2件[59]。1956年,《墨美》第60号刊出长行马文书专号,收藤枝晃先生长文《长行马》,系统地整理了有邻馆所藏长行马文书。近年,陈国灿发表《东访吐鲁番文书纪要(一)》[60],施萍婷发表《日本公私收藏敦煌遗书叙录(二)》[61],详细报告了各自的考察成果,并且据所见照片及部分原件,分别编成简目,极便学人查找有关文书。

此外,宁乐美术馆、天理图书馆、大谷大学图书馆、三井文库、唐招提寺、国立国会图书馆、九州大学文学部(图5-5)以及一些私人手中,也都有一些敦煌文书,有些还是非常重要的学术研究资料。这些资料只是零散地发表,而没有像近年上海古籍出版社那样出版大型图录。

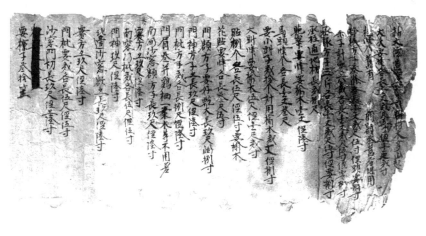

图5-5 九州大学藏敦煌造窟用料文书

六 其 他

除了上述收集品外,印度国立博物馆(National Museum)、丹麦皇家图书馆(The Royal Library)、德国慕尼黑巴伐利亚州立图书馆(Bayerische Staatsbibliothek)、美国哈佛大学福格艺术博物馆(Fogg Art Museum)、国会图书馆(The Library of Congress)、普林斯顿大学葛斯德图书馆(Gest Library, Princeton University)、华盛顿史密斯学会弗利尔美术馆(The Freer Gallery of Art, Smithsonian Institution)等收藏单位,也存有少量有价值的敦煌写本或绘画。

注 释

〔1〕 关于斯坦因中亚探险,还可参看米尔斯基(Jeannet Mirsky)《考古探险家斯坦因爵士传》(*Sir Aurel Stein. Archaeological Explorer*, Chicago University Press 1977);田卫疆等译《斯坦因:考古与探险》,乌鲁木齐:新疆美术摄影出版社,1992年。

〔2〕 A. Stein, *The Thousand Buddhas: Ancient Buddhist paintings from the Cave-temples of Tun-huang on the Western Frontier of China*, London 1921.

〔3〕 魏礼(Arthur Waley)《斯坦因敦煌所获绘画品目录》(*A Catalogue of Paintings Recovered from Tunhuang by Sir Aurel Stein*),伦敦,1931年。

〔4〕 韦陀(Roderick Whitfield)《西域美术:英国博物馆藏斯坦因收集品》(*The Art of Central Asia, the Stein Collection in the British Museum*),三卷,东京,1982—1984年。

〔5〕 翟林奈(Lionel Giles)《英国博物馆藏敦煌汉文写本注记目录》(*Descriptive Catalogue of the Chinese Manuscripts from Tunhuang in the British Museum*),伦敦,1957年。

〔6〕 北京:商务印书馆,1962年。

〔7〕 台北:福记文化图书有限公司,1993年。

〔8〕 荣新江《〈英国图书馆藏敦煌汉文非佛教文献残卷目录〉补正》,宋家钰、刘忠编《英国收藏敦煌汉藏文献研究》,北京:中国社会科学出版社,2000年,379—387页。

〔9〕 北京:宗教文化出版社,2000年。

〔10〕 此书由英国图书馆、中国敦煌吐鲁番学会敦煌古文献编辑委员会、中国社会科学院历史研究所、伦敦大学亚非学院合编,主要的标目工作由中国学者负责。本书虽然题为1990—1995年出版,实际上的出版年份要晚于1995年。

〔11〕 荣新江《〈英藏敦煌文献〉定名商补》,《文史》2000年第3辑(总第52辑),北京:中华书局,2000年,115—129页。

〔12〕 Ed. Chavannes, *Les documents chinois decouverts par Aurel Stein dans les sables du Tur-*

kestan oriental,牛津,1913 年。

〔13〕 H. Maspero,*Les documents chinois de la troisième expédition de Sir Aurel Stein en Asie centrale*,伦敦,1953 年。

〔14〕 L. de la Vallee Poussin,*Catalogue of the Tibetan Manuscripts from Tun-huang in the India Office Library*,牛津:牛津大学出版社,1962 年。

〔15〕 F. W. Thomas,*Tibetan Literary Texts and Documents concerning Chinese Turkestan*,4 卷,伦敦,1935—1963 年。

〔16〕 F. W. Thomas,*Ancient Folk-literature from North-Eastern Tibet*,柏林,1957 年。

〔17〕 F. W. Thomas,*Nam, an Ancient Language of the Sino-Tibetan Borderland*,伦敦,1948 年。

〔18〕 英文书名为 *A Catalogue of the Tibetan Manuscripts collected by Sir Aurel Stein*。

〔19〕 M. Lalou,*Inventaire des manuscrits tibétains de Touen-houang conservés a la Bibliothèque Nationale*,3 卷,巴黎,1939、1950、1961 年。

〔20〕 西冈祖秀《伯希和搜集藏文〈无量寿宗要经〉的写经生・校勘者一览》,《印度学佛教学研究》第 33 卷第 1 期,1984 年。

〔21〕 王尧编《法藏敦煌藏文文献解题目录》,北京:民族出版社,1999 年。

〔22〕 A. Macdonald/A. Spanien et Y. Imaeda,*Choix de documents tibétaines conservés a la Bibliothèque Nationale complete par quelques manuscrits de l'India Office et du British Museum*,巴黎国立图书馆,1978—1979 年。

〔23〕 *Catalogue des manuscrits chinois de Touen-houang Fonds Pelliot chinois de la Bibliothèque Nationale*,第 I 卷,J. Gernet 与 Wu Chiyu 编,巴黎,1970 年;第 III 卷,M. Soymié 编,巴黎,1983 年;第 IV 卷,M. Soymié 编,巴黎,1991 年;第 V 卷,巴黎,1995 年。

〔24〕 *Catalogue des manuscrits chinois de Touen-houang. Fonds Pelliot chinois de la Bibliothèque Nationale, VI. Fragments chinois du Fonds Pelliot Tibétain de la Bibliothèque Nationale de France*,F. Wang-Toutain 编,巴黎,2001 年。

〔25〕 《法藏敦煌西域文献》第 1—13 册,上海:上海古籍出版社,1995—2000 年。

〔26〕 E. Benveniste,*Codices Sogdiani. Manuscrits de la Bibliothèque Nationale (Mission Pelliot)*,哥本哈根,1940 年。

〔27〕 E. Benveniste,*Textes sogdiens. Edites, traduits et commentes*,巴黎,1940 年。

〔28〕 J. Hamilton,*Le conte bouddhique du Bon et du Mauvais Prince en version ouigoure. Manuscrits ouigours de Touen-houang*,巴黎,1971 年。

〔29〕 J. Hamilton,*Manuscrits ouigours du IXe-Xe siècle de Touen-houang*,I-II,巴黎 Fondation Singer-polignac,1986 年。

〔30〕 N. Sims-Williams et J. Hamilton,*Documents turco-sogdiens du IXe-Xe siècle de Touen-houang*,伦敦,1990 年。

〔31〕 L. Feugère,"The Pelliot Collection from Dunhuang",*Orientations*,20.3,1989,pp. 41-52;杨汉璋译,载《敦煌研究》1990 年第 4 期,38—46 页。

〔32〕 *Grottes de Touen-houang: Carnet de notes de Paul Pelliot,inscriptions et peintures murale*,I-VI,N. Vandier-Nicolas 与 M. Maillard 合编,巴黎,1980—1992 年。

〔33〕 北京:文物出版社,1986 年刊。

〔34〕 *Tissus de Touen-houang conservés au Musée Guimet et a la Bibliothèque Nationale*,K. Riboud 与 G. Vial 合编,巴黎,1970 年。

〔35〕 *Bannières et peintures de Touen-houang conservées au Musée Guimet*,Nicolas-Vandier 编,巴黎,1974 年。

〔36〕 *Bannières et peintures de Touen-houang conservées au Musée Guimet(Planches)*,L. Hambis 编,巴黎,1976 年。

〔37〕 J. Gies et al.,*Les arts de l'Asie centrale: la collection Paul Pelliot du musée national des arts asiatiques-Guimet*,2 卷,巴黎,1995—1996 年。

〔38〕 *Bibliografija Vostoka*,Ⅶ,1934,pp. 87-92;*Bibliografija Vostoka*,Ⅷ-Ⅸ,1935,pp. 99-115。

〔39〕 孟列夫(L. N. Men'sikov)等《苏联科学院亚洲民族研究所藏敦煌汉文写本注记目录》(*Opisanie Kitaiskikh rukopisei Dun'khuanskogo fonda Instituta Narodov Azii*)Ⅰ-Ⅱ,1963—1967 年;汉译本《俄藏敦煌汉文写本叙录》,上海:上海古籍出版社,1999 年。

〔40〕 俄国科学院东方学研究所圣彼得堡分所、俄国科学出版社东方文学部与上海古籍出版社合编《俄藏敦煌文献》1—15,上海:上海古籍出版社,1992—2000 年。

〔41〕 俄罗斯艾尔米塔什博物馆、上海古籍出版社合编《俄藏敦煌艺术品》1—4 册,上海古籍出版社,1997—2000 年。

〔42〕 陈垣《敦煌劫余录》,北京,1931 年。

〔43〕 《中国国家图书馆藏敦煌遗书》1—5 卷,南京:江苏古籍出版社,1999 年。

〔44〕 《中国历史博物馆藏法书大观》,东京柳原书店、上海教育出版社合刊,第十一卷《晋唐写经·晋唐文书》,杨文和编,1999 年;第十二卷《战国秦汉唐宋元墨迹》,吕长生编,1994 年。参看荣新江书评,《敦煌吐鲁番研究》第五卷,2001 年,332—337 页。

〔45〕 《大观》Nos. 49—50 两件文书残片大概也是同组文书。

〔46〕 参看荣新江〈唐开元二十九年西州天山县南平乡籍〉残卷研究》,《西域研究》1995 年第 1 期,33—43 页。这件户籍残片曾在中国历史博物馆"中国通史"陈列中展出,笔者曾经观察原件,纸质、墨色等外观与北大藏卷无异。

〔47〕 《甘肃藏敦煌文献》1—6 册,兰州:甘肃人民出版社,1999 年 9 月。

〔48〕 敦煌文物研究所资料室《敦煌文物研究所藏敦煌遗书目录》,《文物资料丛刊》第 1 集,北京文物出版社,1977 年,54—67 页;秦明智《关于甘肃省博物馆藏敦煌遗

书之浅考和目录》,《1983 年全国敦煌学术讨论会文集·文史遗书编》上,甘肃人民出版社,1987 年,459—499 页;荣恩奇《敦煌县博物馆藏敦煌遗书目录》,《敦煌吐鲁番文献研究论集》第三辑,北京大学出版社,1986 年,541—584 页;曹怀玉《西北师院历史系文物室藏敦煌经卷录》,《西北师院学报》1983 年第 4 期,44—46 页;苏裕民、谭蝉雪《永登县博物馆藏古写经》,《敦煌研究》1992 年第 2 期,81—84 页。

〔49〕 如敦煌研究院编《敦煌》(南京:江苏美术出版社,1990 年)所刊唐代告身、过所等,《中国文物》第 1 期(1979 年)所刊唐地志残卷、星图、占云气书等。

〔50〕 文物出版社,2000 年。荣新江书评,载《敦煌研究》2000 年第 4 期,178—180 页。

〔51〕 关于北区洞窟的编号,见王建军、胡祯《敦煌莫高窟北区洞窟新编窟号说明》,《敦煌研究》1999 年第 2 期,114—121 页。

〔52〕 池田温《正仓院文书と敦煌·吐鲁番文书》,《正仓院文书研究》第 5 号,东京:吉川弘文馆,1997 年,136—137 页;蒋维崧等《叙录》,《天津艺术博物馆藏敦煌文献》第 7 册,1998 年,8 页。

〔53〕 后收入《雪堂丛刻》。

〔54〕 西域文化研究会编《西域文化研究》第一卷,京都:法藏馆,1958 年。

〔55〕 载《佛教学研究》39.40 号,1984 年,188—208 页,贺小平译,载《敦煌研究》1991 年第 4 期,58—66 页。

〔56〕 《敦煌写本本草集注序录·比丘含注戒本》,京都:法藏馆,1997 年。

〔57〕 《东京国立博物馆·东洋馆》图录。

〔58〕 京都国立博物馆,1964 年印行。

〔59〕 原载《金匮论古综合刊》第 1 期,后收入《选堂集林 史林》下,香港:中华书局,1982 年,998—1010 页。

〔60〕 《魏晋南北朝隋唐史资料》第十二期,武汉:武汉大学出版社,1993 年,40—45 页。

〔61〕 《敦煌研究》1994 年第 3 期,90—100 页。

第六讲
于阗、龟兹、楼兰、高昌宝藏的争夺

清末民初敦煌宝藏的流散,并非偶然,它是19世纪末20世纪初西方列强西域古物争夺战的继续,也是在腐败的清王朝统治下中国宝藏的必然结局,清朝连皇家园林圆明园都不能保有,更何谈远在西陲的古物和敦煌藏经洞宝藏了。

一 "西域古物争夺战"的序幕

根据文献记载,汉唐时期的西域(主要指塔里木盆地)分布着大大小小数十个绿洲王国,它们分分合合,渐渐形成几个主要的文明中心,如于阗(今和田)、疏勒(今喀什)、龟兹(今库车)、焉耆、楼兰(今若羌)、高昌(今吐鲁番)等。这些绿洲王国都位于丝绸之路的干道上,都是东西方物质文化和精神文化的转运站,所以,每个城镇都呈现出丝路城市特有的多元文化特征。同时,由于西域地区人种和民族成分复杂,各地区宗教、文化的面貌又具有各自的特色。

然而,由于公元10世纪以后西域地区的人种渐渐突厥化,宗教也渐渐伊斯兰化,加上弥漫的尘沙和松软的土质等自然力的作用,往日西域多元文化的面貌逐渐消失,或湮没于沙海之中,或弃置于荒山野岭。法显、玄奘记载的壮丽寺宇不复存在,鸠摩罗什、实叉难陀修学讲经的道场亦无从凭吊,抚今追昔,令人感慨万端。

1840年以后,帝国主义的炮舰轰开了中国沿海的大门,曾经出现"康乾盛世"的清帝国,这时已经衰败不堪,一步步腐朽没落下去。到19世纪末叶,各个帝国主义势力在中国长江南北瓜分领土,新疆也成为占领印度的英国和侵占大片中亚土地的沙皇俄国所觊觎的对象。为了争夺新疆和扩大在新疆的势力范围,英、俄两国纷纷派出探险队进入新疆,攫取各种军事情报,特别是山川形势、道路交通、城镇分布以及地方政情等等,为将来可能的军事行动做准备。在一系列的探险队中,1870年和1873年的英国福赛斯(T. D. Forsyth)使团,1887年英国的荣赫鹏(F. E. Younghusband)探险队,1870—1885年间俄国的普尔热瓦尔斯基(N. M. Przheval'skii)组织的四次中亚探险,虽然注意到了新疆的古物,但因为主要目的在于地理和军事方面,所以他们对于古代文物并没有给予特别的关注。

在1890年前后,有三件事引发了西域古物收集的热潮,接着而来的是西域的考古时代。

(一)1889年,一些挖宝人在库车附近的某个古代遗址中发现了一批写在桦树皮上的梵文经典。1890年,英军中尉鲍威尔(Hamilton Bower)在库车买到了其中的一部分,并且送到加尔各答的孟加拉亚洲学会的总干事德裔英籍梵文专家霍恩雷(August Friedrich Rudolf Hoernle,1841-1918)手中。霍恩雷经过仔细的研究后,发现这是现存最早的梵文写本,他又听说其余的大部分已被俄国驻喀什总领事彼得罗夫斯基(N. F. Petrovsky,1837-1908)获得。于是,在1893年,霍恩雷向英属印度政府内务部长查尔斯·里奥爵士(Sir C. Lyall)写信,建议英国政府出面组织收集新疆出土文献,收集品将归英国博物馆所有。1893年8月22日,英属印度政府下令给特命克什米尔驻扎官巴尔(D. W. R. Barr),并由他转令英国驻吉尔吉特、喀什、列城等地的官员,收集新疆等地出土文献。从1893年到1899年,总共有31批收集品送到霍恩雷手中,其中18批由英国克什米尔驻扎官并负责中国事务的特别代表(即后来的英国驻喀什总领事)马继业(George Macartney)提供,12批由先后任英国驻列城、拉达克、吉尔吉特的政治代表戈德福雷(Stuart H. Godfrey)上尉提供,1批由英国驻克什米尔政治代表塔尔博特爵士(Sir Adeblert C. Talbot)提供。这些后来被称作"霍恩雷收集品"(Hoernle Collection)的文献和文物,大多是通过商人购自库车、和田两地的挖宝人之手。霍恩雷收集品除了一些文物外,文献类材料当时就判别出来的是梵文和汉文文献,还有许多残卷当时被称作"不知名语言A"和"不知名语言B",经后人考订为于阗文(Khotanese)和龟兹文(Kuchean,Tocharian B)文献。还有一种不知名的"语言",霍恩雷也花费了大量劳动加以解读,但始终不得其解,其实是和田地区的古物伪造者所制作的赝品,以蒙蔽极想获取西域宝藏的西方猎宝者[1]。

霍恩雷在收到这些资料后,在一系列文章中做了报导和研究。正式的研究报告是以下三篇:(1)《中亚写本的第三批收集品》,载《孟加拉亚洲学会会刊》第 66 卷第 1 期,1897 年,213—260 页,24 幅图版;(2)《英国中亚古物收集品报告(一)》,《孟加拉亚洲学会会刊》第 68 卷第 1 期,增刊一,1899 年;(3)《英国中亚古物收集品报告(二)》,《孟加拉亚洲学会会刊》第 70 卷第 1 期,增刊一,1901 年[2]。这些文献后入藏于英国博物馆的东方印本与写本部(Department of Oriental Printed Books and Manuscripts),以后,大部分梵文、于阗文和龟兹文材料转交印度事务部图书馆收藏。留在英国博物馆的汉文写本共 13 件,也在 1973 年转归英国图书馆收藏。

(二)1890 年,法国人杜特雷依·德·兰斯(J. L. Dutreuil de Rhins,1846-1894)率中亚考察队前往新疆和西藏,做地理考察。考察队在和田逗留时,曾买到一批写在桦树皮上的佉卢文写本。1894 年,德·兰斯在入藏途中被杀,考察队成员之一格伦纳(Fernald Grenard)死里逃生。回到法国后,出版了《亚洲高地科学考察报告(1890—1895 年)》[3]。他们获得

图 6-1　佉卢文写本《法句经》

的佉卢文写本《法句经》(图 6-1),后经英国学者布腊夫(John Brough)的整理,与俄国彼得罗夫斯基所获同一写本缀合,全部刊布在《犍陀罗语法句经》一书中[4],成为研究早期西域佛教的重要史料。

(三)事实上,早在 19 世纪 80 年代,俄国驻喀什总领事彼得罗夫斯基已经开始收集中亚文物和文献,并将他从喀什居民手中所获的一件贝叶型写本送给亚洲博物馆,由俄国科学院院士奥登堡(S. F. Oldenburg)加以研究,

确定为梵文之外的一种用婆罗谜字母书写的中亚古语(后来方知为于阗语)。1891 年,奥登堡提请俄国考古学会东方部,敦促俄国驻喀什领事收集中亚古物并尽早派遣考察队前往中亚做考古调查。此后,俄国在这两方面都取得了巨大的成绩。1892—1893 年的秋冬,彼得罗夫斯基寄送给奥登堡一百余件得自库车、库尔勒、阿克苏居民的写本残片。1893—1903 年,奥登堡在《帝俄考古学会东方部纪要》(ZVORAO)上,发表了一系列研究这些用婆罗谜文所写佛教文献的论著。1897 年,他出版《有关一件佉卢文字体所写佛教文献的初步研究》,发表了一叶写在桦树皮上的犍陀罗语《法句经》,表明彼得罗夫斯基也获得了与法国德·兰斯考察队所获同样的抄本,后来的研究表明两者是同一抄本。彼得罗夫斯基收集品,计有 251 件梵文写本,23 件梵文木板文书(其中 2 件佉卢文木牍,1 件婆罗谜文和佉卢文混写的文献),297 件于阗文献(其中 59 件佛教文献,238 件世俗文书),3 件龟兹文残卷,4 件藏文写本,4 件未比定文书,总共 582 件。

此后,俄国外交官仍不断收集古物。如 1898—1918 年间俄国驻乌鲁木齐总领事克罗特科夫(N. N. Krotkov,1869-1919)陆续寄赠给俄国科学院几批中亚写本,其中包括一些草体或半草体的回鹘文残卷,26 件梵文残卷,11 件龟兹文残卷,3 批藏文残卷,31 件粟特文摩尼教文献,一件叙利亚文残卷和 10 件未比定文书。另外,他还收罗了不少考古艺术品。他的收集品大多应当来自吐鲁番。1904—1909 年,科洛科洛维(S. A. Kolokolov)继彼得罗夫斯基出任喀什总领事,也继续收集中亚古文献。1905 年,他寄赠给亚洲博物馆三组梵文写本和一组后来判定出的赝品。同一年,拉维洛夫(M. I. Lavrov)寄赠俄国中亚及远东研究委员会八组梵文写本。1908 年,俄国驻库尔勒领事吉雅科夫(A. A. Dyakov)收集到一批据说是吐鲁番阿斯塔那出土的文书,共 29 项,多为回鹘文和汉文写本和印本,其中包括一件回鹘文摩尼教发愿文写本和一件回鹘文《妙法莲华经·普门品》写卷。

新疆出土古代文献的学术价值,经霍恩雷的鉴定而为欧洲学术界所知。杜特雷依·德·兰斯获得的佉卢文写本《法句经》,更加刺激了欧洲日益兴盛的东方学研究。1899 年,在罗马召开的第 12 届国际东方学家大会上,在俄国学者拉德洛夫(W. Radloff)倡议下,成立了"中亚与远东历史、考古、语言、人种考察国际协会",本部设在俄国首都圣彼得堡,并在各国设立分会,以推动在中国西北地区进行考古调查。此后,各国纷纷派出考察队,进入中国的新、甘、蒙、藏,去猎取沙漠废墟、古城遗址和佛寺洞窟中的古代文物。

二　20世纪初叶的西域考古调查

1. 斯文·赫定的踏查

从1893—1935年,瑞典人斯文·赫定(Sven Hedin,1865-1952)先后四次到中亚考察,其活动范围之广,大概是同时代的其他探险家所不能比拟的,他几乎踏遍了甘、新、蒙、藏。而且,他富有冒险精神,虽历尽艰险,但走出了许多前人没有走过的路。因此,他填补了不少欧洲有关中亚地理知识的空白。同时,他也是第一个走访新疆一些古代遗址如丹丹乌里克、楼兰的西方探险家。赫定的考察成果是多方面的,最主要的当属地理勘查,考古非其所长,但他也获得了不少资料。

赫定的四次中亚考察,有着极其丰富多彩的内容,也有许多种著作记录其行迹。这里仅提示一下他获得古代文献和文物的情形。

在第一次中亚考察过程中,赫定于1896年年初,在经过一场噩梦般的横穿塔克拉玛干沙漠旅行后,重整行装,从喀什来到和田,准备再次进入沙漠之中考察。在和田的集市上,他买到许多泥塑小雕像和古钱,并得到沙漠中掩埋着古城的信息。1月24日,他在当地向导的带领下,在和田东北于田县和策勒县交界处,找到了一座名为"塔克拉玛干古城"的遗址,收集并匆匆掘得一些文书、佛雕像和其他物品。这座"塔克拉玛干古城",就是后来斯坦因称之为丹丹乌里克并取得重大收获的遗址,而且在此前后,这里出土的文书残卷也大量流入俄国驻喀什总领事彼得罗夫斯基的手中。赫定考察队离开"塔克拉玛干古城"后继续东北行,2月2日,又找到了当地人称作"喀拉墩"的遗址,也收集了一些古物。他此次中亚探险的旅行记为《穿越亚洲》,于1898年出版[5]。翌年,他又完成正式的考察报告,题为《1893—1897年中亚旅行的地理科学成果》[6]。

1899年开始的赫定第二次中亚考察,前期主要是漂流叶尔羌河和塔里木河。1900年3月,在罗布泊地区考察过程中,赫定考察队偶然发现了举世闻名的楼兰古城,但未及发掘即离去。在完成藏北考察后,赫定等于1901年3月,又来到楼兰古城遗址(图6-2),做进一步的发掘工作。他们在那里逗留了七天,发掘到汉文文书和佉卢文木简,确证此地为楼兰,另外还得到古钱币、木雕佛像、陶器、丝毛织品等等。此行赫定还特别考察了罗布泊,提出罗布泊是游移湖的著名论断。此后,赫定又用了一年的时间考察西藏,于1902年6月回国。1903年,他出版了此行的旅行记《亚洲——一

图 6-2 楼兰古城遗址中的佛塔

千英里的未知道路》[7],很快被译成多种文字,其英译本改名为《中亚与西藏》,于同年出版[8],较瑞典文原著更有名。1904—1907 年间,他又编写了八卷本的《1899—1902 年中亚旅行的科学成果》,计文字六卷,地图两卷,其第一卷至第四卷由赫定本人撰写,第五、六卷则由各科专家撰写[9]。其中第二卷《罗布泊》中,有发现楼兰古城的记录[10]。而第六卷中的考古学分册,由于出土文书的解读者希姆来(Karl Himly)中途病故,没有按期出版。此项工作由孔好古(August Conrady)继续,其成果《斯文·赫定楼兰所获汉文文书和零星文物》直到 1920 年方才出版[11]。

1905—1908 年赫定的第三次中亚探险主要是考察西藏。从古代文献的获得上着眼,他的第四次中亚之行,即 1927—1935 年间他所率领的中瑞西北科学考察团的活动,取得了巨大的成果。这次中国和瑞典共同组织的西北综合考察团中,有各个方面的专家,他们有的单独行动,有的结伴而行,赫定本人负责考察团的全面领导工作,他的旅行范围虽广,但是除了罗布泊地区外,他所做的野外考察并不多,古物的获得也很有限。但考察团中的其他成员,却多少不等地有所发现。赫定记录此行的主要著作是《亚洲腹地探险八年(1927—1935)》,1944 年出版[12]。

在这次考察中,考古学者贝格曼(Folke Bergman)和其中国同行一起,在额济那河沿线发掘到一万余枚汉简,即所谓居延汉简。贝格曼本人撰有

《新疆考古研究》一书,记录他的考古工作成果[13]。

斯文·赫定的收集品,主要收藏在斯德哥尔摩的瑞典国立人种学博物馆(The National Museum of Ethnography in Sweden)。

2. 斯坦因的三次中亚考古调查

斯坦因(Aurel Stein)早年曾游学维也纳、莱比锡、牛津和伦敦各大学,1887年到英属印度,先后任拉合尔东方学院院长和加尔各答大学校长等职,并从事梵文文献的研究,曾翻译梵文《克什米尔王统记》一书,并在当地收集过不少梵文写本。他在英属印度政府、英国博物馆和英国印度事务部等机构的支持和赞助下,先后进行了三次范围广阔的中亚考察,收获极为丰富。

1900—1901年的第一次中亚考察,主要发掘了和田和尼雅两地的古代遗址,包括斯坦因考证为于阗旧都的约特干(Yotkan)、挖宝人尚未挖干净的丹丹乌里克(Dandan-oiliq)、安得悦寺址(Endere)、喀拉墩(Kara-dong)遗址、和田北部的阿克斯比尔(Aksipil)城址、热瓦克(Rawak)寺址和尼雅(Niya)一带的大片古代居住遗址等,出土了大量的梵文、于阗文、佉卢文和少量的汉文材料以及大批文物(图6-3)。斯坦因此行的个人旅行记为《沙埋和阗废址记》[14];其正式的考古报告是《古代和田》,副题为《新疆考古调查详细报告》[15]。

图6-3 斯坦因在和田丹丹乌里克遗址发掘的祆教图像木板画

1906—1908年的第二次中亚考察,除了重访和田和尼雅遗址外,斯坦因还沿塔里木盆地南沿,发掘了楼兰(Lou-lan)和米兰(Miran)遗址。然后深入河西走廊,在敦煌附近的长城沿线的烽燧下,掘得大量汉简。又走访莫高窟,拍摄洞窟壁画,并利用看管洞窟的王道士的无知,廉价买走藏经洞出土文献二十四箱、绢画和其他丝织品等文物五箱。此后,他用较短的时间走访了安西榆林窟、吐鲁番(Turfan)盆地古代遗址,沿塔里木盆地北缘,经焉耆(Karashar)、库车(Kucha),横断塔克拉玛干大沙漠,经喀拉墩,再到和田,发掘老达玛沟(Old Domoko)一带遗址,并沿和田北上,发掘麻札塔格(Mazar Tagh)古堡,经阿克苏、巴楚,西行出国。斯坦因此行的个人旅行记为《沙埋契丹废址记》[16];其正式的考古报告是《西域考古图记》,一译《塞林提亚》,副题为《在中亚和中国西陲考察的详细报告》[17]。

1913—1915年的第三次中亚考察,仍然是沿塔里木盆地南沿东行,发掘和田、尼雅、楼兰等地的古代遗址,在麻札塔格、巴拉瓦斯特(Balawaste)、瓦石峡(Vash-shahri)等处有新的收获。接着进入甘肃,发掘敦煌酒泉间的长城烽燧,再到莫高窟,从王道士手中又获得570件敦煌藏经洞写本。随后深入居延,发掘了黑城(哈拉浩特,Kara-khoto)西夏古城,然后到吐鲁番,发掘阿斯塔那(Astana)古墓,揭取伯孜克里克(Bezklik)石窟壁画,在吐峪沟(Toyuk)等处也有许多收获。最后,又调查发掘了部分库车遗址,然后出中国国境,往东部伊朗考察。斯坦因此行没有写他的个人旅行记,1928年牛津出版了他的正式考古报告《亚洲腹地考古记》,副题为《在中亚、甘肃和东部伊朗考察的详细报告》[18]。

斯坦因三次西域考察,特别是对西域南道的发掘,获得了大批佉卢文、梵文、于阗文、吐火罗文、藏文、回鹘文、粟特文、汉文文书,分别由各方面的专家解读研究,成为研究西域历史的第一手材料。

3. 俄国考察队

1898年,俄国科学院派克莱门兹(D. A. Klementz, 1848-1914)率队考察吐鲁番,他们考察了高昌故城,发掘阿斯塔那墓地,测绘伯孜克里克千佛洞。在那里,他们发现许多带有中亚婆罗谜文和回鹘文题记的壁画,还带回了几件梵文和回鹘文的印本佛典,与后来德国吐鲁番探险队所获相同,都是小乘佛典的早期刻本。克莱门兹用德文撰写了此行的考察报告,题曰《1898年圣彼得堡俄国科学院吐鲁番考察报告》[19]。

1906—1907年,科卡诺夫斯基(A. I. Kokhanovsky)率考察队再访吐鲁番,共得到二十项文献资料,其中有一件纸本梵文写本,九件汉文写本,二件藏文写本和印本,一件蒙文印本,三件回鹘文写本,二件回鹘文汉文双语文书,以及几件粟特文摩尼教文书。这些材料先是交给了俄国皇家地理学会,而后转归亚洲博物馆收藏,由奥登堡编成《科卡诺夫斯基博士自吐鲁番所收集的古物简明目录》[20]。

与此同时(1906—1907),别列佐夫斯基(M. M. Berezovsky)则率考察队到库车地区考察,他们走访了库木吐拉、克孜尔等石窟,发现品共有31项,其中包括24件梵文写本,一件汉文印本,二件回鹘文汉文双语文书,一件回鹘文婆罗谜文双语文书,一件婆罗谜文所写汉语文书。此外,他还发现少量的但却是非常重要的龟兹文写本。

1907—1909年,科兹洛夫(P. K. Kozlov)率考察队发掘了西夏古城哈拉浩特(Khara-khoto/黑城),获得大约八千件西夏、汉、藏、蒙文等文字材料和约3500件文物材料,这些文献和文物以其完整性而有别于俄国其他收集品,因而其实质上的数量相当庞大。科兹洛夫此行的考察报告《蒙古、安多、哈拉浩特死城》于1923年在莫斯科和圣彼得堡出版[21]。

1909—1910年,奥登堡亲自率领俄国第一次中亚考察队赴新疆考察。他主要的目的地是吐鲁番盆地,在那里,他走访了高昌故城、交河故城、阿斯塔那、伯孜克里克、胜金口等遗址,做了部分发掘。此外,奥登堡还到过焉耆的七格星和库车的苏巴什、森姆塞姆、克孜尔尕哈、库木吐拉、克孜尔等遗址。他此行的收获极多,但回国后只写了一篇题为《1909—1910年俄国突厥斯坦考察》的简报,语焉不详。他至少获得了17组梵文写本残卷和一些回鹘文文书,后者由马洛夫(S. Ye. Malov,1880-1957)发表在《奥登堡考察队所获回鹘文写本文书》一书中。

与英国的斯坦因相对,俄国探险队的成果,主要是在西域北道,所获同样丰富。在更东的甘肃、宁夏,斯坦因攫取了敦煌藏经洞,而科兹洛夫则获取了黑城宝藏。

4. 德国吐鲁番探险队

俄国克莱门兹在吐鲁番的惊人发现和英国斯坦因在和田的巨大收获,促使当时任职于柏林民俗学博物馆(Museum für Volkerkunde)的印度艺术史专家格伦威德尔(Albert Grünwedel,1856-1935)决心前往中亚考察,目标就选择了吐鲁番。1902年8月,由格伦威德尔和胡特(Georg Huth,1867-1906)、巴图斯(Theodor Bartus)三人组成的第一次吐鲁番考察队从柏林出发,经俄属突厥斯坦,于11月底到达吐鲁番盆地。从1902年12月初到1903年4月初,考察队在高昌故城(Khocho)、胜金口(Sengim)、木头沟(Murtuk)进行发掘,共获得44箱古物,包括写本、刻本、壁画、雕像等,写本中有梵文、突厥文、回鹘文、汉文、藏文、蒙文文献。格伦威德尔这次考察的报告《1902—1903年亦都护城及周边地区的考古工作报告》，1906年在慕尼黑出版[22]。

考察队的收集品震惊了德国东方学界，"中亚与远东历史、考古、语言、民俗考察国际协会"德国分会负责人皮歇尔（Richard Pischel, 1849-1908）和吕德斯（Heinrich Luders, 1869-1943）建议，尽早再派新的考察队前往新疆。他们的建议得到德国皇帝的赞同，新的考察队从皇室和教育文化部得到充足的资金赞助。由于格伦威德尔健康不佳，民俗学博物馆的另一位东方考古学者勒柯克（Albert von Le Coq, 1860-1930）被委任为第二次吐鲁番考察队队长。勒

图6-4　德国考察队在克孜尔石窟发掘的菩萨头像

柯克和巴图斯组成的考察队于1904年11月到达吐鲁番，继续发掘高昌故城并绘制测量图，在此他发现了据说有二十四种文字拼写的十七种语言的文献；而后，他前往胜金口、伯孜克里克、木头沟、吐峪沟（Toyok）等地考察，用切割的方法剥取了大量的石窟壁画。1905年8月，勒柯克一行又往哈密进行考察，但收获甚微。当接到柏林方面让他们前往喀什与格伦威德尔会合的电报后，即启程西行。关于此次考察，勒柯克用英文写有《普鲁士皇家第一次（即德国第二次）新疆吐鲁番考察队的缘起、行程和收获》，发表在《英国皇家亚洲学会会刊》1909年号上[23]。1913年，勒柯克编印了大型图录《高昌——普鲁士王国第一次吐鲁番考察重大发现品图录》[24]，其中刊布的伯孜克里克石窟的壁画，因为原物在第二次世界大战中盟军轰炸柏林时被毁，所以现在只能依赖此书而一睹伯孜克里克昔日的光彩。另外，勒柯克还有第二、第三两次考察的个人旅行记《新疆古希腊化遗迹考察记——德国第二、三次吐鲁番考察报告》[25]，由巴威尔（A. Barwell）译成英文，题《新疆地下埋藏的宝藏》[26]。

1905年12月，当格伦威德尔到达喀什后，即与勒柯克一起东行，开始了第三次吐鲁番考察队的活动。他们在图木舒克（Tumshuk）做了短暂逗留

后,即往库车西面的库木吐喇(Kumtura)和克孜尔(Kizil)石窟考察(图6-4),剥取壁画,并获得大批梵文、吐火罗文、回鹘文等文献材料。1906年5月,考察队继续东行到焉耆附近的硕尔楚克(Shorchuk),同样割取了大批佛教壁画和雕像。而后,勒柯克由于身体不适而先期回国,考察队由格伦威德尔率领继续东行到吐鲁番,在高昌故城和哈密一带,一直工作到1907年4月止。此行时间较上两次吐鲁番考察为长,而且范围也超出吐鲁番,扩大到几乎塔里木盆地北沿的全线。回国后,格伦威德尔陆续整理出版了两部正式的考古报告:《新疆古代佛教圣地——1906—1907年在库车、焉耆和吐鲁番绿洲的考古工作》[27]和《古代龟兹》[28]。

在库车的精美艺术品的鼓舞下,病愈的勒柯克于1912年准备再次前往新疆考察,但由于清王朝的灭亡,新疆处于混乱之中。1913年5月末,勒柯克和巴图斯不顾德国外交部的警告,离开柏林奔赴喀什。此行的主要目的地是库车,他们除考察了第三次吐鲁番考察队所访问过的石窟寺外,还考察了阿及里克(Achik-ilek)、苏巴什(Subashi)、克日西(Kirish)、森木塞姆(Simsim)等古代佛寺或石窟寺。然后,东行发掘库木吐喇。11月,西返到图木舒克,一直工作到1914年1月中旬。此行的收集品装满了40大箱,运回柏林。勒柯克的报告书是《新疆的土地和人民——德国第四次吐鲁番考察队探险报告》[29]。

德国探险队的收获并不仅限于探险队的名称所示——"吐鲁番",实际上,德国收集品中包含了库车、焉耆、巴楚精美的古代艺术品和文献材料。

5. 大谷探险队

在西方列强当中,唯一的以个人财力支持的西域探险队,是日本的大谷探险队。

1902年8月,大谷光瑞率领随行人员渡边哲信、堀贤雄、本多惠隆、井上弘圆自伦敦出发,经布哈拉、萨马尔干、越帕米尔,到达喀什噶尔。大谷光瑞率本多、井上二人由此南下印度,得到父亲光尊逝世的讣告,急忙回国,继任为本愿寺第22代宗主(镜如上人)。渡边、堀二人则由此往叶城、和田,1903年北上阿克苏,东行库车,对其周边克孜尔、库木吐喇千佛洞和通古斯巴什、苏巴什等古遗址,做了约四个月的考古调查。然后到吐鲁番,发掘了阿斯塔那、哈拉和卓古墓。最后,二人经乌鲁木齐、哈密、兰州、西安,于1904年5月,携带收集品回国。此即大谷探险队第一次中亚探险(1902—1904)。

1908年,大谷光瑞派遣橘瑞超、野村荣三郎二人再次前往中亚。他们从北京出发,出张家口,北越戈壁,入外蒙古,考了鄂尔浑河畔突厥、回鹘、蒙古等游牧民族的遗迹,然后西进南下,越阿尔泰山,到达天山北麓的唐朝北庭都护府遗址,在此调查完毕之后,经乌鲁木齐,同年11月到达吐鲁番。他们对吐鲁番盆地的古代遗址,如交河古城、木头沟、伯孜克里克、吐峪沟千佛洞、阿斯塔那、哈拉和卓古墓群等,都进行了调查发掘(图6-5)。1909年2月,二人在库尔勒分手,橘瑞超南下罗布泊,考查楼兰古城,然后沿南道西行。野村则沿北道,经库车、阿克苏,于7月到达喀什噶尔,与橘会合,然后奉命回国。此即第二次中亚探险(1908—1909)。

图6-5 大谷探险队在吐鲁番古墓发掘的唐朝给田文书

1910年8月,橘瑞超从伦敦出发,经西伯利亚进入新疆。首先到吐鲁番,做了一个月的发掘,然后南下楼兰,剥取米兰遗址壁画。1911年2月,从且末北进,横越塔克拉玛干大沙漠,西至喀什。3月,东南到和田,发掘古物。由于较长时间得不到橘瑞超的消息,大谷光瑞于同年初派遣吉川小一郎前往联络。吉川由兰州到敦煌,拍摄了敦煌莫高窟的部分洞窟。1912年1月26日,吉川与沿南道东来的橘瑞超在敦煌巧遇。在敦煌期间,两人分别购得一些敦煌写卷。此后,二人一起到吐鲁番,发掘古物,然后,橘瑞超经西伯利亚铁路回国。吉川小一郎则留在吐鲁番继续工作。1913年2月,吉川由此往西,经焉耆到库车,调查库木吐喇、苏巴什等遗址,然后西进喀什,南下和田，又北上横断塔克拉玛干大沙漠，经阿克苏、札木台、到伊犁，而后东返乌鲁木齐，经吐鲁番、哈密、敦煌、肃州等地，1914年5月回到北京。此即第三次中亚探险（1910—1914）[30]。

大谷探险队的成员，一般没有受过考古学的训练，所以所掘资料比较零碎，后来又因为财政问题，使收集品分散，给研究者造成更进一步的困难。

6. 法国伯希和探险队

1905年，伯希和由"中亚与远东历史、考古、语言、民俗考察国际协会"法国分会会长塞纳（Emile Senart）委任为法国中亚考察队队长。1906—1908年，伯希和与测量师瓦扬（Louis Vaillant）和摄影师努瓦特（Charles Nouette）一起，赴中亚考察。伯希和考察队由俄属中亚进入新疆，先调查了喀什三仙洞（Outchmah-ravan）佛教石窟，然后沿丝路北道，先到巴楚，发掘了图木舒克地区的托古孜萨来佛寺遗址（Toqquuez-Sarai），发现大量包括精美的佛像在内的美术品（图6-6），文献资料所获不多，主要是一些用婆罗谜字体书写的龟兹语文献和一件中古伊朗语文献，后者即所谓的图木舒克语佛教文献。在库车范围内，伯希和考察了克孜尔和库木吐喇石窟，而重点发掘了库木吐拉石窟南面渭干河口西侧的都勒都尔阿护尔遗址（Douldour-aqour），这里推测是玄奘所记的阿奢理贰伽蓝和贾耽所说的拓厥关，所以除了佛教美术品外，伯希和在此发现了一批梵文佛典、吐火罗文B（即龟兹文）木简文书、二百余件汉文佛典和文书残片。而后，伯希和考察队又发掘了苏巴什（Soubachi）东西寺址，同样获得了许多美术品和梵文、吐火罗文B和少量回鹘文文书[31]。

伯希和在新疆的主要收获，是巴楚和库车的发掘，其考察记录由后人整理为《伯希和考察队考古资料丛刊》（*Mission Paul Pelliot.*

图6-6　伯希和在托古孜萨来佛寺遗址发掘的菩萨头像

Documents archeologiques),第一卷是《图木舒克》(图版),韩百诗编,主要是托古孜萨来发掘所得的佛教雕像[32]。第二卷《图木舒克》(解说),韩百诗编,是对喀什和图木舒克两地遗址的描述,并分类解说雕像、绘画和其他各种发现品[33]。第三卷《库车遗址:都勒都尔阿护尔和苏巴什》(图版),韩百诗编,发表两处遗址出土物的照片,并有遗址图和一些线描图[34]。第四卷《库车遗址寺院建筑:都勒都尔阿护尔和苏巴什》(解说),专门研究库车佛教遗址的建筑[35]。第八卷《库车地区诸遗址·龟兹语铭文》,晁华山、戈里埃(S. Gaulier)、玛雅尔(M. Maillard)、皮诺合编,是对库车克孜尔尕哈(Qyzyl-Gargha)等遗址的描述和出土遗目的注记目录,分量最大的是皮诺所考释的龟兹语铭文部分,附有全部图版[36]。

除了这些收获丰富的考察队之外,还有不少地理考察队、传教士、旅行者,也都有零星的收获,在此不赘。

三 西域考古的学术收获

各国的西域考察,为揭示新疆古代的西域文明提供了宝贵的资料,有考古艺术的,也有文献的。一百多年来各国学者的研究成果不可能在此一一罗列,以下仅举最重要的学术成绩:

1. 于 阗

于阗是丝路南道的大国,在大乘佛教的东传中起过重要的作用。

(1)斯坦因对和田周边佛教遗迹的系统发掘,揭示了于阗佛教的基本面貌和在佛教艺术上的成就。

(2)和田出土的大量梵文、佉卢文写本佛教文献,为研究西域佛教提供了重要素材,也为中国佛教典籍的来源提供了探索的根源,如犍陀罗语《法句经》、梵本《法华经》等。

(3)古代于阗人所使用的于阗语(东伊朗语系统)文字材料首次发现,不仅有大量佛教文献,还有许多世俗文书,记录了于阗本民族的历史。唯目前发现的材料,7世纪以前主要是佛典,只有几个木函文书属于非佛教文献材料,其他世俗文书都集中在8世纪,特别是8世纪后半叶。

(4)与8世纪后半于阗语文书同时的大批汉文文书、佛典的发现,记录了唐朝安西四镇中于阗镇的情况,反映了当地胡汉双重管理体制和汉文化的流行狀況。

2. 龜兹、焉耆

汉唐间,龟兹和它西面的姑墨、东面的焉耆,都是丝路北道的大国,但在文化上基本属于"吐火罗语"流行范围的文化圈。

(1)这一地区除了与和田相同的佛寺遗址外,还保存了大量的石窟寺,留存了许多佛教壁画,是今天研究北道佛教艺术的重要参考材料。

(2)大量属于小乘佛教的梵文经典被发现,表明这里与南道的于阗有着不同的佛教传播背景。

(3)属于西支印欧语言之一的吐火罗语文献的发现,为印欧语言和印欧人种的起源问题的研究,提供了新的材料。其中龟兹流行的吐火罗语 B 方言,既有佛典,也有世俗文书,为研究 7 世纪前后的龟兹王国提供丰富的材料。而焉耆流行的吐火罗语 A 方言,主要是佛典,其中如《弥勒会见记》剧本,是回鹘文同名剧本的原本,表明焉耆、龟兹文化对后世的影响。

(4)巴楚的图木舒克发现过十几件属于东伊朗语的所谓"图木舒克语"文献,我以为应当用历史的名称,叫做"据史德语"[37],宗教和世俗文书都有,世俗文书的汉字签署,证明了唐朝时期的羁縻州统治形态。

(5)库车西拓厥关遗址(Douldour-aqour)的汉文文书,是唐朝安西都护府经营西域和龟兹羁縻州生活实态的写照。

3. 楼兰、尼雅

斯坦因发掘的尼雅遗址,原本是汉代精绝国所在,有新发现的斯坦因第四次中亚考察所获汉文木简为证。东汉以后,精绝国归属东部的鄯善王国。到南北朝初期的 4 世纪时,由于缺水等原因,尼雅成为废墟。

(1)尼雅出土了大批佉卢文木简文书,语言属于梵文俗语(犍陀罗语),因此其文化归属有很大的争议。1988 年以来,中日尼雅考古队在这一地区持续工作,获得大量文物和木简,如"五星出东方利中国"锦等,希望对尼雅遗址所揭示的精绝、鄯善文化给予更有利的说明。

(2)楼兰是西域东部的重要王国,以后国都南移,改称鄯善,统有精绝以东的西域南道。楼兰不仅出土了鄯善国的官方文字佉卢文的木简,也出土了不少魏晋时期的汉文简牍和纸本文书,是西域长史府留下的经营西域的历史文献。

4. 高　昌

高昌所在的吐鲁番盆地,历史上曾经是车师王国、高昌郡、高昌王国、唐西州和西州回鹘的所在地,是最接近敦煌的丝路城市,但出土文献比敦煌更加丰富多彩。

(1)车师王国的遗迹最近在交河沟北发现,给吐鲁番早期历史带来光明。

(2)高昌、交河出土大量汉文文书,使我们对从高昌郡,经高昌国,到唐朝、西州回鹘的历史与文化的了解,大大超越古代文献记录的内容。

(3)德国吐鲁番探险队发现大量摩尼教伊朗语文书,表明摩尼教的流传,特别是在高昌回鹘时期盛行的情况。这些也为近年的考古调查所见到的摩尼教佛教二重窟所印证。

(4)早期粟特语文书的发现,表明其民众的到来和在高昌地区经营商业的情况。

(5)石窟寺从高昌王国到回鹘时代,与文献相结合,使我们可以描绘佛教在吐鲁番的流传和特征。

附:西北考古年表

1893—1897年,瑞典斯文·赫定第一次中亚探险,探查和田地区。
1898年,俄国克莱门兹考察吐鲁番。
1899—1902年,瑞典斯文·赫定第二次中亚探险,发现楼兰,考察西藏。
1900—1901年,英国斯坦因第一次中亚考察,发掘和田、尼雅。
1902—1903年,德国格伦威德尔率第一次德国吐鲁番考察队发掘吐鲁番。
1902—1904年,日本大谷探险队第一次中亚探险,发掘和田、库车、吐鲁番。
1904—1905年,德国勒柯克率第二次德国吐鲁番考察队发掘吐鲁番。
1905—1907年,德国格伦威德尔率德国第三次吐鲁番考察队发掘巴楚、库车、焉耆、吐鲁番。
1905—1908年,瑞典斯文·赫定第三次中亚探险,主要考察西藏。
1906—1907年,俄国科卡诺夫斯基率考察队再访吐鲁番。
1906—1907年,俄国别列佐夫斯基考察库车地区。
1906—1908年,英国斯坦因第二次中亚考察,发掘和田、楼兰,考察敦煌。
1906—1908年,法国伯希和中亚考察队,发掘巴楚、库车,考察敦煌。
1906—1908年,芬兰曼涅尔海姆考察队,考察吐鲁番、敦煌。

1907—1909 年,俄国科兹洛夫考察发掘西夏古城哈拉浩特(黑城)。
1908—1909 年,日本大谷探险队第二次中亚探险,发掘吐鲁番、楼兰、库车。
1909—1910 年,俄国奥登堡率领俄国第一次中亚考察队赴新疆考察。
1909—1911 年,俄国马洛夫率领考察队,考查新疆和甘肃。
1910—1914 年,日本大谷探险队第三次中亚探险,发掘吐鲁番、米兰、库车,考察敦煌。
1913—1914 年,德国勒柯克率第四次吐鲁番考察队,发掘库车、巴楚。
1913—1914 年,俄国马洛夫率领考察队,考查新疆和甘肃。
1913—1915 年,斯坦因第三次中亚考察,发掘和田、黑城、吐鲁番、库车。
1914—1915 年,俄国奥登堡率俄国第二次中亚考察队,考察敦煌。
1927—1935 年,中瑞西北科学考察团考察甘肃、新疆等地。

注　释

〔1〕 参看王冀青《库车文书的发现与英国大规模搜集中亚文物的开始》,《敦煌学辑刊》1991 年第 2 期,64—73 页。

〔2〕 "Three further collcetions of ancient manuscripts from Central Asia",《孟加拉亚洲学会会刊》(*JASB*)第 66 卷第 1 期,1897 年,213—260 页 + 24 图版;同作者"A collection of antiquities from Central Asia, Part I",同上杂志第 68 卷第 1 期增刊 1,1899 年;同作者"A report on the British collection of antiquities from Central Asia, Part II",同上杂志第 70 卷第 1 期增刊 1,1901 年。

〔3〕 J. L. Dutreuil de Rhins et F. Grenard, *Mission scientifique dans la Haute Asie, 1890—1895*, 3 卷, 巴黎, 1897—1898 年。参看杨镰《法国杜特雷依探险队遭际考实》,马大正等编《西域考察与研究》,新疆人民出版社,1994 年,59—79 页。

〔4〕 J. Brough, *The Gāndhārī Dharmapada*, 伦敦:牛津大学出版社, 1962 年。

〔5〕 S. Hedin, *En fard genom Asien 1893-1897*, 2 卷, 斯德哥尔摩, 1898 年; 英译本 *Through Asia*, 2 卷, 1898 年。

〔6〕 S. Hedin, "Die geographisch-wissenschaftlichen Ergebnisse meiner Reisen in Zentralasien 1894-1897", *Erganzungsheft Nr. 131. zu Petermanns Mitteilungen*, Perthes, Gotha 1900, 300 页。

〔7〕 S. Hedin, Asien, *Tusen mil pa okanda vagar*, 2 卷, 斯德哥尔摩, 1903 年。

〔8〕 *Central Asia and Tibet. Toward the holy city of Lassa*, 2 卷, 伦敦, 1903 年。

〔9〕 S. Hedin (ed.), *Scientific Results of a Journey in Central Asia 1899-1902*, 8 卷, 斯德哥尔摩, 1904—1907 年。

〔10〕 S. Hedin, *Lop-nor*; 王安洪、崔延虎汉译本题《罗布泊探秘》, 乌鲁木齐:新疆人民出版社, 1997 年。

〔11〕 A. Conrady, *Die chinesischen Handschriften- und Sonstigen Kleinfunde Sven Hedins in Lou-lan*, 斯德哥尔摩, 1920 年。

〔12〕 S. Hedin, *History of the Expedition in Asia 1927-1935*（The Sino-Swedish Expedition Publication XXIII-XXV）, 3 卷, 斯德哥尔摩, 1943—1944 年；徐十周、王安洪、王安江汉译本, 乌鲁木齐：新疆人民出版社, 1992 年。

〔13〕 F. Bergman, *Archaeological Researches in Sinkiang*（The Sino-Swedish Expedition Publication VII）, 斯德哥尔摩, 1939 年。王安洪汉译本, 乌鲁木齐：新疆人民出版社, 1997 年。

〔14〕 A. Stein, *Sand-buried Ruins of Khotan*, 伦敦, 1903 年。

〔15〕 A. Stein, *Ancient Khotan. Detailed report of archaeological explorations in Chinese Turkestan*, 2 卷, 牛津, 1907 年。

〔16〕 A. Stein, *Ruins of Desert Cathay*, 2 卷, 伦敦, 1912 年。

〔17〕 A. Stein, *Serindia. Detailed report of explorations in Central Asia and Westermost China*, 5 卷, 牛津, 1921 年。法国学者郭鲁柏（V. Goloubew）将这部考古报告缩写为《西域考古记举要》, 发表于《法国远东学院学报》（*BEFEO*）第 25 卷（1925 年）, 冯承钧译为中文, 1957 年由中华书局出版。

〔18〕 A. Stein, *Innermost Asia. Detailed report of explorations in Central Asia, Kan-su and Eastern Iran*, 4 卷, 牛津, 1928 年。

〔19〕 *Nachrichten uber die von der Kaiserlichen Akademie der Wissenschaften zu St. Petersburg in Jahre 1898 ausgerustete Expedition nach Turfan*, 圣彼得堡, 1899 年。

〔20〕 S. F. Oldenburg, "Kratkaya opis sostavlennogo d-rom Kokhanovskim sobraniya drevnostey iz Turfana", 《亚洲论丛》（*Melange asiatique*）第 13 辑, 1907—1908 年, 127—140 页。

〔21〕 P. K. Kozlov, *Mongolia i Amdo i myortvy gorod Khora-Khoto: kspeditsiya Russkogo Geograficheskogo obshchestva v nagornoy Azii P. K. Kozlova, pochotnogo chlena Russkogo Geograficheskogo obshchestva. 1907-1909 g. g.*, 莫斯科与圣彼得堡, 1923 年。

〔22〕 A. Grünwedel, *Bericht uber archäologische Arbeiten in Idikutschari und Umgebung im Winter 1902-1903*, 慕尼黑, 1906 年。

〔23〕 A. von Le Coq, "A short Account of the origin, journey, and results of the first Royal Pressian（Second German）expedition to Turfan in Chinese Turkistan", *JRAS*, 1909 年号, 299-322 页。

〔24〕 A. von Le Coq, *Chotscho: Facsimile-Wiedergaben der vichtigeren Funde der ersten koniglich preussischen Expedition nach Turfan in Ost-Turkistan*, 柏林, 1913 年。

〔25〕 A. von Le Coq, *Auf Hellas Spuren in Ostturkistan: Berichte und Abenteuer der II. und III. deutschen Turfan Expeditionem*, 莱比锡, 1926 年。

〔26〕 A. von Le Coq, *Buried Treasures of Chinese Turkestan: An Account of the Activities and*

Adventures of the Second and Third German Turfan Expeditions，A. Barwell 译，伦敦，1928 年。有郑宝善中文译本，题为《新疆之文化宝库》，1934 年南京蒙藏委员会出版。又陈海涛译本，题《新疆的地下文化宝藏》，乌鲁木齐：新疆人民出版社，1999 年。

〔27〕A. Grünwedel, *Altbuddhistische kultstatten in Chinesisch-Türkistan, bericht uber archaologische Arbeiten von 1906 bis 1907 Kuca, Qarasahr und in der oase Turfan*，柏林，1912 年。

〔28〕A. Grünwedel, *Alt-Kutscha*，柏林，1920 年。

〔29〕A. von Le Coq, *Von Land und Leuten in Ostturkistan: Berichte und Abenteuer der 4. deutschen Turfanexpedition*，莱比锡，1928 年。

〔30〕大谷探险队成员的原始记录，主要刊布在上原芳太郎编《新西域记》上下卷中，有光社，1937 年出版。橘瑞超的第三次探险记录《中亚探险》，东京：博文馆，1912 年出版（现收入中公文库，1989 年东京中央公论社出版；柳洪亮汉译本，新疆人民出版社，1999 年）。崛贤雄的《西域旅行日记》发现较晚，分三篇发表在《西域文化研究》第二、四、五卷，1959、1961、1962 年京都法藏馆出版；1987 年由东京白水社出版了单行本。以上记录中的重要部分，亦收入长泽和俊编《大谷探险队シルクロード探险》，1978 年白水社出版。有关大谷探险队活动比较详细的叙述，见片山章雄《大谷探险队とその将来品》1—4，《小さな蕾》Nos. 228—231，1987 年 7—10 月出版；并参看片山氏的《大谷探险队关系记录拾遗》I—V，《季刊东西交涉》15—18、20 号，1985—1986 年出版。又白须净真著有《忘れられた明治の探险家渡边哲信》，东京：中央公论社，1992 年。

〔31〕伯希和没有像样的考古报告，只发表过两次讲演，一次题为《高地亚洲三年》(*Trois ans dans la Haute Asie*)，载《法国亚洲委员会通讯》(*Bulletin du Comite de l'Asie française*) 1910 年 1 月号，16 页；一次为《伯希和考察队中国突厥斯坦考察报告》(*Rapport de M. Paul Pelliot sur sa Mission au Turkestan chinois (1906—1909)*)，《法国金石铭文学院学报》(*Comptes rendus des séances de l'Académie des Inscriptions et Belles-Lettres*) 1910 年号，58—68 页。

〔32〕*Toumchouq (Planches)*，L. Hambis 编，巴黎，1961 年。

〔33〕*Toumchouq (texte)*，L. Hambis 编，巴黎，1964 年。

〔34〕*Site de Koutcha: Douldour-aqour et Soubachi (Planches)*，L. Hambis 编，巴黎，1967 年。

〔35〕*Koutcha, Temples construits: Douldour-aqour et Soubachi (Texte)*，巴黎，1982 年。

〔36〕*Sites divers de la region de Koutcha-Epigraphie koutcheenne*，Chao Huashan, S. Gaulier, M. Maillard 与 G. Pinault 合编，巴黎，1987 年。

〔37〕荣新江《所谓图木舒克语中的"gyazdi-"》，日本《内陆亚细亚语言研究》VII, 1992 年，1—12 页。

第七讲
敦煌学对欧美东方学的贡献

因为敦煌学的内容十分庞杂,很难理清一个学术史的头绪,中国已经出版的有关"敦煌学史"的论著,往往重点在叙述中国学者的成就,而忽略了外国同行的贡献。1995年,法国的戴仁教授为《欧洲研究中国》一书撰写了《欧洲的敦煌研究》一文,从汉学的角度简明扼要地概述了欧美的敦煌学成果,特别是法国学者的成就,并附有一个论著目录[1]。在此基础上,我想从中国学术界的视角,来审视一下欧美学者利用敦煌西域出土资料对东方学的研究,特别是利用敦煌资料对汉学研究的贡献,以及研究中暴露出来的一些缺陷,以期理清一个线索,为全面整理近百年敦煌学的学术史作准备。

19世纪末、20世纪初,欧洲列强从中国西北地区古代遗址中掠走了大量的文物和文献资料,其中尤以敦煌莫高窟藏经洞和吐鲁番盆地中墓葬、洞窟、城址所得到的古代文献最为重要,各国探险队所得各不相同,因此决定了各国此后东方学研究也各具特色,甚至在某种程度上左右着欧美东方学,特别是汉学的格局。以下所述以敦煌资料研究为主,但也包括相关的其他地区出土的各种文献材料。

一 俄 国

俄国是最早在塔里木盆地收集古物的国家,所得当然主要是梵文、回鹘文、于阗文、粟特文等胡语资料。奥登堡是最后一个到敦煌藏经洞攫取宝藏的人,所得数量却不是最少的。俄藏敦煌收集品总共有一万八千多号,其中多为佛经的残片,与英、法所藏无法同日而语。因此,俄苏学者对敦煌写本的汉学研究起步较晚,直到60年代才有孟列夫(L. N. Mens'ikov)教授主编了两本《汉文写本注记目录》[2],著录不到三千号写本。孟氏又出版了一系列敦煌通俗文学作品的研究,如《双恩记》《妙法莲华经讲经文》等[3],使人得窥一些俄藏长卷的真相。《目录》编纂工作得到了陆续访问苏联的中国学者郑振铎、梁希彦等先生的帮助。以后,俄国的敦煌汉文写本研究加入一位中国出生的丘古耶夫斯基(L. I. Cuguevskii)先生,他主要研究敦煌经济文书,在 1983 年出版了籍帐、赋役、寺院经济文书为主的《敦煌汉文文书》

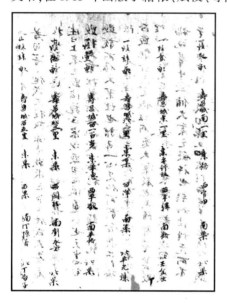

图 7-1　丘古耶夫斯基刊《寿昌县户籍》

第一卷[4],其中如《寿昌县户籍》长卷(图 7-1),为其他藏品中所未见过的材料,然迄今没有出版第二卷。好在从 1992 年开始,俄中双方合作编辑出版《俄藏敦煌文献》大型图录,现已出版了 15 卷,按编号首次刊布了俄藏敦煌文献,其中如《王梵志诗集》《历代法宝记》《斋琬文》《文选》《瑶池新咏》《唐人诗集》(非白居易新乐府)等,均极富研究旨趣。有些被当作敦煌出土的文献,一旦真相毕露,可以去伪存真,如一些西夏和元朝纪年的写本和刻本,实系黑城出土物。

科兹洛夫考察队在哈拉浩特(黑城)发掘到大量文献资料,主要是宋、西夏时期的汉文和西夏文材料。这部分汉文文献的研究较之俄藏敦煌汉文文献更不充分,除了《刘知远诸宫调》外,大多数文献的情形外界无从知晓。孟列夫在整理敦煌文献的同时,也着手整理黑城汉文文献。1984 年,他出版了《黑城出土的汉文收集品注记目录》[5],共著录 488 件印本、写本、文书、纸币,全面揭示了这组文献的内容,除佛经外,如《吕观文进庄子义》《汉书》《新唐书》《新雕文酒清话》《孙真人千金方》,都是富有研究旨趣的文献。另外,还有三组文书,一是 1118—1131 年间宋夏边界的陕西鄜延路的官府文书,二是 12 世纪末和 13 世纪初西夏军政文书,三是 1304—1364 年间元朝末年的军事文书,是研究宋、西夏、女真、蒙元各个政权在西北地区活动的珍贵档案。1996 年开始,上海古籍出版社开始与俄方合作出版《俄藏黑水城文献》汉文编,全部六册。

对于西夏人用本民族语言所写的西夏文文献的研究,是俄苏学者在世界东方学研究中最值得骄傲一个方面。圣彼得堡所藏黑城出土的文献资料有八千多件,其主体是西夏文文献。早在1909年,伊凤阁(A. Ivanov)等就报导过黑城出土的西夏文献。以后数十年来,代有人出,陆续整理出一大批西夏文典籍,有佛典,有汉文典籍的翻译,有汉西夏文字典,还有法令和法律文书等等。1963年,戈尔巴切娃(Z. I. Gorbachove)与克恰诺夫(E. I. Kychanov)合编出版了《西夏文写本和刊本》一书,著录了西夏文典籍405种,其中345种是佛典,均译自汉文、藏文和梵文。非佛教文献有60种,有译自汉文或据汉文编译的《论语》《孟子》《孝经》《贞观政要》《六韬》《孙子兵法》《类林》《黄石公三略》等,有西夏人自撰的律令、官品文书,还有字典、占卜、文学作品等[6]。其中一些重要的文献已经整理刊布,如《西夏文译汉文经典》[7]《文海》[8]《类林》[9]《天盛(1149—1169)改定新律》[10],还有一些社会经济和军事类文书[11]。俄国科学院东方学研究所圣彼得堡分所、俄国科学出版社东方文学部与中国社会科学院民族研究所、上海古籍出版社正在合作编辑《俄藏黑水城文献》大型图录的西夏文部分。

在俄国西域收集品中,有不少吐鲁番出土的回鹘文文书。俄国突厥学家拉德洛夫曾把俄、德两国所获吐鲁番回鹘文文书,整理成一部资料集,其去世后由马洛夫最终完成,题为《回鹘文文献合集》,于1928年出版[12],共转写翻译了128个编号的回鹘文世俗文书和佛教、摩尼教、景教文献残卷。此外,拉德洛夫还刊布了马洛夫考察队从甘肃、新疆带回的一些回鹘文佛典。此外,马洛夫、吐古舍娃等继续回鹘文的研究,出版过《回鹘文玄奘传》卷十等。

圣彼得堡还藏有各种中古伊朗语文献残卷,其中的粟特文写本,大多在1980年由拉果札(A. N. Ragoza)在《东方学研究所中亚收集品中的粟特语残卷》一书中刊布[13],但错误较多,英国的辛姆斯-威廉姆斯有书评文章《列宁格勒藏粟特语残卷》[14],必须参看。这些粟特语文献是研究中亚宗教和中西文化交往的重要史料。

俄藏于阗文佛典十分丰富,仅《赞巴斯塔书》就近二百叶抄本,近年恩默瑞克(R. E. Emmerick)与沃罗比耶娃-捷夏托夫斯卡娅(M. I. Vorob'eva-Desjatovskaja)合著《塞语文书集》第七卷《圣彼得堡收集品》和《塞语文书转写翻译卷》第三卷《圣彼得堡收集品》[15],发表俄藏于阗文写本照片和转写翻译,仅世俗文书就有263件之多,这些文书多出自丹丹乌里克,是研究于阗陷蕃以前历史的重要资料。

俄藏中亚梵文写本也是大宗,如《妙法莲华经》彼得罗夫斯基收集品就有281叶较完整的抄本和108件残片。由于这批《法华经》写本是马继业送自喀什，故此一般称之为"喀什写本"。事实上，根据写本最后一页的回向文，这个本子应当是于阗人抄写的。自60年代以来，在邦嘎尔-列文（G. M. Bongard-Levin）教授的领导下，发表一系列研究论文，1985年开始出版《中亚出土的印度语文献》，1990年出版第二卷[16]。这些中亚写本的梵文经典，是研究早期佛教通过西域传播到中原的重要依据，也是研究汉译佛典来历的主要史源。

俄国是欧美东方学中的重镇，但由于苏联时期的学术体制和俄语的限制，俄国收藏的资料对外不够公开，外界对俄国学者的研究成果也不能充分利用，无形中降低了俄国东方学的影响。近年来，俄藏中亚文献全面开发，欧美、中国学者与之合作，大量资料发表出来，但整理和研究尚需时日。

二　英　国

英国几乎是和俄国同时开始收集新疆古物的，最初所得当然也是梵文、吐火罗文、于阗文的资料，由梵文学家霍恩雷（A. F. R. Hoernle）教授主持整理工作，主要成果发表在霍恩雷主编的《新疆出土佛教文献丛残》第一卷中，牛津大学出版社1916年出版[17]。

斯坦因的三次中亚探险，不仅带回大量西域古代语言所写的文献，而且第一个攫取到藏经洞的丰富宝藏，其中包括梵文、藏文、于阗文、粟特文、回鹘文和汉文（现编为13989号），带动了英国东方学许多门类的发展。其中斯坦因在长城烽燧所发现的汉简，交法国汉学家沙畹（Ed. Chavannes, 1865-1918）考释出版[18]，沙畹把他的稿本寄给罗振玉，罗氏与王国维合作，写成《流沙坠简》。

敦煌藏经洞出土的汉文文献，斯坦因原本是请伯希和来整理的，但伯希和太忙，没有时间投入，于1913年表示难以着手。所以自1914年起，交英国博物馆的汉籍保管员翟林奈（Lionel Giles）来整理[19]。翟林奈的工作，在没有任何人帮忙的情况下慢慢进行。他自1914年开始陆续发表一些文献的整理翻译成果，但他的第一篇文章《〈敦煌录〉译注》[20]，就受到当时留美的胡适的激烈批评[21]。为此，当1926年胡适到英国博物馆查找敦煌禅宗文献时，反而得到了他的特别关照。但翟林奈没有接受教训，30年代向达、于道泉等先生先后访书英伦，都受到翟氏刁难。翟氏在1957年退休时，出版了他的《敦煌汉文写本注记目录》[22]，但遗留下许多难以比定的残片。直到1991年才由荣新江和方广锠重新编目[23]。

1913—1930 年间供职于英博的魏礼(Arthur Waley,1889-1968),可以说是 20 世纪英国最著名的汉学家。他自学成才,有好奇心,工作极为努力。魏礼知识面极为广博,他在 1931 年就出版了斯坦因所获敦煌绢纸绘画的目录(图 7-2),因为这时斯坦因收集品还没有在英博和印度政府间瓜分,所以这是一份完整的目录[24],很有参考价值。魏礼以后辞职,拒受大学聘约,在家翻译著述。1956 年,魏礼发表《有关敦煌地区伊朗神祠的一些记载》,揭示了唐五代敦煌地区祆教的流行情况[25]。1960 年,魏礼又出版了部分敦煌变文的译注[26],这当然是《敦煌变文集》(1957)出版的直接后果,但把俗文学作品译成英文,诚非易事。他在《高本汉纪念文集》中,发表过订正《变文集》的书评论文[27]。

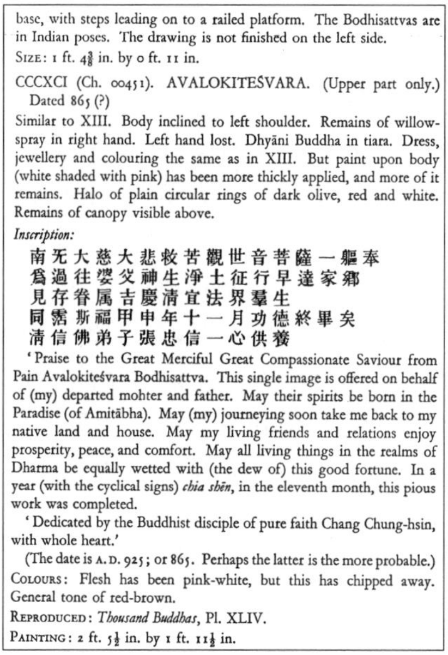
base, with steps leading on to a railed platform. The Bodhisattvas are in Indian poses. The drawing is not finished on the left side.

SIZE: 1 ft. $4\frac{3}{8}$ in. by 0 ft. 11 in.

CCCXCI (Ch. 00451). AVALOKITEŚVARA. (Upper part only.) Dated 865 (?)

Similar to XIII. Body inclined to left shoulder. Remains of willow-spray in right hand. Left hand lost. Dhyāni Buddha in tiara. Dress, jewellery and colouring the same as in XIII. But paint upon body (white shaded with pink) has been more thickly applied, and more of it remains. Halo of plain circular rings of dark olive, red and white. Remains of canopy visible above.

Inscription:

南无大慈大悲救苦觀世音菩薩一軀奉
爲過往嬳父神生淨土征行早達家鄉
見存眷属吉慶清宜法界羣生
同霑斯福甲申年十一月功德終畢矣
淸信佛弟子張忠信一心供養

'Praise to the Great Merciful Great Compassionate Saviour from Pain Avalokiteśvara Bodhisattva. This single image is offered on behalf of (my) departed mohter and father. May their spirits be born in the Paradise (of Amitābha). May (my) journeying soon take me back to my native land and house. May my living friends and relations enjoy prosperity, peace, and comfort. May all living things in the realms of Dharma be equally wetted with (the dew of) this good fortune. In a year (with the cyclical signs) *chia shēn*, in the eleventh month, this pious work was completed.

'Dedicated by the Buddhist disciple of pure faith Chang Chung-hsin, with whole heart.'

(The date is A.D. 925; or 865. Perhaps the latter is the more probable.)

COLOURS: Flesh has been pink-white, but this has chipped away. General tone of red-brown.

REPRODUCED: *Thousand Buddhas*, Pl. XLIV.

PAINTING: 2 ft. $5\frac{1}{2}$ in. by 1 ft. $11\frac{1}{2}$ in.

图 7-2　魏礼《斯坦因敦煌所获绘画品目录》书影

相比于内容丰富甚至使人眼花缭乱的法国汉学研究成果,"二战"以后,英国在利用敦煌学材料研究汉学方面日渐衰落。值得特别表彰的是杜希德(D. Twitchett)教授,他在 50—70 年代间,陆续发表了一些研究唐史的文章,充分利用了敦煌官制、法制、经济、氏族等方面的文书,如《唐代的寺院经济》[28]《寺院与中古时期中国的经济》[29]《敦煌发现的唐代水部式残卷》[30]《唐代的土地与国家耕作问题》[31]《7—10 世纪的中国社会史——敦煌文书及其包含的意义》[32]《敦煌出土唐〈格〉残卷札记》[33]《晚唐的商人、贸易和政府》[34]《唐前期的地方财政管理》[35]《唐朝统治阶级的构成——敦煌文书中的新证据》[36],这些文章成为他撰写《唐代财政制度》和编纂《剑桥中国史》的重要根基[37]。此外,他还写了一本名为《中古中国的印刷与出版》的小书[38]。

目前,英国活跃的汉学家如麦大维(D. L. McMullen)、杜德桥(G. Dudbridge)、巴瑞特(T. Barrett)等,都在研究唐代儒学、礼法、小说、民间宗教、道教时利用敦煌材料,但不以敦煌为主要研究对象。现在,以英国图书馆魏泓(S. Whitfield)为主,正在进行敦煌写本的电子版工作(International Dunhuang Project),部分英藏敦煌文献已经上网,可以免费注册浏览[39]。

敦煌藏经洞和新疆米兰、麻札塔格三处出土的古藏文写本,是研究吐蕃占领敦煌和西域时期的最重要的历史文献。比利时佛学家瓦雷·普散(Louis de la Vallee Poussin,1869-1937)为敦煌藏文写卷编了765号的佛典目录,名为《印度事务部图书馆藏敦煌藏文写本目录》[40]。

非佛教文书则由1903—1927年任印度事务部图书馆馆长的托玛斯(Frederick William Thomas,1867-1956)负责整理工作。托玛斯的整理研究成果发表在一系列文章中,后辑为《有关西域的藏文文献和文书》一书[41]。

和田地区和敦煌藏经洞发现的于阗文写本,主要由剑桥大学的贝利(H. W. Bailey)整理刊布,他把所能找到的于阗语文书全都转写发表在《于阗语文献集》第一、二、三、五集和《于阗语佛教文献集》中[42]——它们是于阗语研究的集大成著作。

由于"二战"前希特勒的迫害,恒宁(W. B. Henning)等伊朗语言学家移居英国,使英国伊朗语研究成为重镇。恒宁及其继承人博伊丝(M. Boyce)、麦肯吉(D. N. MacKenzie)、辛姆斯-威廉姆斯(N. Sims-Williams)成为粟特语文献的重要解读和研究者[43]。

三 法 国

伯希和在敦煌藏经洞中有目的的拣选,带给法国汉学界丰富的汉学研究素材。伯希和的北京之行,也确立了法国汉学界在敦煌文献整理上与中国学者保持联络的态势。

因为伯希和为法国获得如此重要的宝藏,法国的最高学府法兰西学院于1909年特别设立"西域语言、历史和考古讲座",由伯希和主持,伯希和由此得以和他的老师——时为法兰西学院汉学讲座教授的沙畹并立于法国的最高学坛。伯希和兴趣太广,他涉及了敦煌卷子中汉文、于阗文、回鹘文、藏文、粟特文等各个方面,无法一一列举[44],他的主要贡献和兴趣是在西域历史、语言方面,除了和日本学者羽田亨联名编印了两本《敦煌遗书》外[45],他自己几乎没有完成任何一本有关敦煌的汉文专著。他编制了P.2001—3511号的汉文写本目录,也只是草目性质的东西,曾被旅法的中国学者抄出并翻译发表[46]。1920年以后,伯希和已经放弃了编目的工作,而先后由日本学者那波利贞、中国的王重民、美国的杨联陞陆续完成初稿,其中以

1934—1939年在巴黎工作的王重民先生贡献最多。

1921年接替沙畹为法兰西学院汉学讲座教授的马伯乐（H. Maspero，1883-1945），才是真正的法国汉学界的代表人物。他自继任汉学讲座教授后，主要研究中国历史，出版《中国历史》第一卷，内容为汉代以前的部分，现在看来已经落后于考古资料。他受斯坦因之托来整理斯坦因第三次中亚探险所获汉文文书，这是他研究汉唐历史，特别是制度史的结果，可惜在他去世后才得以面世[47]。马伯乐同时又研究道教和汉语音韵，都利用了敦煌文献，他找出南朝道士宋文明的佚书《道教义渊》，是一件了不起的事情。

1945年伯希和马伯乐的去世，带给法国汉学无尽的损失。

沙畹的另一个弟子葛兰言（M. Granet, 1884-1940）是以用社会学的方法来研究中国古代的神话和历史传说而闻名的。葛氏的弟子石泰安（R. A. Stein）和康德谟（M. Kaltenmark）大力推动了法国的道教研究，在这方面，马伯乐已经开了个头。石泰安在1966年出任法兰西学院中国社会研究讲座教授，有不少课程是讲授道教内容的。在他们的影响和教育下，法国成长起一批研究道教的专家，如施舟人（K. Schipper）、索安（A. Seidel）、苏远鸣（M. Soymié）、劳格文（J. Lagerwey）、穆瑞明（Ch. Mollier）等，都曾利用敦煌道教典籍来研究道教或道教史的某些方面[48]。另外，华裔法国学者吴其昱也刊布了敦煌道教佚经《太玄真一本际经》[49]。

第二次世界大战以后的一段时间里，最有成就和最有影响力的汉学家是法国的戴密微（P. Demiéville, 1894-1979）教授（图7-3），他继承了他的老师沙畹开创的法国汉学传统，在敦煌学的领域，或者说在利用敦煌文献研究汉学的方面，取得了丰硕的成果。

戴密微有着深厚的佛学功底，早在1933年，他就指出粟特文专家所刊布的敦煌粟特文写本《头陀经》（Dhuta-sūtra），应当是已佚禅宗伪经《佛为心王菩萨说头陀经》敦煌残本后面缺失部分的翻译。近年在北京图书馆和天津艺术博物馆等处发现了该经的全本，完全证实了戴密微的

图7-3 戴密微

准确判断[50]。显然,他很早就注意到敦煌文献中禅宗写本的价值。1934—1939年王重民先生逗留巴黎期间,戴密微和王重民两人每周聚在一起,共同研讨敦煌卷子中有关汉地和印度僧人在吐蕃争论顿渐问题的材料。1946年,戴密微继马伯乐之后出任法兰西学院汉学讲座教授。1952年,他出版了《拉萨僧诤记》(后改名《吐蕃僧诤记》),翻译并详细注释了有关禅僧入藏与印度僧人斗法的敦煌文献[51]。此书拓展了敦煌禅宗文献研究的范围,在汉藏佛教史、汉藏关系史等许多方面都有所贡献。以后,戴密微在法兰西学院的讲座中,仍然不断讲授禅宗典籍,并不时发表一些论文[52]。

敦煌通俗文学作品,如变文、曲子词、通俗诗、童蒙读物等,是戴密微研究的另一方面的内容。他对这些资料的理解和分析,体现在他翻译的饶宗颐《敦煌曲》和他译注的《王梵志诗》与《太公家教》等著作中[53],他同时也在授课中讲解了这方面的内容并发表了其中一些相关论文[54]。

与典籍类写本相比,敦煌世俗文书的研究似乎更为困难一些。戴密微的学生之一谢和耐(J. Gernet,1921-2018)利用敦煌文书所作的社会经济史研究,为法国汉学又开辟了一个新的领域。谢和耐早在1949年就翻译出版了胡适的《荷泽大师神会遗集》,并利用巴黎的写本对胡适录文有所订正[55]。1956年,他发表了《中国5—10世纪的寺院经济》一书,主要以敦煌写本为论据,不是从宗教史的角度,而是从经济史的角度,来阐述印度戒律与中国社会相适应的过程,并提出佛教的衰落问题[56]。他以后又对敦煌的契约文书作过研究,但自从1975年出任法兰西学院中国社会和文化史讲座教授以后,他把更多的时间用在探讨明末的社会和思想上去了。

谢和耐开创的社会经济史研究后继有人。童丕(E. Trombert)先生着力于社会经济类文书的研究,并于1995年出版了《敦煌的借贷——中国中古时代的物质生活与社会》[57]。现在,他正利用敦煌写本来研究物质文化和日常生活方面的问题。

在戴密微的督促下,自50年代开始,法国学者利用伯希和、王重民等人留下的目录草稿,重新开始编纂法国国立图书馆所藏敦煌汉文写本目录。1955年,由谢和耐和吴其昱执笔的第一册已经完稿,但迟到1970年才得以出版。除了第二卷由于某种原因还没有出版外,第三、四、五卷已经由苏远鸣教授领导的敦煌写本研究小组陆续完成并且出版[58]。第六卷2001年4月出版,是伯希和藏文写卷中混入的汉文文书目录[59]。苏远鸣还主编了三册《敦煌研究论文集》,集中发表了法国敦煌研究小组的敦煌学研究成果,其中包括不少有关道教、民间宗教和占卜文献的研究[60]。2000年,法国远东学院法英双语刊物《远东研究纪要》（*Cahiers de Extrême-Asie*）第11卷由戴仁任特邀主编，作为"纪念敦煌藏经洞发现百年敦煌学新研"专号出版（图7-4），集中发表了八篇文章，其中有法国学者苏远鸣、戴仁、穆瑞明、童丕、茅甘（C. Morgan）等人关于敦煌绘画的供养者、《大随求陀罗尼》和早期印刷术、佛教对道教"厨"观念的吸收和利用、敦煌寺院僧人饮酒问题、西北地区的占卜、藏文史书等方面的论文。

法国学者的编目工作，是在使用原卷的条件下进行的，所以其目录对于写本的外观描述十分详细。也正是由于法国学者有这样的接触原卷的便利条件，才会有像戴仁教授这样的书籍考古

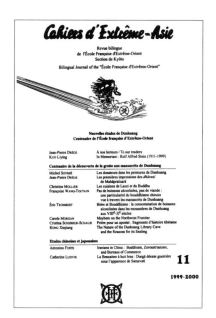

图7-4 《远东研究纪要》敦煌学专号

学家的产生。从70年代末以来，戴仁先后探讨了敦煌写本的物质特征的许多方面，如字体、装祯形式、武周新字、纸张、颜色、伪卷等，还出版了有关藏书制度和流通情况的专著[61]。

敦煌藏文写本由拉露（Marcelle Lalou，1890-1969）完成编目工作，分别在1939年、1950年和1961年出版《国立图书馆所藏敦煌藏文写本注记目录》[62]。巴考（Jacques Bacot 1890—1967）、拉露、埃里安·麦克唐纳（A. Macdonald）、石泰安等人在藏文写本研究上也成就卓著[63]。

哈密顿（J. Hamilton）整理了回鹘文文献，于1986年出版了两卷本的《敦煌9—10世纪回鹘文写本汇编》[64]。

伯希和在库车发现不少梵文和龟兹文写本，烈维（Sylvain Levi）做了先驱的研究。近年来，皮诺（Georges Pinault）对世俗文书的转写翻译值得注意。

四 德 国

勒柯克曾在斯坦因去敦煌之前听到敦煌发现写本的消息，但他错过了敦煌，德国汉学界也因此错过了敦煌。

德国吐鲁番探险队在吐鲁番也发掘到不少汉文写本和印本，但世俗文

书不多,而且所发现的资料几乎都是残片。这些土中发掘的残片载负的信息量,自然要比敦藏经洞完好保存的写本卷子要少得多,不可能给德国的汉学研究提供丰富的素材。战后,东德的梯娄(Thomas Thilo)发表过德藏吐鲁番文书中户籍、学郎题记、汉文摩尼教文献残卷等[65],并在日本学者的帮助下,编辑了两本《汉文佛教文献残卷目录》[66]。德国学者在东方学的其他领域里大显身手,唯独在利用新出资料研究汉学上没有什么成就。埃伯哈德(W. Eberhard)对敦煌人口和居民的研究是少有的例外[67]。

由于吐鲁番出土的梵文、吐火罗文、中古波斯文、粟特文、回鹘文数量极大,德国在这些方面的研究一直居领先地位,而研究者代有其人。梵文方面,有吕德斯(H. Lüders)、瓦尔德施密特(E. Waldschmidt)等,现已陆续编成多卷本《吐鲁番发现梵文写本丛刊》[68]。吐火罗文由西格(E. Sieg)、西格林(W. Siegling)、托玛斯(W. Thomas)整理,出版有《吐火罗语残卷》[69]。中古波斯文和粟特文,先有恒宁整理,战后由宗德曼(W. Sundermann)整理。回鹘文先后整理者有缪勒(F. W. K. Müller)、邦格(W. Bang)、葛玛丽(A. von Gabain),战后,茨默(P. Zieme)做出的贡献最大。伊朗和回鹘语文献的主要成果,收入《柏林吐鲁番文献丛刊》[70]。

五 其 他

瑞典的斯文·赫定(Sven Hedin)曾多次在中亚考察,也有一些汉文写本的发现,如得自楼兰的《战国策》,但数量不多,要籍更少[71],瑞典汉学的发展并没有受到这些资料的影响。欧洲其他汉学发达的国家,如荷兰,因为没有敦煌资料,所以走了其他的汉学之路。

美国没有集中的敦煌和新疆出土文献材料,因此也没有形成像英、法、德、俄那样的整理研究队伍。从东方学和汉学研究的角度出发,早期的研究者如罗弗(B. Laufer),曾参与敦煌的研究。八十年代以来最有贡献的学者,要数梅维恒(V. H. Mair)教授对敦煌通俗文学的研究。他先是翻译了四种敦煌变文,接着出版了两本专著,探讨变文这种文学体裁和形式的来源、传播,以及它对中国白话小说和戏剧的影响[72]。虽然目前梅维恒主要关心的是新疆古尸和吐火罗人的问题,但他不时仍有重要的敦煌文学论文发表,如最近他讨论P.4524《劳度叉斗圣变并图》的论文,就颇有新意[73]。

在法国和日本汉学研究的影响下,美国学者在早期禅宗史、华严宗、密宗的研究上也有所贡献[74]。而太史文(S. Teiser)教授的《十王经》研究,则是用宗教学的理论方法,来解析敦煌的疑伪经问题[75]。

道教方面受法国学者的影响也有出色的研究者,石泰安的弟子司马虚(Michel Strickmann)是把法国道教研究引入美国的重要人物,他本人主要研究上清派和茅山宗。

值得提到的还有意大利学者富安敦(A. Forte)关于《大云经疏》和武周政权关系的研究[76],他目前正在修订他的《7世纪末中国的政治宣传和意识形态》。

近些年来,欧美的敦煌研究仍然是汉学中的一个重要组成部分,但随着中国学者自80年代初以来对敦煌汉文写本研究的热情投入,出版了大量的让欧美学者很难驾驭的、真伪混杂的敦煌论著,使得他们的研究不得不有所转向。在与敦煌汉文写本密切相关的各种胡语的探讨上,欧美学者仍然占有无可超越的优势,而这些语言书写的材料的解读考释,必将有助于汉文文书的深入研究。另一方面,与敦煌相关的吐鲁番文献的研究更趋重要,因为那里出土的文献内容较敦煌文献更复杂,有待探讨的问题更多一些,但汉学的内容只是其中的一个部分。如近年出版的两本重要论文集,卡多那(Cadonna)编《吐鲁番与敦煌文献研究论集》(*Turfan and Tunhuang: The Texts*, Firenze 1992)和恩默瑞克(R. E. Emmerick)等编《吐鲁番、于阗、敦煌研究文集》(*Turfan, Khotan und Dunhuang*, Berlin 1996),都把吐鲁番列在前面,这并不是偶然的。耶鲁大学韩森(V. Hansen)教授在鲁斯基金会支持下,组织美中学者进行的"重聚高昌宝藏"研究计划,也是这种趋势的反映,同时也表明了欧美学者与中国学者合作研究的意愿。

注　释

〔1〕戴仁(J.-P. Drège)《欧洲的敦煌研究》(Tun-huang Studies in Europe),《欧洲研究中国:欧洲汉学史国际学术研讨会论文集》(*Europe Studies China. Papers from an International Conference on the History of European Sinology*),伦敦:寒山堂,1995年,513—532页。更详细的目录,见布索迪(Michela Bussotti)与戴仁合编《西文敦煌学论著目录初编》(*Essai de bibliographie des travaux sur Dunhuang en langues occidentales*),戴仁编《从敦煌到日本——苏远鸣纪念汉学与佛教学论集》(*De Dunhuang au Japon. Etudes chinoises et bouddhiques offertes à Michel Soymié*),日内瓦,1996年,411—454页。《法国学者敦煌学论著目录》,《法国汉学》第5辑,北京:中华书局,2000年,298—335页,但仍不完全,而且有一些篇名的中译文不够确切。

〔2〕孟列夫编《苏联科学院亚洲民族研究所藏敦煌汉文写本注记目录》,莫斯科,1963年,1967年。汉译本题《俄罗斯科学院东方研究所圣彼得堡分所藏敦煌汉文写卷

叙录》,上、下册,孟列夫等编,袁席箴、陈华平译,上海:上海古籍出版社,1999年。

〔3〕 主要有孟列夫《维摩诘经变文与十吉祥变文研究》,莫斯科,1963年;孟列夫《报恩经变文(双恩记)研究》,莫斯科,1972年。

〔4〕 丘古耶夫斯基《敦煌汉文文书》第1册,莫斯科,1983年。

〔5〕 王克孝汉译本《黑城出土汉文遗书叙录》,银川:宁夏人民出版社,1994年。

〔6〕 Z. I. Gorbachova & E. I. Kychanov, *Tangutskiye rukopisi i ksilografii*,莫斯科,1963年。

〔7〕 V. S. Kolokolov & E. I. Kychanov, *Kitaiskaya Klassika v Tangutskom Perevode*,莫斯科,1966年。

〔8〕 K. B. Kepping, V. S. Kolokolov, E. I. Kychanov & A. P. Terent'ev-Katanskogo, *More Pis'men. Faksimile Tangutskikh Ksilografov*,2卷,莫斯科,1969年;史金波、白滨、黄振华《文海研究》,北京:中国社会科学出版社,1983年。

〔9〕 史金波、黄振华、聂鸿音据柯萍的刊本撰成《类林研究》,银川:宁夏人民出版社,1993年。

〔10〕 E. I. Kychanov, *Izmenyonny i zanovo utverzhdyonny kodeks deviza tsarstvovaniy Nebesnoe protsvetanie (1149-1169)*,4卷,莫斯科,1987—1989年。

〔11〕 见克恰诺夫的一系列论著:"Tangutskie istochniki o gosudarstvenno-administrativnom apparate Si-sya", *Kratkie soobscheniya Instituta Narodov Azii AN SSSR*,69,1965, pp. 180-218; "A Tangut document of 1224 from Khara-Khoto", *AOH*, XXIV. 2, 1971, pp. 189-201; "Tangutskii dokument 1170 go prodaze zemli", *Pis'mennye Pamjatniki Vostoka*,1971, Moscow 1974, pp. 193-203. E. I. Kychanov & H. Franke, *Tangutische und chinesische Quellen zur Militargesetzgebung des 11. bis 13. Jahrhunderts* (Bayerische Akademie der Wissenschaften phil. hist. Kl. Ab. neue F. H. 104), München 1990.

〔12〕 W. Radloff, *Uigurische Sprachdenkmaler. Materialien nach dem Tode des Verffassers mit Erganzungen von S. Malov herausgegeben*, Leningrad 1928.

〔13〕 A. N. Ragoza, *Sogdiyskie fragmenty Tsentral' noaziatskogo sobraniya Instituta Vostokovedeniya*. Moscow 1980.

〔14〕 N. Sims-Williams, "The Sogdian Fragments of Leningrad", *BSOAS*, XLIV, 1981, pp. 231-240.

〔15〕 R. E. Emmerick and M. I. Vorob'eva-Desjatovskaja (eds.), *Saka Documents VII: the St. Petersburg collections* (Corpus inscriptionum Iranicarum, Part II: Inscriptions of the Seleucid and Parthian periods and of Eastern Iran and Central Asia, Vol. V: Saka), London: School of Oriental and African Studies, 1993; idem., *Saka Documents Text Volume III: the St. Petersburg collections* (Corpus inscriptionum Iranicarum, Part II: Inscriptions of the Seleucid and Parthian periods and of Eastern Iran and Central Asia, Vol. V: Saka), London: School of Oriental and African Studies, 1995.

〔16〕 G. M. Bongard-Levin & M. I. Vorobyeva-Desyatovskaya, *Pamyatniki indiiskoi Pismen-*

nosti in Tsentralnoi Azii I-II, Moscow 1985-1990.

〔17〕 A. F. R. Hoernle, *Manuscripts remains of Buddhist literature found in Eastern Turkestan*, London：Oxford University Press 1916.

〔18〕 沙畹《斯坦因在东突厥斯坦沙漠中发现的汉文文书》(*Les documents chinois decouverts par Aurel Stein dans les sables du Turkestan oriental*)，牛津，1913 年。

〔19〕 吴芳思(F. Wood)《敦煌两千年》,《敦煌吐鲁番研究论集——中亚古代文书及其保护讨论会纪要》(*Dunhuang and Turfan*)，魏泓(S. Whitfield)与吴芳思合编，伦敦：英国图书馆，1996 年，1—2 页。

〔20〕 L. Giles, "Tun Huang Lu：Notes on the district of Tun-huang", 载《英国皇家亚洲学会会刊》(*JRAS*)1914 年号。

〔21〕 胡适的批评和翟氏的重译均载同上刊物 1915 年号。

〔22〕 翟林奈《英国博物馆藏敦煌汉文写本注记目录》(*Descriptive catalogue of the Chinese manuscripts from Tunhuang in the British Museum*)，伦敦，1957 年。翟氏此前发表的其他重要论著是《敦煌 6 世纪：英国博物馆藏斯坦因收集的汉文写本简记》(*Six centuries at Tun-huang, a short account of the Stein collection of Chinese manuscripts in the British Museum*, London 1944)、《斯坦因收集品中的汉文纪年写本》(*Dated Chinese manuscripts in the Stein collection I-IV, BSOAS*, VII-XI, 1935—1943)。

〔23〕 荣新江的目录《英国图书馆藏敦煌汉文非佛教文献残卷目录》已由台北新文丰出版公司于 1994 年出版，方广锠的佛典目录还没有编完。

〔24〕 魏礼《斯坦因敦煌所获绘画品目录》(*A Catalogue of Paintings Recovered from Tun-huang by Sir Aurel Stein*)，伦敦，1931 年。

〔25〕 A. Waley, "Some Reference to Iranian Temples in the Tun-huang Region",《史语所集刊》第 28 本(胡适六十五岁生日纪念文集)，1956 年。

〔26〕《敦煌的民谣与故事选集》(*Ballads and Stories from Tun-huang: An Anthology*)，纽约，1960 年。

〔27〕 魏礼《关于〈敦煌变文集〉》(*On the Tun-huang pien-wen chi*)《纪念高本汉中国研究论文集》(*Studia Serica Bernhard Karlgren Dedicata*)，哥本哈根，1959 年。

〔28〕 "Monastic Estates in T'ang China", *Asia Major, new series*, V. 2, 1956.

〔29〕 "The Monasteries and China's Economy in Medieval Times", *Bulletin of the School of Oriental and African Studies*, 19.3, 1957.

〔30〕 "The Fragment of the T'ang Ordinances of the Department of Water Ways discovered at Tun-huang", *Asia Major, new series*, VI.1, 1957.

〔31〕 "Lands and State Cultivation under the T'ang", *Journal of the Economic and Social History of Orient*, II.2-3, 1959.

〔32〕 "Chinese Social History from the Seventh to the Tenth Centuries: The Tun-huang Documents and Their Implications", *Past and Present*, 35, 1966.

〔33〕 "A Note on the Dunhuang Fragments of the T'ang Regulation *ko*", *BSOAS*, 30.2, 1967.

〔34〕 "Merchant, Trade and Government in Late T'ang", *Asia Major*, new series, XIV.1, 1968.

〔35〕 "Local Financial Administration in Early T'ang Times", *Asia Major*, new series, XV.1, 1969.

〔36〕 "The Composition of the T'ang Ruling Class: New Evidence from Tunhuang", *Perspectives on the T'ang*, ed., by A. F. Wright and D. Twitchett, New Haven 1973.

〔37〕 *Finacial Administration under T'ang Dynasty*, London 1963, 2nd ed. 1971; *Cambridge History of China*, 3.1, Cambridge 1979.

〔38〕 *Printing and Publishing in Medieval China*, New York 1983.

〔39〕 有关情况可以参看《国际敦煌学项目通讯》(IDP News)或 http://idp.bl.uk。

〔40〕 *Catalogue of the Tibetan Manuscripts from Tun-huang in the India Office Library*, London: Oxford University Press 1962.

〔41〕 F. W. Thomas, *Tibetan Literary Texts and Documents concerning Chinese Turkestan*, 4 vols., London 1935-1963.

〔42〕 H. W. Bailey, *Khotanese Texts*, I-III, V, Cambridge University Press 1969, 1980; *Khotanese Buddhist Texts*, Cambridge University Press.

〔43〕 麦肯吉(D. N. MacKenzie)《英国图书馆藏粟特语佛教文献》(*The Buddhist Sogdian Texts of the British Library*),莱顿,1976年;辛姆斯-威廉姆斯(N. Sims-Williams)《英国图书馆藏粟特语残卷》(The Sogdian Fragments of the British Library),《印度伊朗学刊》(*Indo-Iranian Journal*)第18卷,1976年,43—82页。

〔44〕 比较重要的有伯希和与邦旺尼斯特(E. Benveniste)合著《粟特语善恶因果经》(*Le sūtra des causes et des effets du bien et du mal*),二卷本,巴黎,1920年、1928年。

〔45〕 伯希和与羽田亨合编《敦煌遗书》活字本、影印本各一集,京都,1926年。

〔46〕 伯希和编,陆翔译《巴黎图书馆敦煌写本书目》(P. 2001—3511),《国立北平图书馆馆刊》第7卷第6期,第8卷第1期。

〔47〕 马伯乐《斯坦因第三次中亚探险所得汉文文书》,伦敦,1953年。

〔48〕 施舟人《敦煌写本中所见的道教位阶等级》(Taoist Ordination Ranks in the Tunhuang Manuscripts),《东亚宗教与哲学论集》(*Religion und Philosophie in Ostasien. Festschrift für Hans Steininger*),维尔茨堡,1985年;索安《汉代道教对老子的神化》(*La divinisation de Lao tseu dans le taoïsme des Han*),巴黎,1969年;劳格文《无上秘要——6世纪道教概论》(*Wu-shang pi-yao. Somme taoïste du VIe siècle*),巴黎,1981年;穆瑞明《5世纪时的一部道教启示录——〈洞渊神咒经〉》(*Une apocalypse taoïste du Ve siècle. Le Livre des Incantations Divines des Grottes Abyssales*),巴黎,1990年。

〔49〕 吴其昱《敦煌发现7世纪道教佚经〈本际经〉写本》(*Pen-tsi king. Le livre du terme originel*),巴黎,1960年。

〔50〕 吉田丰《粟特文〈头陀经〉及其汉文原本》(The Sogdian Dhūta Text and Its Chinese Original),《亚洲研究所纪要》(Bulletin of the Asia Institute)第10卷,1996年,167—173页。

〔51〕戴密微《拉萨僧诤记》(Le concile de Lhasa,后改称《吐蕃僧诤记》),巴黎,1952年。中译本,耿昇译,兰州:甘肃人民出版社,1984年。

〔52〕戴密微的讲课内容,在每一年的《法兰西学院年鉴》(Annuaire du Collège de France)中都有报道。也请参看戴密微《佛学论文选集》(Choix d'études bouddhiques),莱顿,1973年。

〔53〕戴密微译、饶宗颐著《敦煌曲》(Airs de Touen-houang),巴黎,1971年;戴密微《王梵志诗与太公家教》(L'oeuvre de Wang le Zélateur (Wang Fan-tche),suivie des Instructions de l'aïeul (T'ai-kong Kia-kiao)),巴黎,1982年。

〔54〕戴密微《汉学论文选集》(Choix d'études sinologiques),莱顿,1973年。

〔55〕谢和耐《荷泽神会禅师语录》(Entretiens du Maître de dhyāna Chen-houei du Ho-tsö (668-760)),河内,1949年。

〔56〕谢和耐《中国5—10世纪的寺院经济》(Les aspects économiques du bouddhisme dans la société chinoise du Ve au Xe siècle),巴黎,1956年。

〔57〕童丕《敦煌的借贷——中国中古时代的物质生活与社会》(Le crédit à Dunhuang: vie matérielle et société en Chine médiévale),巴黎,1995年。

〔58〕谢和耐、吴其昱、苏远鸣等编《敦煌汉文写本目录》(Catalogue des manuscrits chinois de Touen-houang,fonds Pelliot chinois de la Bibliothèque nationale),1、3、4、5册,巴黎,1970年、1983年、1991年、1995年。

〔59〕*Catalogue des manuscrits chinois de Touen-houang, Volume VI, Fragment chinois du fonds Pelliot tibétains de la Bibliothèque nationale de france.* rédigé par Françoise Wang-Toutain. Paris,2001.

〔60〕苏远鸣编《敦煌研究论文集》(Contributions aux études de Touen-houang),巴黎,1979年、1981年、1984年。

〔61〕戴仁《写本时代(10世纪以前)的中国藏书》(Les bibliothèques en Chine au temps des manuscrits (jusqu'au Xe siècle)),巴黎,1991年及其所附参考文献中的戴仁论文目录。

〔62〕M. Lalou,*Inventaire des manuscrits tibétains de Touen-houang conserves a la Bibliothèque Nationale*,3 tomes,Paris 1939,1950,1961.

〔63〕比较重要的论著有 J. Bacot, Ch. Toussaint et F. W. Thomas, *Documents de Touen-houang relatifs à l'histoire du Tibét*, Paris 1940-1946; J. Bacot, "Reconnaissance en Haute Asie septentrionale par cinq envoyes ouïgours au VIIIe siècle", *JA*, 1956, pp. 137-153; M. Lalou, "Revendications des fonctionnaires du Grand Tibét au VIIIe siècle", *JA*,243,1955,pp. 171-212; A. Macdonald, "Une lecture des Pelliot tibétain 1286,1287,1038,1047, et 1290", *Études tibétaines dediées a la memoire de Marcelle Lalou*,Paris 1971,pp. 190-391(这篇长文由耿昇译出,题为《敦煌吐蕃历史文书考释》,西宁:青海人民出版社,1991年);R. A. Stein, "Tibetica Antiqua, I-IV", *BE-*

FEO，LXXII-LXXV，1983—1986。

〔64〕　J. Hamilton，*Manuscrits ouïgours du IXe-Xe siècle de Touen-houang*，I-II，Paris：Fondation Singer-polignac 1986。

〔65〕　T. Thilo,"Fragmente chinesischer Haushaltsregister aus Dunhuang in der Berliner Turfan-Sammlung"，*MIO*，XIV，1968，pp. 303-313；又"Fragmente chinesischer Haushaltsregister der Tang-Zeit in der Berliner Turfan-Sammlung"，*MIO*，XVI，1970，pp. 84-106；又"Ein chinesischer Turfan-text aus der Zeit der Qara-qitay"，*Scholia*，Wiesbaden 1981，pp. 201-205（按，此卷为学郎题记而非西辽纪年的看法系张广达先生指出）；又"Einige Bemerkungen zu zwei chinesisch-manichaischen Textfragmenten der Berliner Turfan-Sammlung"，*Agypten Vorderasien Turfan*，eds. H. Klengel & W. Sundermann，Berlin 1991，pp. 161-170。

〔66〕　*Katalog chinesischer buddhistischer Textfragmente*，I-II，Berlin 1975，1985。

〔67〕　载《汉学》（*Sinologica*）第4卷2、3、4期，1955—1956年。

〔68〕　*Sanskrithandschriften aus den Turfanfunden*，Wiesbaden，1965-1989.

〔69〕　E. Sieg & W. Siegling，*Tocharische Sprachreste*，Sprache A，I-II，Berlin-Leipzig 1921；又*Tocharische Sprachreste*，Sprache B，1-2，Gottingen，1949-1953；E. Sieg, W. Siegling & W. Thomas，*Tocharische Sprachreste*，Sprache B，Gottingen 1983。

〔70〕　*Berliner Turfantexte*.

〔71〕　孔好古（A. Conrady）《斯文·赫定楼兰所获汉文文书和零星文物》，斯德哥尔摩，1920年。

〔72〕　梅维恒《敦煌通俗叙事文学作品》（*Popular Narratives from Tun-huang*），剑桥，1983年；梅维恒《绘画与表演——中国看图讲唱及其印度起源》（*Painting and Performance. Chinese Picture Recitation and Its Indian Genesis*），檀香山，1988年；中译本由王邦维、荣新江、钱文忠译出，北京：燕山出版社，2000年。梅维恒《唐代变文——佛教对中国白话小说与戏剧兴起的贡献之研究》（*T'ang Transformation Texts. A Studies of the Buddhist Contribution to the Rise of Vernacular Fiction and Drama in China*），哈佛，1989年。

〔73〕　Sariputra Defeats the Six Heterodox Masters：Oral-Visual Aspects of an Illustrated Transformation Scroll（P4524），载《泰东》（*Asia Major*）第3辑，第8卷第2期，1995年。

〔74〕　赖华伦（Whalen Lai）与兰卡斯（L. Lancaster）编《汉藏两地的早期禅宗》（*Early Ch'an in China and Tibet*），伯克利，1983年；马克瑞（J. R. McRae）《北宗与早期禅宗的形成》（*The Northern School and the Formation of Early Ch'an Buddhism*），檀香山，1986年。

〔75〕　太史文《十王经与中世纪中国佛教的炼狱观念之形成》（*The Scripture on the Ten Kings and the Making of Purgatory in Medieval Chinese Buddhism*），檀香山，1994年。

〔76〕　富安敦《7世纪末中国的政治宣传和意识形态》（*Political Propaganda and Ideology in China at the End of the Seventh Century*），那波利，1976年。

第八讲
中国和日本的敦煌学研究

一 中 国

20世纪中国学术史上有四大发现,即殷墟的甲骨、西陲的汉晋木简、敦煌的六朝隋唐文书、北京内阁大库的明清档案,从时间跨度之长和内涵范围之广以及1900年前后四大发现已有的材料来讲,其中无疑以敦煌文献的学术价值最高。

由于清朝政府的腐败,敦煌的僻远,敦煌藏经洞的发现没有及时为中国学术界所知。1903年视学甘肃的金石学家叶昌炽,虽然接触到敦煌藏经洞出土的经卷绘画,但因为误信谣传,以为藏经洞所出数百卷文物已瓜分殆尽,因而没有亲赴敦煌调查,与敦煌文书失之交臂[1]。藏经洞所出文献和艺术品的精华,先后被斯坦因和伯希和在1907年和1908年攫取到手,运送至伦敦和巴黎。中国学者对敦煌文献的真正研究,起始于1909年伯希和携带所得敦煌文献中的部分精品来到北京,出示给中国的士大夫们。从此,中国学者对敦煌文献孜孜以求,薪火相传,不遗余力地加以探研,取得了丰硕成果。

1. 京师大学堂的学者开创了中国的敦煌学

1908年5月,伯希和从敦煌出发,东行到西安,住了一个多月,然后经郑州,于八月到北京。缪荃孙《艺风老人日记》戊申(1908)十月廿五日条记:

> 伯希和到图书馆,言敦煌千佛洞藏有唐人写经七千余卷,渠挑出乙千余卷函,有唐人《沙州志》,又有西夏人书,回纥人书,宋及五代刊板,奇闻也[2]。

或许是伯希和此次访京师图书馆时没有把原卷出示给缪荃孙,因此缪氏只当做"奇闻",听听而已,没有引起应有的注意。伯希和由北京南下,到河内的法国远东学院述职。

1909年5月11日,伯希和由河内再度向北京进发,目的是为法国国立图书馆购买普通汉籍。这次他的行笈中带着经过精心挑选的敦煌四部典籍、藏外写经、古文书、经帙等,他显然对清朝士大夫们的兴趣有深入的了解。6月初,伯希和先到南京,拜会了即将调任直隶总督兼北洋大臣的两江总督端方,并且在端方所获吐鲁番出土《且渠安周造寺碑》拓本上题了字[3]。大概由于端方的介绍,这位年仅三十出头的西洋学者,受到了京师一批硕学鸿儒的盛情接待。当伯希和携敦煌卷子来京后,罗振玉、蒋黼(一作斧)、王仁俊等前往其寓所抄录敦煌文献,而参观者更是络绎不绝,如后来与敦煌学有关的王国维、董康、叶恭绰等人,都曾往观。9月4日,京师学者在六国饭店设宴招待伯希和,出席者有学部侍郎宝熙、京师大学堂总监督刘廷琛、大学堂经科监督柯劭忞、侍读学士恽毓鼎、学部参事兼大学堂毛诗教习江瀚、大学堂尔雅说文教习王仁俊、国子丞徐枋、大学堂音韵教习蒋黼,还有董康、吴寅臣等,其中主要是京师大学堂的一批学者[4]。而因病未能与会的罗振玉,其时是大学堂农科监督。他们抄录文本并做跋语,及时刊出,如同年九月二十五日罗振玉发表的《敦煌石室书目及发现之原始》[5]、年底以前王仁俊辑印的《敦煌石室真迹录》[6]、年底或下一年初罗振玉辑印的《敦煌石室遗书》和蒋斧《沙州文录》及曹元忠的《沙州石室文字记》[7]。他们抄录的文献,包括《尚书顾命》《慧超往五天竺国传》《沙州图经》《西州图经》《老子化胡经》《摩尼教残经》《景教三威蒙度赞》等经史子部要籍和宗教文献,还有关于晚唐五代宋初的归义军官文书及碑铭赞之类写本,以及稀见的唐人拓本《温泉铭》《邕禅师塔铭》《金刚经》,这批录文和研究札记,构成了中国敦煌学的初期篇章。如果说京师大学堂的学者们开创了中国的敦煌学,当不为过。在招待会上,恽毓鼎致辞,正式提出影印其中精要之本的要求,伯希和表示"自可照办"。具体实施者,是罗振玉。罗氏又请端方襄助(图8-1),敦请伯希和出售所携和已运回国的四部要籍写本照片,伯氏如约,陆续寄到,端方分交罗振玉和刘师培考释。1911年年初,刘师培撰成《敦煌新出唐写本提要》十九种[8]。1910年,罗振玉编成《石室秘宝》[9],为刊行敦煌影本之始。罗氏又陆续编有《佚籍丛残初编》[10]《鸣沙石室佚书》[11]《鸣沙石室佚书续编》[12]《鸣沙石室古籍丛残》[13]《敦煌零拾》[14]《敦煌石室遗书三种》[15]《敦煌石室碎金》[16]等,并撰写了大量敦煌写本跋语和校勘记,成为贡献最大的敦煌学开拓者之一。此外,罗振玉和王国维还据沙

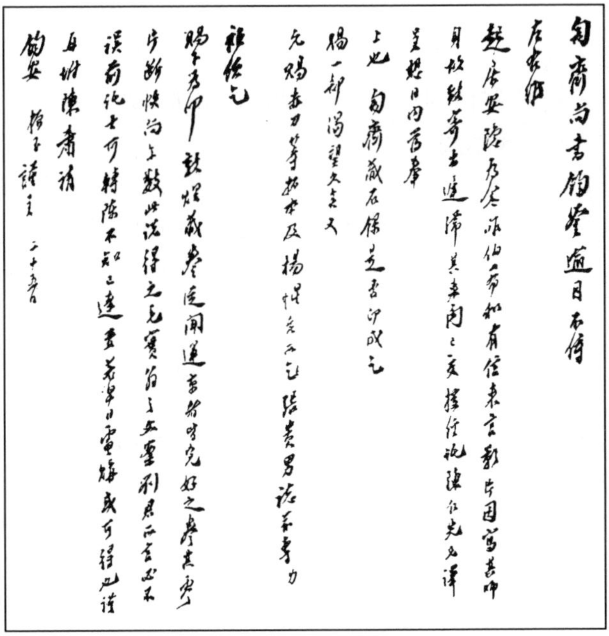

图 8-1 罗振玉为请伯希和拍敦煌照片事致端方信

畹提供的斯坦因所获敦煌、楼兰汉晋木简,编著成《流沙坠简》一书,于1914年出版[17],是早期敦煌学另一方面的代表作。蒋斧撰有《摩尼教流行中国考略》,是第一篇讨论这个问题的专文[18]。

1909年中秋节,罗振玉首次访伯希和于苏州胡同,随即得知敦煌石室尚有写卷约八千轴,但以佛经为多。罗振玉立即与大学堂总监督刘廷琛商议,提请学部电令陕甘总督将藏经洞所余八千卷购归,由大学堂购存,后因价格不昂,而转归学部。《松翁自序》记其事曰:

> 予闻之,欣然以语乔茂萱左丞,请电护陕甘总督毛实君方伯庆蕃,托其购致学部。予并拟电,言须款几何,请先垫给,由部偿还。乔君携电上堂白之,则电允照发,而将还款语删去。予意甘肃贫瘠,若令甘督任此,必致为难。乃复提议于大学,由大学出金。总监督刘公亦谓大学无此款。予曰:若大学无此款,由农科节省充之,即予俸亦可捐充。刘公始允发电。逾月,大学及学部同得复电,言已购得八千卷,价三千元,两电文同。部中初疑价必昂,闻仅三千元,乃留之学部,不归大学。

第八讲 中国和日本的敦煌学研究

通过罗振玉等人的努力,藏经洞剩余的近万号写本调运到北京,归学部所属京师图书馆收藏,这就是今存中国国家图书馆的敦煌经卷的来历。这批写本后被学部官僚李盛铎、刘廷琛等人盗取,精华进一步被掠,但中国国家图书馆仍不失为敦煌文献四大收藏地之一。

中国早期的敦煌学研究,由于资料主要得自伯希和的照片,重点在于传统的四部古籍的研究,其中既有清儒所未见的六朝唐人经籍写本,也有一些后世已佚的经疏、史籍、佛典、道书等等,为20世纪的学术研究提供了丰富的素材。

2. 20—40年代的贡献

20年代开始,中国学者前赴后继,或远渡重洋,调查抄录敦煌文献;或万里西征,考察敦煌石窟。

二三十年代,是20世纪中国学术发展中一个辉煌灿烂的时代,各种新思潮、新学问、新方法,都充分地展现出来。敦煌资料的主体虽然是"国故",但它是新资料。所谓新,不仅仅是指新出土而已,还因为它包含有民间文学、公私文书等传统文献所缺的材料。敦煌资料虽然主要是文献材料,但它是从敦煌藏经洞新发掘出来的考古资料,整理研究的方法必然要将考古学和文献学的方法相结合。敦煌资料散在四方,重要的写本多在英法,而为西方汉学家先予研究发表,因此,敦煌学者一定要通外文,并与国外学者进行合作。

20年代的敦煌学研究成果,大多数与北大研究所国学门有关。

1920年,北大预科教授刘复赴法留学,在研究语音学的余暇,抄出巴黎国立图书馆所藏有关文学、社会、语言的材料共104种。1925年返国,任北大中文系教授,将所抄文献,辑印为《敦煌掇琐》三册,作为中央研究院历史语言研究所专刊之二、北京大学研究所国学门丛书之一出版,蔡元培为之作序[19]。刘复即刘半农,是蔡元培任北大校长时的新派学者,文学革命的积极分子,倡导白话文,收集歌谣。这样的学术背景,促使他所录的敦煌资料主要有三方面的内容,即关于民间文学、社会情事、语言史的材料。正如蔡元培序中所说,这些材料,可以见当时社会状况,可以得当时通俗文词的标本。由于不是每个人都能往巴黎阅卷,刘复的抄本在很长时间里成为中国敦煌研究的史源,并在某种程度上左右了中国敦煌学的研究选题。

另外,蔡元培在1921年访问法国时,曾晤伯希和,询其新疆所得古物考订出版情况[20]。董康在1922年访法国国立图书馆,抄录有关法制史资料。而收获较多者,则是胡适。1926年8—11月间,北大教授胡适利用参加中英庚款委员会之便,在伯希和和翟林奈的帮助下,查阅巴黎国立图书馆和英国图书馆藏敦煌写卷,找到数种神会著作及其他禅宗典籍。他后来根据这些材料,编成《荷泽大师神会遗集》(图8-2),并撰写《荷泽大师神会传》,置于卷首[21]。这是中国禅宗史研究划时代的著作,影响至巨。禅宗史的研究,后来几成日本学者的专利,而日本学者虽然后来居上,却十分重视胡适的整理研究成果,甚至有《胡适禅学案》的编辑[22]。法国学者谢和耐还把《荷泽大师神会遗集》译成法文,题为《荷泽神会禅师语录》,1949年由河内的法国远东学院出版[23]。另外,1928年,胡适出版《白话文学史》上卷[24],谈到变文和王梵志诗在白话文学史上的地位,同时也为他所倡导的白话文运动寻找到更早的历史根源。

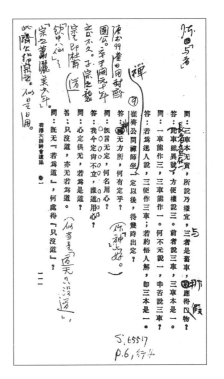

图8-2 《荷泽大师神会遗集》胡适自校本

1921年11月,交通部总长叶恭绰发起成立敦煌经籍辑存会,从事海内外公私所藏敦煌写本之编目整理,北大部分学者参与其事,并从事整理工作。叶氏虽任职交通部,但与北大关系密切。后来在1927年刘哲合并九校为京师大学校时,拟撤销北大研究所国学门,叶氏力阻,改为国学研究馆,以叶氏为馆长。无论如何,叶氏创办敦煌经籍辑存会的某些想法,特别是从编目着手,与两个月后正式成立的北大研究所国学门的研究计划如出一辙。

1922年1月,北大成立研究所国学门,校长蔡元培兼所长,沈兼士任国学门主任。沈氏《筹划北京大学研究所国学门经费建议书》中,所计划的研究项目之一,即调查流传国外的敦煌石室之书简古书:

> 此外流传国外者如《永乐大典》、莫利逊文库、敦煌石室之书简古书,均应设法调查,编次目录,分别审定,何者须移录,何者须照相,何者

须作模型。……国立北京大学研究所国学门对于以上所述多端,逐渐进行。[25]

国学门的机关刊物《国学季刊》,成为发表敦煌学研究成果的主要刊物。1923年1月出版的创刊号,即刊出罗福苌译《伦敦博物馆敦煌书目》,加之以后所刊罗氏所译《巴黎图书馆敦煌书目》,都应当是敦煌经籍辑存会和北大研究所国学门收集敦煌资料的第一步成果,其所据原稿后来由叶恭绰提供给北大五十周年校庆《敦煌考古工作展览》。《国学季刊》以下各卷,常刊出敦煌学研究成果,如王国维《韦庄的秦妇吟》(1923)、陈垣《摩尼教入中国考》(1923)、王维诚《老子化胡说考证》(1934)、蒋经邦《敦煌本王仁煦刊谬补缺切韵跋》(1934)、孙楷第《唐代俗讲之科范与体裁》(1936)、向达《唐代俗讲考》和《西征小记》(1950)等,都是敦煌研究的重要成果。作为国学门导师兼京师图书馆馆长的陈垣,还应敦煌经籍辑存会之约,在俞泽箴的帮助下,编成《敦煌劫余录》,著录京师图书馆(今中国国家图书馆)所藏敦煌写本8679件,分类编排,体制极佳,于1931年由中央研究院历史语言研究所刊行,是第一部大型的敦煌写本分类目录。

北大的研究所国学门,包含了多种学科的人材,而且从一开始就考虑到了它的国际性。其考古组除了已在北大教梵文的俄人钢和泰(B. A. W. von Stael-Holstein)外,还由校长兼所长蔡元培具函,请伯希和担任考古学通讯员。这对于从一开始就具有国际性的敦煌学研究来讲,是大有益处的。伯希和接受邀请,一方面敦促法方以《亚洲学报》(Journal Asiatique)与《国学季刊》交换,另一方面还代表北大参加1925年开罗的万国地理学会[26]。

1925年,美国哈佛大学华尔纳(L. Warner)率敦煌考古队来华,准备继续上一年的敦煌考古工作。经北洋政府顾问福开森(John C. Ferguson)介绍,北大研究所国学门沈兼士、马衡筹划,派医学校的陈万里随行。陈氏于1925年2月16日出发,7月31日返回,著《西行日记》,作为《北京大学研究所国学门实地调查报告》,由朴社于1926年出版,有沈兼士、马衡、顾颉刚序。尽管时间很短,收获不多,陈万里无疑是中国第一位科学考察敦煌千佛洞的学者,他此行也是北大国学门的第一次实地调查。陈氏除《日记》外,还著有《敦煌千佛洞三日间所得之印象》《万里校碑录》,对敦煌莫高窟题记和碑铭作了研究。1925年10月底,北大考古学会举办甘肃考古展览,展出陈氏为学校所摄照片及购买的敦煌写卷等古物。

1927年4月,中国和瑞典联合组成"西北科学考查团",北大教务长兼国学门导师徐炳昶与瑞典探险家斯文·赫定分任双方团长。中方十名团员，均为北大师生，如地质学者袁复礼、考古学者黄文弼、地质及古生物学者丁道衡等。黄文弼两赴新疆，发掘吐鲁番及塔里木周边遗址，获得古物文书甚夥。1930年黄氏第一次考查归来，代理校长陈大齐在欢迎会上致辞说："外人在新疆考古者甚多，我国人今以黄先生为第一，而所得材料之丰富，亦不亚于外国人。"黄氏《高昌砖集》《吐鲁番考古记》等均为敦煌学必备的参考书。

30年代，北大学者于敦煌学续有贡献，如1933年出版之罗常培《唐五代西北方音》[27]、1935年刘复编《十韵汇编》[28]、1936年陶希圣编《食货·唐户籍簿丛辑》等。

除了北大之外，清华学校的"国学研究院"导师王国维和陈寅恪，也是二三十年代敦煌学研究的重要人物。

王国维（1877—1927）除了和罗振玉合编《流沙坠简》外，还撰写了一系列敦煌文书跋文(1919)；并且在沙畹和伯希和关于摩尼教长文的启发下，撰《摩尼教流行中国考》[29]，于前人论说有所补正。更重要的是，由这些新史料的启发，王国维提出二重证据法，成为后人研究历史，特别是研究出土文献的重要法宝。王国维涉猎的问题较多，从两汉到元明西域史和敦煌学文史语言诸方面均有[30]。王国维的研究，既直接继承了清朝以来西北舆地之学的传统，又吸收了西人在新疆、甘肃等地的考古学成绩，因此较徐松为代表的清朝学者更高一等。他的成果不仅为国人奉为经典，而且也受到伯希和这样的海外中亚学者的重视。

陈寅恪（1890—1969）早年长期游学欧美，除通晓西方现代语言外，又遍习与中国相关的各种东方语言，加上他对中国古籍的深厚功底，使他在回国后的1926—1930年一段时间里，主要是从佛经翻译文学的角度，写了一些敦煌写本的跋文，为敦煌学研究做出了贡献。这些文章现在大多数收入《金明馆丛稿二编》[31]。

北京图书馆不仅是敦煌写本的收藏单位，也是重要的研究机构。1929年陈垣《敦煌劫余录》完成后，又陆续清理出敦煌残卷，于是成立写经组，专门整理敦煌写卷，由徐森玉、胡鸣盛先后任组长，1935年编成《敦煌石室写经详目》及《续编》，前者著录《劫余录》所编8679件，后者新编1192件，惜未出版，且稿本不知所在，直到1990年北图迁馆，才重新发现[32]。写经组成员许国霖编目之余，辑录题记和杂文书，编为《敦煌石室写经题记与敦煌杂录》[33]，为学术界提供了佛经以外的许多研究素材。

图8-3 王重民在法国国立图书馆敦煌书库

1934年8月,向达、王重民由北平图书馆派往英法,系统调查英国图书馆和法国国立图书馆藏敦煌文献,向达编有《伦敦所藏敦煌卷子经眼目录》,著录约五百卷,多为佛经以外的重要典籍[34]。相比而言,王重民在巴黎的成果更多(图8-3),他除编出P.2001—4654号的《敦煌写本书目》外,还就所见四部典籍,作了大量考释工作,先后撰写一批跋语和研究,辑成《巴黎敦煌残卷叙录》两卷[35]。两位先生除了做自己的研究外,还为北京图书馆和清华大学拍摄了数万张写本照片,成为此后中国学者研究敦煌文献的主要依据。1938年秋,向达先生回国,次年转入北大任文科研究所专任导师,兼西南联大历史系教授。王重民则经美国,于1947回国,任教于北大中文系。向、王两先生的英法之行,一方面为中国的敦煌学准备了素材,另一方面则为北大的敦煌学补充了人才。此后,向、王两位先生成为北大乃至中国敦煌学研究的领军人物。

1942年春,重庆中央研究院组织"西北史地考察团",向达代表北大参加,任历史组主任,率史语所劳干、石璋如等赴敦煌,考察莫高、榆林窟,测绘拍照,兼开展敦煌周边古遗址的调查工作。向氏有《西征小记》一文纪行,兼考两关、敦煌古城与古墓、西千佛洞莫高窟与榆林窟,还记录了在敦煌所见到的敦煌写经[36]。历史组考察莫高窟之主要成果,现已由石璋如整理成三卷本《莫高窟形》,由台湾史语所出版[37],虽然事隔五十多年这项考察所获资料才得出版,但我们不难从中看出当年工作之杰出,不仅有记录,而且有珍贵的各石窟测量图和照片,这无疑是今后莫高窟研究的重要参考资料。

1944年,中央研究院与北大合组"西北科学考察团",向达任历史考古组组长,率夏鼐、阎文儒西行敦煌,考察敦煌莫高窟,并在敦煌南沙山佛爷庙、敦煌西北长城烽燧下进行考古发掘工作,获得汉简数十枚及晋唐文物若干。此次敦煌考察,同样取得很大收获。向达陆续撰有《两关杂考》《莫高榆林二窟杂考》《罗叔言〈补唐书张议潮传〉补证》《记敦煌石室出晋天福十年写本寿昌县地境》《敦煌艺术概论》等,夏鼐撰有《新获之敦煌汉简》《敦煌考古漫记》等,阎文儒撰有《莫高窟与敦煌》《敦煌史地杂考》等[38]。向达两次敦煌之行,还录有敦煌当地留存之重要敦煌写本若干种,辑成《敦煌余录》,包括《六祖坛经》《南宗定是非论》《天宝地志》等重要典籍,惜未能及时刊出[39]。

  向达代表北大的两次敦煌之行,规模和成果远远超过1925年陈万里的西行。虽然当时处在抗战时期,条件十分艰苦,经费也很紧张,但却为北大文科研究开拓了新路,这在已经发表的一些相关人士的书信日记中略有反映。1940年12月17日北大文科研究所主任汤用彤等致在美国的胡适的信中,谈到文科研究所之充实途径有四项:"三,在现状之下酌量举办少数之学术事业,如……敦煌附近文物之复查等。"[40]1943年1月17日,西南联大总务长郑天挺的日记也说:"历史考证,此后唯敦煌一路。其中未广布、未研究之文献甚多。且其地为国际学术界所注意,关涉甚多,影响甚大。此后北大文研(文科研究所)之发展,舍此莫由。今觉明开拓于前,吾辈正宜追踪迈进。"[41]1943年1月19日汤用彤致胡适信也谈到向达西行事:"觉明于交通阻塞之秋,万里长征,所获已不少。实物例如收得回鹘经文一卷,为国内所无。其在敦煌所调查者逾三百余窟,比之伯希和记录多约百余。盖觉明精力过人,而相关学识之富,并为国内首选,西北考察如由彼主持,实最合宜。又近来国人颇言开发西北,敦煌艺术遂常为名流所注意,然其所成立机关之一,以于髯为护持,张大千为主干,西北古迹之能否长存,恐为一疑问。以故敦煌文物调查不能再缓。"[42]向达的西行,为北大文科研究开出新路,而且使中国的敦煌学研究走上了真正的历史文献和考古资料相结合的正路。

  在抗日战争期间,敦煌属于后方,除了上述学术考察之外,许多画家到敦煌临摹,一些政要也曾视察敦煌洞窟,有关画展、专刊提醒社会各界对敦煌石窟的保护加以关心。向达首次考察敦煌时,撰写了《论敦煌千佛洞的管理及其他连带的几个问题》(图8-4),呼吁将敦煌石窟收归国有[43]。在于右任的支持下,1942年成立了敦煌艺术研究所筹备委员会,以常书鸿为主任。1944年2月1日,"敦煌艺术研究所"正式成立,敦煌千佛洞收归国有,常书鸿任所长,开始组织人力,临摹壁画,调查洞窟。史岩受研究所之托,调查抄录供养人题记,编成《敦煌石室画像题识》[44]。

  1948年12月,北大五十周年校庆之际,举办敦煌考古工作展览,同时

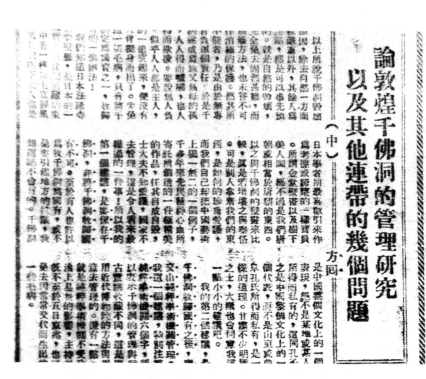

图 8-4　向达(笔名方回)呼吁将莫高窟收归国有的文章

印行《展览概要》,由向达、王重民编写,对海内外敦煌学学术史做了完整全面的回顾[45]。《展览概要》几乎占了《北京大学五十周年纪念特刊》三分之一的篇幅,这个展览与善本书展览是当时一系列展览中最为重要者,构成《纪念特刊》的主体篇幅。这反映了在当时北大的文科研究中,敦煌学的研究占有重要的位置,这是自向达考察敦煌时已定的文科研究方向,而王重民的海外归来,并加盟北大,也更加强了这方面的阵容。这个展览出陈的材料,有向达、王重民自伦敦、巴黎抄录的文书和拍摄的照片,有北大、北图及部分私人收藏的原卷,汉语、胡语文献均有;又有向达自敦煌拓回的碑铭,抄录的档案,还有中外学者所撰敦煌学论著的稿本、抽印本、原著,中西文兼备。《展览概要》详述敦煌古物发现及展览的意义,并就每一件陈列品都做了简明扼要的解题,实为此前敦煌学研究的一份极佳的总结。

从 20 年代到 40 年代,中国的敦煌研究,从单纯的依据书本研究,发展到实地考察;从依赖于海外邮寄的照片,到亲身前往英法等国抄录摄影研究;从注意中国传统的四部古籍,到关心民间文学、社会情势等诸多方面,这是中国敦煌学研究的第一个高潮时期。

3. 50 年代到"文革"的成果

50 年代到 60 年代初,中国的敦煌文献研究取得了相当大的进步,出版了王重民《敦煌曲子词集》[46]《敦煌古籍叙录》[47]、任二北《敦煌曲初探》[48]《敦煌曲校录》[49]、周绍良《敦煌变文汇录》[50]、姜亮夫《瀛涯敦煌韵辑》[51],王重民、向达等《敦煌变文集》[52]、蒋礼鸿《敦煌变文字义通释》[53]等一系列整理研究敦煌文献的重要成果;但历史研究方面相对薄弱,不过几篇重要文章而已,如唐长孺《关于归义军节度的几种资料跋》[54]、王永兴《敦煌唐代差科簿考释》[55]等。

新中国建立初的 1951 年 4 月,在北京天安门内午门城楼上的历史博物馆,举办了"敦煌文物展览",与之相配合,《文物参考资料》第 2 卷的 4、5 期,作为《敦煌文物展览特刊》出版,其中收录了有关敦煌艺术、考古、建筑、历史、地理、佛教、音乐、舞蹈等多方面的论文,展示了特别是敦煌考古艺术方面的成果。50 年代,还出版了谢稚柳的《敦煌艺术叙录》[56],此著是全面了解敦煌石窟内涵的重要依据。而以宿白为首的考古学者,开始对敦煌乃至全国石窟寺进行科学的考古调查与研究。

值得一提的还有姜亮夫《敦煌——伟大的文化宝藏》,它是很长时间里唯一的一本敦煌学入门书[57]。

50 年代末,斯坦因所获敦煌写本 S.1—S.6981 号缩微胶卷的公布,预示了对包括历史资料在内的敦煌文献进行综合研究的美好前景。1961 年中华书局出版的中国科学院历史研究所资料室编《敦煌资料》第一辑和 1962 年商务印书馆出版的《敦煌遗书总目索引》所收刘铭恕编《斯坦因劫经录》,就是伦敦藏卷公布后所产生的整理结果。在当时的条件下,做出这样的成果固然已经很不容易,但前者的校录工作的确不太理想,受到日本学者池田温的批评[58]。然而,更为遗憾的是此后不久的"文化大革命",使中国的敦煌研究全面停顿,而日本、欧洲和中国港台地区,却在这十多年中取得了相当大的进步。

我国香港和台湾地区的敦煌学研究,自有特点,大陆地区在马列主义指导下,普遍重视社会经济史的研究,而港台学者仍然坚守中国传统学术,以及佛教等方面的研究。其中成绩最突出的是潘重规,他先后出版《敦煌诗经卷子研究论文集》[59]《唐写本文心雕龙残本合校》[60]《瀛涯敦煌韵辑新编》[61]《列宁格勒十日记》[62]《敦煌云谣集新书》[63],并且在香港创办了第一个专门的敦煌学刊物——《敦煌学》。

另一位重要的研究者是饶宗颐,他从 50 年代就涉猎敦煌写本和绘画,涉及方面包括佛教、道教、历史、文学、绘画、书法等,其单篇论文收入《选堂集林·史林》[64]《文辙》[65]。特别是他 1965—1966 年在法国研究敦煌卷子,先后整理出版了《敦煌曲》[66]《敦煌白画》[67]《敦煌书法丛刊》[68],补充了前人关于曲子词的论说,增补了新的资料,还开辟了白画和书法研究的新天地。

4. "文革"以后至 20 世纪末的热潮

70 年代末,"文革"结束,敦煌研究重获新生。与此同时,包含世俗文献最为丰富的巴黎国立图书馆藏卷全部公开,在全国主要学术研究中心,人们可以看到英图、法图、北图三大敦煌写本收集品的缩微胶卷。1981 年以后陆续出版的《敦煌宝藏》140 册,将胶卷变成书本,更加方便了研究者。此外,1949 年后在吐鲁番墓葬中发现的大批文书,也在这时陆续整理出版为《吐鲁番出土文书》全十册[69],后又修订增补,编为图录本四册,在定名和录文等方面均优于前者。[70]资料的大量公布,是促使这十余年来敦煌研究进步的直接原因。

这二十年来是中国敦煌学的黄金时代,研究成果层出不穷,无法一一列举,以下只就历史和文献整理方面,举例说明之,其他重要成果,可以参考《敦煌学大辞典》和《敦煌学研究论著目录》[71]。

由于大量原始文献的公布,进行敦煌文献的分类整理成为可能,出现了一批分类辑校敦煌文献的专集。唐耕耦等编《敦煌社会经济文献真迹释录》一至五辑[72],是辑录历史资料最为全面的一种,该书上图下文,收录地志、氏族志、传记、邈真赞、籍帐、社文书以及各类官私文书、寺院文书等等共三十四类文献,可以说是迄今敦煌研究中收录历史资料最多的一部录文集。但对比其他一些专项录文集,此书难免有收集不全和校录不精处[73]。

在分类校录文献方面,刘俊文《敦煌吐鲁番唐代法制文书考释》[74],较日本东洋文库出版的同类合集多出一些吐鲁番文书,并有作者的笺释。地理文献有郑炳林的《敦煌地理文书汇辑校注》[75]、王仲荦遗稿《敦煌石室地志残卷考释》[76]、李正宇《古本敦煌乡土志八种笺证》[77]。郑著在收集敦煌地理文献及相关材料上颇为全面,但文字校录工作尚不完善。王著主要是与传世典籍合校,发明不多。李著只收有关敦煌地理的文献,但通过实地考察,所在多能落实。实地考察的成果,还见于陈国灿、李并成的著作。郑炳林的另一本录文集《敦煌碑铭赞辑释》[78],是集敦煌写本功德碑、墓志铭、邈真赞类文献之大成，而且在详细的注释中，用本证的方式辑录考释了许多相关的敦煌文书，极便学人。单就邈真赞来讲，姜伯勤、项楚、荣新江合著的《敦煌邈真赞校录并研究》中的录文则更为准确[79]。赵和平的《敦煌写本书仪研究》[80]《敦煌表状笺启类书仪辑校》[81]，收录了前人措意不多的敦煌书仪文献的校本。与历史相关的史料集，还有宁可、郝春文《敦煌社邑文书辑校》[82]和沙知《敦煌契约文书辑校》[83]。

在研究方面，几乎每个课题都有学者在从事研究。这些研究大多数散见于北京大学中国中古史研究中心编《敦煌吐鲁番文献研究论集》1—5辑、武汉大学历史系魏晋南北朝隋唐史研究室编《敦煌吐鲁番文书初探》及《二编》和《魏晋南北朝隋唐史资料》、兰州大学历史研究所敦煌学研究室编《敦煌学辑刊》、敦煌研究院编《敦煌研究》、国家文物局古文献研究室(现中国文物研究所)编《出土文献研究》及续集、厦门大学历史系编《敦煌吐鲁番出土经济文书研究》、中华书局编《文史》、中国社会科学院历史研究所编《中国史研究》、文物出版社编《文物》、季羡林等编《敦煌吐鲁番研究》等书刊。近年出版的一些著名敦煌研究者的纪念文集，如《向达先生纪念论文集》[84]、《纪念陈寅恪教授国际学术讨论会文集》[85]、《季羡林教授八十华诞纪念论文集》[86]、《周一良先生八十生日纪念论文集》[87]和1983年以来的历次敦煌学研讨会的论文集中，都有大量的研究论文问世，在北朝隋唐均田制、赋役制、租佃关系、寺院经济、法制史、氏族、兵制、归义军史、唐五代西北民族、丝绸之路等方面有突出的成绩。有些已经结集出版，如姜伯勤《唐五代敦煌寺户制度》[88]、宋家钰《唐代户籍法与均田制研究》[89]、程喜霖《汉唐烽堠制度研究》[90]、王永兴《唐勾检制研究》[91]、杨际平《均田制新探》[92]、武建国《均田制研究》[93]、姜伯勤《敦煌社会文书导论》[94]、姜伯勤《敦煌吐鲁番文书与丝绸之路》[95]、周一良与赵和平《唐五代书仪研究》[96]、孙继民《唐代行军制度研究》[97]、李正宇《敦煌史地新论》[98]、荣新江《归义军史研究》[99]、马德《敦煌莫高窟史研究》[100]、姜伯勤《敦煌艺术宗教与礼乐文明》[101]、唐耕耦《敦煌寺院会计文书研究》[102]、杨际平与郭锋等《5—10世纪敦煌的家庭与家族关系》[103]、郝春文《唐后期五代宋初敦煌僧尼的社会生活》[104]等。

5. 总　结

从以上的叙述中，我们可以总结出几点中国敦煌学的特征：

（1）开拓与创新。敦煌资料为20世纪初叶处在转型中的中国学术研究提供了丰富的素材，一贯重视新材料的以北大为中心的一批学人，及时抓住了时机,开拓了中国敦煌学的新天地。敦煌资料中包含有大量传世文献中不多见的民间文学写本和社会经济文书,在某些特定的历史时期,为"整理国故",为马克思主义指导下的社会经济史研究,提供了重要的材料。敦煌学人一般都学有专攻,对敦煌学的研究往往被他们纳入更广阔的研究范畴之中。敦煌学在一些学者眼中并不被看做是一门严格意义上的学科,而主要是一批材料,学者们虽然在某一时间里可能专攻敦煌学的某个方面,但其学术研究的基点却植根于较广的学术领域,从哲学、文学、语言、历史、宗教的某一领域出发,来兼统敦煌资料。只有具备较为广阔的学术根基,才能抓住新材料,开拓新学问。

(2) 兼容并蓄和自由研究。敦煌学的研究者所处单位十分分散,互不统属,可以自由独立地研究自己的课题。但同在一地而声气相合者,免不了常相往还,相互促进;不合者,也相互竞争。不论早年的刘师培、胡适,还是今天的敦煌学者,学术思想和学术方法很不相同,但他们都利用敦煌资料,独立研究,取得丰硕成果。因此,敦煌学研究要想把路子拓宽,就要兼容并蓄,尽量促成敦煌学与其他学科的交叉影响。

(3) 超越国界的学术研究。从罗振玉与伯希和的交往,到今天的历届敦煌学研讨会,这种传统保持不变。由于历史的原因,敦煌资料多在国外,敦煌学从一开始就是一门国际性的学问,以敦煌作缘,中国敦煌学者与国外同行的联系较多,交流较广,这对中国学术的进步有很大的促进作用。但某些时候,如50年代到"文革",中国学术封闭在自己的圈子里,越走越窄,甚至被窒息。而且,敦煌资料不仅限于汉学,还有西方学者擅长的各民族语言文字材料乃至印度伊朗等文化遗产,更需要交流和合作研究。季羡林教授提出"敦煌在中国,敦煌学在世界"的说法,正是立足中国的优良学术传统所做出的深刻体认。

二 日 本

由于清朝的腐败,敦煌发现的大量精美文物和文献首先被劫到英法两国,以后又流散到世界各地。半个多世纪以来,敦煌学成为国际上经久不衰的热门研究课题,其中日本学者在敦煌学的许多领域里,都取得了引人注目的成绩。这是因为与中国学者相比,他们在本国经济实力的资助下,更容易游学欧美、中国,调查收集敦煌资料;与欧美学者相比,他们在阅读汉文文献方面,又有历史赋予的优越条件。这里因篇幅有限,只能将最主要的研究方面和成果,做简要的介绍。

1. 从初始到40年代的研究

日本的敦煌学研究始于1909年。当时,中国的罗振玉致函京都大学教授内藤虎次郎,描述了法国伯希和携至北京的一些敦煌写本的情况,立刻引起日本东方学界的极大关注。1910年,任职北京大学的藤田丰八,在北京发表了《慧超传笺释》[105],它可以说是日本的第一部整理敦煌文献的专著。1910年敦煌写卷运抵北京后,京都大学就派五教授来调查写本内容。两年后,狩野直喜就前往英法,调查抄录敦煌文献。此后,又有不少学者到英法等国访求有关材料,带回日本,陆续整理出一批珍贵文献,并在一些研究领域取得了初步成果。在第二次世界大战结束以前,主要成果可以举以下几个方面作为代表。

在佛教文献方面,矢吹庆辉1927年出版了《三阶教之研究》[106],1930年和1933年又分别出版了《鸣沙余韵》及《解说》[107],整理研究了大批伦敦收藏的佛典写本,特别是在藏外佚经方面,提供了大量的新资料。不久,铃木大拙、宇井伯寿等人,利用敦煌新发现的禅宗典籍,如《六祖坛经》《神会和尚语录》《楞伽师资记》等,开始对禅宗作深入的探讨。在中国古籍方面,小岛祐马把所收集的子部书,汇集为《沙州诸子二十六种》[108],刊布了大批古籍写本的珍贵照片。在历史学方面,羽田亨与伯希和合编了《敦煌遗书》活字本和影印本各一集[109],其中收录的文书虽然不多,但都是与历史文化有关的重要资料,羽田的简要解题,涉及不少新问题。那波利贞抄录了大量有关社会经济的世俗文书,并发表了一系列关于唐代社会和敦煌寺院经济的文章,其中重要的几篇,收入后来出版的《唐代社会文化史研究》[110]。另外,仁井田陞对敦煌出土的法制文书作了深入细致的研究,1937年出版了《唐宋法律文书之研究》[111]。在绘画方面,松本荣一对大量的敦煌千佛洞壁画和藏经洞出土的绢纸绘画进行了分类研究,1937年出版了巨著《敦煌画之研究·图像篇》及《附图篇》[112],为敦煌绘画研究奠定了基础。

这一阶段的主要成果是材料的收集、整理和刊布,这种最基础性的工作为后来的研究者引导了方向,并使他们受益无穷。

2. 50—70年代的热潮

"二战"以后的一段时间里,日本敦煌学研究处于低潮,没有特别重要的论著发表,但零散的文章仍未间断。从50年代开始,才又进入一个新的高潮。这一方面是因为在京都西本愿寺,找到了长久以来不知去向的大谷探险队收集的敦煌吐鲁番文书;另一方面是经山本达郎和榎一雄的努力,英国博物馆和印度事务部图书馆收藏的斯坦因所获敦煌汉、藏文写本的微缩胶卷运到日本,入藏东洋文库、京都大学等处,不久,又通过交换关系,获得了北京图书馆藏卷的缩微胶片,加上后来中国王重民等编《敦煌遗书总目索引》(1962)和苏联孟列夫等编《亚洲民族研究所藏敦煌汉文写本注记目录》(二册,1963、1967)的出版,为敦煌学研究者提供了美不胜收的新材料。于是50年代初,在京都,由石滨纯太郎发起成立了"西域文化研究会",集合了一大批各个领域的专家,对新找到的大谷文书及各类敦煌文献,进行了精细的研究,其成果汇为六卷本《西域文化研究》(图8-5),即第一卷《敦煌佛教资料》(1958),第二、三卷《敦煌吐鲁番社会经济资料(上、下)》(1959、1960),第四卷《中央亚细亚古代语文献》(1961),第五卷《中央亚细亚佛教美术》(1962),第六卷《历史与美术的诸问题》(1963),这一成果被誉为是包括敦煌学在内的日本中亚研究的金字塔。与此同时,在东京,由东洋文库组织了"敦煌文献研究委员会",以新获得的斯坦因文书胶片为主,

图8-5 《西域文化研究》书影

并网罗其他各种收集品,着手编纂《(斯坦因敦煌文献及研究文献中业经引用介绍的)西域出土汉文文献分类目录初稿》,陆续完成了菊池英夫、池田温合编的第一卷《非佛教文献之部·古文书类》(1)《公文书》(1964),土肥义和编第二卷同上类(2)《寺院文书》(1967),吉冈义丰编的第三卷《敦煌道教文献目录》和金冈照光编的第四卷《敦煌出土文学文献分类目录及解说》(1971)。这些目录虽然不是正式出版物,但它们罗列的各种资料,为研究者提供了极大的方便。

除了以上两项集体合作完成的项目外,这一阶段还产生了一大批优秀的研究成果。如塚本善隆对敦煌佛教史的概说[113],牧田谛亮对中国疑伪经的研究[114],柳田圣山对禅宗典籍和初期禅宗历史的深入分析[115]等等,在佛教领域内继续发扬了日本学者的特长。在利用敦煌文书研究北朝隋唐史方面,除了仁井田陞等人对法制文书的进一步整理研究外,比较突出的成果是在田制和赋役制的研究上,如山本达郎对 S.613 西魏大统十三年计帐的复原和分析,填补了北朝均田赋税制的某些空白;又如铃木俊、山本达郎、西村元佑、西嶋定生、日野开三郎、堀敏一、池田温等人对唐代均田制的施行,以及租田、户税、差科等问题的讨论,大大丰富了唐代经济史的内容,其成果除散见于各种杂志外,还集中收入西嶋定生《中国经济史研究》(1966)、西村元佑《中国经济史研究——均田制度篇》(1968)、日野开三郎《唐代租庸调研究》(三卷,1974—1977)、堀敏一《均田制研究》(1975)、池田温《中国古代籍帐研究》(1979)等。此外,菊池英夫从零散的唐代军事文书中,找出了从府兵制到镇军制的兵制转变过程。在历史方面,特别是中国传世史料记载比较少的中唐到宋初敦煌本地的历史,藤枝晃继早年发表《沙州归义军节度使始末》(1941—1943)之后,又在京都《东方学报》上陆续刊出《敦煌的僧尼籍》(1959)、《吐蕃统治时期的敦煌》(1961)、《敦煌千佛洞的中兴》(1964)、《敦煌历日谱》(1973)等长篇论文,基本理清了吐蕃及归义军时期敦煌历史的脉络,成为人们研究敦煌历史和写本时需要参考的基本读物。另外,上山大峻通过对吐蕃统治时期前后佛教高僧昙旷和法成的详细研究,大大丰富了敦煌佛教史的内容[116]。而竺沙雅章对敦煌的僧官制、寺户制和结社活动的探讨,展示了中晚唐以降敦煌佛教社会的真相[117]。在文学方面,入矢义高对王梵志诗、敦煌变文俗语词及敦煌曲子词,都有比较精辟的研究论说。金冈照光也就敦煌变文发表了一系列文章,川口久雄则把敦煌文学和日本文学加以比较研究,成绩卓著。

3. 80年代至2000年的成果

从70年代末开始,随着巴黎收藏的伯希和写本缩微胶片的公开出售,以及世界各国敦煌写本或绘画藏品的陆续出版,日本的敦煌学研究朝着专一化研究和集体综合研究两方面进一步发展。

伦敦、北京、巴黎藏卷的全部公开,使一些力图在某一种文献上集大成的著作得以产生。1978年和1979年分别出版的大渊忍尔《敦煌道经·目录编》和《图录编》[118],就是敦煌道教文献的集大成著作。兜木正亨的《敦煌法华经目录》[119],则是专门整理《妙法莲华经》一种文献残卷的结果。在研究方面,可以举福井文雅《般若心经的历史学研究》为例,作者对已知各收集品中的《般若心经》及各种注疏做了详细的调查、分类、注记,并对《心经》的名称和各种写本内容的异同,以及该经在中日历史上的变迁过程,做了深入细致的分析研究[120]。

在专精的研究方面,可以把《敦煌吐鲁番社会经济史文书集》(*Dunhuang and Turfan Documents concerning Social and Economic History*)丛刊视作典范。该丛刊经国际哲学与人文科学委员会推荐,得到联合国教科文组织的资助,由东洋文库敦煌文献研究委员会负责编辑出版。第1卷《法制文书》(1978—1980),由山本达郎、池田温、冈野诚合作编成,收集了当时所能见到的所有唐代律、令、格、式、判的残卷;第2卷《籍帐》(1984—1985),由山本达郎和土肥义和合编,这是在池田温的优秀著作《中国古代籍帐研究》的基础上,经补充修订而成的籍帐、户口田地簿及差科簿文书的集成;第3卷是山本达郎和池田温合编的《券契》(1987),收录敦煌、吐鲁番、龟兹、于阗的契约类文书;第4卷是土肥义和等编的《社文书》(1988—1989,实际出版年代为2000年)。收入该丛刊的每一件文书,除了精心的录文和清晰的照片外,还有详细的英文解说。每一卷前,有对这一类文书的总论,卷后附有详尽的参考书目。虽然由于敦煌吐鲁番同类文书的继续发现,还不能说这就是一类文书的最终结集,但至少可以说是对前人的整理研究做了一次很好的总结。

在综合研究方面,成果更多,如中原汉地禅宗传入吐蕃的历史,上山大峻、山口瑞凤、小畠宏允、木村隆德、冲本克己、原田觉等人,综合汉、藏两种语言所写文书的内容,得出了一系列的新见解,争得了在国际讲坛上的发言权。在这方面,更值得注意的是关西地区的几位年轻敦煌学研究者,即所谓"Young Tong"("青年敦煌学者协会"的简称)。这是由森安孝夫、熊本裕、高田时雄、武内绍人、吉田丰五人在1983年组成的一个小组,他们经过在英、法、美的留学研修,分别在回鹘、于阗、汉、藏和粟特文领域确立了自己的地位,又结合在一起,共同探讨上述各种语言所写文书的格式和一些双语文书、碑铭等问题,并打算合作刊布汉、藏、粟特、蒙文本《善恶因果经》。这种集体的综合研究,代表了敦煌学的发展方向。

从1980年开始编纂的《讲座敦煌》,是一项规模更大的集体合作项目。全书计有第1卷《敦煌的自然与现状》(1980)、第2卷《敦煌的历史》(1980)、第3卷《敦煌的社会》(1980)、第4卷《敦煌与中国道教》(1983)、第5卷《敦煌汉文文献》(1992)、第6卷《敦煌胡语文献》(1985)、第7卷《敦煌与中国佛教》(1984)、第8卷《敦煌佛典与禅》(1980)、第9卷《敦煌的文学文献》(1990)。每一卷由相互关联的一系列个别题目构成,分别由研究这个题目的专家执笔写作。虽然有些篇章流于泛泛而谈,但大多数是深入浅出、雅俗共赏的好文章,既能增加人们关于敦煌学各方面的知识,又标志着某些方面的研究水平,还给研究者提供了比较全面的研究信息。

八九十年代,由于中国敦煌学研究的进步,日本敦煌学研究在涉及范围上没有中国学者广泛,但就某些课题,如佛教典籍、道教史、唐史、非汉语文献,都有比较深入的研究。

日本的唐代史研究会是推动敦煌研究的重要组织。1990年出版的《唐代史研究会报告集》第VII集《东亚古文书的历史学研究》,汇集了有关敦煌吐蕃时期的土地赋税制度、唐律、王梵志诗、均田制、公式令、户等、奴婢、敦煌藏文文书和吐鲁番文书的研究成果。以后,在唐史研究的范围里,池田温等编著的《唐令拾遗补》[121]充分利用了新刊敦煌吐鲁番资料;崛敏一关于家族和税役制的研究,气贺泽保规著《府兵制的研究》[122],妹尾达彦关于都市的研究,都充分利用了敦煌吐鲁番的文书;中村裕一专攻唐代文书制度,先后出版《唐代制敕研究》《唐代官文书研究》《唐代公文书研究》[123],这一系列研究还在深入;土肥义和和石田勇作主要从事社文书的研究,前者近年也探讨莫高窟供养人的问题;小田义久则一直在整理大谷文书。

以关尾史郎、荒川正晴、白须净真、片山章雄、町田隆吉组成的"吐鲁番文物研究会",对吐鲁番文书做了深入细致的研究,同时也涉及敦煌文书。其中关尾对高昌国和税制的研究,荒川对唐代交通体制的研究,较为出色。而原来的Young Tong虽然已经基本上停止了集体的讨论会,但每个人都有所贡献。森安孝夫著有《回鹘摩尼教史之研究》[124],又和其他学者一起,整理出版了山田信夫的《回鹘文契约文书集成》[125],并做了许多订补工作。

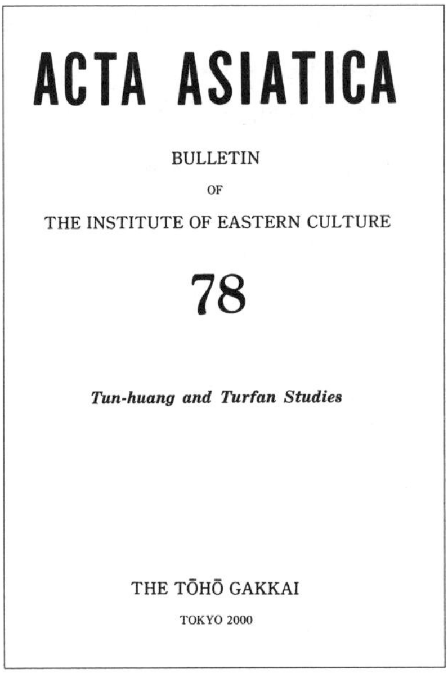

熊本裕在翻译注释敦煌出土的于阗语文书,最近也在研究圣彼得堡藏于阗语汉语双语文书。高田时雄主要转向耶稣会士来华以后的汉籍整理,但仍然从事敦煌语言社会和语言史的研究。武内绍人出版了英文本《中亚古藏文契约研究》[126],又编辑出版《英国图书馆藏斯坦因收集品中的新疆出土古藏文写本》[127]。吉田丰整理大谷探险队和柏林所藏吐鲁番伊朗语文献,与百济康义、宗德曼合编《龙谷大学藏伊朗语断片集成》[128]。

2000年,日本学术界在敦煌藏经洞发现百年之际,利用日本东方学会的西文刊物《亚洲学刊》(Acta Asiatica)第78号,作为"敦煌吐鲁番研究"专号出版(图8-6),这显然是日本学术界精心展示的他们为百年敦煌所奉献的成果。这本专刊由资深的唐史和敦煌学专家池田温教授主编,所收的四篇论文是:百桥明穗对莫高窟早期洞窟的探讨,森安孝夫有关沙州回鹘与西回鹘王国关系的新认识,高田时雄谈敦煌的多种语言使用问题,吉田丰报告日德两国学者合作研究吐鲁番出土伊朗语写本的初步结果,即利用对写本汉文一面的比定,来帮助缀合考释另一面的粟特文、中古波斯文文献。最后是池田温介绍近年日本敦煌吐鲁番研究的文章,附有详细的论著目录,表明日本的敦煌学研究成果远比这里所发表的四篇文章要丰厚得多。而之所以发表这四位学者的文章,编者在序言中毫不掩饰地说,他们是今天活跃在日本敦煌吐鲁番研究前线上的学者,"尽管四篇论文所涉及的范围有限,但读者将能看到现在专门从事敦煌吐鲁番研究的日本学者,对于敦煌当地的事情甚至比中国本土的学者更富有广博的知识,同时他们对相关的西文论著也了如指掌"。我们读过这几篇文章之后,感到这句有些刺耳的话并非虚言。

2000年5月东京举行的第45届国际东方学者会议,把"敦煌吐鲁番研究分会"列为本年度会议的重点之一,这也同样是日本东方学会纪念敦煌藏经洞发现百年的举动,这一点,在主持这场分会的池田温教授的开场白中

图8-6 日本《亚洲学刊》敦煌吐鲁番研究专号

说得很清楚。在这个表明日本东方学具有国际性的会议上,有日本、土耳其、美国和从中国特邀的一位学者发表研究成果,而分组会的主持人和评述者,则是日本新一代的敦煌吐鲁番研究的中坚人物——森安孝夫、武内绍人、吉田丰、荒川正晴、白须净真、町田隆吉等。过去中国学术界盛传日本学者藤枝晃在1980年说过"敦煌在中国,敦煌学在日本"的话,不论此话是谁讲的,确实刺中了中国学者的痛处。今天,日本学术界特邀中国学者到他们的最高学术讲坛上发言,固然是值得高兴的事情,但面对一个个富有实力的日本敦煌学中坚,特别是他们在藏文、粟特文等方面的研究成果时,我们仍然不要忘记"敦煌学在日本"这句激励过许多中国学者奋发上进的话语。

注 释

〔1〕 荣新江《叶昌炽:敦煌学的先行者》(Ye Changchi: Pioneer of Dunhuang Studies),《国际敦煌研究项目通讯》(Newsletter of the International Dunhuang Project) No. 7, 1997年春季号,1—5页。

〔2〕 《艺风老人日记》第5册,北京:北京大学出版社,1986年影印本,2118页。此条为虞万里先生检示,特此致谢。

〔3〕 史树青编《中国历史博物馆藏法书大观》第5卷碑刻拓本一,东京柳原书店与上海教育出版社,1994年,225页。

〔4〕 与会者名单见汪康年《汪穰卿笔记》、田中庆太郎《敦煌石室中的典籍》(原载《燕尘》第2卷第11号,1909年11月,此据神田喜一郎《敦煌学五十年》)。参看桑兵《伯希和与近代中国学术界》,《历史研究》1997年第5期,118页。他们在京师大学堂中的身份,参见北京大学校史研究室编《北京大学史料》第1卷,北京大学出版社,1993年,331—346页。

〔5〕 《东方杂志》第6卷第10期,1909年,42—67页。

〔6〕 宣统元年(1909)国粹堂石印本。

〔7〕 后两者均收入《敦煌石室遗书》,宣统元年(1909)十二月诵芬室排印本。收入《罗雪堂先生全集》三编第六册、《敦煌丛刊初集》第六册。

〔8〕 1911年《国粹学报》第7卷1—8期陆续刊出,1936年收入《刘申叔先生遗书》第63册。

〔9〕 1910年罗氏影印本。收入《罗雪堂先生全集》六编第十册、《敦煌丛刊初集》第九册。

〔10〕 1911年《国学丛刊》摹抄刊行。收入《罗雪堂先生全集》四编第三册。

〔11〕 罗氏宸翰楼影印本,1913年。收入《罗雪堂先生全集》四编第五册。此书有1928年东方学会摹抄本,不可据。

〔12〕 1917年罗氏印行。收入《罗雪堂先生全集》四编第五册。

〔13〕 1917年上虞罗氏影印刊行。收入《罗雪堂先生全集》三编第七、八册,《敦煌丛刊初集》第八册。

〔14〕 1924年上虞罗氏印行。收入《罗雪堂先生全集》三编第七册,《敦煌丛刊初集》第八册。

〔15〕 1924年上虞罗氏影印。收入《罗雪堂先生全集》初编第十八册。

〔16〕 1925年东方学会排印本。收入《罗雪堂先生全集》三编第六册,《敦煌丛刊初集》第七册。

〔17〕 1914年宸翰楼印行。增订本,1934年出版。

〔18〕 收入《敦煌石室遗书》。

〔19〕 刘复《敦煌掇琐》,北京,1925年。

〔20〕 高平叔编《蔡元培全集》第7卷,北京:中华书局,1989年,332页。

〔21〕 上海,1930年。

〔22〕 柳田圣山编《胡适禅学案》,台北:正中书局与京都:中文出版社,1975年。

〔23〕 J. Gernet, *Entretiens du maitre de Dhyāna Chen-houei du Ho-tsö*,河内,1949年。

〔24〕 上海:新月书店,1928年。

〔25〕 《沈兼士学术论文集》,北京:中华书局,1986年,364页。

〔26〕 参看《蔡元培全集》第4卷,北京:中华书局,1984年,309页;伯希和《在开罗万国地理学会演说》,《北京大学国学门周刊》第3期,1925年10月。

〔27〕 列为《中央研究院历史语言研究所单刊》甲种之十二,上海:中国科学公司印行,1933年。

〔28〕 北京大学,1935年。

〔29〕 《亚洲学术杂志》11,1921年。

〔30〕 王氏的主要敦煌学论著,均收入《观堂集林》,1921年乌程蒋氏印行。以后续有增订,通行本为1959年中华书局印单行本。

〔31〕 上海:上海古籍出版社,1980年。

〔32〕 参看方广锠《北京图书馆藏敦煌遗书勘查初记》,《敦煌学辑刊》1991年第2期,1—12页。

〔33〕 上海:商务印书馆,1937年。

〔34〕 载《北平图书馆图书季刊》第1卷第4期,1939年,397—419页。

〔35〕 1936年、1941年北平图书馆出版。

〔36〕 载《国学季刊》第7卷第1期,1950年,1—24页。

〔37〕 《历史语言研究所田野工作报告》之三,台北,1996年。

〔38〕 这些文章后收在向达《唐代长安与西域文明》论文集,北京:生活·读书·新知三联书店,1957年版;夏鼐《考古学论文集》,科学出版社,1961年;向达编《敦煌》,北京:学习书店,1951年;以及《文物参考资料》和《考古通讯》等。

〔39〕 稿本曾在北京大学五十周年纪念敦煌考古工作展览上陈列,见《展览概要》48

页。现由笔者整理此书,有待出版。

〔40〕《胡适往来书信集》中,中华书局,1979 年,503—504 页。

〔41〕郑天挺《向达先生纪念论文集序》,载同书,乌鲁木齐:新疆人民出版社,1986 年,2 页。

〔42〕《胡适往来书信集》中,553—554 页。

〔43〕《大公报》(重庆)1942 年 12 月 27—30 日连载。

〔44〕1947 年比较文化研究所、敦煌艺术研究所、华西大学博物馆联合出版。收入《敦煌丛刊初集》第五册。

〔45〕1948 年北京大学印行。

〔46〕上海:商务印书馆,1950 年。1956 年修订再版。

〔47〕北京:商务印书馆,1958 年。

〔48〕上海:上海文艺联合出版社,1954 年。

〔49〕上海:上海文艺联合出版社,1955 年。

〔50〕上海:上海出版公司,1954 年。

〔51〕上海:上海出版公司,1955 年。

〔52〕北京:人民文学出版社,1957 年。

〔53〕北京:中华书局,1959 年。

〔54〕《中华文史论丛》第 1 辑,1962 年。

〔55〕《历史研究》1957 年第 12 期。

〔56〕上海:上海出版公司,1955 年;上海:上海古典文学出版社,1957 年新一版。

〔57〕上海:上海古典文学出版社,1956 年。参看荣新江《重读〈敦煌——伟大的文化宝藏〉》,《中华读书报》2000 年 3 月 22 日第 20 版。

〔58〕《东洋学报》第 46 卷第 1 号,1963 年,114—133 页。

〔59〕香港:新亚研究所,1970 年。

〔60〕香港:新亚研究所,1970 年。

〔61〕香港:新亚研究所,1972 年。

〔62〕台北:学海出版社,1975 年。

〔63〕台北:石门图书公司,1977 年。

〔64〕香港:中华书局,1982 年。

〔65〕台北:学生书局,1991 年。

〔66〕巴黎:法国国立科研中心,1971 年。

〔67〕巴黎:法国远东学院,1978 年。

〔68〕29 册,东京:二玄社,1985 年;中文本题《法藏敦煌书苑精华》,8 册,广州:广东人民出版社,1993 年。参看刘涛书评,《敦煌吐鲁番研究》第一卷,1995 年。

〔69〕北京:文物出版社,1981—1990 年。

〔70〕北京:文物出版社,1992—1996 年。录文本与图录本优劣之比较,参见孟宪实书

评,载《敦煌吐鲁番研究》第二卷,355—363 页;第四卷,581—586 页。

[71] 季羡林主编《敦煌学大辞典》,上海:上海辞书出版社,1998 年;郑阿财、朱凤玉主编《敦煌学研究论著目录》,台北:汉学研究中心,2000 年。

[72] 北京:书目文献出版社与全国图书馆文献缩微复制中心,1982—1990 年。

[73] 参看陈国灿书评,载《九州学刊》第 5 卷第 4 期。

[74] 北京:中华书局,1989 年。

[75] 兰州:甘肃教育出版社,1990 年。

[76] 上海:上海古籍出版社,1993 年。

[77] 台北:新文丰出版公司,1998 年。参看荣新江书评,《敦煌吐鲁番研究》第五卷,2001 年。

[78] 兰州:甘肃人民出版社,1992 年。

[79] 台北:新文丰出版公司,1994 年。参看张涌泉书评,《敦煌吐鲁番研究》第一卷。

[80] 台北:新文丰出版公司,1993 年。

[81] 南京:江苏古籍出版社,1997 年。

[82] 南京:江苏古籍出版社,1997 年。参看孟宪实书评,《敦煌吐鲁番研究》第五卷。

[83] 南京:江苏古籍出版社,1998 年。

[84] 乌鲁木齐:新疆人民出版社,1986 年。

[85] 广州:中山大学出版社,1989 年。

[86] 南昌:江西人民出版社,1991 年。

[87] 北京:中国社会科学出版社,1993 年。

[88] 北京:中华书局,1987 年。

[89] 郑州:中州古籍出版社,1988 年。

[90] 台北:联经出版公司,1991 年。

[91] 上海:上海古籍出版社,1991 年。

[92] 厦门:厦门大学出版社,1991 年。

[93] 昆明:云南人民出版社,1992 年。

[94] 台北:新文丰出版公司,1992 年。

[95] 北京:文物出版社,1994 年。

[96] 北京:中国社会科学出版社,1995 年。

[97] 台北:文津出版社,1995 年。

[98] 台北:新文丰出版公司,1996 年。

[99] 上海:上海古籍出版社,1996 年。

[100] 兰州:甘肃教育出版社,1996 年。

[101] 北京:中国社会科学出版社,1996 年。

[102] 台北:新文丰出版公司,1997 年。

[103] 长沙:岳麓书社,1997 年。

〔104〕 北京:中国社会科学出版社,1998年。
〔105〕 1910年8月北京印行,非卖品。
〔106〕 东京:岩波书店,1927年。
〔107〕 东京:岩波书店,1930年、1933年。
〔108〕 京都:弘文堂书房,1929年。
〔109〕 上海:东亚考古研究学会,1926年。
〔110〕 东京:创文社,1974年。
〔111〕 东京:东方文化学院,1937年。
〔112〕 东京:东方文化学院,1937年。
〔113〕 《西域文化研究》第一卷,京都:法藏馆,1958年。
〔114〕 牧田谛亮《疑经研究》,京都大学人文科学研究所,1976年。
〔115〕 柳田式《初期禅宗史书之研究》,京都:法藏馆,1967年;柳田圣山编《禅之语录》第一、二、三卷,东京:筑摩书房,1969年、1971年、1976年。
〔116〕 收入《敦煌佛教之研究》,京都:法藏馆,1990年。
〔117〕 其成果已收入作者的《中国佛教社会史研究》,京都:同朋舍,1982年。
〔118〕 东京:福武书店,1978—1979年。
〔119〕 东京:灵友会,1978年。
〔120〕 东京:春秋社,1987年。
〔121〕 东京:东京大学出版会,1997年。
〔122〕 京都:同朋舍,1999年。
〔123〕 分别由东京汲古书院、京都中文出版社出版,1991年、1996年。
〔124〕 《大阪大学文学部纪要》第31—32辑,1991年。
〔125〕 大阪大学出版会,1993年。
〔126〕 T. Takeuchi, *Old Tibetan Contracts from Central Asia*,东京:大藏出版社,1995年。
〔127〕 T. Takeuchi, *Old Tibetan Manuscripts from East Turkestan in the Stein Collection of the British Library*,3册,东京东洋文库与伦敦英国图书馆合刊,1997—1998年。
〔128〕 京都:法藏馆,1997年。

第九讲
敦煌学与隋唐五代政治、经济史研究

敦煌写本的主体是佛教经典,但中古时期的佛教寺院往往是一个地区的文化中心,因此,佛寺同样收藏佛典之外的道书、经史子集四部书和其他典籍以及美术品。同时,寺院的僧人往往把当地废弃或过时的公私文书都收罗到寺院当中,用它们的背面来抄写佛经;寺院本身的行政和经济文书,在过时以后,也往往被用作写经纸。有的文书用来裱糊经帙,有的文书残片用来贴补破碎的经卷和绢画,还有的文书没有来得及使用,就完整地封存起来。这样,藏经洞中不仅保存了大量的属于书籍的文献材料,而且在佛经等书籍的背面、裱纸和备用纸上,也留存了数量相当丰富的公私文书,为今天的历史研究提供了许多传世文献材料所没有的原始文书档案,当然还有一些是传世文献中已经佚失的典籍断片。

敦煌文献的年代范围,大体上是从公元5世纪初到11世纪初。但偶尔留存下来的魏晋南北朝时期的材料较少,隋唐以来渐渐增多,而以敦煌藏经洞封存之前的9—10世纪(吐蕃到归义军时期)的文书资料最为丰富。

本讲主要集中介绍与隋唐制度史以及政治、经济史相关的敦煌文书资料,以及在隋唐五代史研究上的价值。

一 文书制度

敦煌文书中保存了许多唐朝各级官府文书的原件,这对于我们了解唐朝的文书制度极有帮助,而且使我们可以透过一些文书制度,来理解唐朝的官制、兵制、赋税制等其他制度史中的问题,所以我们先谈文书制度。

一般认为,以唐《开元二十五年(737)令》为基础而编成的《唐六典》,记载了唐朝最主要的几种上行和下行文书。《唐六典》卷一尚书都省左右司郎中员外郎条:"凡上之所以逮下,其制有六,曰:制、敕、册、令、教、符。"注云:"天子曰制,曰敕,曰册。皇太子曰令。亲王、公主曰教。尚书省下于州,州下于县,县下于乡,皆曰符。"又云:"凡下之所以达上,其制亦有六,曰:表、状、笺、启、辞、牒。"注云:"表上于天子,其近臣亦为状。笺、启于皇太子。然于其长亦为之。非公文所施,九品已上公文皆曰牒。庶人曰辞。""诸司自相质问,其义有三,曰:关、刺、移。"

又,《唐六典》卷九中书省中书令条,记"凡王言之制有七",即册书、制书、慰劳制书、发日敕、敕旨、论事敕书、敕牒。卷八门下省侍中条:"凡下之通于上,其制有六",即奏抄、奏弹、露布、议、表、状。

这些文书在内容和形式上都有区别,而且,从《唐会要》和其他唐代文献可以知道,唐朝对于官府文书的纸张、字体、签署、用印、避讳,以及归档、录副、保存、修补、发送、传递、接受等等,都有规定。但是,唐朝文书的原本现在大都不存在了,而唐朝文章总集和一些官人的文集中,虽然保存了一些官文书的内容,但往往把文书前后格式化的东西,甚至年代都统统删掉了,使我们无法窥见唐朝官文书的原貌。

敦煌为我们保存了一些官文书的原件,而且,还保存了一件唐《公式令》残卷(P.2819V),其中包括《移式》《关式》《牒式》《符式》《制授告身式》《奏授告身式》六种官文书的书写格式,纸背有"凉州都督府印",说明是经过凉州而发送到沙州的《唐令》写本。

有关唐代文书制度,中村裕一先后出版《唐代制敕研究》[1]《唐代官文书研究》[2]《唐代公文书研究》[3],虽然录文有可商榷处,但汇集了大量史籍和文书中的材料,是兼有资料和研究的重要参考书。根据中村裕一的考察,敦煌和吐鲁番文书中保存的公式令规定范围以内的唐五代官文书的情况如下表[4]:(※表示存有敦煌写本;+表示有吐鲁番写本。)

敦煌吐鲁番发现的唐朝官文书

下行文书	
册书	
制书(诏书)	※ S.446 天宝七载(748)册尊号大赦文(抄件)
	※ P.2696 中和五年(885)车驾还京师大赦文(抄件)
慰劳制书	
发日敕	※ P.4632 金山国皇帝敕(制授告身的敕词部分相当于发日敕)
敕旨	※ S.5257 先天元年(712)敕旨
	+ 贞观二十二年(648)安西都护府承敕下交河县符[5]

续 表

论事敕书	※	S.11287A 景云二年(711)赐沙州刺史能昌仁敕
敕牒	※	P.2054 天宝元年(742)职官表保存的敕牒
	※	P.4632 咸通十年(869)敕沙州刺史张淮深牒(抄件)
制授告身	※	P.3714V 乾封二年(667)氾文开诏授告身
	+	乾封二年(667)郭毡丑告身[6]
	※	P.3749V 圣历二年(699)氾承俨制授告身
	※	S.3392 天宝十四载(755)秦元□制授告身
奏授告身	※	敦煌研究院藏景云二年(711)张君义告身
令书	+	永淳元年(682)氾德达告身[7]
教		
符	+	贞观二十二年(648)安西都护府承敕下交河县符[8]
过所	※	敦煌研究院藏天宝七载(748)过所
	+	开元二十年(732)石染典过所[9]

上行文书		
奏抄	※	原本敦煌未见,但可以据《奏授告身式》复原奏抄格式
	+	大谷文书仪凤三年(678)度支奏抄
奏弹		
露布		
议		
表	※	P.3827 归义军节度使曹延禄上表
	※	S.4276 管内三军百姓奏请表
状	※	P.5566 书仪·上中书门下状
	※	S.4398 天福十四年(949)归义军节度使曹元忠进贡状
笺	+	
启	+	
牒	※	P.3952 乾元元年(759)罗法光祠部告牒
辞	+	麟德二年(665)牛定相辞[10]

平行文书		
关	+	开元二十一年(733)西州都督府仓曹关[11]
刺		
移		

此外，敦煌文书还保存了许多唐朝《公式令》规定以外的各种官文书：

补任文书	归义军节度使辟召属下的任官文书，一般为牒式，如 S.4363 等。
公验	契约文书等证明书，如敦煌研究院藏敦煌郡行客王修智买胡奴市券公验
	天理图书馆藏张君义公验
帖	S.8516B 广顺二年(952)归义军节度使曹元忠帖。
榜	S.8516A＋C 广顺三年(953)归义军节度使曹元忠榜。

图9-1　S.11287A 景云二年(711)赐沙州刺史能昌仁敕

通过这些文书的原本和保留了原式的抄件，我们可以了解唐朝各级官府文书的起草和传递情况，也可以了解各种不同文书的不同格式。如S.11287A《论事敕书》的发现（图9-1），使我们明白了宋敏求《春明退朝录》中所谓"进画敕"的含义，并通过文书保留的中书省签署部分，参照其他文书，大体上可以把文书的起草、中书覆奏、进画、宣奉行、过门下、行下的一整套过程复原出来[12]。

S.11287A 反映的是在中央三省中的文书运作情况，至于文书向地方上的传送，《吐鲁番出土文书》第七册第3页以下收录的《唐贞观二十二年安西都护府承敕下交河县符为处分三卫犯私罪纳课违番事》（图9-2），则反映了尚书省以符的形式把敕旨下发到安西都护府，以及然后安西都护府以

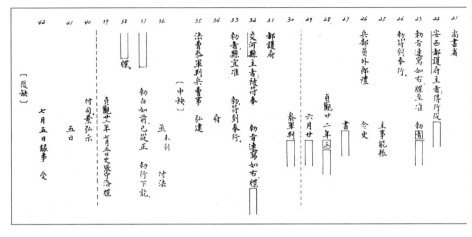

图 9-2 吐鲁番出土《唐贞观二十二

牒的形式把敕旨和尚书省的符下发给交河县,给我们一个从中央到地方的文书运作全景图,也表现了唐朝较高的行政效率。

二 官制与法制

唐朝的官制,在《唐六典》《通典》、两《唐书》的《职官志》和《百官志》等书中都有记载,但详于前期(天宝以前),而略于后期。而且,志书对于官制的记载往往是百官的名称、品级、员额、职掌等项,而缺少官制的发展和官僚体制的运作情况。

敦煌文书保存的官府文书,详于后期,而略于前期,正可以补充史籍的不足。而且它们大多数是各级官府运作中的文书原件,所以可以反映制度的运行侧面。比如,唐朝官制规定,各个官府衙门都由四等官构成,即长官、次官(通判官)、判官、主典,各有职掌。但是,具体到各中央部门,特别是地方官府当中,四等官的各自作用如何,只从规定是不能清楚地了解的,而官文书后的各级官员的签署,反映了他们在官僚体制的运转中所起的作用。

传世的典籍对于唐朝中央的官制记载较多,对于地方官制的记载较少,《唐六典》地方官制只有一卷,而敦煌吐鲁番文书中却与之相反,与地方官制相关的文书较多,包括州郡、县、乡、里各级官吏的材料,以及军事系统的折冲府、军、镇、戍、守捉等资料,有助于探讨地方各级职官的制度和不同系统职官间的关系。

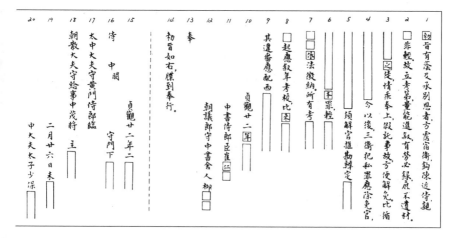

年安西都护府承敕下交河县符》录文

敦煌写本《记室备要》(P. 3723、P. 3451bis、S. 5888),题乡贡进士郁知言著,计三卷,是为泰宁节度监军使王公准备的各种书信格式(书仪),对象上自天子,下至内外百官都有,特别是中卷所收诸信札,大多数是监军使与中央北司各级宦官的状启,从中尉以下,由高到低,共有十九种内诸司使的使职名称,而且都是与南衙乃至地方节镇有关联的各种使职。中晚唐朝宦官干政,是唐代历史的重要内容,但有关宦官的官职系统,史籍记载比较零乱。唐长孺《唐代的内诸司使及其演变》[13]、王寿南《唐代宦官权势之研究》[14],对宦官官制都有探讨,但仍有许多问题不得其解。这本小书的发现,对于唐代宦官的官制研究,颇有帮助。赵和平已有初步研究[15],并将全文录入《敦煌表状笺启书仪》一书。

敦煌文书中,保存了一些唐朝的律、令、格、式的抄本,补充了唐代志书记载唐代法制的不明确之处。

《唐六典》卷六称"律以正刑定罪",位于法律文书之首,敦煌、吐鲁番写本中保存的《唐律》和《唐律疏议》的写本也最多。从内容上讲,有《名例律》《职制律》《户婚律》《厩库律》《擅兴律》《贼盗律》《诈伪律》《捕亡律》《杂律》,包括了《唐律》十二章的大部分内容,说明律在唐朝政治生活中的重要作用。这些律本原件也是我们研究《唐律》形成演变的主要证据。

"令以设范立制",是大唐帝国制度的总汇,包括官制、礼制、田制、学制、选举制、兵制、赋役制等等的详细规定。唐令自武德至开元,在隋令的基础上反复修订过多次,比较重要的有《武德七年(624)令》《永徽二年(651)令》《开元七年(719)令》《开元二十五年(737)令》,但所有令书都已佚失。除了上述开元《公式令》残卷(P.2819V)外,敦煌文书中还保存有较长的《永徽东宫诸府职员令》抄本(P.4634、S.1880、S.3375、S.11446缀合),对了解东宫太子属下的官僚体制很有帮助。最近,我们在俄藏新刊敦煌写本中,又发现唐代《祠令》残卷(Дx.3558),仅存三条残文,应当是《永徽令》的修订本(显庆二年七月以后),或者说是显庆二年七月以后行用的《永徽令》[16],弥足珍贵。

"格以禁违正邪",共分为二十四篇,以尚书省二十四曹为篇目,编录当时制敕,用为各曹司的法则,是尚书省各部门职掌的详细规定。敦煌文书中保存了不同时期的《刑部格》(P.3078、S.4673)、《户部格》(S.1344、北图周69)、《兵部格》(P.4978)等格文残卷。刘俊文《敦煌吐鲁番唐代法制文书考释》认为北京图书馆藏周字51号是《职方格》抄本,据原卷抄写的情况来看,不是格文,而可能是沙州或西州地方官府的文书[17]。

"式以轨物程事",共分为三十三篇,以尚书省二十四司加上秘书、太常、司农、光禄、太仆、太府、少府及监门、宿卫、计账为篇目,是对各官府行政事务的具体规定。敦煌发现了唐开元《水部式》残卷(P.2507),详细规定了唐朝对水渠、桥梁的管理。另外还有《吏部式》残片(P.4745)。

此外,新公布的俄藏敦煌文书残卷中,有一件唐代法制文书,编号Дx.06521(图9-3),整理者标名为"唐律",显然不确[18]。其保存残文14

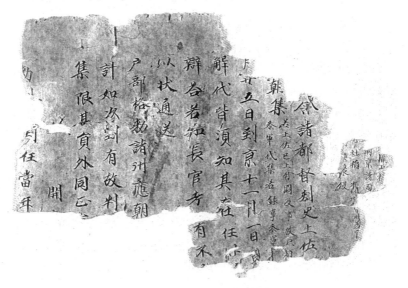

图9-3 Дx.06521 开元《格式律令事类》

行,包含有一道开元二十五年的《考课令》、一条同年的《户部格》以及一条可能是开元二十二年八月的敕,内容都与朝集使制度有关。据考,这个精写本可能是开元二十五年删定律令格式的同时所编纂的《格式律令事类》的断简。由于该书散佚已久,长期以来被学界忽视,但它在中国古代法律编纂史上具有独特的地位,它不仅是唐代律令格式体系向宋代敕令格式体系转变的一个重要过渡,而且在体例上,开启了宋代法典编纂形式的先河,因此具有非常重要的意义,而这件敦煌文书的发现,为我们认识此书提供了极为宝贵的第一手材料[19]。

敦煌吐鲁番发现的律令格式残卷录文,有山本达郎、池田温、冈野诚合编的《敦煌吐鲁番社会经济史文书》(Tun-Huang and Turfan Documents Concerning Social and Economic History)第1卷《法制文书》[20]。刘俊文根据此书,又增补吐鲁番新出资料,辑成《敦煌吐鲁番唐代法制文书考释》[21]。目前,由于新的敦煌文书资料的公布,这两部书都有补订的必要[22]。

三 兵 制

敦煌文书,特别是吐鲁番文书,对于唐朝兵制的研究贡献更大。唐朝兵制的主要发展脉络,是从北朝以来的府兵制发展到募兵制,但不论是府兵制还是募兵制,其起源和发展都有许多不明之点。唐长孺先生《唐书兵志笺证》对史籍的有关记载有所清理,陈寅恪《隋唐制度渊源略论稿》、谷霁光《府兵制研究》对于府兵制的研究贡献较多,但限于条件,还没有能够利用敦煌文书。

敦煌吐鲁番文书中,包含有大量沙州和西州地区府兵日常勤务和征战时留下的文书,说明唐朝前期,府兵除了官制规定的番上宿卫之外,远在边陲的府兵,也起着镇戍的作用。并且随着唐朝西北地区战争形势的发展,大量府兵和募兵被征到西域前线作战和戍守,使以府兵为主体的行军渐渐发展成以募兵为主体的镇军,原本规模较小的镇戍,也逐渐发展成大的军镇,促使唐朝兵制在开元时期发生巨变,以军镇为据点的节度使体制建立,节度使下的募兵制成为唐后期的主要兵制。在利用敦煌吐鲁番文书研究唐朝兵制变化上,菊池英夫的一系列论文最有贡献,主要有《节度使制确立以前"军"制度的展开》[23]《节度使制确立以前"军"制度的展开》(续编)[24]《有关唐折冲府的分布问题的一解释》[25]《从西域出土文书看唐玄宗时代府兵制的运用(上、下)》[26]。

80年代初,唐长孺先生率领的吐鲁番文书整理小组整理了1959—1975年吐鲁番新发现的汉文文书,其中有大量的文书涉及唐代军制的各个方面。唐长孺和他的弟子们分别加以探讨,对唐代兵制作出了新的贡献。其中比较重要的有唐长孺《唐西州差兵文书跋》[27]《吐鲁番文书中所见的西州府兵》[28]《唐先天二年(713)西州军事文书跋》[29],对唐朝府兵的各项制度和唐朝征发其他兵种作战的情况做了深入探讨。朱雷《唐开元二年的西州府兵》[30],揭示唐朝府兵行营制度。程喜霖在一系列论文基础上,形成《汉唐烽堠制度研究》[31]。孙继民《唐代行军制度研究》[32],详细研究了行军体制。近年,孙继民又对敦煌吐鲁番文书中有关府兵、兵募、健儿、子弟、行军、军镇以及其他类型的军事文书加以探讨,完成《敦煌吐鲁番出土唐代军事文书初探》[33]。通过这些研究成果,不仅可以比较清楚地看到唐朝府兵制的运作,也可以知道唐朝行军的构成及其与后来的镇军的关系,以及府兵装备、镇戍、烽堠等军制的一些细节。

四 均田、赋役制度

唐朝的土地赋役制度,一直是国内外唐史学界研究的重点课题。北朝到唐朝前期实行的均田制,到底是什么性质的土地所有制,均田制的还授是否能够实施,或者说均田制是否按唐朝法令规定的那样实行过,一直是争论不休的问题。陆续发表的敦煌和吐鲁番文书,对唐代均田制的研究,以及相关的赋役制的研究,给予了极大的推动。

按照唐朝制度的规定,每户每年要呈报自家的人口、土地数字,并保证情况属实,称作"手实"。官府根据各户的手实,每三年编造"户籍",把每个里的各户人家,以户为单位,记录户主及身份、户内口数和丁中情况、土地多少和四至。此外,乡、县、州制作有不同级别的"计帐",汇总所属民户的人口与土地情况,并上报中央政府。

敦煌吐鲁番文书中,还没有发现州县的计帐,吐鲁番文书中发现有乡帐一类的文书,还不能确定为"乡帐"。但是,有相当一批户籍和手实保存下来,清楚地记载了沙州和西州地区百姓的人口和土地情况,吐鲁番文书更明确地记载了土地还授的存在,为均田制的实施提供了有力的证据。但敦煌和吐鲁番的户籍文书有相当多的细节不同,反映了唐朝各地的均田制不可能完全与唐令规定的一模一样。特别是吐鲁番盆地原为高昌国领土,唐朝在贞观十四年(640)灭高昌王国后,迁徙高昌王族大姓到长安、洛阳,这就为唐朝均田制在当地的实行提供了条件。但吐鲁番地域狭窄，没有太多的田地使当地百姓按照唐朝《田令》规定的数额来分配，所以变通的授田额是"常田四亩、部田六亩"，远远不足，可见均田制也不是全国都一样的制度，也有因不同土地而有不同授田额的情况。

从敦煌吐鲁番文书中可以看出，唐朝规定的丁男应授田百亩，实际是国家允许授田的最高限额，而不是实际授田数。如果占田逾制，则国家干预没收，而吐鲁番战事频繁，死退田地较多，故有退田、给田文书，但数额较小。达不到应受田额者，可以请授，但每户实际的田地数额与应受田额相差很大，表明其所占有的田地很可能就是自家原有的土地，而通过手实和户籍变成了官府的授田，这就是马端临《文献通考》所说的"因民之在田者而均之"。在户籍所记的已授田中，先满足永业田，剩下的归为口分田。可见，均田制虽然实行了，但绝不是平均分配土地，看似国家土地所有制的均田制，实际上仍然是土地私有制。

与均田制相关的租庸调制度，在敦煌吐鲁番文书中也有不少资料。其中包括官府收租的记录、纳资代役的记录，吐鲁番发现有庸调布的实物，还有春秋两税的征收记录等等。关于劳役，不论是普通力役还是兵役，都有相关的文书记载。

50年代，由于日本"西域文化研究会"对大谷文书的整理，这批吐鲁番文书中关于田制和赋役制的材料，由西村元佑、西嶋定生、小笠原宣秀、仁井田陞等人做了细致的研究，成果汇集在《西域文化研究》第二、三卷《敦煌吐鲁番社会经济资料》上下两册中[34]。此外，日野开三郎、堀敏一、池田温等人对唐代均田、赋税制度，也有深入的探讨。如日野开三郎的《唐代租庸调研究》[35]、堀敏一《均田制研究》[36]、池田温《中国古代籍帐研究》[37]等。

中国学者从30年代以来就关注均田制问题，由于资料的限制和"文革"的影响，到了80年代才较为深入地研究均田制和赋役制，专著先后有宋家钰《唐代户籍法与均田制研究》[38]、杨际平《均田制新探》[39]、武建国《均田制研究》[40]，重要的文章也相当多，其中如唐长孺《唐贞观十四年手实中的受田制度和丁中问题》《唐西州诸乡户口帐试释》[41]、王永兴《陈门问学丛稿》所收关于均田和差科簿的文章[42]、朱雷《唐代"手实"制度杂识》《唐代"点籍样"制度初探》《唐代"均田制"实施过程中"受田"与"私田"的关系及其他》[43]。目前，有关均田赋役的研究已经不是热门，但仍有些问题并没有彻底解决。

山本达郎和土肥义和合编的《敦煌吐鲁番社会经济史文书》(*Dunhuang*

and Turfan Documents concerning Social and Economic History)第 2 卷《籍帐》[44],是在池田温《中国古代籍帐研究》的基础上编成的,收入敦煌吐鲁番手实、户籍、差科簿类文书图版和录文,是使用这类写本的最佳史料集。但《吐鲁番出土文书》收录的同类文书,则需使用《吐鲁番出土文书》图录本叁、肆[45]。已刊和未刊的敦煌吐鲁番户籍文书目录,可参看荣新江《〈唐开元二十九年西州天山县南平乡籍〉残卷研究》[46]。

从制度上来看,敦煌吐鲁番文书的价值远不止这些,只是材料比较零散,无法一一罗列。比较重要的,还应提到交通制度(包括馆驿、长行马)、财政制度(《仪凤三年度支奏抄、四年金部旨符》)、市场贸易与管理体制(《交河郡市估案》、市券与公验)、质库制度、身份制(部曲、奴婢)、丁中制、和籴等等。

五 政治史

敦煌吐鲁番远处唐朝的西北边陲,其保存的文书大多数是与当地和周边地域相关联的,而涉及唐帝国核心的政治史材料比较少。敦煌写本《常何墓碑》(P.2640),曾被陈寅恪先生用作研究玄武门政变的关键史料[47]。敦煌本《大云经疏》和一些写经上的武周政治和尚的题名(图 9-4),对武周政治运作的认识也很有帮助[48]。最近发现的一首李季兰佚诗(Dx.3865),可能正是建中时泾原兵变中,李季兰上给自称皇帝的朱泚的颂诗[49]。敦煌流行的更有名的诗歌作品是《秦妇吟》,真实地记录了黄巢起义军进入长安后的情形,已经几乎为所有历史教科书所引用。

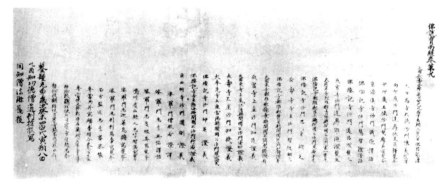

图 9-4 S.2278《佛说宝雨经》卷九题记

敦煌吐鲁番文书中,涉及唐朝前期西北政局的材料相对多些,这为我们今天认识唐朝经营西北,特别是唐朝进入西域的历程有许多帮助。有的文书直接记载了唐朝在西域的行军或镇戍的情况,是研究唐代西域史的原始资料。这类资料不仅在敦煌汉文文书中有,在敦煌藏文文书中也有十分珍贵的材料,如《吐蕃王朝编年史》《吐蕃王朝大事记》等,使我们今天能够把吐蕃帝国进入中亚的历程大体上勾画出来。

森安孝夫《吐蕃的中亚进出》[50]、王小甫《唐吐蕃大食政治关系史》[51],都系统地引用了前人整理过的敦煌吐鲁番文书资料。陈国灿《安史乱后的二庭四镇》[52]、黄惠贤《从西州高昌县名籍看垂拱年间西域政局之变化》[53]、姜伯勤《敦煌吐鲁番文书与丝绸之路》[54]、荣新江《新出吐鲁番文书所见西域史事二题》[55]、张广达与荣新江《8世纪下半与9世纪初的于阗》[56]等文,则是利用原始文书来推进唐代西域史研究的重要成果。然而,这方面的材料比较零散,还有不少工作值得去做,比如最近《中国历史博物馆藏法书大观》所刊布的有关碛西节度使阿史那献的文书,对理解相关的碛西节度问题就十分重要。

敦煌文书对于河西特别是敦煌地方史的研究最为重要,特别是保存了丰富的吐蕃统治敦煌时期和归义军时期的文书档案资料。本书第一讲《中国历史上的敦煌》中的吐蕃和归义军时期敦煌史,就是根据敦煌文书研究的成果而写成的,这里不再重复。有关吐蕃统治敦煌的研究状况,在下面第十一讲中有专门论述。关于归义军史,荣新江《归义军史研究——唐宋时代敦煌历史考索》[57],是对归义军政治史和对外关系史的研究,虽然解决了不少问题,清理出一条归义军政治史的主线,但归义军的其他方面,如政治制度、经济、社会、文化、宗教等,都有待深入探讨。兰州大学郑炳林编有《敦煌归义军史专题研究》[58],对经济、民族、外交等方面进行纵深的研究,在经济史方面有所进步,但有关民族的部分却相对薄弱,甚至没有充分吸收前人的研究成果。

由于有关吐蕃和归义军的敦煌资料数量最多,内容繁杂,可以构成这两个敦煌历史阶段研究的雄厚基础,今后仍然有不少课题要做。

注 释

〔1〕 东京:汲古书院,1991年。
〔2〕 京都:中文出版社,1991年。
〔3〕 东京:汲古书院,1996年。

〔4〕 此据中村裕一《官文书》(《讲座敦煌》第五卷《敦煌汉文文献》)一文所附简表(549 页)及所引原文书增补而成。

〔5〕 唐长孺主编《吐鲁番出土文书》第七册,北京:文物出版社,1986 年,3 页。

〔6〕 《吐鲁番出土文书》第六册,北京:文物出版社,1985 年,504 页。

〔7〕 《吐鲁番出土文书》第七册,221—223 页。

〔8〕 《吐鲁番出土文书》第七册,5—7 页。

〔9〕 《吐鲁番出土文书》第九册,北京:文物出版社,1990 年,40—42 页。

〔10〕 《吐鲁番出土文书》第五册,北京:文物出版社,1983 年,92 页。

〔11〕 《吐鲁番出土文书》第九册,52—53 页。

〔12〕 参看雷闻《从 S.11287 看唐代论事敕书的成立过程》,《唐研究》第 1 卷,1995 年,323—335 页。

〔13〕 收入唐长孺《山居丛稿》,北京:中华书局,1989 年。

〔14〕 台北:正中书局,1971 年。

〔15〕 见《段文杰敦煌研究五十年论文集》,北京:世界图书出版公司,1997 年。

〔16〕 荣新江与史睿合撰《俄藏敦煌写本〈唐令〉残卷(Дx.3558)初探》,《敦煌学辑刊》1999 年第 1 期,3—13 页。

〔17〕 参看荣新江《唐写本〈唐律〉〈唐礼〉及其他》,《东洋学报》第 85 卷第 2 号,2003 年。

〔18〕 《俄藏敦煌文献》第 13 册,上海古籍出版社,2000 年,彩版四,黑白版见 120 页。

〔19〕 雷闻《俄藏敦煌 Дx.06521 残卷考释》,《敦煌学辑刊》2001 年第 1 期。

〔20〕 东京:东洋文库,1978—1980 年。

〔21〕 北京:中华书局,1989 年。

〔22〕 参看池田温《北京图书馆藏开元户部格残卷简介》,载北京图书馆敦煌吐鲁番学资料中心等编《敦煌吐鲁番学研究论集》,北京:书目文献出版社,1996 年,159—175 页;同作者《唐朝开元后期土地政策的一考察》,《堀敏一先生古稀纪念·中国古代的国家与民众》,391—408 页;图版刊布于中国国家图书馆善本特藏部等编《中国国家图书馆藏敦煌遗书精品选》,图版 21 号,国家图书馆,2000 年,14—15 页。以及荣新江与史睿上引文和荣新江《唐写本〈唐律〉〈唐礼〉及其他》。

〔23〕 《东洋学报》第 44 卷第 2 号,1961 年。

〔24〕 同上第 45 卷第 1 号,1962 年。

〔25〕 《东洋史研究》第 27 卷第 2 号,1968 年。

〔26〕 《东洋学报》第 52 卷,1969—1970 年。

〔27〕 唐长孺编《敦煌吐鲁番文书初探》,武汉:武汉大学出版社,1983 年。

〔28〕 唐长孺编《敦煌吐鲁番文书初探二编》,武汉:武汉大学出版社,1990 年。

〔29〕 同上。

〔30〕 《敦煌学辑刊》1985 年第 2 期。

[31] 台北:联经出版公司,1991年出全本;三秦出版社,1990年出简本。
[32] 台北:文津出版社,1995年。
[33] 北京:中国社会科学出版社,2000年。
[34] 又见西嶋定生《中国经济史研究》,东京,1966年、西村元佑《中国经济史研究——均田制度篇》,东京,1968年。日本学者的均田、赋役制研究成果,有姜镇庆等译《敦煌学译文集》,甘肃人民出版社,1985年;《唐代均田制研究选译》,兰州:甘肃人民出版社,1992年。
[35] 共三卷,自家版,1974—1977年。
[36] 东京,1975年。
[37] 东京大学东洋文化研究所,1979年。
[38] 郑州:中州古籍出版社,1988年。
[39] 厦门:厦门大学出版社,1991年。
[40] 昆明:云南人民出版社,1992年。
[41] 两文均载唐长孺编《敦煌吐鲁番文书初探》。
[42] 江西人民出版社,1993年。
[43] 分载《魏晋南北朝隋唐史资料》第5辑,1983年;《敦煌吐鲁番文书初探二编》;《资料》第14辑,1996年。
[44] 东京:东洋文库,1984—1985年。
[45] 北京:文物出版社,1996年。
[46] 《西域研究》1995年第1期。
[47] 陈寅恪《论隋末唐初所谓"山东豪杰"》,《金明馆丛稿初编》,上海:上海古籍出版社,1980年,225—226页。
[48] 富安敦《7世纪末中国的政治宣传和意识形态》(*Political Propaganda and Ideology in China at the End of the Seventh Century*),那波利,1976年。
[49] 荣新江与徐俊合撰《新见俄藏敦煌唐诗写本三种考证及校录》,《唐研究》第5卷,北京:北京大学出版社,1999年,70—72页。
[50] 《金泽大学文学部论集·史学科篇》第4号,1983年。
[51] 北京:北京大学出版社,1992年。
[52] 《唐研究》第2卷,1996年。
[53] 《敦煌吐鲁番文书初探》。
[54] 北京:文物出版社,1994年。
[55] 《敦煌吐鲁番文献研究论集》第五辑,1990年。
[56] 《唐研究》第3卷,1997年。
[57] 上海:上海古籍出版社,1996年。
[58] 兰州:兰州大学出版社,1997年。

第十讲
敦煌学与中古社会史研究

敦煌藏经洞出土的文献,一部分是有意留存的典籍,一部分是偶然留存的公私杂文书。因此,这里既有社会上层人士阅读的经典,也有普通百姓日常生活所写成的契约、借条、书仪、书信、账簿、课本、转帖等等,是我们研究中古时期社会各阶层时极其难得的资料。姜伯勤著《敦煌社会文书导论》[1],根据敦煌资料所涵盖的范围,把敦煌社会文书分成以下八章来概述:第一章礼仪,包括吉礼(社稷、释奠)、军礼(傩礼、马社)、嘉礼和婚仪(书仪所见与《开元礼》不同处)、凶礼与丧仪(书仪与《开元礼》的对比)。第二章氏族,包括氏族谱、名族志与家传、敦煌名族(钜鹿索氏、武威阴氏、济北氾氏、敦煌张氏、清河张氏、南阳张氏、陇西李氏、敦煌曹氏、谯郡曹氏、敦煌翟氏、太原阎氏)。第三章学校与礼生,包括官学与庙学制、寺学、课本与教育内容、技术院与礼生。第四章选举,包括乡贡与制举、出土告身和告牒、使府僚佐。第五章良贱,包括《二十五等人图》、放良书、归义军的驱使户、寺院依附人户。第六章城乡,包括城坊结构(子城、坊市制、城主、行人)、乡村社会(乡里、渠人)。第七章教团,包括僧伽组织(僧尼籍、僧官、诸寺纲管)、道教团体(道观与道教人口、教职与法位)。第八章社,包括社文书的分类(官社、私社)、社条与社人、社司与社司转帖、社状、账历、祭社文和社斋文。该书基本上涵盖了敦煌文书中社会层面的内容,而本讲只是检取社会史研究的主要方面和敦煌社会的特色,对一些方面略做交代。

一 人口与家庭

1. 人 口

敦煌文书反映的主要是敦煌地方社会的情况,所以在人口迁徙、人口分布等问题上价值不大,但在研究唐代人口结构以及相关联的家庭结构时,有很细致的参考材料。

敦煌出土的户籍,从武周到大历年间(766—779),记载了每户的人口数目和变动情况,如见在、身死、逃亡、出嫁等等情况,一般来讲,现存的户籍籍面上所记的户口数往往与实际户口数相差较大,官府记载下来的文书往往赶不上实际情况的变动速度。据冻国栋《唐代人口问题研究》分析,武周到开元时期(713—741)沙州的人口状况是[2]:

一、户口逃亡和没落的情况十分严重,特别集中在中宗景龙年间(707—710)和睿宗景云年间(710—712),这在吐鲁番出土的西州户籍中也同样有所反映,说明武周末年到开元初,敦煌和高昌地区的军事活动频繁,不少丁口因为随军出征而"没落"(被俘或失踪)未归,同时也有户口逃亡和隐漏的情况,这和内地的情形是一样的。

二、户籍的混乱现象十分明显,身死而未剔除,出嫁而仍留名于本家,逃亡户仍然登录。这表明户籍籍帐表面的记载已经不能反映实际的户口情况。

三、武周时沙州每户平均口数大为减少,平均每户仅2人,表明武周万岁通天元年(696)严禁"父母尊亲在者别籍异居"的敕书,在敦煌没有严格执行,这一现象到开元十年(722)被改正。

四、据《开元十年沙州敦煌县悬泉乡籍》,因新生、漏籍、卫士放出、从尊合贯而附籍者大大增多,这是沙州按照唐朝中央政府的命令,严格检括户口和整顿籍帐的结果,与同一时期宇文融在全国范围内的括户有关。附籍人数增加,著籍的人口也就随之增加。

至玄宗天宝年间(742—755),根据保存文字较多的《天宝六载(747)敦煌郡敦煌县龙勒乡都乡里籍》(图 10-1),可以看出:一、户籍所记每户的口数大为增加,平均口数是 9.87 人,比《元和志》与两《唐书》所记开元、天宝时期各州郡平均户口数要高得多。这是因为此时的家庭合籍倾向突出,有些家庭是包括祖母及成婚兄弟、子女一起构成的复合家庭。同时也有籍帐作伪的原因,中央对州县官的考课基准是户口的增损,增加户口可以受到奖励,所以把已经出嫁的女性同时登录在娘家和夫家户籍内,可能还有男性冒充女性或已亡人口登录的例子。二、男女数的比例也不均衡,女性的比率十分高,女口大约是男口的三倍。这是因为兵役的繁重,出征的男丁死而不返,但更重要的原因可能也是地方官做了手脚。

对于敦煌户籍表面的记载,目前学者们的解说尚不一致,敦煌资料无疑

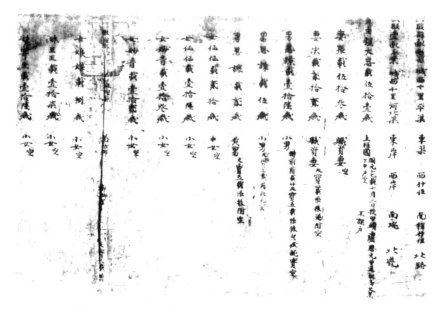

图 10-1　天宝六载(747)敦煌郡敦煌县龙勒乡都乡里籍

对深入考察唐朝人口问题提供了不可多得的具体素材。

2. 家　庭

过去研究敦煌文书者比较忽视家庭问题,只不过是把家庭作为一个均田户来考虑。近年来,随着社会史研究的发展,家庭成为敦煌学者独立思考的个案。

关于敦煌文书反映的家庭结构问题,杨际平、郭锋、张和平合著的《五—十世纪敦煌的家庭与家族关系》[3],有详细的分析。他们以社会学方法概括出的四种家庭结构(核心家庭、主干家庭、联合家庭、其他家庭)为基础,把敦煌的家庭结构分成十二种,制成《五—十世纪敦煌文书所见家庭结构表》,安史之乱以前的敦煌家庭,是以父母及未婚子女构成的核心家庭为主,占60%以上。安史之乱后,《大历四年(769)手实》反映的情况是,核心家庭锐减至36.8%,单身家庭和其他家庭剧增,原因是唐前期社会基本安定,西北地区虽然兵役繁重,但对敦煌家庭结构影响不大。安史之乱给予敦煌的家庭结构以重要影响,敦煌丁壮减耗,单身家庭逐渐增多。

冻国栋根据吐鲁番文书,也对西州家庭结构做了研究。据统计,唐前期西州家庭平均4—5口,与史籍所记其他地区类同。但西州因为战争频繁,所以单身家庭和残破家庭普遍存在,家口中非直系亲属的存在,反映了一些女口失去丈夫和直系亲属后与其他亲属合籍的情况。另外,家庭内奴婢、部曲、客女等贱口大量存在[4]。

二　士族与基层社会

1. 士　族

魏晋南北朝到隋唐前期是士族社会,大的家族在地方社会有着极大的政治、军事、经济实力,在文化上也处在领导的位置上,有的家族成员参政,成为左右一个王朝的权臣,甚至登上皇帝的宝座。研究士族问题的学者,往往是从一个家族入手,进行个案的研究,这样容易处理问题,史料也比较集中。因为传世的唐朝文献中很少在某个地域范围内保存较多的记载。

敦煌自魏晋南北朝以来,一直到五代宋初,大族保持了他们在当地社会的政治、经济、文化上的优越地位,改朝换代也没有从根本上改变敦煌大族的社会地位。因此,一些强有力的家族在敦煌的存在往往持续几个世纪。现存的敦煌《名族志》《家传》、地方志、邈真赞、墓志铭和莫高窟的家窟、碑记、供养人题记等资料,都集中体现了敦煌若干个大族,如张氏、索氏、李氏、阴氏、阎氏等等从魏晋南北朝隋唐经吐蕃时期到归义军时代的重要地位。因此,敦煌为我们提供了分析一个地域内士族发展变化的素材,我们既可以研究个别家族,也可以看几个大家族在一个地域中的相互关系。

由郭锋执笔的《五—十世纪敦煌的家庭与家族关系》第四章《唐以前敦煌的家族与家族关系》和第五章《唐五代敦煌的家族与家族关系》[5],分析了两汉以来敦煌大家族的发展和家族关系,勾画出汉晋时期敦煌地方社会中大姓势力的形成和对地方政治文化的控制。唐朝前期,人口的增加、均田制的实施,使敦煌大家族受到一些制约,没有魏晋时那样的地方大族势力圈。但安史之乱以后,中央权威瓦解,大家族重新在地方社会中发挥作用,吐蕃的统治也激发出汉族大姓的传统自保意识,大家族之间的联系也较唐前期紧密。归义军时期,敦煌社会再次出现如魏晋时的大族势力把握政局的情况。郭锋用大量的表格来说明他的看法,他还分析了敦煌家族制度和组织原则。

由于敦煌处在这样的大姓士族控制社会文化的背景下,敦煌文书中保存了不少研究士族的史料。如《敦煌氾氏家传》(S.1889)、《敦煌名族志》(P.2625)、《敦煌名人邈真赞集》(P.4640、P.4660、P.3718)、一些名士的墓志铭、某些家族修莫高窟功德记,都对敦煌士族的来历和事迹有所记载,而莫高窟的供养人题记和一些碑记材料,还提供了丰富的大族联姻的情况,是研究敦煌士族社会和他们之间的关系的绝好材料。

早年,池田温撰《关于敦煌氾氏家传》[6]《唐朝氏族志研究——关于〈敦煌名族志〉残卷》[7]《8世纪初敦煌的氏族》[8],对于敦煌的《氏族志》编纂的目的以及唐朝的氏族政策等问题,都进行了深入的探讨。郭锋《唐代士族个案研究——以吴郡、清河、范阳、敦煌张氏为中心》[9],是把敦煌和史籍中的材料相结合,就张氏家族所作的个案研究。

2. 社邑组织及其运营

唐朝时期,地方社会有官社和私社两种组织,官社属于历史传统,主要的功能在于国家祭祀礼仪方面,私社是民间自由结成的互助组织,在晚唐五代宋初的敦煌一直存在,而且相当普及。

敦煌文书为我们研究唐宋时期的民间结社情况,提供了丰富的资料,使我们对于民间结社的许多问题有了深入观察的可能性。通观敦煌的社邑文书,虽然众多的民间结社并非一律等同,但在组织形态上的一致性是很突出的。

宁可在《述"社邑"》一文中,叙述了从春秋时代的农村公社组织到明清时代社邑的消失,尤详于唐代。他指出:"社邑(社)是中国古代的一种基层社会组织。其性质、类型、组织形式、活动内容、所反映的阶级关系以及在社会生活中的作用,随历史的发展而不断演变。"这已经涉及民间结社的几个基本课题,就组织方面而言,他在文中也有重要论述,如私社只是部分居民多少自愿与自由的结合,社的领导人由社人推举,社人之间的关系是"贵贱一般","如兄如弟"。社的宗旨、职能及社人的权利义务已非纯依习惯和传统,而是采取社条、社约等社会契约的形式加以规定,并可由子孙继承等等[10]。

敦煌藏经洞保存的社邑文书主要是私社留下来的文件,学者们将之分为社条、社司转帖(社人间的通知书)、社历(收入支出账)、社文、社牒状(社人向社司打的报告)等,其中社条相当于社邑的基本法则,其他社邑文书都可以看作社条的有关规定的具体表现形式。

社条是结社时众人合议而成的,规定结社的各项基本原则,具体称谓还有"条件""条""条流""大条""社格"等。关于结社的目的、组织方式、社人的权利与义务,以及具体条例都是社条规定的内容。如 S.6537 背的《社条文样》中先写"因兹众意一般,乃立文案,结为邑义,世代追崇,件段条流,一一别识",然后说:"上件条流,社内本式,一一众停稳,然乃勒条,更无容易。恐后妄生毁诋,故立明文,劫石为期,用流(留)〔后〕验。"[11]

一般的社邑由三官主持日常活动。三官指社长、社官和录事,或指社长、社官和社老,他们是社人选举产生的。一般社人入社要提出申请,退社也要申请。S.5698 号是份难得的有关退社的文书:

> 癸酉年三月十九日,社户罗神奴及男文英、义子三人,为缘家贫阙乏,种种不员。神奴等三人,数件追逐不得,伏乞三官众社赐以条内除名,放免宽闲。其三官知众社商量,缘是贫穷不济,放却神奴。宽免后,若神奴及男三人家内所有死生,不关众社。[12]

这不是请求除名的状文,而是在申请除名之后社官与社人商量的决议记录。神奴等三人因为家贫,无力承担社中的义务,在几次应交纳费用而没有交纳之后,自己提出申请,要求社内除名,从此不再享受社内的帮助。

社内的许多其他问题同样都是要社人大会商量决定的。在《社司转帖》一类的文书中,常有一种"少事商量转帖"的说法,就是通知社人集合开会,商量社内事务。

敦煌民间私社的组织形态,因为是建立在个人自愿的基础上,所以与国家组织显现出极大的不同。在社条面前,社人以平等相处,没有国家组织那种森严的等级序列。由于社人参与制定社条,所以维系社邑运转的原则是共同制定并共同遵守的,这就与国家组织由统治者制定法律由全民遵守的情形有了根本的区别。三官与社人,主要是分工不同,而不是统治与被统治的关系,尤其是三官由社人选举产生,社人大会为最高决策机关,这就为避免专制国家经常出现的那种权力异化现象提供了组织保障。社邑的文书原则是凡事有记录,社务公开,从而维持了必要的透明度,这就为社邑的健康存在和发展提供了技术保证。

敦煌社邑既有原始村社的互助传统,又有儒家伦理主义的浓重色彩,其主要职能是宗教祭祀活动和丧葬互助等。在祭祀方面,有春秋二社对社稷(土地神)的祭祀;在宗教活动方面,有修建佛寺、兰若、窟龛等功德建福,还有燃灯、脱塔印沙、行像等。

社邑的意义在于团结互助,依靠群体的力量抵抗个体难以抵抗的灾难和难以应付的局面。按一般常识推测,在一个穷人占多数的社会中,毕竟是穷人更需要联合与互助。除了极度贫困者被排除在社邑之外，一般下层群众都是有机会成为社人的，即使社邑纳物对他们确实是一种负担。敦煌社邑虽然有不同等级的人参加，但在社会各阶层中的分布毕竟以中下层为主。

在结社自愿这个前提下，敦煌的社邑的建立显然是随应各种机缘的：有僧人结社；有女人结社；有的结社是因为社人同居一巷，如 S.2041 就是大中年间"儒风坊西巷村邻等"的结社；有的是因为同在行伍而结社，如 P.4063 的官健社；有的是因所操同业而结社，如渠人社和车社等。有两人、四人的微型结社，如 S.2894 背(3)、P.3961 背；有五六十人的大型结社，S.4472 背 1—3《纳赠历》有 49 人签名，S.1845《纳赠历》至少有 62 人，有的多达 90 多人，P.2738 背《社司转帖》，虽有残损，但名单中还有 90 多人。这样普遍存在的社邑，必然对敦煌的社会产生较大的影响[13]。

关于敦煌社邑文书的整理，有宁可、郝春文编《敦煌社邑文书辑校》[14]和山本达郎、土肥义和、石田勇作编《敦煌吐鲁番社会经济史文书集》第四卷《社邑及其相关文献》(*Dun-Huang and Turfan Documents Concerning Social and Economic History* IV: *She Associations and Related Documents*)[15]。

三　佛教教团与僧尼生活

1. 佛教教团

敦煌文书中蕴藏着丰富的敦煌佛教社会的各种原始材料，其中尤以中晚唐、五代、宋初的资料最为丰富，从敦煌历史的时区划分来讲，就是吐蕃统治时期(786—848)和归义军时期(848—1002)。在利用这些资料来研究敦煌佛教社会史方面，敦煌学界取得了很多成绩。谢和耐《中国 5—10 世纪的寺院经济》[16]、竺沙雅章《中国佛教社会史研究》[17]、姜伯勤《唐五代敦煌寺户制度》[18]，对于敦煌佛教教团的僧伽组织和寺院经济做过深入的研究。

中古时期的敦煌社会，一个显著的特征就是僧尼人数相当多，特别是在吐蕃和归义军政权的鼓励下，僧尼的社会地位较高，教团及其依附人口占沙州总人口的五分之一以上。

在每个寺院的组织方面，唐朝时是依据内律而组建的。在吐蕃和归义军时期，敦煌的寺院是属于一个教团的，由都教授或都僧统以下各级僧官管理。关于整个教团的僧官体系，据竺沙雅章的复原如下：

吐蕃期：都教授—副教授—都法律—法律—都判官—判官。

归义军：都僧统—副僧统—都僧政—僧政—法律—判官。

而各寺的纲管体系是：寺主—上座—都维那。[19]

总管各寺的教团机构是都司，设在城内的龙兴寺。都司下有儭司管布施收入和分配，行像司管佛诞日巡城行像，方等道场司管设立方等道场，经司管经藏，灯司管燃灯，此外还有功德司、修造司、仓司、常住仓司、羊司等。都司所属僧尼有僧尼籍，把各个寺院所属的僧尼按寺登记在案。

敦煌寺院最盛时有十七座，寺院的规模有大有小，有的在城内，有的在城外（图10-2）。寺院一般都有经藏、佛像等供养具、家具、瓦器、衣物等，各寺都有常住什物历来登记寺院财产。寺院有依附人口，即吐蕃时的寺户或归义军时的常住百姓。关于寺户制度和中古寺院经济问题，详见姜伯勤上引书。

图10-2　P.t.993 敦煌纸画吐蕃时期寺院图

2. 僧尼生活

由于郝春文《唐后期五代宋初敦煌僧尼的社会生活》一书的出版[20]，学界对于敦煌僧尼的生活问题产生激烈的争论，这个问题也涉及对于中古中国佛教教团的宗教性和世俗性的不同认识。

郝春文的著作以敦煌僧尼的社会生活为主旨，并对此问题做出了系统的考索。该书分别探讨了僧人出家受戒的程序和方等道场的设置、敦煌住寺和不住寺僧尼的不同生活方式以及赋役负担、僧尼与寺院常住什物和常住斛斗的关系、僧尼修习生活和参与宗教活动的情况、敦煌教团和僧尼个人的各种宗教收入来源(施舍、出唱、傩利、法事)、僧尼遗产处理和丧事的操办、归义军政权对佛教教团的控制与管理等问题，基本上囊括了敦煌文书资料所能提供研究的各种僧尼生活的问题。

郝春文是从历史学的角度来审视敦煌僧尼的社会生活的，他以敦煌文书所记的当时的实际情况为准，来阐述敦煌僧尼社会生活的实况，揭示出种种与佛教戒律的规定相矛盾的地方。如敦煌僧尼住在寺外、拥有家产、纳税服役等等问题，都与佛典内律的规定相矛盾，而且有坚实的材料来证明这些现象的存在。这无疑加深了我们对僧尼占人口比重较大的敦煌社会的认识，也有助于理解吐蕃特别是归义军长期扶植佛教的原因。

郝春文在探讨敦煌僧尼的社会生活时，往往不只是从我们一般所认为的寺院生活来看问题，而是把僧尼放在更广阔的社会中去观察。这样，贯穿全书的看法是新颖的，即因为敦煌僧尼不全都住在寺院当中，因此产生了财产问题、宗教活动不到的问题、收入问题、遗产问题等等，这些问题是难以用"伪滥僧"和戒律所规定的僧尼可以还俗来解释的。

但是，仍有些问题不够明确。如关于敦煌有不少僧尼散众不住在寺中，郝春文征引的牒状等文书有明晰的记载，但他用 P.4981《当寺转帖》来证明敦煌有不少僧人并不住在寺中，却不够坚实，因为这件《当寺转帖》似乎可以另作他解，即"今缘□(当)寺水漂破坏"，才使得僧人散住在外，等到寺院决定修复时，再下帖去通知散在各处的当寺僧人回来。帖中并没有说散众不知道当寺被水漂坏，其居地也可能散在其他寺院。

另外，作者论证的唐后期五代宋初敦煌僧人承担兵役一点，似乎还有讨论的必要。吐蕃的制度和归义军的制度恐怕不同，文中所引用的藏文文书《原籍表》，如果是僧人承担兵役的资料，也只能反映吐蕃时期的制度。作者引证冯培红先生新作《P.3249 背〈军籍残卷〉与归义军初期的僧兵武装》[21]，其所考 P.3249 背为归义军时期有僧兵的证据，但此件各个僧兵均属某一"将"，这是典型的吐蕃制度[22]。冯氏关于此件文书为咸通二年(861)的说法也没有充分的根据。至于 S.528《僧智德状》中"口承边界，镇守雍归"，可以理解为移民边地的一种说法。S.4701《庚子年(940)十二月十四日报恩寺前后执仓法进惠文愿盈等算会分付回残斛斗凭》中"行索僧正欠麻壹硕壹斗柒升，又添烽子豆三硕"，后一句是否归于索僧正，还有疑问，因为也可以理解为报恩寺向政府交的代役租[23]。现在看来，还没有归义军时有僧人武装的坚实证据，当然我们不排除这种可能性。北图能字40号所记"父子之军"，因文书前残，似也不能圆满解释为僧人亦服兵役。

四　敦煌文献中的民俗资料

敦煌藏经洞保存下来的文献,既有文人士大夫的遗珍墨宝,又有反映大众文化生活的各种资料。后者正是传世的文献所缺少的东西,从民俗学的角度来看,敦煌文献是一个丰富多彩的宝藏,但却还没有认真系统地开采。1974年,罗宗涛出版了《敦煌变文社会风俗事物考》一书[24],把敦煌俗文学中的有关内容,分类排比出来,举凡饮食衣饰、建筑行旅、婚姻丧纪、教育信仰、社交礼仪等等方面,应有尽有。但这些材料主要局限在变文和曲子词方面,还不能全面反映敦煌的民俗。我们这里仅就某几个方面的材料,加以简要的介绍。

1. 节　日

先说节日方面,在敦煌文书中,有许多属于归义军时期的账目,其中有官府的财务出纳账,也有一些寺院的《入破历》(相当于今天的收支账目)。在一些出支账目中,往往记录了为准备庆祝某个节日而要支出什么东西,使我们对敦煌当时的各种节日风俗,有了比较全面的认识。如P.4640号背面《归义军军资库司破用布纸历》,记有899—901年三年内归义军官府支出各种纸的情况[25],归纳起来,我们可以得知一年内由归义军官府资助的赛神,也就是报神的活动有:赛祆神,这是唐朝甚至更早以来波斯拜火教在敦煌流行的反映,但这时的祆神,不过是沙州民间众神殿中的普通一员而已,恐怕早已失去它原来的含义。赛金鞍山神,这是人们对敦煌西南金鞍山神的祭祀活动,因为传说它可以"立致雷电风雹之患"[26]。一年内要多次在鹿家泉、三水池、都乡口、马圈口、平河口、百尺下分流泉等处赛神,祈求水神的保佑,因为在绿洲上生活的人们,深知水是生命的源泉,所以这种赛神的规模最大、次数最多。账目中还有"祭川原"一项,恐怕也是同一类的活动。另外,又有"赛张女郎神",则是求雨的活动[27]。在四月里,要赛青苗神,是为庄稼能够长得丰茂而祝福。

在佛寺的出支账中,也保存了一批与佛教有关的节日活动。如从一件净土寺的《破历》(支出账)中就可以得知:正月十五日要燃灯,进行赛天王的法事。二月八日为传说的佛诞日,要举行行像会,用车载着佛像绕城而行[28]。寒食节要祭拜高僧。七月十五日设盂兰盆会,还要设乐讲经。十二月八日(腊八),也要燃灯[29]。此外,敦煌文献还记录了其他一些一年之内的经常性活动,如三长月(正月、五月、九月)的斋会、正月里的印沙佛会和除夕之夜的驱傩打鬼。更可宝贵的是为这些节日活动所写的种种艺文,如《社斋文》《印沙佛文》《二月八日文》《灯文》或《燃灯文》《儿郎伟》等,记录了这些节日活动的过程和人们希望通过这种活动所达到的愿望。如除夕夜的驱傩打鬼情况,一首《儿郎伟》(P.3552)唱道:"今夜驱傩仪仗,部领安城大(火)祆;以次三危圣者,搜罗内外戈铤。趁却旧年精魅,迎取蓬莱七贤,并及商山四皓,今秋五色红莲。从此敦煌无事,城隍千年万年。"在打鬼的队伍中,有敦煌城东安城庙中供养的拜火教祆神,后面跟着的是敦煌三危山的圣者。驱除恶鬼,迎取的是中国神话传说中的蓬莱神仙和长寿的商山四皓,以祝愿千年平安,万年无事。这些长年唱的歌辞,凝聚了敦煌民众的心声,是不可多得的民俗资料。

除此之外,从唐朝开始,皇帝的诞日和忌辰,都变成了一种节日,要举行一定的庆祝或追福一类的活动,敦煌地区也很重视这种活动,而且一些原始的活动记录保存了下来。此外,《长兴四年中兴殿应圣节讲经文》(P.3808),就是一种在后唐明宗诞辰日讲经用的文本,而《张议潮国忌行香文》(P.2854),则是归义军节度使在唐朝皇帝忌日里行香时用的一种文范,这在传世的文献中是不多见的。

2. 衣食住行

再说衣食住行方面。敦煌壁画中有大量的佛国人物和供养人像,还有作为背景的楼台亭阁、寺院塔窟,是了解各个时代衣服装饰、建筑风格的形象材料(图10-3),是《中国服饰史》《中国建筑史》一类著作的主要材料来源之一。藏经洞出土的文献中,也同样保存了大量有关这些方面的资料,比如吃的食品原料,就有一大批各种各样的交纳谷物时的记账,又有许多支出面和油的《破除历》(支出账)。在制成的食品方面,因为还保存下来一些宴设司(归义军的官府之一)的档案,我们知道当时的面食有馎饦、偷馎、胡饼等;从用酒的账目中,知道当时有各种各样的酒和什么样的人或在什么场合下饮酒等等[30]。又如一般僧俗大众穿的衣服种类,在一些《分家书》《遗嘱》或寺院的《唱衣历》(叫卖衣物的账目)中,有丰富的记载。有一份遗嘱中就列举了:汗衫、紫绫夹裙衫、绫袄子、白练衫、紫绫履、京皮靴、腰带等等,品种甚为繁多[31]。有些契约和《分家书》中,则提供了居住面积和周围环境的情况[32]。至于行旅,有《过所》(通行证)和为旅行而做准备的种种记录,如《借驼契约》等。如果有人把这些材料汇编在一起,数量一定相当可观。

图10-3　莫高窟第85窟壁画中的住宅图

3. 婚　丧

相比而言,关于婚姻和丧葬方面的资料更多而且更为完整。中国礼教发达,古代关于结婚礼仪的记录并不少,但记载唐朝前期制度的《开元礼》一类的官方礼典,所记大多是帝王或官僚士大夫阶层的婚仪,有纳采、问名、纳吉、纳征、请期、迎亲六个礼仪程序。敦煌文献中的"书仪"是研究唐代婚丧的一个重要材料来源。简单说来,书仪就是写信的范本,因为要给社会上不同等级、不同身份的男男女女准备书信范本,所以涉及社会的各个方面。据《隋书·经籍志》和两《唐书》的《经籍》《艺文志》,魏晋南北朝隋唐时期,有不少书仪作品,但因为实用性强,变化快,所以几乎都没有流传下来。敦煌保存了唐五代时期多种书仪写本,主要是吉凶书仪,有唐前期的,也有晚唐五代的,有出自中原士族杜友晋之手的《吉凶书仪》,有宰相郑余庆所撰《大唐新定吉凶书仪》,也有河西节度使掌书记张敖编的《新集吉凶书仪》,安西四镇地区行用的《书仪镜》,以及五代敦煌十分流行的《新集书仪》,有不少书仪发现了不止一件写本,甚至有的有十几件抄本,可见流行之广。书仪中有关婚丧的记录最多,比如我们把张敖编《新集吉凶书仪》和敦煌写本《下女夫词》及一种《通婚书》合起来,可以复原敦煌民间迎亲成婚的全过程,其中尤以《下女夫词》的记载为生动,有许多细节是《开元礼》所没有的。

《下女夫词》共有十多个抄本,它是用对答对歌的文学手法,详细记录了民间结婚程式的过程:女夫(即女婿)先到女家大门,女方请新郎下马,在男方向女方奉献了绫罗之后,女方向新郎敬上"上门酒",并诵《上酒诗》,男方要作答诗。进至女家大门、中门、院内土堆和堂屋外的堂基时,都要应物赋诗。然后遇到故意上锁的堂门,要作诗叫门,并诵《至堂门诗》。女家铺设帐仪,延新郎入帐,然后撒帐以祝吉庆,并咏《撒帐词》。撒去帐幔,新娘才走出堂门,由侍娘用扇遮住,送入帐幕,坐在床上。然后去扇,傧相请女下床,与新郎同吃一盘牲牢。食后,用五色绵系住二人的足趾,新郎脱掉礼服,新娘去掉头上花饰、帽帼。二人结发为夫妻。然后,众人退出,垂帘安寝[33]。《书仪》则记录了有关婚礼的往来书信样本,同样展现了民间礼俗的特征。

关于丧葬方面的礼俗,以敦煌写本《吉凶书仪》的记载最详。从入棺、吊丧、卜宅、大小殓、启枢、送葬、临圹、掩埋,直到葬后迎神,都有相应的礼仪文字。如吊词,就有吊人父母亡、吊人翁婆亡、吊人伯叔姑兄姊亡、吊人弟妹亡、吊人妻亡、吊人姨舅亡、吊人小孩亡、姑亡吊姑夫、姊妹亡吊姊妹夫、吊人妻父母亡、吊人女婿亡、吊人子在外亡等各种吊答词,都是《开元礼》中所没有的。另外,敦煌卷子中还有一类《纳赠历》文书,是邻里社人对死者家里的一种救济帮助的形式,也反映了当地的民风[34]。

此外,还可以通过这些书仪材料,来研究唐代民间社会的等级、称谓、行第等问题。

周一良先生撰有《敦煌写本书仪中所见的唐代婚丧礼俗》,赵和平有《敦煌写本书仪中看到的部分唐代社会文化生活》等利用书仪研究社会史的文章,均收入两人合著的《唐五代书仪研究》[35]。书仪本文的录文,大多数已经辑入赵和平的《敦煌写本书仪研究》[36]《敦煌表状笺启类书仪辑校》[37]。

4. 民间信仰

敦煌地区的民间信仰是混杂的,并不是一边倒地佞佛。除了佛教之外,当地还流行道教、祆教、景教、摩尼教,在自然神崇拜上,有金鞍、三危等山神,也有川源、水池等水泉雷雨之神。这种多神崇拜的现象,越往后越混杂。如一篇归义军时期的百姓发愿文,就祈求一切诸佛、诸大菩萨、太山府君、平等大王、五道大神、天曹地府、司命、司录、土府水官、行病鬼王、疫使、知文籍官、院长押门官、专使、可韩官并一切幽冥官典等,加以慈悲救护[38]。另外,宋代初年节度使曹延禄写的《醮奠文》(S.4400)中,也说到奉请东王父、西王母、北斗七星、光鼓织女、先圣先师、后师神师、七十二神符史以及五方星主、五帝之君、城社神灵、州府土地、八方神吏、十二诸神等，领受醮奠。如果全面搜罗一下，不难排列出敦煌民间信仰的众神谱。而且，文书中还保存有各种类型的祭祀文献。如归义军节度使张承奉的《祭风伯文》(S.5747)，又如洪润乡百姓高延晟的《祭宅文》等等。

与各种神祇信仰相关联的是占卜风俗在民间很盛，反映这一情况的是敦煌文献中有不少术数类书籍的抄本，如《七曜星占书》《相面书》《解梦书》等，还有大量的《具注历》。特别是后者，是民间使用的日历，里面详细记录了哪一天做什么事吉，做什么事凶。这些书都是敦煌民间信仰的真实反映，而且数量不在少数，著作的等级、对象和用途也不尽一样，是我们分析当时民间信仰方面的绝好材料，也是正统的文献中不易找到的。

5. 娱　乐

最后，还有一些写本的内容记录了当时民间的娱乐活动，如《敦煌录》"鸣沙山"条记有："风俗：端午日，城中士女，皆跻高峰，一齐蹙下，其沙声吼如雷，至晓看之，峭崿如旧。"〔39〕这种娱乐风俗至今仍在敦煌保持着。

敦煌壁画中，也有许多娱乐活动的形象材料(图10-4)。

图10-4　莫高窟第156窟壁画中的乐舞百戏图

因为许多敦煌文献产生于人民大众之手,比较真实地反映了大众的生活。这些未经文人墨客修改的原始文献,是研究古代中国特别是以敦煌为中心的西北地区民俗民风的第一手资料。它们的内容丰富多彩,涉及民俗学的各个领域,可以说是一个民俗学资料的宝藏。

但是,由于民俗学研究在很长一段时间里不受重视,所以敦煌的民俗学宝藏也很少有人利用。今天,如果在广泛的中国文化史研究的背景下,开发利用这一宝藏,将会使民俗学研究取得更丰硕的成果。

注　释

〔1〕　台北:新文丰出版公司,1992年。
〔2〕　武汉:武汉大学出版社,1993年。
〔3〕　长沙:岳麓书社,1997年。
〔4〕　冻国栋《唐代人口问题研究》,378—423页。
〔5〕　《五—十世纪敦煌的家庭与家族关系》,108—196页。
〔6〕　《东方学》第24号,1962年,14—29页。
〔7〕　《北海道大学文学部纪要》第13卷第2号,1965年,3—64页。韩昇译,载池田温《唐研究论文选集》,北京:中国社会科学出版社,1999年,68—121页。
〔8〕　《东洋史研究》第24卷第3号,1965年,28—52页。
〔9〕　厦门大学出版社,1999年。
〔10〕　原载《北京师院学报(社会科学版)》1985年第1期,收入《宁可史学论集》,北京:中国社会科学出版社,1999年,440—457页。
〔11〕　宁可、郝春文《敦煌社邑文书辑校》,南京:江苏古籍出版社,1997年,50、52页。
〔12〕　宁可、郝春文《敦煌社邑文书辑校》,708页。
〔13〕　本小节参考了孟宪实《关于唐宋民间结社的几个问题——以敦煌社邑文书为中心》,2000年5月,纪念藏经洞发现一百周年国际学术研讨会论文。
〔14〕　江苏古籍出版社,1997年。参看石田勇作书评,《东洋学报》第80卷,1999年,69—78页。
〔15〕　东洋文库,1988—1989年(实际出版年代为2000年)。参看孟宪实对本书和《敦煌社邑文书辑校》所写的书评,载《敦煌吐鲁番研究》第5卷,2001年,413—418页。
〔16〕　中译本,兰州:甘肃人民出版社,1987年。
〔17〕　京都:同朋舍,1982年。
〔18〕　北京:中华书局,1987年。
〔19〕　竺沙雅章《敦煌的僧官制度》,《中国佛教社会史研究》。
〔20〕　北京:中国社会科学出版社,1998年。

〔21〕《敦煌研究》1998年第2期。

〔22〕见藤枝晃《吐蕃统治时期的敦煌》,《东方学报》第31册,1961年,249—250页;杨铭《吐蕃时期敦煌部落设置考》,《西北史地》1987年第2期,39页。

〔23〕文书全文见唐耕耦等编《敦煌社会经济文献真迹释录》三,400页。

〔24〕台北:文史哲出版社,1974年。

〔25〕文书全文见池田温《中国古代籍帐研究》,605—611页,唐耕耦等编《敦煌社会经济文献真迹释录》三,253—270页。

〔26〕S.5448《敦煌录》语,见李正宇《古本敦煌乡土志八种笺证》,台北:新文丰出版公司,1997年,304页。

〔27〕参见张鸿勋《敦煌写本〈清明日登张女郎神〉诗释证》,《敦煌吐鲁番研究》第二卷,59—70页。

〔28〕童丕《从寺院的账簿看敦煌的二月八日节》一文,即运用入破历对二月八日节作了深入研究,原载 De Dunhuang au Japan, Études chinoises et bouddhiques offertes à Michel Soymié, Jean-Pierer Drège 编,巴黎,1996年,25—72页;余欣、陈建伟中译文,载《法国汉学》第5辑,中华书局,2000年,58—106页。相关研究还有王微《春祭——二月八日节的佛教仪式》,原文载 De Dunhuang au Japan,73—96页,同译者中译文,载《法国汉学》第5辑,107—126页。

〔29〕P.2049Va《后唐同光三年(925)正月沙州净土寺直岁保护手下诸色入破历计会》,见池田温《中国古代籍帐研究》,617—630页。

〔30〕参见郑炳林《唐五代敦煌酿酒业研究》,《敦煌吐鲁番文献研究》,兰州大学出版社,1995年;王微(Françoise Wang-Toutan)《禁食酒肉——从敦煌文书看中国佛教的特性》,童丕(Éric Trombert)《酒与佛教——8至10世纪敦煌寺院的酒类消费》,均载戴仁(Jean-Pierre Drège)编《远东研究纪要》(Cahiers d'Extrême-Asie)第11卷,2000年。

〔31〕P.3410《吐蕃某年沙州僧崇恩析产遗嘱》,《中国古代籍帐研究》,558—560页。

〔32〕池田温《吐鲁番、敦煌文书所见地方城市的住居》,唐代史研究会编《中国都市的历史学研究》,东京,1988年,168—189页;黄正建《敦煌文书所见唐宋之际敦煌民众住房面积考略》,《敦煌吐鲁番研究》第3卷,北京大学出版社,1998年,209—222页。二文均利用敦煌宅舍买卖契约,对敦煌百姓的居住面积进行了探讨,池田温先生还提示可利用分家书等材料继续研究的前景。

〔33〕李正宇《〈下女夫词〉研究》,《敦煌研究》1987年第2期,40—50页。参看王三庆《敦煌写卷记载的婚礼节目与程序》,《庆祝潘石禅先生九秩华诞敦煌学特刊》,台北:文津出版社,1996年,533—564页。

〔34〕参见宁可、郝春文《敦煌社邑的丧葬互助》,《首都师范大学学报(社会科学版)》1995年第6期,32—40页。

〔35〕北京:中国社会科学出版社,1995年。

〔36〕 台北:新文丰出版公司,1993年。
〔37〕 南京:江苏古籍出版社,1997年。
〔38〕 P.3135,见黄征等《敦煌愿文集》,长沙:岳麓书社,1995年,915页。
〔39〕 李正宇《古本敦煌乡土志八种笺证》,304页。

第十一讲
敦煌学与民族史和中外关系史研究

敦煌原本是月氏、匈奴人游牧的地方，自汉代进入中原王朝的版图，但仍然是与周边各民族交往最密切的地方。而且，唐朝中期，吐蕃曾一度占领敦煌，留下了丰富的藏文文献。归义军时期，与东西回鹘以及于阗王国往来频繁。因此，敦煌文献中保存了许多珍贵的民族史料。

正如第二讲所谈到的那样，敦煌是丝绸之路上的重镇，敦煌也保存了大量反映东西文化交往的史料，为我们认识中古时期的中外物质文化和精神文化的交流，都提供了丰富的素材。

以下着重谈几个突出的方面。

一 吐蕃史

属于西藏人自己所写的吐蕃时代的历史文献非常之少，13世纪以后产生的一些教法史著作，如《贤者喜宴》等，也有吐蕃教法史，涉及吐蕃的王统世系、制度和政治史脉络，但由于是作为佛教历史而叙述，因此有许多地方被忽略，或者依据后来的看法而改造。真正属于吐蕃时代的文献，原本主要是留存下来的十几块碑，如《唐蕃会盟碑》《达扎路恭碑》等，十分重要，但所记内容有限[1]。另外，还有一些保存在藏文大藏经《甘珠尔》和《丹珠尔》中的佛经译经序和题记，但也是晚期编成而保存下来的，不是7世纪至9世纪的原始材料。敦煌藏经洞发现了数千件古藏文写本，大多数是佛经，但也有不少吐蕃的典籍、文学作品、世俗文书，加上新疆和田、米兰等地发现的古藏文文书，为我们研究吐蕃的历史和文化，提供了极其丰富的资料。经过近百年来学者们的研究，其中最主要的内容已经大体明了。

敦煌出土的古藏文文书，不仅仅是有关吐蕃统治敦煌的资料，也包括吐

蕃王朝本身的一些史籍和文献,反映了整个藏人早期的经历和吐蕃王朝的历史进程。其中比较重要的有:

《吐蕃王朝编年史》,共三件写本(P. t. 1288 + S. t. 750、Or. 8212. 187),按年代顺序记载每一年内吐蕃王朝的大事,包括会盟、征战、狩猎、税收等,实即吐蕃王朝的编年历史。开头部分是几年合在一起的总结性记录,涉及吐蕃尚未掌握文字的年代,显然是以后的追述。一件缀合写本的内容是从狗年(650)至猪年(747),一本是羊年(743)至龙年(764),可以互相印证和

图 11-1　P. t. 1287《吐蕃王朝大事记》

补充。这部编年史是研究吐蕃历史的最重要史料,其中有关与唐朝征战的历史记载,与唐朝史籍不完全相同,而且其中还有许多吐蕃与周边民族和政权交往的历史,为唐朝文献所无,更为珍贵。

《吐蕃王朝大事记》(P. t. 1286 + P. t. 1287)(图 11 – 1),以赞普为单元记述一代赞普在位期间的大事,从传说的聂赤赞普时代,到吐蕃王朝最辉煌的赤松德赞时期,为我们研究早期西藏历史和吐蕃王朝内部的情况,提供了详细的内容。

涉及吐蕃王朝历史的还有:《小邦邦伯与家臣名表》(P. t. 1286/1),记录了吐蕃王朝兴起前,青藏高原上各个部落或邦国的情况,有十七个君长和二十三个辅佐大臣的名单。《吐蕃赞普世系表》(P. t. 1286/2),记录了从吐蕃王朝远祖聂赤赞普以后三十九代、四十一位赞普的名字和世系,也包括十六位赞普妃子的名字。《崇佛赞普名录》(P. t. 849),记载印度和吐蕃崇佛的国王、赞普和大德的名字,所记吐蕃赞普的名称可以补上述《吐蕃赞普世系表》之缺。

以上这几部最重要的吐蕃历史文献,早经巴考(J. Bacot)、托玛斯(F. W. Thomas)、图散(G. -C. Toussaint)转写翻译,编成《敦煌发现的吐蕃历史文书》一书,由于"二战"的原因,迟到 1946 年才出版[2]。80 年代,中国学者才见到这些文书的原卷,目前已经有两个汉文译本:王尧与陈践合著的《敦煌本吐蕃历史文书》[3]、黄布凡和马德合著的《敦煌藏文吐蕃史文献译注》[4]。

敦煌文书中还有不少汉藏文的文书,有吐蕃王朝颁到沙州的诏令文书,也有敦煌等地方官府或民众的上状,如 P. t. 1089《戌年(830)敦煌官吏呈请状》,叙述了凉州、沙州各级军镇的职官体系,要求改善待遇,是今天研究吐蕃王朝蕃汉官制和机构设置的重要资料[5]。此外,还有不少有关部落、官职、告身、土地、税收、驿传、军制等方面的文书,反映的不仅仅是敦煌一地的情况,而可以看作反映吐蕃王国整体的面貌。

敦煌藏文文书中,还有一些反映吐蕃统治下的其他民族的文献,如《吐谷浑大事纪年》(Vol. 69, fol. 84),就是记载附属吐蕃的吐谷浑王在 706—715(一说 634—643)年间的活动,包括婚姻、会盟、朝觐、征伐、税收等[6]。这正好可以弥补汉文史料只记归附唐朝的吐谷浑王事迹的缺陷。

二 吐蕃统治敦煌

唐朝的史籍除了记载吐蕃攻占敦煌的史事外,对吐蕃统治下的敦煌乃至河西、西域的情况，都没有太多的记载。因此，吐蕃统治敦煌的历史，乃至统治河西和西域的历史，都要从敦煌、新疆出土文书中来复原。

以吐蕃统治敦煌历史来说，在敦煌文书里不仅有汉文文书，还有藏文写本，这就为我们今天的研究提供了丰富的材料。但是，敦煌吐蕃时期的汉文文书，都不用唐朝年号纪年，而使用与吐蕃的十二生肖纪年对应的十二地支纪年，从786—848年六十多年的时间里，可以有几个"子年"，藏文文书以十二生肖纪年，情形一样，因此，给文书定年是首先遇到的困难。其次是吐蕃改变了唐朝的行政、军事体制，而我们原本对吐蕃的制度了解甚微，所以文书的内容有的很难理解。最后，敦煌藏文是古藏文，有不少词汇在今天的藏文里已经消失，解读并不容易。因此，关于吐蕃时期的敦煌历史的研究，相对于其他时代要难得多。

在本书第一讲中，我们已经根据前人的研究成果，对有关吐蕃统治敦煌的基本情况做了概述，此不复赘。这里只谈谈有关的研究情况。

1961年，藤枝晃发表《吐蕃统治时期的敦煌》[7]，主要利用汉文文书和托玛斯翻译的藏文文书，对这一段时间的敦煌史做了初步的整理研究。更重要的研究成果，是匈牙利的乌瑞（G. Uray）和日本的山口瑞凤对敦煌古藏文文书的解读和研究，他们翻译出一批重要的历史文书，并就吐蕃的各种制度做了复原研究。尽管两人的观点常常相左，但有关问题正是在争论中不断取得进步[8]。山口瑞凤在《敦煌的历史·吐蕃统治时期》一章中，有部分成果的简要叙述[9]。可惜的是，随着乌瑞的去世和山口的退休，目前研究吐蕃时期敦煌史的人越来越少。武内绍人是目前研究古藏文文书的主力，他的《中亚发现的古藏文契约文书》，主要材料是敦煌文书，除了对各种类型的契约文书加以解读外，还探讨了历史背景[10]。

中国的王尧、陈践先生曾经翻译发表过一批敦煌藏文文书，也就某些文书反映的史事作了探讨[11]。藏文文书译成汉文是一项必要而又艰苦的工作，因为有同时代的汉文文书大量地保存下来，所以需要把一些藏文术语和汉文文书中的术语进行沟通，这需要做许多细微的考证，才能更加正确地把藏文文书译成汉文。如果仅依据古藏文文书的英、法、日文译文，我们也只能知其大意。因此，古藏文文书的翻译，应当对照同时代的汉文文书来做。

吐蕃统治敦煌的历史，还有许多问题没有解决。我曾在学习了一年藏文以后，摸索过有关的汉藏文文书，撰有《通颊考》一文[12]，考察敦煌通颊部落的来历、在吐蕃军政系统中的位置，以及它的消亡情况。这可以作为一个例子，来看吐蕃时期敦煌的许多相关问题。杨铭利用前人翻译的藏文文书，加上有关的汉文材料,对吐蕃统治敦煌,乃至河陇、西域的历史和一些相关的文书做过研究,但他受条件限制,无法通检汉藏文文书,因此,他的《吐蕃统治敦煌研究》一书[13],只是论文合集,而不是系统的研究成果。目前,在敦煌历史研究中,最有潜力而且也是最难的研究课题,就是吐蕃统治敦煌问题,希望有年轻的学者把这项研究深入下去。

三 禅宗入藏与汉藏文化交流

敦煌文书的发现,不仅补写了吐蕃历史的篇章,也改正了一些对吐蕃历史的误解。有关禅宗在西藏传播的历史,就是一例。

据 14 世纪初成书的布顿《教法史》、巴氏所撰桑耶寺志《巴协》等藏文佛教史籍,赤松德赞赞普统治时期,以莲花戒为首的印度僧人和以摩诃衍为首的汉地僧人,因为分别主张渐修和顿悟,而论争不已,甚至发生流血的惨剧。于是赞普召集双方论战,最后,摩诃衍失败,被遣返汉地。然而,敦煌发现的河西文人王锡所撰《顿悟大乘正理决》(P. 4646,图 11-2),是王锡奉摩诃衍之命而写,记载了摩诃衍在吐蕃与莲花戒斗法的情形,结论却相反,是"婆罗门等随言理屈,约义辞穷",摩诃衍倡导的禅宗获得胜利,吐蕃赞普宣布:"摩诃衍所开禅义,究畅经文,一无差错,从今以后,任道俗依法修习。"1952 年,戴密微出版《拉萨宗教会议》一书[14],详细阐释了《顿悟大乘正理决》及相关的敦煌文书,改写了有关汉地禅宗入藏传播的历史。由此开始,欧美和日本学者对禅宗入藏及相关敦煌文献进行了一系列的研究,在敦煌藏文写本中,发现了一大批编译自汉文的禅宗史书、语录,如《楞伽师资记》《历代法宝记》《二入四行论》《卧伦禅师看心法》《大乘顿悟正理决》等,弄清了四川成都净众宗的金和尚(无相)在禅宗入藏中所起的作用,以及敦煌僧昙旷奉吐蕃赞普之诏而撰写《大乘二十二问》,摩诃衍在藏地传法后回到敦煌等情况[15]。

敦煌文书所展示的汉藏间的文化交流,不仅仅是禅宗入藏一件事情。由于晚期西藏的典籍受佛教的影响,主要强调西藏文化的印度来源,而湮灭了西藏文化从汉地借入的内容,我们在敦煌藏文文书中,找到了汉文古典著作《尚书》、历史著作《春秋后语》、子部教科书《孔子项橐相问书》以及有关占卜、医药等著作的译文。还有用藏文字母拼写或汉藏对译的汉文文献,如《千字文》《杂抄》《金刚经》《阿弥陀经》《般若心经》《南天竺国菩提达摩观门》《天地八阳神咒经》等,都表明了唐朝对吐蕃在文化上的影响。

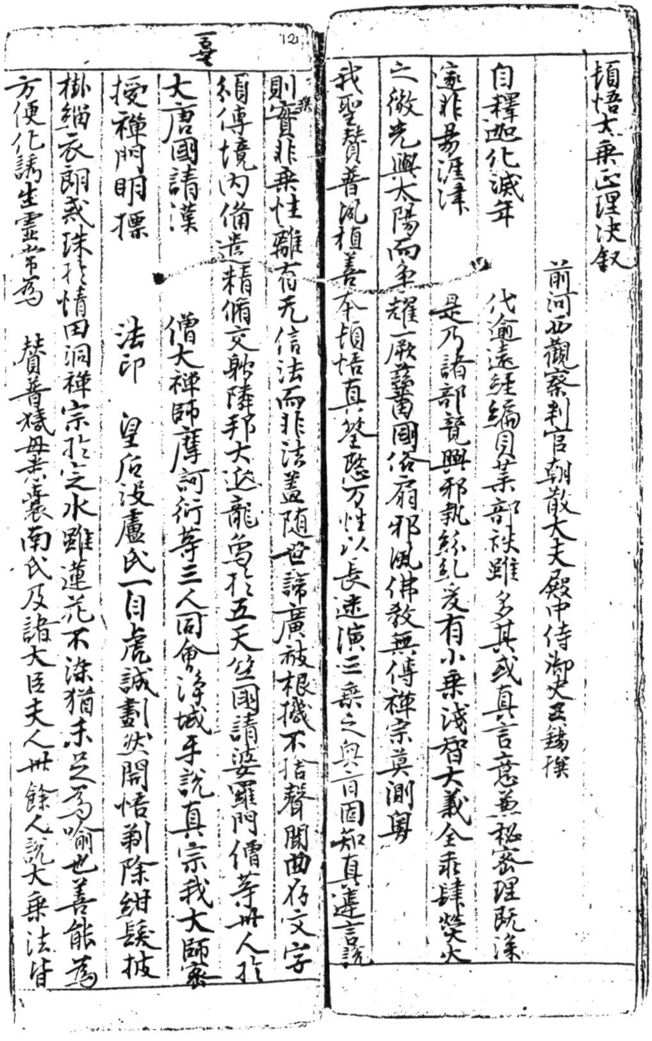

图 11-2　王锡《顿悟大乘正理决》(P. 4646)

同时,吐蕃的宗教、医学经过发展和完善,反过来也对汉地产生影响,特别是对于河西和西域南道吐蕃占领区,这种影响是极其深远的。吐蕃高僧法成在甘州、沙州等地译经传法,在归义军初期仍在敦煌继续讲学,培养了一批汉族弟子,其佛教学说也由其汉族弟子继续传播。于阗人曾把藏文的《医理精华》译成于阗文,这部重要的著作在敦煌藏经洞中保存下来。还有一点值得注意,即在吐蕃对河西和西域的统治结束以后,这一地区各个民族政权间相互联系时,使用的是大家都懂得的共同语言——藏语来通信,这清楚地表明了吐蕃的影响。

四 甘州回鹘与西州回鹘

公元840年,在蒙古高原的回鹘汗国受到北部的黠戛斯的打击,大举西迁,一部分进入河西走廊的甘州及其临近地区,一部分到达以吐鲁番盆地为中心的天山东部地区,在9世纪后半叶,逐渐形成甘州回鹘和西州回鹘两个政权。过去我们对这两个回鹘政权的了解主要是根据新旧《五代史》和宋代史籍的记载,内容大多数是朝贡的记录。敦煌位于两个回鹘势力之间,甘州回鹘就是在归义军的地盘上建立的政权,而西州回鹘在壮大过程中也从归义军手中夺取了伊州。敦煌归义军政权与东西回鹘王国既有争夺,也有交往,因此,敦煌文书中有许多关于回鹘的史料。

甘州回鹘和西州回鹘与敦煌归义军政权的关系,是这两个回鹘政权早期历史的重要组成部分,只有通过敦煌文书,我们才得以全面了解其内涵。我曾系统收集过这方面的相关文书,在前人研究的基础上,就东西回鹘与敦煌的关系史,写过一系列论文:《甘州回鹘成立史论》[16]《曹议金征甘州回鹘史事表微》[17]《甘州回鹘与曹氏归义军》[18]《张氏归义军与西州回鹘的关系》[19]《金山国史辨正》[20]《公元10世纪沙州归义军与西州回鹘的文化交往》[21],这些文章已经整理收入《归义军史研究》[22]。可以说,敦煌文书极大地增进了我们对东西回鹘对外关系史的认识。

另外,敦煌汉文文书中也有关于回鹘内部情况的珍贵资料,如S.6551《佛说阿弥陀经讲经文》(一说为《说三归五戒文》),因为是一位汉族和尚在西州回鹘的开讲文,所以我们可以根据文中提到的官名和当地情况,对西州回鹘的官制、僧官制度、宗教信仰、统治民族方面,都做出全面的补充,这篇讲经文就相当于一篇五代

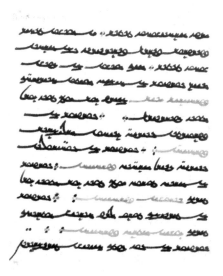

图11-3 回鹘文祈愿文

西州回鹘的传记[23]。

敦煌藏经洞还出土了一些回鹘文和突厥化的粟特语文书，有一些是从西州回鹘或甘州回鹘寄到敦煌的信件，或回鹘商人在沙州写的账单，或回鹘人携来的宗教文献，有的是佛教的（图11-3），也有的是摩尼教的内容，应当是回鹘摩尼教信仰的反映。有一份突厥化粟特语文书提到沙州的景教徒，十分珍贵[24]。

在此还应当说明一下"沙州回鹘"问题。森安孝夫曾提出，在11世纪早期，沙州存在回鹘人的集团，而且随着西回鹘（即西州回鹘）势力的东向发展，西回鹘王国控制了归义军政权。但这一观点由一些敦煌学者过分地发挥，造出一个"沙州回鹘王国"来，同时还把敦煌藏经洞出土的回鹘文献，统统放到1036—1067年间[25]。从藏经洞文献和文物的整体年代和这些回鹘文书的内容和文字特征来看，都不能把它们置于1036年以后的年代当中[26]。最近，"沙州回鹘王国"的观点受到森安孝夫的严厉批评[27]。

五 于阗王国

于阗位于塔里木盆地南沿，是汉唐时的西域强国。

于阗和敦煌一样，一度为吐蕃占领。于阗何时从吐蕃的统治下独立，目前还没有明确的记录，估计应当在9世纪中叶，与沙州张议潮起义的时间（848）相距不远。偏处塔里木盆地南沿的于阗，虽然早已脱离唐朝的羁縻统治，但其国王仍自称唐之宗属，并积极与中原王朝加强联系。归义军政权张氏时期，主要是经营河西一道，但到10世纪末，只保有瓜沙二州而已。914年开始的曹氏归义军政权，与西面的西州回鹘及于阗王国一直保持着友好的关系，特别是与于阗结成婚姻关系，于阗王李圣天娶曹议金女，曹延禄又娶于阗金玉国皇帝第三女，双方保持十分紧密的交往。甚至在于阗人的心目中，处在河西的归义军政权，几乎成为中原王朝的代表。10世纪后期，由于信奉伊斯兰教的黑韩王朝向于阗佛教徒发起了"圣战"，于阗更加倚重于东方邻国，借其声势以抗敌国的入侵。

正是在这样的历史背景下，我们从敦煌文书中看到，整个10世纪，于阗与敦煌交往密切，双方的使者往来不断。双方的姻亲关系，更加促进于阗王族和使臣不断来到敦煌，甚至长期住在敦煌，如于阗王李圣天的儿子太子从德。这些于阗人还在敦煌开窟造像，为敦煌佛教的发展做出贡献。敦煌石窟（莫高窟和榆林窟）中，保存了不少有关于阗的绘画资料，有于阗的"瑞像图",有于阗的供养人像,还有一些尚未辨别出来的于阗人绘制的洞窟。

在频繁的使节往来和紧密的婚姻联系的背景下,于阗、敦煌两地的经济文化交流也是丰富多彩的。P. 2826 号文书是一个典型的例子(图11-4),其中记载于阗王送给归义军节度使"白玉壹团",但要换取沙州工匠杨君子到于阗来。于阗盛产美玉,玉一直是于阗对外经济交往中的主要输出品,送往沙州的玉持续不断,其中不少玉石或成品又经沙州转运甘州、凉州、灵州乃至中原内地。从上述地区换回的丝绸、佛典、工匠,又补充了于阗王国之所缺。

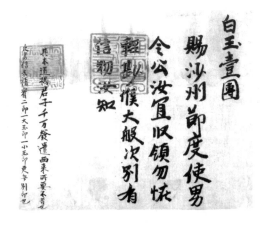

图11-4　P. 2826 于阗王致归义军节度使信

在文化方面,双方也有互相影响的证据在藏经洞中保存下来,特别是其中保存了一批比较完整的于阗语文献,大都属于10世纪末叶,是藏经洞封闭前流入敦煌或抄成于当地,考虑到敦煌当时的人对于阗语不会陌生,所以这些被带到敦煌的于阗语佛教文献应当是有其用途的。同时,我们从这些于阗文佛典中,也可以看到汉传佛教教理的影响。

公元10世纪于阗王国的王统世系,基本上是靠敦煌文书而重建的,有关材料的讨论和研究见张广达和荣新江合著的《于阗史丛考》所收相关论文[28],近年出版的俄藏敦煌文书,对此又有新的补充[29]。

敦煌藏经洞保存的世俗文书,还有待进一步的解读,相信其中不少信息可以和汉文文书相发明,给我们描绘出10世纪于阗历史更为丰富多彩的画面。

六　粟特聚落

在中外文化交流史方面,敦煌文书同样有许多有价值的材料。

粟特地区处于中亚西部丝绸之路的干线上,粟特民族是中世纪东西方贸易的担当者。隋唐时期,他们大批进入中国及其周边地区,是中国与中亚等地区物质和精神文化交往的沟通者。在对东来中国的粟特人的研究上,敦煌也提供了相当重要的证据。

伯希和根据敦煌发现的唐抄本《沙州都督府图经》,考证出蒲昌海(今罗布泊)南有一粟特人聚落。这个聚落是在7世纪上半叶,粟特首领康艳典率人到蒲昌海南筑城定居下来后形成的。他还认为这里的粟特人对佛教的流传和景教的东渐都起过作用[30]。池田温利用各种敦煌文书,研究了敦煌的安城粟特人聚落的地位和内部结构。安城位于敦煌城东五百米处,是沙州敦煌县从化乡所在地。该乡有三个里,750年时有户三百,口一千四百人,其中大部分居民来自康、安、石、曹、罗、何、米、贺、史等姓的中亚昭武九姓王国,聚落大致是7世纪初形成的。在安城,有当地粟特人和汉人祭祀的祆祠,佛教也在粟特人中流行。8世纪初期,聚落成员主要从事商业活动,唐地方政府对他们的统治不如对汉人严格。居民也有贫有富,由于和汉人通婚并定居农耕,几代以后,逐渐汉化。8世纪中叶,由于中亚地区唐朝与大食斗争激化,加之安史之乱和吐蕃入侵,聚落突然离散,一些人成为佛寺的农奴。到了8世纪末,除了留下祆祠外,聚落完全消失[31]。吐蕃统治敦煌(786)以后到归义军时期(848—1036),仍有粟特人后裔在敦煌活动。郑炳林连续发表《吐蕃统治下的敦煌粟特人》《唐五代敦煌粟特人与归义军政权》《唐五代敦煌的粟特人与佛教》[32]《〈康秀华写经施入疏〉与〈炫和尚货卖胡粉历〉研究》[33],对这一时期的敦煌粟特人作了细致的研究,但其所用的有些史料是否是指粟特人还不能肯定。由于粟特人在敦煌长时间的存在和粟特文化深远的影响,我提出归义军曹氏统治家族有可能也是粟特后裔[34]。

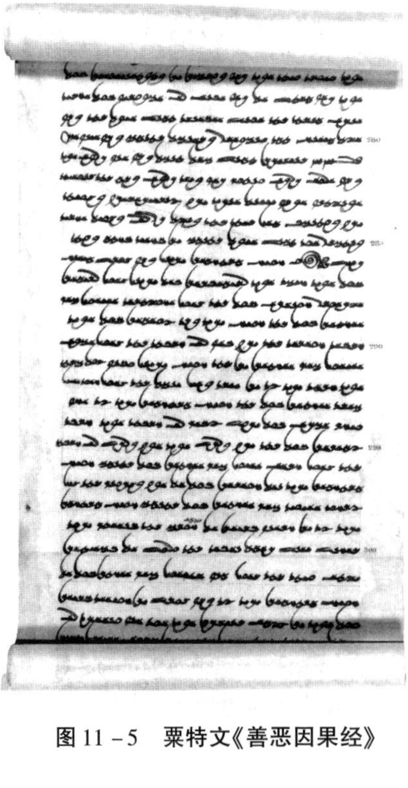

在敦煌藏经洞中,还发现一批粟特语文献,主要是译自汉文的佛典(图11-5),有正统的经书,也有疑伪经,表明原本信仰波斯祆教的粟特人,到了敦煌以后,受当地强烈的佛教文化的影响,逐渐皈依了佛教。

图11-5 粟特文《善恶因果经》

七 三夷教

隋唐时期,虽然儒释道三家仍然占据了思想领域的主导地位,但由于国家开放,勇于接受新鲜事物,产生或流行于西亚的三种宗教,即祆教、摩尼教、景教也都在此时广泛流传或正式传入中国,或多或少地对中国文化产生了影响。

敦煌写本中没有祆教经典保存下来,但有关祆教的记载却非常重要。研究中国祆教的经典文章——陈垣的《火祆教入中国考》[35],根据正史的记录,认为火祆之名闻中国,自北魏南梁始。现在我们可以根据对敦煌长城烽燧下发现的粟特文古信札内容的释读,确证祆教早在公元4世纪初就由粟特人带到中国[36]。在敦煌文书中,我们得知唐朝时沙州城东有祆祠。歌咏敦煌名胜古迹的《敦煌二十咏》,也有一首《安城祆咏》。敦煌归义军官府的支出账中,常常有"赛祆"的记载,说明归义军时期祆教仍在敦煌流行,而且,敦煌的祆祠赛神已被纳入中国的传统祭祀活动当中,使人们认识到祆教对中国文化影响的一个重要侧面[37]。藏经洞中保存的一幅祆教图像(图11-6),年代应当是10世纪的。它证明了赛祆的存在,并为艺术史家

图11-6 藏经洞保存的一幅祆神图像

判定祆教图像提供了完整的资料[38]。

敦煌发现的三种汉译摩尼教经典,即《摩尼教残经》《摩尼光佛教法仪略》《下部赞》,是每一位研究摩尼教的学者都不可忽视的。其中,《摩尼教残经》很可能译自摩尼本人的七部经书之一,是理解摩尼教思想的根本文献,早在1913年,就由沙畹、伯希和在《中国发现的摩尼教经典》一文中翻译成法语[39]。《摩尼光佛教法仪略》是唐朝开元年间,摩尼教法师奉唐玄宗诏书而撰写的解释性文献(图11-7),对摩尼教的教义和仪轨,都作了简要的介绍,成为后人理解摩尼教的最基本文献。《下部赞》是一部韵文体著作,包含许多首赞诗,虽然表面上充满了借自佛教的词汇,但本质上是忠实译自某种中古伊朗语的摩尼教赞美诗。目前,这三种文献的汉文录文,以林悟殊《摩尼教及其东渐》所收最佳[40],但还需要利用西方学者解读吐鲁番伊朗语摩尼教文献的研究成果,对汉译摩尼教文献的术语给予透彻的注释。

有关景教的历史记录,固然以西安碑林的《大秦景教流行中国碑》最为重要,但敦煌发现的景教写本,也备受关注。伯希和收集品中的《大秦景教三威蒙度赞》(图11-8)和《尊经》,是研究景教仪式和教法的重要资料[41]。另外,流入日本的被称为敦煌景教写本的还有《一神论》《序听迷诗所经》《志玄安乐经》《宣元本经》和小岛靖得自所谓李盛铎旧藏的《大秦景教大圣通真归法赞》与《大秦景教宣元至本经》。这些散卷大多由羽田亨和佐伯好

图11-7　P.3884《摩尼光佛教法仪略》

图 11-8　P.3847《大秦景教三威蒙度赞》

郎考释发表[42]，成为人们研究唐代景教的基本文献。但是，林悟殊与荣新江合撰《所谓李氏旧藏敦煌景教文献二种辨伪》，从敦煌学与景教教义两方面，判定上述最后两种写本不是唐代景教文献，而是近世书商的伪造[43]。这一结论向前此利用这些文献所写的唐代景教研究结论提出了挑战，而且为今后研究其他唐代景教文献的真实性提供了新的研究方法。至于其他几种日藏文献，真正得自李盛铎藏品的《志玄安乐经》和《宣元本经》，似可信赖；而《一神论》和《序听迷诗所经》，则有一些疑问，有待从各个方面加以考察。

在吐鲁番葡萄沟的废寺中，20世纪初德国探险队掘获大批伊朗文和突厥文景教文献，敦煌藏经洞出土的粟特语文书中，也有景教文书。从两地文献的时间来看，唐末至宋初敦煌吐鲁番两地的景教徒之间，应当存在着某种联系。辛姆斯-威廉姆斯《从吐鲁番和敦煌写本看操粟特语和突厥语的基督教徒》，分类概述了吐鲁番和敦煌出土的基督教文献，整理了基督教从粟特本土向东方传播的历史脉络[44]。

特别值得一提的还有，近年在莫高窟北区洞窟中，与元代汉文文书、西夏文佛经、回鹘文残片同出的有两叶四面完整的叙利亚文《圣经·诗篇》，已经由北京大学段晴博士解读[45]。这一发现，大大增加了我们对蒙元时期景教传播的认识，也向我们提出了一些目前还难以解释的新问题。

八 求法僧的记录

从唐朝初年的玄奘到德宗贞元年间回国的悟空,一代又一代,一批又一批的西行印度求法的中国僧人,充当了中印交往使者的角色。他们中有些留下了行记或其他著述,是我们今天研究中印关系史的主要依据。

玄奘的《大唐西域记》,无疑是求法僧著作中最重要的文献,为大藏经所收,因而完整地保存下来。敦煌也存有四个抄本,有的距离玄奘成书的年代不远,极具校勘价值。有一件五代时期的抄本,是一个要到西天取经的僧人留下的,表明《大唐西域记》被后来求法的僧人当作指南。敦煌还有义净《南海寄归内法传》的抄本,但最重要的发现,是找到新罗僧人慧超的《往五天竺国传》。

《往五天竺国传》原为三卷,敦煌抄本不分卷,有人认为是略出本,有人认为是初稿录副,现存部分保存了《往五天竺国传》的大多数内容,是研究开元时期印度与中亚宗教、政治形式和佛教状况的根本文献,备受研究者的瞩目。1910年,就有藤田丰八的《慧超往五天竺国传笺释》[46],以后整理翻译者还有几家,其中桑山正进编《慧超往五天竺国传研究》的校注本最为精密[47]。

由于史料多少不等,过去对隋唐五代时期的中印文化交流史研究,主要集中在唐代前期。实际上,晚唐五代中印之间的往来并未断绝,荣新江《敦煌文献所见晚唐五代宋初的中印文化交往》,利用敦煌文书,填补了过去中印交往史上的一段空白[48]。

注 释

[1] 王尧《吐蕃金石录》,北京:文物出版社,1982年;黎吉生(H. E. Richardson)《吐蕃碑铭合集》(*A Corpus of Early Tibetan Inscription*),伦敦,1985年。

[2] J. Bacot, F. W. Thomas, G. -C. Toussaint, *Documents de Touen-houang relatifs à l'histoire du Tibet*,巴黎,1940—1946年。

[3] 北京:民族出版社,1992年增订本(其中《编年史》译作"大事记年")。

[4] 兰州:甘肃民族出版社,2000年。

[5] 拉露(M. Lalou)《公元8世纪吐蕃官吏呈请状》(Revendications des Fonctionnaires du Grend Tibet au VIIIe Siècle),《亚洲学报》(*Journal Asiatique*)第243卷第2号,1955年;山口瑞凤《沙州汉人にょる吐蕃二军团の成立とmKhar-tsan军团の位置》,《东京大学文学部文化交流研究施设研究纪要》第4号,1980年,13—47页;

同作者《汉人及び通颊人にょる沙州吐蕃军团编成の时期》,《东京大学文学部文化交流研究施设研究纪要》第 5 号,1981 年,1—21 页;杨铭《关于敦煌藏文文书〈吐蕃官吏呈请状〉的研究》,《马长寿纪念文集》,西安:西北大学出版社,1993 年,363—386 页。

〔6〕 乌瑞(G. Uray)《阿柴小王纪年》(The Annals of the 'A-zha Principality),《纪念乔玛学术研讨会论文集》(Proceeding of the Csoma de Koros Memorial Symposium),布达佩斯,1978 年,541—548 页;周伟洲、杨铭《关于敦煌藏文写本〈吐谷浑(阿柴)纪年〉残卷》,《中亚学刊》第 3 辑,北京:中华书局,1990 年,95—108 页。

〔7〕 藤枝晃《吐蕃支配期の敦煌》,《东方学报》(京都)第 31 册,1961 年。

〔8〕 他们两人的文章都没有合集出版,但前者主要发表在 Acta Oriantalia Hungarica,后者则在《东洋学报》、Acta Asiatica、Memoirs of the Research Department of the Toyo Bunko(东洋文库欧文纪要)中。

〔9〕 《讲座敦煌》第二卷,东京:大东出版社,1980 年,195—232 页。

〔10〕 T. Takeuchi, Old Tibetan Contracts from Central Asia,东京:大藏出版社,1995 年。

〔11〕 他们的成果已结成《敦煌吐蕃文献选》,成都:四川民族出版社,1983 年;《敦煌吐蕃文书论文集》,成都:四川民族出版社,1988 年。

〔12〕 荣新江《通颊考》,《文史》第 33 辑,1990 年,119—144 页;英文本"mThong-khyab or Tongjia: A Tribe in the Sino-Tibetan Frontiers in the Seventh to Tenth Centureis",《华裔学志》(Monumenta Serica)第 39 卷,1990—1991 年,247—299 页。

〔13〕 台北:新文丰出版公司,1997 年。

〔14〕 戴密微《拉萨僧诤记》(Le concile de Lhasa,后改称《吐蕃僧诤记》),巴黎,1952 年。中译本,耿昇译,兰州:甘肃人民出版社,1984 年。

〔15〕 参看张广达《唐代禅宗的传入吐蕃及其有关的敦煌文书》,《学林漫录》第 3 辑,北京:中华书局,1981 年,36—58 页。

〔16〕 《历史研究》1993 年第 5 期,32—39 页。

〔17〕 《敦煌研究》1991 年第 2 期,1—12 页。

〔18〕 《西北民族研究》1993 年第 2 期,60—72 页。

〔19〕 《1990 年敦煌学国际研讨会文集·史地语文编》,沈阳:辽宁美术出版社,1996 年,118—132 页。

〔20〕 《中华文史论丛》第 50 辑,1992 年,72—85 页。

〔21〕 《第二届敦煌学国际研讨会论文集》,台北,1991 年,583—603 页。

〔22〕 上海:上海古籍出版社,1996 年。

〔23〕 张广达与荣新江合撰《有关西州回鹘的一篇敦煌汉文文献——S.6551 讲经文的历史研究》,《北京大学学报(哲学社会科学版)》1989 年第 2 期,24—36 页。

〔24〕 回鹘文书已由哈密顿(J. Hamilton)刊布在 Manuscrits ouïgours du IXe-Xe siècle de Touen-houang, I-II,巴黎,1986 年。回鹘-粟特文书,则由辛姆斯-威廉姆斯(N.

Sims-Williams)和哈密顿合刊于 *Documents turco-sogdiens du IXe-Xe siècle de Touen-houang*,伦敦,1990 年。

〔25〕 见杨富学、牛汝极《沙州回鹘及其文献》,兰州:甘肃文化出版社,1995 年。

〔26〕 参看本书第四讲以及哈密顿《敦煌回鹘文写本的年代》(On the Dating of the Old Turkish Manuscripts from Tun-huang),《吐鲁番、于阗与敦煌论集》,柏林,1996 年,135—145 页;牛汝极与王菲据稿本译,载《西域研究》1995 年第 3 期,92—97 页。

〔27〕 见 Moriyasu Takao,"The Sha-chou Uighurs and the West Uighur Kingdom",*Acta Asiatica*,78,2000。

〔28〕 上海书店,1993 年。主要有《关于唐末宋初于阗国的国号年号及其王家世系问题》《敦煌文书 P.3510 于阗文〈从德太子发愿文〉(拟)及其年代》《关于敦煌出土于阗文献的年代及其相关问题》。

〔29〕 张广达、荣新江《10 世纪于阗国的天寿年号及其相关问题》,余太山编《欧亚学刊》第 1 辑,北京:中华书局,1999 年,181—192 页。

〔30〕 伯希和《〈沙州都督府图经〉及蒲昌海的康居聚落》,《亚洲学报》(*Journal Asiatique*)第 7 卷,1916 年;冯承钧译,载《西域南海史地考证译丛七编》,北京:中华书局,1957 年。

〔31〕 池田温《8 世纪中叶敦煌的粟特人聚落》,《欧亚文化研究》第 1 号,1965 年;辛德勇译,载《日本学者研究中国史论著选译》第 9 册,北京:中华书局,1993 年。

〔32〕 以上三文收入《敦煌归义军史专题研究》,兰州:兰州大学出版社,1997 年。

〔33〕 《敦煌吐鲁番研究》第 3 卷,1998 年。

〔34〕 荣新江《敦煌归义军曹氏统治者为粟特后裔说》,《历史研究》2001 年第 1 期,65—72 页。

〔35〕 陈垣《火祆教入中国考》,北京大学《国学季刊》第 1 卷第 1 号,1923 年;1934 年校订本收入《陈垣学术论文集》第 1 集,北京:中华书局,1980 年。

〔36〕 荣新江《祆教初传中国年代考》,《国学研究》第 3 卷,北京:北京大学出版社,1995 年。

〔37〕 魏礼(A. Waley)《有关敦煌地区伊朗神祠的一些记载》,《历史语言研究所集刊》第 28 本,1956 年;姜伯勤《论高昌胡天与敦煌祆寺》,《世界宗教研究》1993 年第 1 期;格瑞内(F. Grenet)和张广达合撰《粟特宗教的最后避难地——9、10 世纪的敦煌》,《亚洲研究所纪要》(*Bulletin of the Asia Institute*)新辑第 10 卷,1996 年。

〔38〕 姜伯勤《敦煌白画中的粟特神祇》,《敦煌吐鲁番学研究论文集》,北京:汉语大词典出版社,1990 年;张广达《唐代祆教图像再考》,《唐研究》第 3 卷,1997 年;姜伯勤《敦煌白画中粟特神祇图像的再考察》,《艺术史研究》第 2 辑,2000 年。

〔39〕 《亚洲学报》(*Journal Asiatique*)第 10 辑第 11 卷第 1 期,1913 年。

〔40〕 北京:中华书局,1987 年;增订本,台北:淑馨出版社,1997 年。

〔41〕 吴其昱《景教三威蒙度赞研究》,《历史语言研究所集刊》第 57 本第 3 册,1987

[42] 收入《羽田博士史学论文集》下,京都,1958年;佐伯好郎《"支那"基督教之研究》第一、四卷。
[43] 《九州学刊》第4卷第4期,1992年。
[44] 《吐鲁番敦煌文献论集》(*Turfan and Tun-huang the Texts*),佛罗伦萨,1992年;陈怀宇汉译文,载《敦煌学辑刊》1997年第2期。
[45] 收入彭金章、王建军著,敦煌研究院编《敦煌莫高窟北区石窟》第一卷,北京:文物出版社,2000年。
[46] 北京,1910年;钱稻孙校印,北平,1931年。
[47] 京都大学人文科学研究所,1992年。
[48] 《季羨林教授八十华诞纪念论文集》,南昌:江西人民出版社,1991年,955—968页。

第十二讲
敦煌佛教、道教文献的价值

按照我的看法,敦煌莫高窟藏经洞所藏的文献资料,原本是莫高窟前三界寺的图书,其最早的写经可能早到公元4世纪后半叶,最晚的材料是11世纪初叶藏经洞封存前所写[1]。所以,藏经洞中主要是写本文献,只有少量的小本印刷品保存其中。

作为佛教图书馆的藏书,当然是以佛教文献最多,但中古中国的佛教寺院,往往是文化中心,是凝聚着精神睿智的学者的聚集之地,也是一个地区典籍和文献的中心。所以,藏经洞中的主体虽然是佛经,但也有佛教以外的道教、景教、摩尼教经典,也有中国传统的经史子集,以及一些白话诗歌、通俗文学作品,还有学童所用的蒙书和他们读书识字的课本和练习册,民间社会生活中所使用的物候、日历、医药、占卜、相面等方面的图书,也收藏于其中。此外,因为敦煌是丝绸之路上的城镇,所以藏经洞中还保存了用梵文、藏文、于阗文、回鹘文、粟特文书写的文献,其中主要内容也是佛典,但也有摩尼教或其他内容的文书。

一 敦煌佛典概说

敦煌文献抄写年代所涵盖的公元4—10世纪,正是佛教从印度、中亚向中国传播,并且生根、发芽、开花、结果的时代。处在中国文化圈内而又最靠近西域的敦煌,由于特殊的地理位置和历史条件,保存了藏经洞这样一座既有西北地区特色,又有浓厚中原影响的佛教文库,为我们审视和研究中古中国佛教的历史提供了丰富的素材。

十六国时期,凉州是佛典汉译的一大中心,这些凉州的译经应当是敦煌佛教文库的来源之一。但是,目前我们很难判断哪一件敦煌写经是最早的。

过去我曾以为日本中村不折所藏《譬喻经》(图12-1)为最早之敦煌写经,该卷尾题"甘露元年三月十七日于酒泉城内斋丛中写讫",一般即以为是前秦甘露元年,公元359年[2]。近年来,随着吐鲁番出土文书和高昌历史研究的进步,我们知道吐鲁番也同样有酒泉城。因此,这件出土地点不明的甘露写经,很可能是高昌甘露元年的写经,与敦煌无涉。至于这个甘露年号是属于阚氏高昌王国的阚伯周(460),还是属于麹氏高昌王国的第二任国王麹嘉(526),目前还没有定论[3]。到目前为止,确切属于敦煌藏经洞出土的最早写经,是S.797《十诵比丘戒本》(图12-2),题"建初元年岁在乙巳十二月五日戌时,比丘德祐于敦煌城南受具戒"。这里的建初只能是西凉年号,即公元406年[4]。当然,实际上一定有早于406年的写经在敦煌存在。

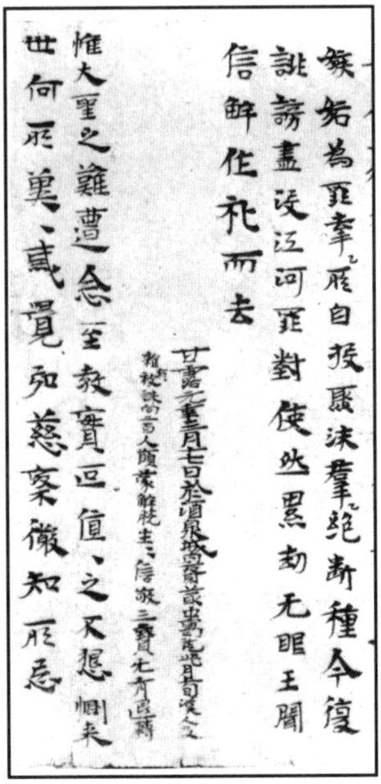

图12-1 日本中村不折旧藏《譬喻经》

南北朝时期,特别是北魏宗室东阳王元荣任瓜州刺史前后,一批北朝系的佛典被带到敦煌。而且由于东阳王本人十分佞佛,他在敦煌出资抄写了大批佛经。据现存的写经题记,永安三年(530)写了《仁王般若经》300部[5];普泰二年(532)写《无量寿经》100部、《摩诃衍经》100卷、《内律一部》50卷、《贤愚经》一部、《观佛三昧海经》一部、《大云经》一部[6];永熙二年(533)写《涅槃经》《法华经》《大云经》《贤愚经》《观佛三昧海经》《祖持经》《金光明经》《维摩经》《药师经》等各一部,共100卷[7]。此外,一些南朝的写经也传到敦煌,如天监五年(506)写《大般涅槃经》[8]、天监十八年(519)写《出家

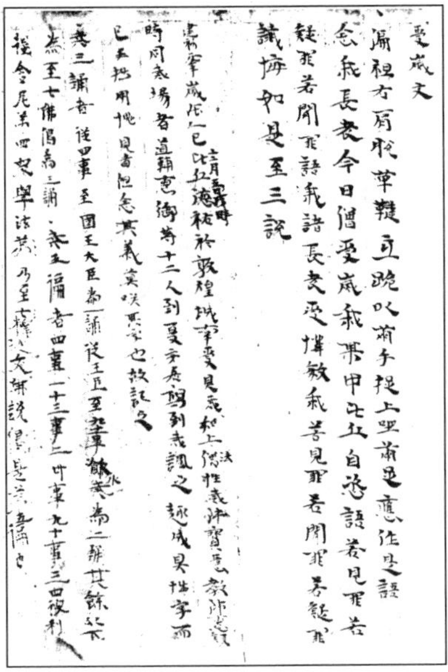

图12-2 S.797《十诵比丘戒本》

第十二讲 敦煌佛教、道教文献的价值

人受菩萨戒法》[9]等,是南朝佛教北传的印证。

隋唐时期,国势强盛,也是佛典汉译和整理的黄金时代,产生了玄奘、义净、不空等译经大师,编纂了许多权威的汉译佛典目录,如智升的《开元释教录》。敦煌作为唐朝的直辖州郡,曾按照唐朝的诏令建立了大云寺、龙兴寺、开元寺等官寺。长安、洛阳两都新译的佛典和中原地区流通的大部分经书,都流传到敦煌。在敦煌藏经洞发现的佛典写本中,以唐朝流行最广的五部大经数量最多,即玄奘译《大般若波罗蜜多经》、鸠摩罗什译《金刚般若波罗蜜经》、义净译《金光明最胜王经》、罗什译《妙法莲华经》和罗什译《维摩诘所说经》。这些佛典的现存写卷编号都在1000以上,说明了敦煌和中原佛教信仰的一致性。

中唐以后,讲求实践的禅宗、净土宗成为中国佛教的主流,敦煌又有大批南北系统的禅宗典籍陆续传入。而且,由于吐蕃对敦煌的占领和对佛教的扶植,敦煌与周边地区如凉州、逻些(今拉萨)、西域地区的一些佛教中心的交往似乎比以前增多,因为都是在吐蕃的统治范围之内;虽然与中原北方地区交往减少,但却和四川佛教增加了联系。更重要的是,中原的禅法和禅籍通过敦煌传入西藏,有些藏译的禅籍又从西藏传到敦煌,并且在敦煌保存下来。吐蕃统治时期,宣扬西天净土思想的《佛说无量寿宗要经》,成为最流行的经典,藏经洞中有数量相当庞大的一批汉文和藏文的写本保存下来[10]。

归义军时期,敦煌佛教教团重新和中原王朝建立了联系,节度使张议潮曾经把河西僧人乘恩的著作进奉给唐朝皇帝,以支持宣宗、懿宗的复兴佛法运动[11]。中唐以后新译的佛经和敦煌因战乱散失的经本,通过沙州教团的不断努力,派人向中原王朝乞经,陆续补充了敦煌的经藏。但晚唐、五代、宋初的敦煌佛教,在佛教世俗化趋向的影响下,渐渐从经教佛教转向世俗佛教,疑伪经盛行。在归义军初期,吐蕃末期的佛教大法师法成及其弟子法镜、法海,先后在敦煌讲《瑜伽师地论》《净名经集解关中疏》《维摩经疏》《大乘百法明门论》等,但883年以后,敦煌写经题记中再没有敦煌高僧讲经的记录,有的只是与民俗佛教相辅而行的开窟造像运动,以及通俗的讲经和说法等等[12]。

二 敦煌佛典的价值

敦煌佛典数以万计,其价值是多方面的,归纳起来,可以举出四点作为突出的例证。

1. 古写本的校勘价值

至少在唐高宗到武则天时,中国已经发明了印刷术,但初期的印本主要是民间行用的单页佛像、小本经咒、日历,以及占卜书、药方、蒙书之类的小书,习惯的延续力和对佛教的虔诚,使得唐朝的一般书籍和佛教典籍仍然主要是靠手写流传。中国大量印刷书籍是五代以后的事,第一部刻本佛教大藏经是北宋太祖开宝四年(971)开始雕印的《开宝藏》。现存的藏经,大多是南宋以后的刻本,历代的翻刻使佛经产生了不少文字的差异。

敦煌保存的大量写本佛经,涉及经律论三藏的许多经典,虽然不能构成一部完整的佛藏,但隋唐时期流行的主要经典都在其中。而且,有些佛典是在该经译出后不久就抄写流传到敦煌的,如六百卷的《大般若波罗蜜多经》《宝雨经》《佛说回向轮经》等。敦煌藏经洞还保存了一些唐代都城的官府写经,经过京城各寺高僧大德的反复校对,格式谨严,没有任何错字,是可以信赖的善本。有些佛经有许多副本可供比勘,有些写本本身是经过用朱笔或墨笔校勘的。因此,这些古写本在校勘后代的《大藏经》刻本上,价值很高。日本学者在20世纪初叶编辑《大正新修大藏经》时,利用了部分敦煌写本来校勘《高丽藏》本,但当时所见敦煌写本极为有限,主要是矢吹庆辉摄自伦敦的写本,而且《大正藏》排印上有不少错误,有些甚至不可依赖。迄今为止,绝大多数敦煌佛教文献的写本都已经影印出版,可惜还没有系统地用作校勘的资源,近年来陆续印行的《中华大藏经》,也没有充分取用敦煌资源,因此也就没能在学术上超过《大正藏》。

2. 初期禅宗典籍和史料的发现

禅宗是后来居上的佛教宗派,因为禅宗才是彻底地中国化的佛教,而且简单易行,得到唐代士大夫和下层百姓的普遍欢迎和热衷信仰,并得到统治者的大力扶植和提倡。8世纪以来,禅宗成为中国佛教的主流,并且分成许多派别。

禅宗的盛行,随之产生了大量中国禅僧所写的著作。宗密(780—841)曾编《禅藏》百余卷,虽然早已散失,但现存有《禅源诸诠集都序》[13],可以略窥唐代禅籍的丰富内容。但由于安史之乱、"会昌灭法"的打击和禅宗内部的斗争,使禅宗各派势力盛衰不同,以至于一些早期的禅籍渐渐亡佚,其教法也随之不为后世所了解。现存最早的禅宗灯史著作《祖堂集》(10世纪中期成书),85%的内容记载的是江西、石头二系的历史和说教,在唐朝前期和中期影响极大的牛头宗、北宗、荷泽宗的记载却不足5%。宋元以来,流行更广的禅史是道原(法眼宗)的《景德传灯录》(11世纪初),全书七成以上也是关于江西、石头两派的灯史。根据这样的禅宗史书,我们无法了解真正的唐代禅宗历史,也无法真正了解中国思想史和中国社会史。

敦煌保存了大量8世纪前后禅宗的典籍,主要有三类:

(1)反映初期禅宗思想的语录,如据说是禅宗初祖达摩(537年以前卒,下同)的《二入四行论》,三祖僧璨(约606)的《信心铭》,卧伦(约626)的《看心法》,法融(657)的《绝观论》《无心论》《信心铭》,五祖弘忍(675)的《修心要论》,北宗六祖神秀(706)的《大乘五方便》《大乘北宗论》《观心论》,南宗六祖慧能(713)的《坛经》,南宗七祖神会(642—758)的《南阳和上顿教解脱直了〔见〕性坛语》《南阳和上问答杂征义》《菩提达摩南宗定是非论》《顿悟无生般若颂》等等[14]。

在这些著作中,最重要的是《六祖坛经》。1928年出版的《大正藏》第48卷,刊布了矢吹庆辉找到的敦煌本《六祖坛经》(原编号S.377,现编号S.5475)的录文。虽然这个本子讹误字极多,但比较后代的传本,少了不少文字和一些段落,让人们重新考虑《坛经》的本来面貌。迄今为止,我们已经知道敦煌写本中有五个《坛经》抄本,其中最好的写本是现存敦煌市博物馆的任子宜旧藏本,但各本的内容是一致的[15]。

另外,记载南北禅宗辩论的《菩提达摩南宗定是非论》,也是初期禅宗历史上的要籍。它和其他神会语录的发现,填补了禅宗思想史的重要篇章。

(2)禅宗灯史,主要有反映北宗灯史的杜朏《传法宝纪》和净觉《楞伽师资记》,提供了北宗的传法世系和不同的说法,特别是8世纪上半叶北宗兴盛的情况。《传法宝纪》是成书于唐玄宗初年(713年左右)的一部北宗灯史,早已佚失,敦煌写本中发现有P.2634、P.3559、P.3858、S.10484四个写本,神会在开元二十年(732)滑台大云寺无遮大会上,曾激烈地攻击北宗僧人普寂在嵩山"立七祖堂,修《法宝纪》"的做法,可见此书在当时影响之大。但比较敦煌写本中保存的两种北宗灯史,《传法宝纪》不敌《楞伽师资记》的数量,这反映了开元以后《传法宝纪》的重要性日益减弱。《楞伽师资记》是稍迟于《传法宝纪》成书的又一部北宗灯史,也早已失佚。迄今为止,学者们已经在敦煌写本中,找到八件《楞伽师资记》写本,其中三件可能属于一个写本,所以共代表了六个写本系统(S.2045、P.3294、P.3436、Dx.1728 + P.3537 + S.4272、P.3703、P.4564)。《楞伽师资记》盛行的年代,似略晚于《传法宝纪》,所以,成都净众宗的僧人,把对北宗的攻击,集中在净觉的《楞伽师资记》上，而不是开元时期更为流行的《传法宝纪》，看来不是偶然的。1971年，柳田圣山在《初期的禅史》第Ⅰ卷中，发表了《传法宝纪》和《楞伽师资记》录文和译注[16]。

通过这两部灯史和《定是非论》，参考史籍，我们得知，在号称"两京法主，三帝国师"（张说《大通禅师碑》）的神秀入寂后，其弟子普寂（651—739）统帅法众，与另一弟子义福（658—736）一起开法授徒，这就是宗密所说的"能师（慧能）灭后二十年中（714—734），曹溪顿旨（南宗）沉废于荆吴，嵩岳渐门（北宗）炽盛于秦洛"。开元二十年（732），慧能弟子神会曾在滑台向北宗挑战，但被御史告发，一贬再贬，被弃置于江南。安史之乱爆发后，神会以主持戒坛度僧，为郭子仪的朔方军筹款有功，战后被肃宗诏入内廷供养，并在洛阳造荷泽寺，宣扬南宗教法。从此，南宗取得了决定性的胜利。这些禅宗史上的内容，如果没有敦煌禅籍，是不可能清晰地知道的[17]。

敦煌发现的另一部重要的禅宗灯史，是《历代法宝记》（约774年成书），记载了剑南地区的保唐宗（净众宗）的特别是无相和无住的禅法，以及这支禅宗派别的历史。这部书在敦煌十分流行，现已发现有S.516、S.1611、S.1776背、S.5916、S.11014、P.2125、P.3717、P.3727、F.261、石井光雄积翠轩文库藏本、天津艺术博物馆藏本等多件抄本，有许多研究唐代四川佛教史和政治史的资料保存在这部篇幅较长的史书中。1976年出版的柳田圣山氏《初期的禅史》（Ⅱ），即《历代法宝记》的录文和译注[18]。

3. 古佚佛典对佛教史的价值

中古时期的一些古佚经典，曾经在佛教史上起过作用，但因为早已失传，所以后人对它们的内容不甚了然，造成佛教史上一些空白。敦煌文献发现后，学者们马上意识到古佚经典的重要价值。早在北京图书馆入藏敦煌写本之初，佛教学者李翊灼先生就从中分辨出159种古佚佛典，编成《敦煌石室经卷中未入藏经论著述目录》。日本学者矢吹庆辉专门到伦敦，收集敦煌古佚经典，编成《鸣沙余韵》图录。日本佛教界编纂《大正藏》时，除了把有关敦煌佚经编入相关部类外，还特别用第85卷《古逸部·疑似部》，校订了188种敦煌古佚佛典，这是《大正藏》比其他藏经更具有学术性，而且成为国际通行版本的重要原因之一。目前，方广锠主编《藏外佛教文献》，取材大多数就是敦煌写本[19]。

禅籍也是古佚佛典的一部分，其价值不仅仅在佛教，已如上述。其他的古佚经典主要有三方面内容：

(1) 北朝系统的佛经注疏

因为隋唐统一中国以后,南朝系统的佛教学说被当作正统的教法而得以保存和发扬,而北朝系统的学说只是在北方的一些地方继续流传,后来就湮没无闻了。敦煌北朝写本佛教注疏的发现,可以部分复原北朝系统的学说,从而也就可以说明隋唐佛教思想的一些来源问题。

(2) 三阶教经典

三阶教是6世纪后半魏州信行禅师(540—594)宣扬的一个佛教宗派,其"三阶"的说法是,佛灭后500年是正法时期,人生活在净土世界;其后500年是像法时期,再后是末法时期,后两个时期人生活在三乘世界,也叫五浊诸恶世界。信行认为他所处的时代是末法时期,要以施舍、礼忏、苦行来求得解脱。三阶教的否定现世说引起统治者的不安,隋文帝开皇二十年(600)、唐武后证圣元年(695)、圣历二年(699)、玄宗开元元年(713)、开元十三年(725),五次禁毁三阶教经典,三阶教典籍在中国渐渐绝迹,但部分流传到日本和新罗。敦煌文献中却保存了一批三阶教的经典,吐蕃时期的一份敦煌龙兴寺的藏经目录上,就登记着不少三阶教的经典。矢吹庆辉把敦煌和日本的经典收集起来,著《三阶教之研究》[20],大体上复原了三阶教的基本情况。

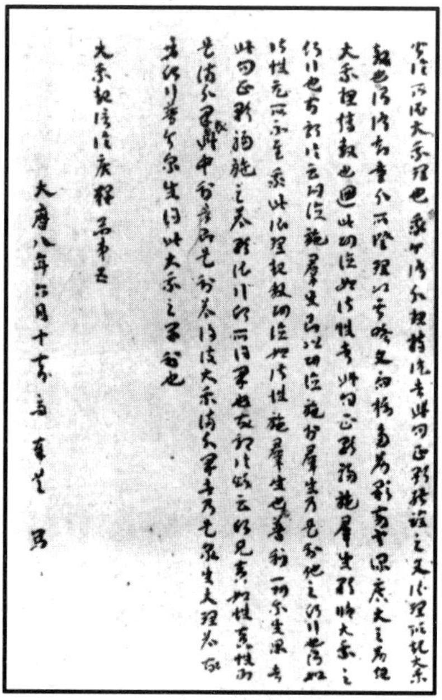

(3) 中唐以后新译的经论和编纂的经疏

安史之乱以后,河西地区不为唐朝所有,这里新译的经论和编纂的经疏,往往不为传世藏经所有。其中主要是吐蕃统治时期昙旷和法成的译著。

昙旷是凉州人,年轻时在长安唯识学最高学府之一西明寺学习,以后回河西传教。由于吐蕃由东向西攻占河西土地,昙旷也随着西逃的民众从凉州进入沙州。虽然身处乱世,而不废著述,昙旷先后完成《金刚般若经旨赞》《大乘起信论广释》(图12-3)、《大乘起信论略述》《大乘入道次第开决》《大乘百法名门论开宗义记》

图12-3 昙旷《大乘起信论广释》

《大乘百法明门论开宗义决》，又应吐蕃赞普的请求，撰《大乘二十二问》，回答赞普的问题。昙旷把长安的法相唯识学说搬到敦煌，对敦煌佛教产生了较大的影响，他的著作有大量抄本就是明证[21]。

法成是吐蕃统治敦煌末期到归义军初期的高僧，本人应当是藏族，名'Go Chos grub，号"大蕃国大德三藏法师"，先后在甘州、沙州等地讲经、著述、翻译，敦煌文献中保存有一批他从汉文译成藏文、从藏文或梵文译成汉文的佛经，其著述不多，但有集成类的著作，以及一批听讲僧人听他讲《瑜伽师地论》的笔记本。法成的佛教学受到昙旷的影响，也大量介绍了印度的佛教教学，此后敦煌的佛教教学都是法成的弟子所继续的[22]。

此外，据上山大峻的研究，古佚经疏中比较重要的，还有《净名经关中疏》《四分戒本疏》《法华玄赞》《解密解脱要略》《楞伽阿跋多罗宝经疏》等[23]。

4. 疑伪经

疑伪经是中国僧人伪托如来所说而编造的佛经，是中国民间社会的思想表现，不仅是研究思想史的素材，也是研究社会史的重要资料。由于历代整理佛典的高僧极力排斥疑伪经，所以大量疑伪经都已失传，但敦煌的僧人没有如此高的佛学水平，他们抄写、保存了不少疑伪经典，这些经典大量是晚唐以后的写本，也是当时世俗佛教发展的印证。

据牧田谛亮《疑经研究》的统计，在斯坦因收集品中，主要的疑伪经就有《佛说解百生怨家陀罗尼经》《金有陀罗尼经》《赞僧功德经》《三万佛同归根本神秘之印并法龙种上尊王佛法》《佛说七千佛神符经》《佛说无量大慈教经》《普贤菩萨行愿王经》《太子因缘修道经》《佛说七女观经》《大方广华严十恶品经》《僧伽和尚欲入涅槃说六度经》《地藏菩萨经》《劝善经》《新菩萨经》《救护众生一切苦难经》[24]。此外，敦煌写本中常见的疑伪经还有《父母恩重经》《善恶因果经》《高王观世音经》《阎罗王授记经》等等。据牧田谛亮的研究，这些疑伪经编纂的目的，大体上有六类，一是附会统治者的意识，如《宝雨经》中编造的部分；二是对统治者政策的批判，如三阶教经典，又如《首罗比丘经》，这些经典常常被反叛者所利用；三是调和佛教与中国传统思想，如《父母恩重经》《盂兰盆经》等；四是对某种特定教义的鼓吹，如倡言末法思想，批判现实教团的《佛说般泥洹后比丘十变经》，还有因观音信仰、地藏十王信仰流行而产生的经典；五是标有现实社会中特定人物名字的经典，利用这些人物的故事，来达到某种宣教的目的，如《高王观世音经》《僧伽和尚欲入涅槃说六度经》;六是为了治病、祈福而编造的经典,如《佛说延寿命经》等[25]。这些疑伪经许多都是中古时期中国社会的思想写照,对于理解民间信仰、考察民间社会、揭示民间动乱根源,以及探讨某种信仰对社会文化的影响,都有十分重要的意义。正如太史文(S. Teiser)在《十王经以及中国中世纪佛教的炼狱观念之形成》中指出的那样,因为在少数人才有受教育机会的社会里,宗教观念的传播往往与经典无关,而是以通俗的文本、仪式、绘画等艺术形式为传播途径的。敦煌不仅有大量《十王经》写本,而且有许多绘图本和图卷(图12-4),这些写本的形式也是便于携带的册子,反映了这种世俗宗教在民间传播的情况[26]。

图12-4 绘图本《十王经》

由于有些疑伪经对于现实的统治阶级威胁很大,所以往往一出现就被禁止,没有能够流传下来。还有的疑伪经出自民间,不够典雅,被排斥在正统大藏经之外,也渐渐散失。敦煌保存的疑伪经典,大多数后代没有传本,因此显得更为重要。疑伪经的另一个保藏地是日本的寺庙,近年陆续刊行的《七寺古逸经典研究丛书》,也包含了对疑经的研究成果[27]。

三 敦煌的道教文献

李唐在创业时得到道教图谶的帮助,并且因为与老子同姓,故以老子为远祖,尊崇道教,令道士女冠在僧尼之前。敦煌本是佛教圣地,在朝廷尊崇道教的风气影响下,也建立了开元观、神泉观等道观,抄写了大量的道教经典。

《老子道德经》是道教的根本经典之一,敦煌不仅有大量抄本,而且还发现六种注疏,即河上公注、想尔注、李荣注、成玄英义疏、唐玄宗注及疏、佚名注。其中《老子想尔注》和成玄英《义疏》是《道藏》未收的佚书。《老子想尔注》共两卷,唐人称出自张鲁或张道陵之手,敦煌残卷(S.6825)有饶宗颐先生做的《校证》[28],从内容看是五斗米道信徒的著述,反映了早期道教思想,十分珍贵。

从敦煌道教写本的数目来看,北朝末年成书的《升玄内教经》和隋唐初增补成书的《太玄真一本际经》(图12-5),是广泛流传的两部道经,分别有22件和119件写本,吐鲁番写本中也有残片发现,但这两部道经都先后佚失,今本《道藏》分别只存有一卷内容。敦煌写本为研究这两部道经的产生、流传和影响,提供了丰富的资料。

道教形成于东汉末,太平道随着黄巾起义的失败而基本灭亡。流行于巴蜀地区的五斗米道首领张鲁,在汉献帝永安二十年(215)归附曹操,信众迁往北方中原地区,与官方合流,魏晋以来称作"天师道"。东晋南渡,许多天师道家族南迁,天师道在滨海地域流行。南北朝时期,道教内部兴起"清整道教"运动,即整合道教经教科仪,去除"三张伪法",向经教道教发展。南北朝末期产生的十卷本《升玄经》,就是在魏晋玄学的重玄学说和鸠摩罗什传播的大乘般若空宗思想的基础上,建立道教义学的结果,反映了道教在佛教的刺激下,提高自身思辨水平的努

图12-5　P.2806《太玄真一本际经》

力。同时,这也是南北朝末期南方玄学思潮和南方道教思想对北方影响的结果,是适应全国统一趋势而整合各个道教宗派教义的结果,符合当时北周统治者的要求,因此对于北周以道教教义为主的通道观学说及其所编纂的道教类书《无上秘要》产生直接的影响。

《本际经》是隋朝道士刘进喜所编,原本五卷。后由道士李仲卿增补为十卷,两人同为长安丰邑坊清虚观道士,活跃于隋朝和唐朝初年。《本际经》继承了《升玄经》的思想,把道教义学理论旨趣进一步深化,同时更加重了南朝经教体系的成分,是陈寅恪、唐长孺关于"南朝化"特色的又一个证明。《本际经》的抄本最多,其"护国""净土"等思想也符合唐朝官方的国泰民安思想,唐玄宗时曾两次下诏令天下道士转写《本际经》[29]。

敦煌道教写本中还保存有道教佚经《老子化胡经》。老子化胡说早在东汉桓帝时就出现了。西晋道士王浮根据传说,编成《老子化胡经》,称老子出关,西越流沙,入夷狄为佛,教化胡人,显然是道教徒为攻击佛教而编造的。在南北朝隋唐的佛道斗争中,产生了一系列《化胡经》类的著作,从唐朝开始,统治者为调和二教矛盾,不时禁毁《化胡经》,至元代彻底消亡[30]。敦煌文书中保存了不止一种《化胡经》,其中有十卷本《化胡经》的序、卷一、二、八、十和《太上灵宝老子化胡妙经》,是今天研究佛道论衡和思想史的重要素材,也是研究唐朝对外关系史的参考资料。

敦煌道教经典的丰富内容还有不少值得研究的地方,欧美、日本的道教研究已成为风气,中国年轻学者也在努力[31]。

至于道教在敦煌的发展演变,有姜伯勤《道释相激:道教在敦煌》一文详述[32]。

附 唐代西州的道教

贞观十四年(640),唐太宗灭高昌,迁徙高昌国王室麴氏和一些大家族如张氏到长安和洛阳,同时设立西州,使之同于内地的州县,并很快将唐朝的一整套政治军事制度推行到吐鲁番盆地。从目前所见文书中有关佛寺的记载,一些家庙形式的佛寺名称不见了,代之以规范的两个字命名的寺院,这大概是唐朝对高昌国佛教教团的整顿结果,即王延德所谓"佛寺五十余区,皆唐朝所赐额"[33]。虽然李唐王室极力尊崇的是道教,但迄今尚未见到吐鲁番文书中有关唐初道观的记载,所以估计在佛教势力强盛的高昌,要迅速改变人们的宗教信仰并非易事,所以道观并没有随着唐朝势力的到来而马上建立。

反映唐前期西州道教信仰的文书材料,是吐鲁番阿斯塔那 332 墓出土的唐写本《五土辞》及《祭五方神文》,年代在龙朔元年(661)前后[34]。这些文书的内容根据的是汉代的谶纬学说,所反映的是东汉时流行的醮宅仪和醮墓仪[35]。这种道教醮仪和汉唐时期的国家礼祭有共通之处,它反映了唐朝统治吐鲁番盆地的初期,道教仍保留着较为原始的风貌。

目前所见吐鲁番文书中最早提到道观的纪年文书,是阿斯塔那 189 墓出土的《唐开元四年(716)籍后勘问道观主康知引田亩文书》,其中有"观主康知引"[36],此文书当在开元四年后不久写成,最晚不会晚于开元八年再造籍时。文书没有留下道观的名字,不免遗憾。但观主姓康,是个粟特人的后裔,颇耐人寻味。

西州道观的建立始于唐玄宗时期并不偶然,这一方面是因为在唐朝诸帝中,以玄宗崇道最为积极。另一方面的原因是,开元天宝时期,唐朝在西域已站稳脚跟,而且在西州的统治已经半个多世纪,新王朝的思想意识也渐渐输入并慢慢流传。

西州道观的建立,是道教在吐鲁番盆地确立的重要标志,因为有了道观,就有了出家道士,也有了教规和正式的经典,是名副其实的道教了。迄今所见西州道观,计有 1)总玄观,见阿斯塔那 184 墓出土《唐开元八年麹怀让举青麦契》[37];2)龙兴观,见阿斯塔那 509 墓出土《唐西州高昌县出草帐》[38];3)安昌观,见大谷文书《唐开元十九年(731)正月十三日西州天山县到来符帖目》[39];4)紫极宫,见阿斯塔那 506 墓出土《唐天宝某载□仙牒为本钱出举事》[40],据德藏吐鲁番文书 Ch.1046(T II 4042)《唐安西坊配田亩历》,紫极宫在安西坊;5)唐昌观,见阿斯塔那 509 墓出土《唐唐昌观申当观长生牛羊数状》[41]。从开元中到宝应、大历间,不过二十多年,道教在如此远离唐朝统治中心的西州发展起来,不能不说是唐朝的成功。而且阿斯塔那 509 墓出土的《唐西州道俗合作梯蹬及钟记》表明,西州道观有观主、威仪、炼师和道士,组织已很完善,另外还有不出家的道士,即地方的道门领袖[42],他们对道教的推动作用可能更为重要。

吐鲁番墓葬中尚未见到有随葬的道教经典,但盆地其他遗址的出土物中,已知有不少道经及有关道教的文献残片保存下来:《道德经序诀》(大谷 8111 号)、《道德经河上公注》(出口常顺藏卷)、《太上洞玄灵宝无量度人上品妙经》(德国印度艺术博物馆藏 MIK III 7484 / T III S 96 号)、《太上业报因缘经》(大谷文书、出口常顺藏卷)、《太上洞玄灵宝升玄内教经》(德国国家图书馆藏 Ch.935 / T III 2023 号、Ch.3095v / T II T 1007 号)、《洞渊神咒经》(大谷 8103—8105)。

唐玄宗先天、开元间,曾命两京诸道学大德们编《一切道经音义》,又发使诸道搜访道经,加以校勘,辑为《道藏》,其目录名《三洞琼纲》,共著录三千七百四十四卷(一说五千七百卷)[43]。《册府元龟》卷六四贡举部记:"天宝元年五月中书门下奏:其洞灵等三经,望付所司,各写十本,校定讫,付诸道采访使颁行。"玄宗开始把官本道经颁发各地。《唐大诏令集》卷九载:天宝八载闰六月丁酉大赦天下,制曰:"今内出一切道经,宜令崇玄馆即缮写,分送诸道采访使,令管内诸郡转写。其官本留采访使郡太一观,持诵圣人垂训。"敦煌写本中有一大批道教经典,年代以玄宗时最多,推测其中当有天宝所颁官本道经,但没有直接的证据。最近出版的《俄藏敦煌文献》第七卷,收有 Dx.0111 + Dx.0113《老子道德经》写本,其背面纸缝间,钤有"凉州都督府之印"[44]。凉州为敦煌郡所属之河西道采访使驻地,唐朝法令文书例由凉州颁下,如 P.4634 + S.1880 + S.11446 + S.3375《永徽东宫诸府职员令》、P.2819《公式令》、P.4745《吏部格》或《式》残卷,均钤有同一印鉴。这件《道德经》和其他唐朝令式一样,也是官颁文本无疑。幸运的是,保存文字只有 17 行的 MIK III 7484《度人经》,其背面纸缝处,恰恰也钤有"凉州都督府之印"[45]。由此可以推知,吐鲁番出土的这些楷书精写的道教典籍,其来源很可能是天宝年间的官颁写经[46]。

注　释

[1]　参看本书第四讲《敦煌藏经洞的原状及其封闭原因》。

[2]　池田温《中国古代写本识语集录》,东京大学东洋文化研究所,1990 年,76 页,No.37。

[3]　参看吴震《敦煌吐鲁番写经题记中"甘露"年号考辨》,《西域研究》1995 年第 1 期,17—27 页。王素《吐鲁番出土写经题记所见甘露年号补说》,北京图书馆敦煌吐鲁番学资料中心等编《敦煌吐鲁番学研究论集》,北京:书目文献出版社,1996 年,244—252 页;同作者《吐鲁番出土高昌文献编年》,台北:新文丰出版公司,1997 年,147 页,No.296。

[4]　池田温《中国古代写本识语集录》,80 页,No.57;王素、李方《魏晋南北朝敦煌文献编年》,台北:新文丰出版公司,1997 年,110—111 页。

[5]　北图藏殷字 46 号题记,池田温《中国古代写本识语集录》,114 页,No.193。

[6]　P.2143 题记,池田温《中国古代写本识语集录》,116 页,No.196。

[7]　S.4415 题记,池田温《中国古代写本识语集录》,119 页,No.206。

〔8〕 S.81,池田温《中国古代写本识语集录》,100页,No.150。

〔9〕 P.2196,池田温《中国古代写本识语集录》,107页,No.177。

〔10〕 参看张广达《欧美汉学论著选介·苏联科学院东方学研究所收藏敦煌藏文写卷注记目录》,《汉学研究通讯》第10卷第3期,1991年,182—188页。

〔11〕 参看荣新江《法门寺与敦煌》,《'98法门寺唐文化国际学术讨论会论文集》,西安:陕西人民出版社,2000年,66—75页。

〔12〕 参看荣新江《归义军史研究》第九章第二节《9、10世纪敦煌佛教的盛衰》,269—279页。

〔13〕 关于《都序》的敦煌本,参看田中良昭《敦煌本〈禅源诸诠集都序〉の残卷について》,《印度学佛教学研究》第25卷第1号,1976年,107—112页;同作者《敦煌本〈禅源诸诠集都序〉残卷考》,《驹泽大学佛教学部研究纪要》第37号,1979年,51—71页;冉云华"A Study of Ta-ch'eng ch'an-men-yao-lu: Its significance and problems",《汉学研究》第4卷第2期,1986年,533—547页;同作者《敦煌本〈禅源诸诠集都序〉对中国思想史的贡献》,《敦煌学》第12辑,1987年,5—12页;后者收入作者《中国佛教文化研究论集》,台北:东初出版社,1990年,161—174页。

〔14〕 参看田中良昭《敦煌の禅籍》,《禅学研究入门》,东京:大东出版社,1994年。

〔15〕 参看邓文宽与荣新江合著《敦博本禅籍录校》,南京:江苏古籍出版社,1998年。

〔16〕 其后的发现,见荣新江《敦煌本禅宗灯史残卷拾遗》,《周绍良先生欣开九秩庆寿文集》,北京:中华书局,1997年,231—244页。

〔17〕 参看柳田圣山《初期禅宗史书的研究》,京都,1967年。

〔18〕 以后的资料,参看荣新江《敦煌本禅宗灯史残卷拾遗》。

〔19〕 第一辑由宗教文化出版社于1995年12月出版。

〔20〕 东京,1927年。

〔21〕 上山大峻《敦煌佛教の研究》第一章《西明寺学僧昙旷と敦煌の佛教学》,京都:法藏馆,1990年。

〔22〕 上山大峻《大蕃国大德三藏法师沙门法成之研究》,收入《敦煌佛教の研究》。

〔23〕 上山大峻《敦煌佛教の研究》对这些经疏有相应的论述。

〔24〕 牧田谛亮《疑经研究》,京都:临川书店,1976年,38页。

〔25〕 同上书,40—84页。

〔26〕 *The Scripture on the Ten Kings and the Making of Purgatory in Medieval Chinese Buddhism*,檀香山:夏威夷大学出版社,1994年。参看他最新的文章《图写炼狱——十王经绘图本研究》(Picturing Purgatory. Illustrated Versions of the Scripture on the Ten Kings),戴仁(J.-P. Drège)编《敦煌绘画论集:伯希和与斯坦因收集品中的纸本白画与绘画研究》(*Images de Dunhuang. Dessins et peintures sur papier des fonds Pelliot et Stein*),巴黎,1999年,169—197页。

〔27〕 牧田谛亮《今后疑经研究的课题》,《敦煌文献论集——纪念敦煌藏经洞发现一

〔28〕 饶宗颐《老子想尔注校证》,上海:上海古籍出版社,1991年。

〔29〕 参看万毅《敦煌本道教〈升玄内教经〉与〈本际经〉研究》,中山大学博士论文, 2000年;万毅《敦煌道教文献〈本际经〉录文及解说》,陈鼓应编《道家文化研究》第13辑,北京生活·读书·新知三联书店,1998年,367—484页。

〔30〕 王维诚《老子化胡说考证》,《国学季刊》第4卷第2号,1934年,1—122页;刘屹《敦煌十卷本〈老子化胡经〉残卷新探》,《唐研究》第2卷,1996年,101—120页。

〔31〕 陈鼓应编《道家文化研究》第13辑为敦煌道教研究专号,北京生活·读书·新知三联书店,1998年。

〔32〕 见《道家文化研究》第13辑,25—78页;又收入姜伯勤《敦煌艺术宗教与礼乐文明》,北京:中国社会科学出版社,1996年,266—320页。

〔33〕 《宋史》卷四九《外国传》高昌条。

〔34〕 《吐鲁番出土文书》第六册,北京:文物出版社,1985年,285—300页;同书图录本第叁册,1996年,152—158页。

〔35〕 饶宗颐《老子想尔注校证》,150—151页;刘昭瑞《吐鲁番阿斯塔那332号墓术文书解说》,《文物》1994年第9期,54—57页。

〔36〕 《吐鲁番出土文书》第八册,北京:文物出版社,1987年,237页;图录本第肆册,1996年,109页。

〔37〕 《吐鲁番出土文书》第八册,287页;图录本第肆册,130页。

〔38〕 《吐鲁番出土文书》第九册,北京:文物出版社,1990年,23—25页;图录本第肆册,262—263页。

〔39〕 池田温《中国古代籍帐研究》,东京大学出版会,1979年,361页。

〔40〕 《吐鲁番出土文书》第十册,北京:文物出版社,1991年,283页;图录本第肆册,571页。

〔41〕 《吐鲁番出土文书》第九册,144页;图录本第肆册,338页。

〔42〕 《吐鲁番出土文书》第九册,137—139页;图录本第肆册,335页。

〔43〕 参看陈国符《道藏源流考》上册,北京:中华书局,1963年,114—122页。

〔44〕 《俄藏敦煌文献》第七册,上海:上海古籍出版社,1996年,319—320页。

〔45〕 1996年8月,笔者在调查完柏林所藏吐鲁番文书后,道经巴黎回国,曾将此印原大摹本与法国国立图书馆藏敦煌卷子上的同一印钤对照,可以堪同。

〔46〕 以上附录系缩写自荣新江《唐代西州的道教》,《敦煌吐鲁番研究》第四卷,北京:北京大学出版社,1999年,127—144页。

第十三讲
敦煌四部书抄本与中古学术史研究

在这一讲中,我想介绍一些敦煌留存的经、史、子、集四部书的情况。敦煌的四部书抄本,一方面作为北朝隋唐五代的典籍,反映了中国中古学术史的一般情况;另一方面作为敦煌地区留存的写本,反映了敦煌地区的学术文化水平,以及这些写本图书在当地的功用。有些宗教文献、科技类材料、俗文学类作品也应当作书籍对待,因为已另外单独介绍,这里不再重复。

四部书是中国学者最早关注的材料,罗振玉的研究主要是四部书。王重民是集大成者,1957年他把自己和前人的研究成果汇为《敦煌古籍叙录》,计经部24种,史部25种(牒、户籍除外),子部62种,集部33种(含俗文学作品)。今天看来,是书需要极大地增补,不论是从种类上,还是从数量上。

一 经 部

自十六国以至隋唐,敦煌一直有一些大学问家在此讲学、著述。唐代,敦煌立有官办学校,教授中央政府规定的儒家经典。藏经洞中保存的经部著作,从六朝到五代宋初的抄本都有,有些可能旧为私家藏书,更多的写本则是公私学校的课本、教材。儒家的十三经,除卷帙过多的《周礼》《仪礼》和唐人不重视的《春秋公羊传》及南宋增入的《孟子》无抄本外[1],其他各经都有几种或几十种抄本,甚至还有不少古佚注疏。

敦煌发现的《周易》写本,都是当时流行的王弼注本,而没有郑玄注本。用这些唐人写本校勘宋以后的刊本,立刻就可以发现唐抄本在校勘上的价值,其例证不胜枚举。此外,还有《周易经典释文》抄本,与今本相异处甚多,已汇校入黄焯《经典释文汇校》。

六朝和唐代初年所抄写的《古文尚书》的发现,在经学研究上意义重大,因为天宝三载(744),唐玄宗命集贤院学士卫包把古文《尚书》改成今文,以后民间流行者均为改字的今文本。幸好唐初人陆德明撰的《尚书释文》中,在音义里保存了一些隶古定本的字,可惜到北宋开宝五年(972),宋太祖认为陆氏的解释与唐玄宗所定今文不符,令陈鄂删去,于是隶古定本《尚书》终于绝迹于天壤之间。直到敦煌本出,人们才又知道《古文尚书》的模样,由此得知宋代郭忠恕所定《古文尚书》及《释文》,以及由此而来的薛季宣《书古文训》,不过是撷拾字书

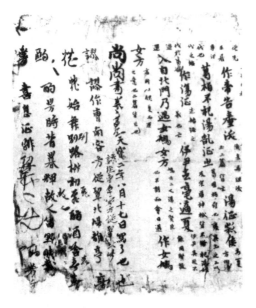

图13-1　P.5557 天宝改字前一年所写《古文尚书》

而成,实是伪本。而且,清代许多考据家争论不已的许多字,只要看一下这些写本就可定谳[2]。目前所找到的三十多件《古文尚书》残卷(图13-1),不仅有改字以前的写本,也有改字以后的写本。有的早期写本,用今文注古文,有的写本文字上还有四声标识,使人们对《古文尚书》有了进一步的认识,即改字之前已有今文夹杂在一些写本之间,改字之后也还有些古文的遗存。这种随着由隶变楷的字体变化而变化的古书形式,在靠手写流传的年代,不能不出现因人而异的现象。除《古文尚书》外,敦煌也发现了《今文尚书》和唐写本《尚书释文》。由于这些古抄本对经学研究十分重要,顾颉刚与顾廷龙积数十年的工夫,收集整理成《尚书文字合编》,把敦煌、吐鲁番和日本传存的抄本影印出来,供学者比对研究[3]。

敦煌本《毛诗》类著作,有《毛诗故训传》《毛诗正义》和所谓《毛诗定本》,而最重要的发现,是两种久佚的《毛诗音》。其中P.3383《毛诗音》残卷,可能即晋人徐邈所撰,保存了古音近千条。徐邈是郑玄之后第二个给《毛诗》作音注的人,他的书是唐陆德明《经典释文》中《毛诗音义》的蓝本,其重要性可想而知。清代著名辑佚家马国翰曾辑徐邈书,得音250余条,和这件唐初写本相比不可同日而语[4]。另一种《毛诗音》(S.2729),可能是晋唐间的某种《诗音》汇编本之类[5]。

《礼记》有白文本、郑玄注本和唐玄宗御刊删定的《礼记月令》写本,但最重要的是久佚的徐邈《礼记音》(S.2053),残卷虽然仅存181行,却可以订正马国翰辑本误辑和其他错误多处[6]。

《春秋》三传,自晋室南渡以后,太学不置《公羊》《穀梁》,《左传》独尊。唐朝刘知幾著《史通》,举《左传》三长,揭《公羊》《穀梁》五短,更进一步确立了《左传》的地位,这在藏经洞出土文献中得到真实反映。据统计,杜预集解本《春秋左氏传》共有三十多件,并且有专门摘录嘉言懿行的节抄本;而《春秋穀梁传》只有六件,《公羊传》则付阙如。

《孝经》和《论语》是唐朝科举制规定的必读物,必须在试九经之前就先把它们读通。因此,敦煌出土的《孝经》《论语》两种最多,既有官府用的课本,也有私塾用的教材,其中有不少写本是学童的抄本,讹俗字满纸,没有多少校勘价值,但可以考见当时的教育情形和方式。

这两种书的写本中,最重要的发现是郑玄注解的发现。

《孝经郑氏解》是久佚的古籍,清儒的辑本疏漏很多。敦煌本比旧辑序文多了15倍,注文增加1/4。另外还有《孝经郑注义疏》、唐玄宗《御注孝经》以及1—2种不知名的《注疏》[7]。《论语郑氏注》也是唐以后久佚的重要典籍。因为隋唐统一南北后,用南方流行的何晏《论语集解》,而北方流行的郑玄注《论语》渐渐消亡。但唐朝的北方地区,如敦煌、吐鲁番,私塾中还用《论语郑氏注》,因而得以保存。在吐鲁番的唐代墓葬中,20世纪50年代以来陆续也有发现。这些敦煌和吐鲁番的写本数量较多,除了使人们得见郑注的原貌外,同时也说明这种北朝盛行的注本,在隋唐统一南北经学后,仍在西北地区广泛流传。王素《唐写本论语郑氏注及其研究》,汇集了大多数敦煌吐鲁番出土的写本,辑得文字一半以上,并做了精心的校勘[8]。

敦煌发现的何晏撰《论语集解》,则代表中央政府规定的课本,共有六十多件抄本,可见其流行,整理本有李方《敦煌〈论语集解〉校证》[9]。此外,P.3573被认为是梁皇侃的《论语疏》单行本,但也有人提出,这个写本可能是据《皇疏》所作的讲经提纲[10]。此外,还有唐玄宗《御注孝经》。

二 史 部

敦煌和吐鲁番发现的正史类书,有《史记》《汉书》《三国志》和《晋书》。

《史记》《汉书》在敦煌、吐鲁番都有发现,表明两者的崇高地位和流行广泛。吐鲁番发现的一件写本,一面是《史记》,另一面是《汉书》[11],尤其可以明证两书一并流行的情况。

正史类的书中以晋人蔡谟的《汉书集解》最重要。此书是蔡谟集中应劭以来各种《汉书》注解而成,在唐颜师古的注本流行以前,主要是通行蔡氏的《集解》,郦道元《水经注》、李善《文选注》以及《史记》的《索引》和《正义》,都曾引用其书。因此,它的发现不仅有功于《汉书》,也有助于其他古籍的整理研究[12]。对于此书的性质,也有不同的看法。此外,颜师古注本也有留存。

《三国志》在吐鲁番地区曾发现过三件,大概都是十六国时期的写本,早于南朝刘宋的裴松之注本,可以据知《三国志》的最初形态,也可以校订宋刊本的讹误[13]。敦煌研究院藏有一叶《三国志》抄本,但有些专家认为可疑[14]。

《晋书》是唐太宗御定的史书,敦煌有抄本不足为奇。除《晋书》外,敦煌出土了此前诸家《晋史》的代表作——孙盛的《晋春秋》(即《晋阳秋》)。此书是晋朝人记晋朝事,所以较他书详细,有些甚至为唐修《晋书》及清儒所辑诸家《晋史》所不载。1972年,考古工作者又在吐鲁番的高昌国墓葬中找到《晋春秋》的残卷,证明孙盛此书在西陲的流行[15]。

杂史类中有写本较多的是晋人孔衍的《春秋后语》。唐刘知幾《史通·内篇》说:"孔衍以《战国策》所书,未为尽善,乃引太史公所记,参其异同,删彼二家,聚为一录,号为《春秋后语》。除二周及宋、卫、中山,其所留者七国而已。始自秦孝公,终于楚汉之际,比于《春秋》,亦尽二百三十余年行事。"颇适合于一般读者所需,所以在唐代周边地域如敦煌(沙州)、吐鲁番(西州)以及周边民族或国家如吐蕃、南诏、日本,也颇有流行。但宋代以后,此书不被重视。大约元、明之际,已经失传。明清以来,陆续有辑佚之作,但所得不多。敦煌发现的写本共十三件,虽然不是全部,但足以排出十卷的次第,得知全书的大概。此外,还有赵、韩、魏、楚四篇的一种略出本[16]。特别值得一提的是,这部书还被译成藏文流传,藏文残卷(P.t.1291)也在藏经洞中发现,实在是千古难得的巧事[17]。最近在吐鲁番写本中,找到《春秋后语》卢藏用注本,可以见唐本原貌[18]。

属于历史方面的还有唐虞世南《帝王略论》、李筌《阃外春秋》,以及一些敦煌地方史的著作,如《敦煌氾氏家传》《敦煌名族志》、张球《南阳张延绶别传》《归义军名士高僧邈真赞集》、扬洞芊《瓜沙古事系年》等,都是很有价值的佚书或敦煌地方文人编纂的书籍。

藏经洞出土的一批地理著作也十分引人注目。迄今为止,敦煌写本中只发现了三种属于全国总志类的地理文献,却都是佚书。

《天宝十道录》(敦煌市博物馆藏10—76号,图13-2),写本首尾残,存160行,记有陇右、关内、河东、淮南、岭南五道一百三十八州府的简要情况,包括州府等第、名称、距两京里程、土贡、公廨本钱数、所属县名等第、县管乡数、公廨本钱数,有朱笔校勘、增订文字,格式谨严,当属地志类文献抄本无疑,有的学者注意到它所记录的公廨本钱数的重要性,因称之为"郡县公廨本钱簿",似未达诂。对比贾耽《贞元十道录》的体例,考虑到本书不分卷,实用性强,随时改订等特征,可以判断其为官府所编"十道录"类的著作。据其所记州县名称的改易情况,可以推测是天宝初编成,因此可以称之为"天宝十道录"。写本虽残,但保存了许多唐朝最盛期的珍贵史料,如唐玄宗开元二十五年时的行政区划、天宝元年州县名称的变更、各州县的公廨本钱数、土贡,

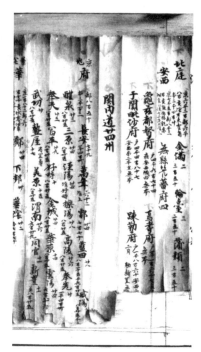

图13-2 敦煌市博物馆藏《天宝十道录》

以及陇右、关内、岭南诸道边疆史料,有不少是其他史料中所未见的[19]。

《贞元十道录》(P.2522),矩形长条残纸两叶,双面书写,存字16行,记剑南道十二州的州郡等级、名称、距两京里程、所管县名、等级,有的州兼记古迹、土贡等。1913年,罗振玉考订其为已佚的贾耽《贞元十道录》"略出之本"[20]。以后学者均以"贞元十道录"称之,对比权德舆《魏国公贞元十道录序》(《全唐文》卷四九三)所记贾书情形,罗氏比定不误。敦煌残卷虽然字数不多,但可以窥见原书体例和格式,并保存有若干其他书失记的剑南道史料[21]。

《诸道山河地名要略》(P.2511),写本首残,尾题有"诸道山河地名要略第二",知为大中时翰林学士韦澳书,原本九卷,又名《处分语》(《新唐书·艺文志》),系"纂次诸州境土风物及诸利害"而成,以供宣宗处分地方事务时使用(《通鉴》卷二四九)。残卷存206行文字,所记为河东道晋、太原、代、云、朔、岚、蔚、潞等八府州部分,每州府下,记府州名称、等第、距上都里数、建置沿革、郡望地名、山川、民俗、物产,最后是处分语。尾题后有题记"八月七日戊辰记",依朔闰推之,当为懿宗咸通九年(868)八月七日抄写题

记,时归义军节度使张议潮在京师长安,此卷应是归义军使者匆匆抄于长安而带回敦煌的写本,字体有些在行草之间。若然,则宣宗宫中所用《处分语》,到懿宗时已流出内廷,甚至远到敦煌了。本书作为晚唐的一部全国性地理总志,在编纂上有所增损改易,如民俗、事迹等项,对后世地志体例颇有影响。而其抄录《元和志》之处,亦有校勘价值[22]。

敦煌文书中保存了一些方志,其中以关于敦煌及其周边地区的方志最多。这些反映西北地区,特别是敦煌的方志,对于敦煌学研究来讲,似乎比上述总志更为重要。迄今为止,已知的敦煌方志,有唐前期的《沙州图经》卷一(S.2593)、卷三(P.2005、P.2695)、卷五(P.5034),有晚唐五代宋初的《沙州伊州地志》(S.367)、《沙州志》(S.788)、《寿昌县地境》(祁子厚藏卷)、《沙州归义军图经略抄》(P.2691,旧称"沙州城土境")和《敦煌录》(S.5448)[23]。

这些方志的母本应当是唐高宗时编纂而玄宗时增补的官修《沙州图经》(又称作《沙州都督府图经》),其书原为五卷,记沙州和敦煌、寿昌二县及所属石城、播仙二镇的山川、河渠、泉泽、驿道、城塞、学校、祠庙、古迹、祥瑞、歌谣等,现存之卷一残卷,只有开首六行文字;卷三有两个抄本,存甘泉水以下至卷尾歌谣,共513行,保存了敦煌县的大部分地理资料;卷五为寿昌县部分,包括石城、播仙二镇,残存181行,文字多有缺失,但因为敦煌文书中其他有关寿昌县的材料保存比较完整,所以内容大体可以复原;所记为寿昌的栅堡、佛寺、学校、社稷、山川、泉湖、渠涧、古迹和石城镇的山脉、城堡、物产、道路、古迹、祠寺,最后为播仙镇部分,仅存首部残文[24]。《沙州图经》提供了详细的敦煌历史地理和人文地理的材料,也保存了不少已佚的敦煌历史典籍和故事,是研究敦煌历史、地理和敦煌文书最重要的参考文献。此外,《沙州图经》的发现,也为方志学研究提供了一件唐代图经的真本,而且保持着原来的抄写格式,使人们对方志的起源和最初的变化有了深刻的了解。

李正宇指出,《沙州志》与《沙州伊州地志》原为同书的不同抄本,所见极是,后者的题记表明是光启元年(885)沙州文人张大庆自灵州安慰使处抄得,知原本为中原王朝传存的志书。两写本记敦煌、寿昌县部分,较《沙州图经》简略,但增加了陷蕃与张议潮收复的记载,弥足珍贵。后者所记伊州及所属三县,文字完整无缺,保存了建置沿革、公廨本钱和户数、寺观、烽戍、风俗、物产、山川、祆庙、军镇、部落等记载,是现存有关伊州地区的最详细记载,史料价值极高。

《寿昌县地境》是据《沙州伊州地志》和《沙州志》的母本中寿昌县的部

分精简而成的,删去五代时已经消失的地理单元。据卷尾题记,该写本可能是敦煌文人翟奉达编纂并于天福十年(945)上给寿昌县令的(依李正宇说)。此卷原藏敦煌私家,40年代向达先生在敦煌考察时从友人处转录一份,以《记敦煌石室出晋天福十年写本寿昌县地境》为名,发表了录文和相关问题的考订[25]。事实上,在1941年完稿之《重修敦煌县志·方舆志》未刊稿本中,有敦煌文人吕钟抄本,因系录自原卷,所以较向录为佳。李正宇在《笺证》中据吕氏抄本释录,把《地境》的研究推进了一步。惜此卷原本目前仍不知所在。

前人拟名为"沙州城土境"的P.2691,李正宇拟名为《沙州归义军图经略抄》,并认为是抄自乾祐二年(949)沙州归义军官修之志书详本。其说可取,唯所拟现在这个名字,恐非原名,只能姑且用之。此卷著录沙州地理虽甚简略,但有关敦煌诸山脉,为他书所缺,而且前有关于敦煌莫高窟创建于永和八〔九〕年癸丑(353)年说,均为敦煌史地研究的重要信息。

《敦煌录》作为方志的特色是增加了人文地理的成分,特别是关于莫高窟的记载,是其他敦煌方志所没有的。写本是册子装,字体不佳,封面一页上,有"道真"的题名,似乎表明这个写本是属于位于莫高窟前的三界寺僧人道真所有,甚至也可能就是他编纂的,因此才特别突出莫高窟的地位。

《西州图经》(P.2009),写本首尾残,存56行,精抄本,格式谨严,惜仅存十一条道路、二所山窟和一区古塔的记载。早在1909年,罗振玉即从伯希和携至北京的原本录出,刊于《敦煌石室遗书》,并考证成书于乾元以后,贞元以前。1913年,又影印于《鸣沙石室佚书》,便于学人利用。本书虽残存文字不多,但对研究西州通往外界的交通道路和伯孜克里克、吐峪沟两所石窟,都提供了珍贵的史料,而且在吐鲁番文书的考释上,不时可以从中得到补证。

《兴平县地志》(S.6014),仅存七行文字,所记为京兆府兴平县祥瑞等事,郑炳林先生考证为唐高宗时编纂的《兴平县地志》[26]。

敦煌写本中还有一些地理行纪也很重要,其中玄奘《大唐西域记》、慧超《往五天竺国传》等求法僧的著作已见第十一讲,这里谈谈敦煌保存的宇内行记,它们都是巡游佛教圣迹的记录,其中尤以五台山为多。

《诸山圣迹志》(S.529、P.2977)两写本中,S.529正面为定州开元寺僧归文状,背面为一僧人旅行记,始于五台山,所经之地,包括太原、幽州、定州、沧州、汴州、扬州、洪州、杭州、抚州、福州、泉州、广州、韶州、洛京、关中等大半个中国,后又记庐山、峨嵋山、罗浮山、终南山、嵩山、华山等地寺院圣迹。刘铭恕拟名为"诸山圣迹志"(《敦煌遗书总目索引》),为学者遵用。然而,因为写本文字潦草,墨色浅淡,释录极为困难[27],目前尚没有好的录文发表,《英藏敦煌文献》发表的图版较缩微胶卷清晰,但仍不及原卷。P.2977所抄只是《诸山圣迹志》的五台山部分。

《五台山行记》(P.3973、P.4648、S.397、P.3931),共有四种,是晚唐、五代时期五台山文殊菩萨信仰流布于敦煌的反映。在这四种五台山行记中,P.3973是某人从晋北入代、经雁门关而到五台山的日记;P.4648是某人自怀州、泽州、潞州到太原的日记,S.397则是从太原经忻州到五台山的日记,除行宿外,两卷主要记每日巡礼佛教寺院的情形;P.3931杂纂卷中,保存了《印度普化大师巡礼五台山行记》,也是以日记的形式,记录这位印度僧人巡礼五台各寺的情况[28]。

三　子　部

把医药、天算和释道类排除在外,敦煌的子部书仍很多。

儒家类有《孔子家语》(S.1891),即三国魏王肃重编本,存《郊问》第二十九末12行和《五行解》全篇,为唐以前抄本,可以校订毛晋汲古阁影宋本[29]。

兵家类的《六韬》(P.3454),是北宋删定之前的原本,残卷存200行,足以窥见太公书原本的面目。

术数类的书抄本很多,种类也不少,这和唐五代民间占卜的盛行有关,而处在沙漠之中绿洲孤岛上的人们,总要求神问卜,才觉得安稳。过去,学者对术数类的写本关注较少,研究成果也不多,只有一些简单的跋文和个别文书的考订。2001年,黄正建出版了《敦煌占卜文书与唐五代占卜研究》,对这组文献做了系统的分类和整理[30]。以下依据黄氏的《研究》,把主要的占卜书介绍如下:

(一)卜法类分作八小类:1)以《周易》六十四卦占卜的易占,有《易三备》和其他易占书;2)以水、火、木、金、土五兆局来占卜吉凶的五兆卜法,所存写本中以P.2905写本最完整;3)用十二枚棋子占卜的灵棋卜法;4)以十二枚铜钱占卜的《李老君周易十二钱卜法》;5)以竹筒中的九枚算子来占卜的《孔子马头卜法》;6)用34个算子按卦象占卜的《周易卜法》;7)占十二时卜法,又称"周公孔子占法";8)其他杂占法。(二)式法类有六壬式法和遁甲式法两类写本。(三)占候类有《悬象占》《西秦占》《五州占》《太史杂占历》,《乙巳占》,云气占(图13-3)和其他四种。(四)相书类有许负《相书》

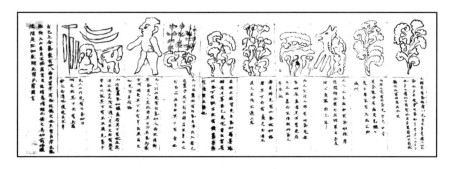

图 13-3 气象杂占

或同一系统的著作、鹰子图（黑子图）、面色图。（五）梦书类可细分成六小类，即《新集周公解梦书》《周公解梦书》、解梦书两种和占梦书两种。（六）宅经类有五姓宅经和其他宅经。（七）葬书类有《阴阳书·葬事》《葬书》《葬录》和有关山冈地脉类的占书。（八）时日宜忌（选择）类，有杂抄、七曜直、六十甲子历、神祇出行、推忌日月、杂写等。（九）禄命类包括星命术书和禄命术文书。（十）事项占类有占病、占婚嫁、占死丧、占走失和逆刺占。（十一）杂占类。这些占卜文书，有些是正式的书籍，但许多都是民间应用的图书，不登大雅之堂，因此在传统的四部书目中没有著录。这些资料对于社会史研究可能比学术史更为重要。

杂家类有《刘子新论》，北齐刘昼撰，有 P.3562、P.2546、P.3704、P.3636、S.12042、罗振玉旧藏本（现存东京国立博物馆）、刘幼云旧藏本（北图新 0688 号）七件抄本，而且，和田发现的汉文残片中，也有一件《刘子》，可见这部书传播广远。林其锬、陈凤金合著的《敦煌遗书刘子残卷集录》[31]，校录了其中六种写本。

还有李文博《治道集》，宋以后久佚，敦煌发现 P.3722 和 S.1440 两写本，约得原书的 1/8，可以略知其"所论治理之要"。

小说类中的《搜神记》《还冤记》《启颜录》《周秦行记》，提供给我们许多与传世文本对照研究的问题。

敦煌的类书写本很多，特别是民间所用的各种小类书更为流行。其中比较重要的有唐杜正伦的《百行章》，此书宋以后亡佚，但敦煌发现的写本，可以恢复它的全貌。又有唐杜嗣先《兔园策府》、于立政《类林》、李翰《蒙求》、李若立《籯金》以及《语对》《珠玉集》《新集文词九经钞》《杂钞》（一名《珠玉钞》）等，不少可以用残卷拼成完本，而其中征引的史籍，又含有不少佚书，是辑佚时不应忽视的一批材料。王三庆所编《敦煌类书》，把已知的类书残卷系统地分类整理,有录文、校注和很方便的索引[32],极便学人。

四 集 部

  敦煌俗文学作品十分有名,相比之下人们却不太注意属于上层士大夫的文集。这些别集或总集种类虽然没有经、史、子三部多,但也有一些值得注意的写本。如 P.2819《王绩集》是该书五卷本的最早写本;隋释道骞的《楚辞音》是久佚的著作,十分重要;《故陈子昂遗集》足资校勘。

  以晚唐人刘邺的《甘棠集》为例,此书宋以后亡佚,敦煌发现的 P.4093《甘棠集》写本,乃天壤间仅存之孤本,赖王重民先生慧眼,从数千件文书中检出,且首发其覆,考定其书即《新唐书·艺文志》别集类著录之"刘邺《甘棠集》三卷"[33]。写本共 30 册叶,分作四卷,存文八十八首,保存了全书的大半内容。而且这种产生于晚唐时期,专为方镇幕僚撰写公文时参考之用的唐代文集,在唐朝文书和文献学上自有研究旨趣,同时也可以解决一些中晚唐历史中的疑难问题。2000 年,赵和平在前人整理研究的基础上,著《敦煌本〈甘棠集〉研究》一书,对本书做了精心的校录和详细的注释[34]。

  总集中以《文选》写本最多,有萧统原本,也有李善注本,还有一种佚名的《文选音》。最近几年,由于敦煌吐鲁番写本的大量影印出版,也推动了对《文选》写本的校勘和研究,先后出版了饶宗颐《敦煌吐鲁番本文选》[35]、罗国威《敦煌本昭明文选研究》[36]、罗国威《敦煌本文选注笺证》[37]、傅刚《文选版本研究》[38]。饶著是影印敦煌吐鲁番写本《文选》的集大成之作。罗氏的《研究》是对《文选》写本的校录和考释,而他的《笺证》,是对日本永青文库和天津艺术博物馆藏《文选注》的整理研究。傅著是对写本和刻本《文选》各种本子的系统研究[39]。

  诗歌总集有《玉台新咏》,但更使人振奋的是发现了崔融编《珠英学士集》、蔡省风编《瑶池新咏集》以及另外几种《唐人选唐诗》,除可校勘刻本唐诗异字外,其中还有不少《全唐诗》未收的佚诗,仅《珠英学士集》就有27 首。

  这里特别值得一提的是《瑶池新咏集》(Dx.6722、Dx.6654 + Dx.3861、Dx.3872 + 3874、Dx.11050),这是近年新刊俄藏敦煌残卷中保存的珍本,有书题(图 13 - 4),共计残存四位女诗人的诗作 23 首,其中李季兰 7 首,元淳7 首,张夫人 8 首,崔仲容 1 首。占《瑶池新咏集》全部 23 人 115 首诗作的五分之一。《瑶池新咏集》也称《瑶池新咏》,是见诸文献著录的唐人选唐诗中惟一一部女诗人诗歌选集,也是中国古代保存至今的最早的一部女诗人诗歌选集。原书早佚,在俄藏敦煌本发现之前,我们只能从宋人的文献著录中了解其大致的收录范围和所收诗人诗作的数量。《瑶池新咏集》残本的发现,不仅填补了宋前女诗人选集传本的空白,也有助于我们从整体上考察唐朝女性诗人群体的创作问题[40]。

近代以来人们开始补《全唐诗》,敦煌写本是一个重要来源,但这项工作还没有彻底完成。由于补《全唐诗》的影响,使得敦煌诗歌的整理一直是以同作者或同类诗放在一起的

图13-4 《瑶池新咏集》

方法来整理的,这样往往割裂了敦煌本原卷抄写的诗歌内在的理路,违背了原编者的抄写原则。王重民先生曾把 P.2492 诗集写本著录为"白香山诗集",1955年文学古籍刊行社影印宋刻本《白氏长庆集》,也把它作为附录,附印书后,广为人知。然而,最近我们发现,俄藏 Дx.3865 是紧接 P.2492 诗之后的诗册散页,两件可以直接缀合,俄藏卷除了接着法藏卷的白居易《盐商妇》外,以下还有李季兰诗(首句"故朝何事谢承朝")、白居易《叹旅雁》《红线毯》、岑参《招北客词》,显而易见,这个卷子只是唐朝一个诗文合抄集,而不是白居易自己的诗集[41]。可见敦煌诗集抄本的形态,与今人的别集不同,整理敦煌诗歌,应当充分尊重原卷诗歌的次序和同卷上相关联的其他内容。基于这种认识而精心整理敦煌诗集的著作,是徐俊的《敦煌诗集残卷辑考》[42],不论从校录之精审,还是对原作之忠实,都可以作为今后四部书整理工作的典范。

注 释

[1] 参看陈铁凡《三近堂读经札记》,《敦煌学》第1辑,1974年,108—109页。
[2] 罗振玉《雪堂校刊群书叙录》卷下,收入《敦煌古籍叙录》,北京:中华书局,1979年,8—10页。
[3] 《尚书文字合编》,上海:上海古籍出版社,1996年。

[4] 王重民《敦煌古籍叙录》,36—38 页及同书 38—42 页转载之刘诗孙《敦煌唐写本晋徐邈毛诗音考》。

[5] 王重民《敦煌古籍叙录》,42—44 页。

[6] 同上书,48—49 页。

[7] 陈铁凡《敦煌本孝经类纂》,台北:燕京文化事业股份有限公司,1977 年;同作者《孝经郑注校证》,台北:编译馆,1987 年。

[8] 北京:文物出版社,1991 年。所遗残片,见荣新江《〈唐写本论语郑氏注及其研究〉拾遗》,《文物》1993 年第 2 期,56—59 页。

[9] 南京:江苏古籍出版社,1998 年。

[10] 李方《唐写本〈论语皇疏〉的性质及其相关问题》,《文物》1988 年第 2 期。

[11] 荣新江《德国"吐鲁番收集品"中的汉文典籍与文书》,饶宗颐编《华学》第 3 辑,北京:紫禁城出版社,1998 年,312 页。

[12] 王重民《敦煌古籍叙录》,76—81 页。

[13] 片山章雄《吐鲁番、敦煌发现〈三国志〉写本残卷》,《东海史学》第 26 号,1991 年,33—42 页,图一。

[14] 刘涛《书评:敦煌书法库》,《敦煌吐鲁番研究》第 2 卷,1996 年,405—407 页。

[15] 王素《吐鲁番所出〈晋阳秋〉残卷史实考证及拟补》,《中华文史论丛》1984 年第 2 期,25—47 页;陈国灿、李徵《吐鲁番出土东晋写本〈晋阳秋〉残卷》,《出土文献研究》,北京:文物出版社,1985 年,152—158 页。

[16] 康世昌《〈春秋后语〉辑校》(上)(下),《敦煌学》第 14—15 辑,1988、1990 年,91—187、9—86 页;王恒杰《春秋后语辑考》,齐鲁书社,1993 年;李际宁《〈春秋后语〉拾遗》,《敦煌吐鲁番研究》第 1 卷,1995 年,335—338 页。

[17] 此卷最初由今枝由郎先生考订为《战国策》,见所撰"L'identification de l'original chinois du Pelliot Tibétain 1291- traduction tibétaine du Zhanguoce", *Acta Orientalia (Hung.)*, 34.1-3, 1980, 53-69。王尧、陈践先生从其说,并据《战国策》《史记》文字还译为汉文,载所著《敦煌吐蕃文献选》,成都:四川民族出版社,1983 年,82—99 页。其后,马明达先生据王、陈二位的汉译,判定其为《春秋后语》的藏译本,见所撰《P.T.1291 号敦煌藏文文书译解订误》,《敦煌学辑刊》第 6 期,1984 年,14—24 页。

[18] 荣新江《德藏吐鲁番出土〈春秋后语〉残卷考释》,《北京图书馆馆刊》1999 年第 2 期,71—73 页。

[19] 荣新江《敦煌本〈天宝十道录〉及其价值》,唐晓峰等编《九州》第 2 辑,北京:商务印书馆,1999 年。较好的录文和校注有两家,吴震校录本载《文史》第 13—14 辑,北京:中华书局,1982 年;马世长校录本载《敦煌吐鲁番文献研究论集》,北京:中华书局,1982 年。

[20] 罗振玉《鸣沙石室佚书》,1913 年。

[21] 荣新江《敦煌本〈贞元十道录〉及其价值》,《中华文史论丛》第63辑,2000年,92—99页。录文见郑炳林《敦煌地理文书汇辑校注》,兰州:甘肃教育出版社,1989年;王仲荦《敦煌石室地志残卷考释》,上海:上海古籍出版社,1993年。

[22] 录文见上注引郑炳林、王仲荦书。

[23] 李正宇《古本敦煌乡土志八种笺证》(台北:新文丰出版公司,1998年)均有录文和校注,但敦煌以外的内容不录。

[24] 迄今为止最好的整理本还是池田温《沙州图经略考》,《榎博士还历记念东洋史论丛》,东京:山川出版社,1975年。

[25]《北平图书馆图书季刊》第5卷第4期,1944年。其后,森鹿三(《东洋史研究》第10卷第2期,1948年)、唐耕耦《释录》、郑炳林《校注》、王仲荦《考释》均有录文,所据都是向达录文。

[26]《敦煌地理文书汇辑校注》,199—200页。

[27] 郑炳林《校注》曾做录文,并加注释,因所据胶片不佳,错误较多。

[28] 日比野丈夫《敦煌的五台山巡礼记》,《小野胜年博士颂寿记念东方学论集》,京都,1982年;杜斗城《敦煌五台山文献校录研究》,太原:山西人民出版社,1991年。有些录文欠佳。

[29] 王重民《敦煌古籍叙录》,149—150页。

[30] 北京:学苑出版社,2001年。

[31] 上海:上海书店,1988年。

[32] 高雄:丽文文化事业公司,1993年。

[33]《敦煌古籍叙录》,302—303页。

[34] 赵和平《敦煌本〈甘棠集〉研究》,台北:新文丰出版公司,2000年。

[35] 北京:中华书局,2000年。

[36] 哈尔滨:黑龙江教育出版社,1999年。

[37] 成都:巴蜀书社,2000年。

[38] 北京:北京大学出版社,2000年。

[39] 关于以上四种书的优劣,参看徐俊书评,《敦煌吐鲁番研究》第五卷,北京:北京大学出版社,2001年,367—381页。

[40] 荣新江、徐俊《新见俄藏敦煌唐诗写本三种考证及校录》,《唐研究》第5卷,北京:北京大学出版社,1999年;同作者《唐蔡省风编〈瑶池新咏〉重研》,《唐研究》第7卷,2001年。

[41] 荣新江、徐俊《新见俄藏敦煌唐诗写本三种考证及校录》,67—73页。

[42] 北京:中华书局,2000年。

第十四讲
敦煌学与语言文学研究

敦煌文献中也有不少语言和文学资料。语言方面,不仅有关于汉语音韵、训诂、文字的书籍,也有大量的可供研究中古和近代汉语的资料,还有更可宝贵的几种非汉语资料,即藏文、回鹘文、于阗文、粟特文、梵文等。文学方面,最有价值的是为传统士大夫所扬弃的俗文学作品,有讲经文、变文、缘起故事、词文、话本、俗赋、曲子词、通俗诗等等,不仅可以见唐五代民间文学的实况,也可由此得知后代戏曲小说的来源。

一 汉 语

1. 音 韵

在音韵学方面,敦煌文献主要有两个贡献。一方面是《切韵》及《切韵》系韵书的发现,包括早已失传的隋仁寿元年(601)成书的陆法言《切韵》原书抄本、唐长孙讷言仪凤二年(677)著成的《笺注本切韵》、增字加训本《切韵》、王仁昫作于神龙二年(706)的《刊谬补缺切韵》、孙愐作于开元二十年(732)的《唐韵》、五代时的刻本《切韵》。由这一系列《切韵》系的韵书,不仅可以考见《切韵》的原貌,并借以了解中古的音系,也可以明了从《切韵》到《广韵》的发展变化。周祖谟《唐五代韵书集存》收集整理了这些韵书残本,并做了总论和分别的考证[1]。

另一方面是提供了考察唐五代西北方音的材料。这种材料包括用藏文、于阗文、粟特文、回鹘文拼写汉字的写本和敦煌抄写的书籍与文书中所夹杂的大量同音通假字。通过对这些资料的收集整理,学者们已经对晚唐至宋初西北地区,特别是敦煌所在的河西地区的方音,有了深入的认识,并总结出若干区别于其他方音的特征[2]。

2. 文字与训诂

敦煌发现的字书抄本,据朱凤玉的研究分类,除去上面已经谈过的胡汉对照的译字书外,可分作五类:1)童蒙诵习的识字书,有周兴嗣《千字文》、马仁寿《开蒙要训》、佚名的《新合六字千文》《百家姓》。2)解释音义的字典,有顾野王的《玉篇》。3)要用杂字的字书,如《俗务要名林》《杂集时用要字》。4)刊正字体的字样书,如郎知年《正名要录》、杜延业《群书新定字样》、佚名《时要字样》。5)解说俗语的字书,如《碎金》(又称《字宝》,图14-1)、《白家碎金》[3]。这些字书除了与普通的字书具有同样的功能外,有两点最重要,一是有些是专门解释口语词汇的书,如《碎金》;还有《俗务要名林》,分类辑录日常用语并加以注释;它们都是可以补充正统辞书的重要工具书,对于阅读敦煌文书尤具参考价值。二是提供了唐朝一些字样书,如 S.388《字样》,辨别形近义异和别体俗书,指明正字,高宗武后时书;《正名要录》是分别古今字形和辨别音同字异的书;《时要字样》是分辨同音异义字的书,为我们了解不同时期的文字形态和意义,提供依据。

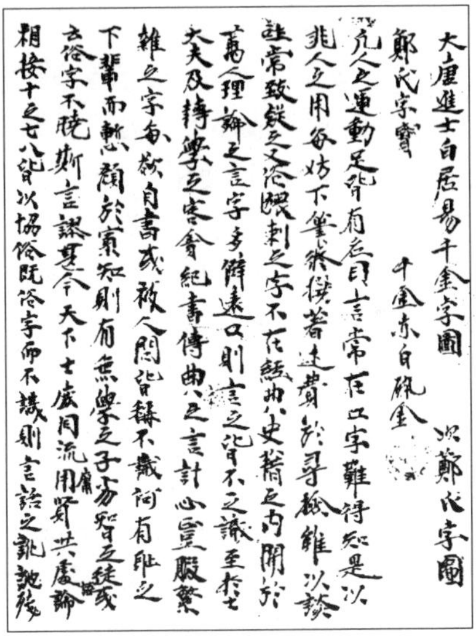

图 14-1 P.2058《碎金》

敦煌文书大部分是写本时代的产物,文字不规范,特别是俗文学作品、世俗文书当中,有大量的俗字,给使用这些资料的学者带来许多麻烦,不弄懂字义,有时对文本的理解会谬以千里。因此,考释俗语词,是敦煌语言文字方面的学者一直努力从事的工作。蒋礼鸿《敦煌变文字义通释》,是集中阐释变文词义的著作[4]。张涌泉先后出版《汉语俗字研究》[5]《敦煌俗字研究》[6],对俗字的考释,贡献最多。

二 胡 语

敦煌藏经洞发现的非汉语文献,又叫做"胡语文献"。其中最多的是藏文文献。敦煌的藏文文献，主要是吐蕃统治敦煌期间（786—848）所写，但也不排除以前所写的文献材料在这一时期才带到敦煌，而且我们确切知道还有一些属于吐蕃统治以后，甚至晚到10世纪的藏文文献和文书也保存在其中。这些藏文有的是9世纪初吐蕃厘定藏文之前所写，文字与今天的藏文不同，即使是与现行藏文基本一致的这次厘定以后的藏文写本，因为有的是行书（无头字），有的词义今天已经消失，因此解读起来有相当的难度，特别是没有对应文本可资对照的世俗文书，还有不少没有翻译出来。因此，藏文写本的研究还有许多工作要做，而且还需要把解读出来的藏文文书与汉文文书相对照，或许可以揭开吐蕃统治敦煌时期的许多未解之谜。

维吾尔族先民使用的回鹘文，语言属于阿尔泰语系的突厥语族，文字借自粟特文，由于后代的回鹘人皈依了伊斯兰教，文字也改用阿拉伯文，所以，这些内容以佛教、摩尼教为主，兼有一些世俗文书的敦煌发现的回鹘文写本，也是通过学者们多年的努力才逐渐读懂的。我们笼统称之为敦煌回鹘文文献的材料，应当区分为两组。一组是敦煌藏经洞中发现的，年代应当在1006年以前，主要是从甘州回鹘或西州回鹘王国带到敦煌的文献和寄来的信件等。另一组是莫高窟北区洞窟发现的佛教经典，有写本，也有刻本，它们和同一地点出土的回鹘文木活字一样，是属于元朝时期的回鹘文文献。两者有时被学者混淆，造成许多不必要的学术争论。

于阗文是古代西域于阗（今新疆和田）的居民所使用的语言文字，属于印欧语系伊朗语族的东伊朗语支，由于于阗人在公元11世纪以后渐渐被维

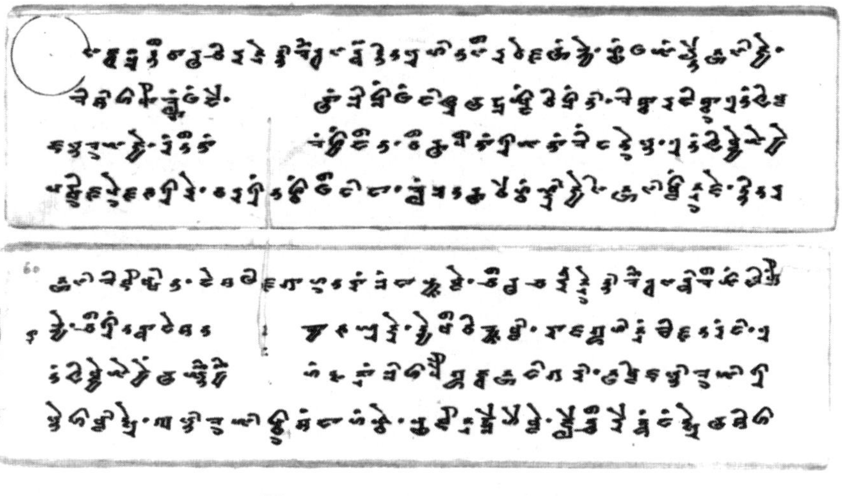

图14-2　P.3513 于阗文写经

吾尔人同化,其语言文字也逐渐消失,等到于阗文20世纪初在和田和敦煌两地被发现时,已是完全无人懂的"死文字"(图14-2)。经过语言学家多年的努力,现在大多数于阗语的文献已经解读,但还有不少敦煌出土的译自汉语佛典的于阗语文献没有比定,也还有相当数量的世俗文书没有圆满地翻译出来。这些材料主要是属于10世纪的文献,与沙州归义军的汉文文书可以相互发明,因此还有待深入研究。

粟特语文献是从中亚来到敦煌的粟特人所留下来的文字材料,其中有他们经商的记录,更多的是他们信仰佛教以后,抄写的佛教典籍,其中大多数是汉语佛典的粟特语译本。因为粟特语同样是一种"死语言",而且到目前为止,粟特本土所发现的粟特语文献,还没有敦煌发现的多。敦煌粟特语佛教文献因为多译自汉文,所以可以利用汉语来解读其词汇,因此敦煌粟特语文献在解读整个粟特语文献中发挥了重要作用。

此外,敦煌还有少量梵文文献,藏经洞外有西夏文题记,莫高窟北区发现有藏文、回鹘文、西夏文、蒙古文、叙利亚文文献,如果加上吐鲁番、库车、和田等地发现的各种语言文字资料,更是无法在本讲的篇幅中列举。以上只是概要的介绍,相关的文书内容和整理情况已见本书其他相关部分,此不赘述。

三　俗　文　学

敦煌藏经洞保存的文学作品有两类,一类是传世文人诗文的抄本,如《文选》、李白、白居易等的诗赋,这些属于文人士大夫的正统文学作品;另一类是俗文学作品,这些作品种类繁多,有讲经文、变文、缘起故事、词文、话本、俗赋、曲子词、通俗诗等等,在形式和体裁上都有别于正统文学,呈现出唐五代民间文学多彩多姿的面貌,为俗文学研究者开辟了新的天地。真正意义的"敦煌文学",应当是指敦煌保存的俗文学作品。

除了诗、词、赋之外,人们最初看到这些讲唱体裁的文学作品时,还不知道如何称呼它们。王国维最早称为"通俗诗"或"通俗小说"。后来罗振玉又把它们称之为"佛曲"。但经过向达的批驳,大多数学者放弃了"佛曲"的称法,根据一些作品名称中的"变"字,把这类作品统称为"变文"。1957年,向达、王重民等人合作编辑了《敦煌变文集》[7],是对这类作品的一次集大成工作,推动了敦煌俗文学的研究。随着研究的深入细致,人们渐渐不满足于笼统的"变文"一名,而是根据作品本来的名称和体裁,区分为几种各

图 14-3　P.4524《降魔变文》

具特征的作品形式[8]。以下对各类作品的内容和形式简要作一介绍,使人们对敦煌俗文学的内涵有个初步的了解。

1. 讲经文

佛教进入中国后,为了宣扬自身的教义,很早就有了讲经的制度。在对下层百姓进行宣传时,为了做到通俗易懂,往往并不完全按照佛经原文的顺序,而是随时根据听众的口味,增加其中的故事情节,有铺陈,有删减,这种讲经叫做"俗讲"。俗讲的仪式有和讲经不同的地方,在法师和都讲二人升座后,要先唱一首七言诗体的《押座文》,来静摄座下的听众,作为讲经的引子。为了把教义解释给大众,讲经的法师要用"唱导"或"转读"等方法来吸引听众,使佛经通俗化。所谓"唱导",就是用因果报应或譬喻故事等,来通俗地讲解佛经义理。"转读"又叫"唱经",是指在讲经时要使音调抑扬顿挫,用悦耳动听的声腔乐调来感化听众。俗讲所用的《押座文》和讲经底本——讲经文在敦煌有不少发现,其中有些讲经文是经过法师的反复使用、多次修订的文本,而有些写本抄有多首《押座文》,大概是供讲经法师随时选用的。

敦煌发现的讲经文有:《金刚般若波罗蜜经讲经文》《佛说阿弥陀经讲经文》《妙法莲华经讲经文》《维摩诘经讲经文》《维摩碎金》《维摩诘所说经讲经文》《佛说观弥勒菩萨上升兜率天经讲经文》《父母恩重经讲经文》《盂兰盆经讲经文》《长兴四年中兴殿应圣节讲经文》。最后一种尾题《仁王般若经抄》,是敷讲《仁王般若经》的文本。俄藏敦煌写本中有一种题名为《双恩记》的讲经文,据内容也可以称之为《大方广佛报恩经讲经文》。这些讲经文的内容,大多出于唐五代流行的几种大经和汉族特别喜欢的报恩类伪经,因为增加了许多虚构、想象、比喻、渲染的成分,又是散韵相间,重复讲

《降魔变相》

唱,所以篇幅一般比佛经要长。虽然现在看到的讲经文多是残本,但仍有一些连续性的鸿篇巨制,如《维摩诘经讲经文》,已经孕育了后代章回体白话小说的雏形。讲经文大概是这类讲唱体俗文学中最早出现的一种作品,对其他俗文学作品影响很大。

2. 变 文

从体裁结构上看,变文和讲经文一样,都是韵散结合、说唱兼行的通俗文学作品,因此有的学者认为二者没有什么不同。但如果仔细加以对比,可以发现变文从题材到内容是与讲经文有所区别又有所联系的。大概在唐朝中叶,随着俗讲的盛行,这种讲唱活动已从寺院走出而进入民间的大街小巷,讲唱的内容和形式也产生了变化,讲经文在向变文演化。在内容上,除了讲解佛经故事外,也开始说唱起中国传统的民间故事(伍子胥、王昭君),甚至当代的英雄人物(张议潮、张淮深)也成为主题;在形式上,虽然有些变文还保留了押座文、转读唱呗的仪式或如"经名题目唱将来"这类被认为是讲经文特有的词句,但大多数作品更注重故事本身的宣讲,作者可以更自由地发挥,尽情歌唱。即使是讲佛教故事的变文,也都去掉了讲经文中"经"的部分,而只取其"对白"和"吟唱"部分。那么,为什么把这种从讲经文发展而来的讲唱文学作品叫做变文呢?说法很多,至今还没有一致的意见。有的认为"变"字译自梵文,变文文体来自印度;有的认为变文是中国本土固有的文体演变而来的[9]。变文简称为"变",而我们前面介绍的各种经变画也简称"变",由此看来,"变"的直接意思是"变易",含有今天所说的"故事"的意思,变文就是讲故事的文本。与之相对应的"变相",就是故事画,当时一段段变文的讲唱,可能是配合着一幅幅变相同时进行的。P.4524 就是把《降魔变文》和《变相》写绘在正背面的实例(图14-3);莫高窟晚唐壁画《劳度叉斗圣变》,也是根据《降魔变文》绘出的,说明了变文的含义和它与变相之间的关系。

属于变文的写本很多,有些原来就明确标示为"变"或"变文",另一些则是按照变文特征而拟定的名称。归纳起来,讲唱佛教故事的变文有:《八相变》《破魔变》《降魔变文》《大目乾连冥间救母变文》《频婆娑罗王后宫绦女功德意供养塔生天因缘变》《地狱变文》等。有的变文,如《目连变文》,因大众的喜闻乐见,先后产生过几种文本,内容大同小异。讲唱中国史传故事和英雄人物事迹的有:《舜子至孝变文》《伍子胥变文》《孟姜女变文》《汉八年楚灭汉兴王陵变》《刘家太子变》《李陵变文》《王昭君变文》(图14-4)、《张议潮变文》《张淮深变文》。关于历史人物的变文,大多是以史书记载为依据,同时吸收大量的民间传说,使那些不识字的大众能理解故事的内容。作者的虚构和想象,使故事情节复杂,人物形象生动。这些传统的故事题材大概不仅仅是敦煌民众喜爱的对象,也在全国许多地区流通盛行。唐人吉师老有《看蜀女转昭君变》的诗,所记就是四川演唱《王昭君变文》的事。因此,这些传统题材的变文影响深远,对后代小说、戏剧都有直接的影响。

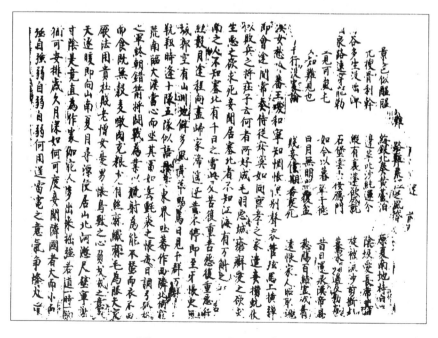

图14-4　P.2553《王昭君变文》

《张议潮变文》《张淮深变文》是歌颂晚唐归义军第一、二任节度使的文艺作品，应当出自敦煌文人的手笔，它们是敦煌当地所写的文学作品的代表作。同时，这种纪实性的文学作品，虽然不无夸张之处，但仍不失为研究归义军史的重要资料。

3. 因　缘

佛教僧侣在利用俗讲的方式向民众传播佛教时，除了用两人对讲的形式来宣扬教义外，还有另外一种形式，就是由法师一人来说法，根据佛经来讲解佛教教义。与两人讲经相对应的是讲经文，而与说法相对应的俗讲，可以称之为"说因缘"或"缘起"。其仪式是由一人讲说，选取一段佛经中的故事或僧传中的一段传记，加以编排敷衍，也有的照本宣科。其所用的底本一般称作"因缘"，有的也叫"缘起"，简称为"缘"。因缘本是佛教经典的一类，讲唱文学作品吸收而用为名称，但它的体制要比佛典灵活得多，有散韵相间写成的，也有只是用散文形式写成的。敦煌发现的这类作品有：《难陀出家缘起》《悉达太子修道因缘》《太子成道经》《太子成道因缘》《欢喜国王缘》《丑女缘起》（又名《丑女金刚缘》《金刚丑女因缘》）、《四兽因缘》《目连缘起》《佛图澄和尚因缘记》《刘萨诃和尚因缘记》《隋净影寺沙门慧远和尚因缘记》《灵州龙兴寺白草院史和尚因缘记》等，有的学者把《频婆娑罗王后宫绥女功德意供养塔生天因缘变》也放在这一类里。它们的内容，有的是叙述佛祖出家修道及度化众生的故事，有的是阐释教义或叙述神灵感应的故事，更多的则是叙述善恶因果报应的故事。

4. 词　文

敦煌俗文学作品中，有一些标明为"词文"或"词"的，可以自成一类。它们的体制多由长篇韵词构成，篇幅宏伟，语言通俗，有的略有散文叙述，作为歌唱前的说明。这类作品的代表是《大汉三年季布骂阵词文》和《董永词文》，都是长篇的韵文。又有《季布诗咏》《下女夫词》，也被看做是词文。有的学者还把《苏武李陵执别词》归入这一类，只是此卷虽标名为词，但散说多于韵语，有的学者认为应归入话本一类。词文，实际上是用歌词写成的长篇叙事诗，如《大汉三年季布骂阵词文》，共640句，4474字，七言一句，一韵到底，没有说白，显然是由一个人来演唱的。这种形式对后代的鼓书、弹词、影词产生了深刻的影响。词文应当是从变文的韵词部分发展而来的，它们的内容主要取材于史传故事、民间传说，并吸收了民间歌谣的养分，而没有发现与佛教有关的内容。词文的内容和形式,都是民众喜闻乐见的,如季布辱骂汉王,但最终又被汉王录用为官的故事,共有 10 个写本,可见其流传之广。

5. 话　本

唐朝民间的讲唱形式,除"讲经""转变"之外,还有一种"说话",在俗文学作品中,就有相应的讲经文、变文和话本。唐代话本应是变文散文部分的发挥,与词文恰好相反,这种重说不重唱的文体,更注重故事本身的完美。它的叙述方法是要把一个故事的起首结尾,来龙去脉交待得一清二楚,而且语言通俗,解释周详。敦煌发现的话本有:《庐山远公话》《叶净能诗》《孔子项讬相问书》《秋胡小说》《韩擒虎话本》《唐太宗入冥记》等,内容取材广泛,有古代的名僧道士、帝王将相的故事,也有民间传说。如果把有些话本和它所主要依据的史传文字相比较,就不难看出作者通过想象和虚构所进行的艺术创造。如敷演隋代名将韩擒虎故事的《韩擒虎话本》,大致是根据《隋书·韩擒传》(唐人讳省"虎"字)的线索,加以虚构而成。从杨坚称帝建隋,韩擒虎灭陈并威服大夏单于事,到他死后作阴司之主,首尾完整。其中如与突厥使者赌射和一箭双雕的描写,是从贺若弼、长孙晟的事迹中移植的,而韩擒虎出使大夏和番,则纯为虚构。但这些艺术性的刻画,却把韩擒虎智勇双全、赤胆忠心的形象,栩栩如生地展现在听众面前。唐朝的话本应是宋元话本乃至明清白话小说的直接来源。

6. 故事赋

在可以用来讲唱的俗文学作品中,还有一类是用"赋"来命名的。从形式上看,一般都是篇幅不长,用白话写成四言和六言句式,杂以散说,个别作品则为五言白话诗体。敦煌发现的这种白话所写的故事赋有:《燕子赋》《韩朋赋》《晏子赋》《䴔鹋书》。有的学者认为《孔子项讬相问书》也属于这一类。故事赋作品篇幅虽短,但幽默风趣、生动活泼、通俗易懂,它们取材于民间传说,有一定的思想性,寓意深远。如《燕子赋》就是用燕子、雀儿、凤凰等之间的寓言体故事,讥讽贵族对小民的压迫,反映了唐代的世态人情和一些社会问题。

以上六类作品,为英图、法图和北图所收藏者,基本上都收入王重民等所编《敦煌变文集》,因此得到充分的研究。但由于俗文学作品来自民间,这些写本中的俗字、别字非常多,校录工作很难毕其功于一役。因此,自 1957 年以来,产生了一批考辨字义的论著,使得敦煌变文的整理在整个敦煌文献整理中独步于前。其间,比较重要的成果有潘重规《敦煌变文集新书》[10]、周绍良与白化文等《敦煌变文集补编》[11]、项楚《敦煌变文选注》[12],而以黄征、张涌泉的《敦煌变文校注》[13],为集大成的著作。《校注》剔除了《变文集》所收的四种确定为非变文的作品《下女夫词》《秋吟》《搜神记》《孝子传》,增补了新发现的资料,共计收录86种作品,基本囊括了迄今为止已经发现的所有敦煌变文类作品。该书的注释主要集中在俗语词,而名词及典故之类则一般不注,因此,一般的人要读懂变文,有时还是要参看项楚的《敦煌变文选注》,其中有27篇变文类作品的详尽校勘和注释,注释包括了作品本事、俗语词和所涉人物、典故、典章制度等各个方面。

7. 俗 赋

赋是中国文学史上很早就产生的一种文学形式。汉魏六朝时,文人作赋之风大盛,保存下来了许多作品。文人作赋大多整齐严练,音韵谐婉,属对工巧。而与之有所不同的是,汉魏以来,民间流行着一种自成系统的俗赋,只因为历来不被重视,所以大多已经湮没无闻。但是,在敦煌写卷中却可以找到一些俗赋的遗篇,它们主要有:《秦将赋》、何蠋《渔父歌沧浪赋》《去三害赋》、张侠《贰师泉赋》《子虚赋》、赵洽《丑妇赋》等等。敦煌俗赋与文士的律赋骚体不同,多用方言俚语,文句兼杂骈散,有些则引入五言或七言诗,有如长篇的古诗。这些俗赋的题材大多选自古代史传人物,如秦将白起、汉贰师将军、晋人周处等。俗赋和敦煌讲唱类俗文学作品有着相互影响的关系,是俗文学研究中不应忽视的内容。整理本有伏俊连《敦煌赋校注》[14]、张锡厚《敦煌赋汇》[15]。

8. 曲子词

以前人们都认为"诗衰词继"。五代时期后蜀赵崇祚编的《花间集》十卷,自来被认为是最早的文人词集。自从敦煌写本中发现了唐五代民间曲子词,人们才对词的起源和风格有了全新的认识和评价。特别是比较全面地看清了唐五代民间词的原貌,并且发现了民间词的总集——《云谣集杂曲子》。

现存的敦煌曲子词数量繁多,时代久远,内容广博,曲调多样。已经整理出的曲子在一千首以上,其中有的曲辞保存有曲调,包括普通杂曲、定格联章和大曲,还有不少亡佚曲调的曲辞。可见敦煌虽地处边陲,在中原文化的影响下,民间曲子词是十分流行的。从内容来看,最早的文人词总集《花间集》中的作品,大多是写女人娇娆之态的淫巧侈丽之词。而敦煌民间词的内容却十分广泛,其中有的写男女情怀,如爱慕、闺怨,乃至龃龉;有的写景咏物,也有的批评时政,反映人民疾苦,如征夫思妇之怨、士子不遇之恨;还有的记英雄勇武,写人生处世之道,佛、道、医理、民间传说,反映了人民的心声和民间生活的种种情况。敦煌曲的作者阶层不一,文辞风格也不一致,但绝大部分为无名氏的作品,朴素、清新,是俗文学的重要组成部分。

王重民《敦煌曲子词集》是最早整理曲子词的合集,校录出162首,唯其所收录者为严格意义的曲子词[16]。以后又有任半塘《敦煌曲校录》[17]、饶宗颐《敦煌曲》[18]等,续有增补。1987年出版的任半塘《敦煌歌辞总编》[19],收词最多,体制最巨,但对文字多有臆改,受到项楚的批评[20]。曾昭岷、曹济平、王兆鹏、刘尊明编著的《全唐五代词》,也收录了新整理的敦煌曲子词[21]。

9. 通俗诗

敦煌出土的白话通俗诗作非常之多,这和唐朝人盛行吟诗有关,也和文人诗向通俗化的发展有关。这些唐人的通俗诗,因为不被后世文人所重视,所以许多早已亡佚,有些虽然留存,但也被摒弃于正统的诗歌总集之外,《全唐诗》也不收录这类作品。因此,敦煌发现的白话通俗诗,在文学史特别是俗文学史上都占有一定的地位,其中最有名的要算王梵志诗了。

从历史记载来看,王梵志应是唐初的一个通俗诗人,但敦煌发现了如此之多的王梵志诗集(图14-5),使人觉得这种诗不像是同一个人所作,而是梵志体诗的合集。王梵志诗文字极为通俗易懂,大多是反映社会不平等,描写民间疾苦的,同时也有一些消极悲观的思想,因果报应的说教,甚至还有一些专讲哲理的诗作。可以说,王梵志诗是唐代通俗诗的代表作。前人很早就开始整理

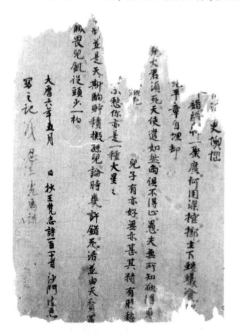

图14-5 俄藏法忍抄本《王梵志诗集》

王梵志诗,而校勘最精,注释最详者,当属项楚《王梵志诗校注》[22]。

此外,比较重要的敦煌通俗诗还有《敦煌二十咏》,用通俗的语言,歌咏了敦煌地区的名胜古迹、英雄人物,具有文史双重价值。长篇诗作有《古贤集》,用七言的形式,历叙先代贤人的事迹,有劝导学童行孝好学的功用,因此文字浅显通俗。还有歌咏节气的《二十四气诗》,有讲述佛教思想的《九想观诗》,有各种内容的单诗。

总之,敦煌俗文学作品非常丰富,绝不仅仅限于以上几项内容。好在学术界对俗文学的研究已经有了相当的基础,整理出不少作品选集,为今后的深入研究打下了坚实的基础。

注　释

[1]　北京:中华书局,1983 年;台北:学生书局增补本,1994 年。
[2]　罗常培《唐五代西北方音》,上海,1933 年;高田时雄《敦煌资料所见汉语史研究——9、10 世纪的河西方言》,东京:创文社,1988 年;邵荣芬《敦煌俗文学中的别字异文和唐五代西北方音》,《中国语文》1963 年第 3 期,193—217 页;邓文宽《英藏敦煌本〈六祖坛经〉的河西特色——以方音通假为依据的探索》,收入邓文宽《敦煌吐鲁番学耕耘录》,台北:新文丰出版公司,1996 年。
[3]　朱凤玉《敦煌写本碎金研究》,台北:文津出版社,1997 年,12—14 页。
[4]　中华书局上海编辑所,1959 年;新二版,上海:上海古籍出版社,1988 年;增补定本(新三版),上海:上海古籍出版社,1997 年。
[5]　长沙:岳麓书社,1995 年。
[6]　上海:上海教育出版社,1996 年。
[7]　王重民、王庆菽、向达、周一良、启功、曾毅公合编,人民文学出版社,1957 年。
[8]　参看周绍良《唐代变文及其它》和《敦煌文学刍议》两文,均收入《敦煌变文刍议及其它》,台北:新文丰出版公司,1992 年。本讲的叙述,在很多方面是本之于周先生的说法,而不把俗文学作品都看做变文。
[9]　有关讨论的文章,集中收入潘重规编《敦煌变文论辑》(台北:石门图书公司,1981 年)和周绍良、白化文编《敦煌变文论文录》上册(上海:上海古籍出版社,1982 年)。比较全面的讨论,见梅维恒(V. H. Mair)《唐代变文》(*T'ang Transformation Texts*),坎布里奇:哈佛大学出版社,1989 年;杨继东、陈引驰汉译本,香港:中国佛教文化出版公司,1999 年。较新的看法,有姜伯勤《变文的南方源头与敦煌的唱导法匠》,饶宗颐编《华学》第 1 辑,广州:中山大学出版社,1995 年,149—163 页。
[10]　中国文化大学中文研究所,1984 年。
[11]　北京:北京大学出版社,1989 年。

〔12〕 成都:巴蜀书社,1990年。
〔13〕 北京:中华书局,1997年。
〔14〕 兰州:甘肃人民出版社,1994年。
〔15〕 南京:江苏古籍出版社,1996年。
〔16〕 上海:商务印书馆,1950年;1956年修订再版。
〔17〕 上海:上海文艺联合出版社,1955年。
〔18〕 巴黎:法国国家科研中心,1971年。
〔19〕 上海:上海古籍出版社,1987年。
〔20〕 项楚《敦煌歌辞总编匡补》,台北:新文丰出版公司,1995年;成都:巴蜀书社,2000年新版。
〔21〕 北京:中华书局,1999年。
〔22〕 上海:上海古籍出版社,1990年。

第十五讲
敦煌学与科技史研究

敦煌藏经洞发现的写本中,保存了一些珍贵的科学技术文献。其中尤其以实用性的医书、药方、算经、日历为多。现简要介绍一些主要的科技文献及其在科技史研究上的价值。

一 天文学

天文学的基础是星象的观测,而天空中闪烁的群星对于古人来说又是那样的神秘,所以,在世界各个文明古国里,天文学和占星术混在一起,很早就形成并且日益复杂。中国古代天文学体系在战国时代初步形成,当时有甘德、石申和巫咸三家学说,他们各自记录下观察星宿的结果,绘成星图,附上卜辞,流传下来。到三国末年,东吴太史令(掌管星历的官)陈卓,把甘、石、巫咸三家的成果加以总结,纳入自己的书中,可惜陈氏的著作和三家的原著后来都失传了。我们有幸在敦煌遗书中,找到了一件唐武德四年(621)写的《星占书》残卷(P.2512)。其中记录了甘、石、巫咸三家内外官星283座,1464颗星,和唐初编成的《晋书·天文志》《隋书·天文志》所载陈卓记录的三家星数完全吻合,与唐《开元占经》比较,互有脱漏,可以相互补充。而《晋书·天文志》和《隋书·天文志》是把三家星合并起来记录的,《开元占经》是以石氏星经为主的,敦煌这部《星占书》则是分别记录三家星经,以赤色表示石氏,以黑色表示甘氏,以黄色表示巫咸,这种分别记录的形式,表明《星占书》是比上述三种唐代星占资料更早的一部著作。其星座后有11项星占文字,大概都是来自陈卓的著作。这部书对于认识中国古代天文学水平极有帮助。同卷三家星经前,有《二十八宿次位经》,这里记录的二十八宿的数据,也较《晋书·天文志》所记李淳风的记载要早。此外,同

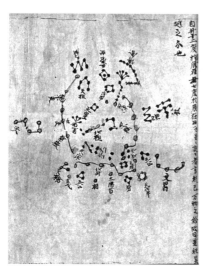

图 15-1　S.3326 星图紫微垣部分

卷还写有五言的《玄象诗》,用通俗的诗句,来描述星躔方位,反映了唐初天文知识的普及情况。

与上述《星占书》相应的是唐初绘制的一幅星图(S.3326)的发现。图中根据甘、石、巫咸三家的著作和星图,绘制了 1348 颗星,用三种不同的颜色,来区别三家的星宿,它的十二次起讫度和《晋书·天文志》所记陈卓的十二次起讫度完全相同,表明了它与三家星图的渊源关系。此图按十二月每月太阳位置顺序,沿赤道带分成十二段,紫微垣以南诸星用圆柱投影法画出,而紫微垣则画在以北极星为中心的圆形平面投影图上(图 15-1)。其说明文字与李淳风《乙巳占》和瞿昙悉达《开元占经》相同,表明都是来自同一史源。据科技史家考证,这是世界现存古代星图中年代最早、星数最多的一张,备受中外科技史家的重视,李约瑟的巨著《中国科学技术史》天文分册中,就复制刊布了这件星图,并且给予高度的评价[1]。但他把这幅星图摹写的年代定在公元 940 年,马世长根据卷中"民"字避唐太宗讳缺末笔、不避唐睿宗"旦"字讳、卷后接着描绘的电神图中人物服饰的特征,认为抄绘于唐中宗时期(705—710)[2]。此星图前为《气象杂占》,后为《解梦及电经》一卷。

另外,敦煌市博物馆也藏有一件敦煌星图,编号 076 号,学界称之为"敦煌星图乙本",而称 S.3326 为"敦煌星图甲本"。乙本前残,仅存紫微垣部分,有星名 32 个,星 138 颗,用黑、红两种颜色标识[3]。此卷和甲本相同,后面抄《占云气书》一卷[4],而全卷背面,是唐天宝年间(742—756)抄写的《十道录》[5]。该卷正背面内容,都是唐朝政府规定私人不得收藏的天文、兵占和官府图籍,表明这个卷子很可能是当时敦煌县或沙州官府所藏文本[6]。

敦煌藏经洞中,还保存了一批日历残卷,相当于我们今天用的日历本,因为有吉凶注记,所以称作"具注历"。这些历书大多数是在敦煌与唐朝中央政府脱离联系,无法得到中央政府颁发的历法时,由吐蕃占领下的敦煌官府或归义军节度使手下负责占卜星历的官员编制的,为当地官府和民间所使用,唐朝人称这种历为"小历",以区别于政府颁发的历书。有少数历书是从外地传入敦煌的,如 S.P.10 刻本《中和二年壬寅岁(882)具注历日》,是剑南西川成都府樊赏家的印本,可知是从四川传到敦煌的。

敦煌文献中保存的具注历,总共有近 50 件。最早的一件是吐蕃戊子年(808)的历书[7],吉凶注记比较简单;最晚的一件是归义军淳化四年癸巳岁(993)的历书。敦煌历书大体上是由简到繁,繁本的历书,序言有年九宫图、年神方位图、推七曜直日吉凶法及各种杂忌法等;月序中有月大小、月建干支、月九宫图、得节之日、天道行向、月神日期方位、四大吉时和日出入方位。历日本身内容有八项:1)日期、干支、六甲纳音、建初十二客;2)弦、望、藉田、社、奠、腊;3)节气、物候;4)逐日吉凶注;5)昼夜时刻;6)日游;7)人神;8)蜜日注。科学与迷信的内容都集中于此,因此,敦煌历书既是研究古代历法编纂史和古代天文学史的重要资料,也是研究唐五代民间信仰和民间节日的极好素材。

过去,人们只知道唐代民间小历盛行,在唐朝政府的官历颁布下来之前,小历已经遍满天下[8],但一直不清楚它的具体情况。敦煌具注历的发现,使人们搞清了这些具注历置闰立朔的一些基本情况,及其与中原历日的关系,如朔闰往往不同,还知道了七曜日(即今天的星期)注记的地方特征。只是目前我们见到的是一件件实际应用的历书,而不清楚编纂这些历书的基本原则,因此,我们还无法据此编制出吐蕃和归义军时期的历日谱。在我们看到一件属于吐蕃和归义军时期的敦煌文书时,如果没有当年的日历留存下来,我们无法将其纪年准确地比定为公历的月日,这一工作仍有待解决[9]。

有关的天文、历法方面的文献,已收入邓文宽《敦煌天文历法文献辑校》[10]。

二 数 学

不论是地方官府,还是民间百姓,计算收入支出是少不了数学的帮助的,所以藏经洞中发现一些唐人写本《算经》并不偶然。除了实用目的而产生的算书外,藏经洞中应当还有作为书籍流传的算学书。

在这些写本中,P.2667 是一部算学书籍的抄本,其中保留有"营造部第七"的子目和另外两个残失名称的子目,共存 13 题,8 题在"营造部"中,算题的内容涉及经济、政治、军事、建筑、织造以及社会生活等方面,不仅是研究数学史的重要资料,也是研究其他方面的参考文献。过去一般都把这件

《算书》定为唐朝的作品,但菊池英夫通过对其中所记军事制度的分析,认为成书于唐初或稍早的时候[11]。郭正忠在此基础上,全面讨论了书中的丁中制度、仪同军制、步里之制、米粟的计量单位,以及反映边地兵戎岁月的背景,认为成书于西魏或北魏后期,不晚于北周后期[12]。这一说法基本成立,使我们更加珍视敦煌的这一发现。

另有三件写本是同一种《算经》的抄本(P.3349、S.19、S.5779),相互校补,大致可以得见写本的原貌。从内容来看,大多数文字是引自《孙子算经》。《孙子算经》是南北朝时编撰的一部数学书,伪托为孙武所作。唐朝初年,此书和《夏侯阳算经》《张丘建算经》一起,被列为学校中"算学"科的教科书,所以影响很大。但今天我们见到的《孙子算经》,曾经后人的改窜,和《隋书·律历志》引用的《孙子算经》的有关记载有相互矛盾的地方,学者们对此莫衷一是。敦煌本《算经》一出,这类问题就迎刃而解了,使我们对南北朝到隋唐时期的度量衡制度和各级间的换算关系,有了新的认识和理解。

敦煌还出有一种《立成算经》(S.930),是前人从未见过的实用性数学著作。中国古代演算数学题是用筹来算,不用纸笔,所以也就没有数码。这件《立成算经》抄本最引人注目的地方,是出现了唐人手写的数码字。这些数码字没有表示空位的零号,是按算筹记数的纵横相间规则,记下了一系列数码,除个位数之外,还有十位数和百位数数码。虽然还不能说这些数码在唐朝就用来作运算了,但却是宋以后开始普遍运用数码的渊源,同时也有助于了解古代的筹算制度。

敦煌发现的算书,不仅有科学史上的意义,也是研究北朝隋唐历史和社会的珍贵参考资料[13]。

三 医 药 学

中国古代药物学产生得很早,传说远古的神农氏始教民尝百草的滋味,从此药物学也就是古人所说的本草学逐渐发展起来。最早的本草书,是传为神农氏所作的《神农本草经》,成书年代实在汉晋之间,计收药草365种,以符合一年的天数。南朝梁时,陶弘景又增补了后来发现的医用药草365种,并为之作注,名为《本草集注》。可惜的是,《神农本草经》和陶弘景的《本草集注》在宋代就失传了。幸运的是,一部几乎完整的《本草集注》(图15-2),在失传之前存入了敦煌藏经洞,1914年被日本大谷探险队的橘瑞超劫往日本,次年就由罗振玉影印出版了[14]。此卷现存龙谷大学图书馆,近年由上山大峻组织人整理,并按原大影印,极便学者研究参考[15]。敦煌本《本草集注》使人重见千年以前的古籍,可以了解陶氏原书的本来面貌,也可以订正许许多多后代本草著作引用陶书时断章取义所造成的讹误,使人们得以考知《本草集注》在药物分类、采治方法等方面的贡献。

唐朝时期,药物学知识进一步丰富。唐高宗时,唐朝政府组织人力,由李勣、苏敬主持编成《新修本草》二十卷。此书记载了九类 844 种药物,而且图文并茂,成为我国历史上第一部官颁药典,也是此前一千多年药物学知识的集大成著作,但北宋以后也失

图 15-2　龙谷大学藏《本草集注》

传了。日本保存了该书的部分残本[16],敦煌发现的多件《新修本草》写本(S.4534、S.9434、P.3714、P.3822 以及未刊的北图和李盛铎旧藏本),有些恰好可以补日本传本之阙,也可以校订传本之误。本草类的著作,往往一字之错便关系重大,所以古本校勘的价值,比其他类书更形重要。《新修本草》的残卷是十分值得重视的珍贵医籍。

敦煌医药类写本中另一引人注目的著作,是唐人孟诜原著、经张鼎补充的《食疗本草》一书(S.76)。此书共收药物 207 种,以专讲动植物的营养和药用医疗价值而独具特色。编者总结了扁鹊、华佗等人的治疗经验,又曾跟随名医孙思邈学习,所以此书是价值颇高的著作,但也在宋朝以后亡佚,人们只能从北宋唐慎微编的《经史证类本草》的摘录中略知一二。敦煌发现的《食疗本草》,仅存药 26 种,约为全书的 1/10,但可以借此看到原书的风貌,得知《证类本草》等引用取舍的情形,使人们了解唐朝人对食物疗效认识的水平[17]。

敦煌还发现过一种唐初写本《脉经》(P.3287),也是一种佚书,保存了一些失传的诊法、药方和脉学理论,可以和《黄帝内经》《难经》、张仲景《伤寒杂病论》、王叔和《脉经》等脉学专著相印证,对于校正《黄帝内经素问注》等权威著作,也有相当重要的价值。此外,敦煌卷子中还有张仲景《伤寒论》《五脏论》,佚名《明堂五脏论》《平脉略例》等医学理论著作。不少医书

都是合抄在一起的,如 S.6245 背 + S.9431 + S.9443 + S.8289,就连续抄写了《五脏脉候阴阳相乘法》《占五脏声色源候》《平脉略例》、王叔和《脉经》,透露出医书流传的形态。

敦煌写本还有 S.6168、S.6262《灸法图》(图 15-3)、P.2675《新集备急灸经》、S.5737《灸经明堂》等灸疗和针灸方面的专著。

更具有民间应用价值的,是医方书,敦煌写本中有大量医方,刨除重复,总计有一千数百个唐五代时抄写的药方保存下来,可以得知这些药方在当时临床各科的应用范围极广,药物剂型和用药种类也非常多样化。

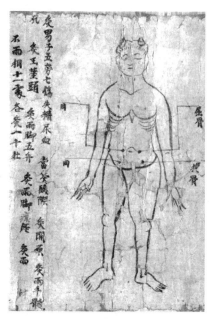

图 15-3　S.6168《灸法图》

除了新刊俄藏敦煌写本,大多数敦煌医药文献已经收入马继兴等编写的《敦煌古医籍考释》[18]、《敦煌医药文献辑校》[19]。

还值得提到的是,藏经洞出土的藏文和于阗文写本中,也有几种珍贵的医药学著作,如藏文的《火灸疗法》《杂疗方》等,代表了藏医学的成就[20];而于阗文的《医理精华》和《耆婆书》,则是印度医药学的代表[21]。至于汉、藏、印三个系统的医药学文献汇于一处,藏入一窟,它们之间的关系是很值得琢磨的。

四　造纸和印刷术

造纸和印刷术的发明是中国对世界文明的最大贡献之一,在搞清中国造纸和印刷术的发生、发展过程中,敦煌写本和印本成为丰富而有价值的直接物证。

考古发现证明,西汉时中国人已经发明了造纸术。经过东汉蔡伦的改造之后,纸在中国逐渐普及,取代先前的竹木简牍和绢帛,成为主要的书写材料。敦煌藏经洞中保存的最早一批写本和敦煌西北长城烽燧下发现的几封纸本粟特文古信札,成为西晋和十六国初期纸向西传播并取代木简的有力物证。在8世纪以前,中国的造纸术并不是停步不前的,敦煌保存的4—8世纪连续不断的写经纸,为造纸术研究者提供了一部完整的纸谱,使人们对中国造纸术的进步,有了相当深入的认识。如今,敦煌纸仍然是造纸史家继续研究的对象,而且成为每一部造纸史著作不可缺少的原始材料[22]。

印刷和造纸一样,并不是某个人的天才发明,而是从劳动中逐渐产生的新技术,印刷术产生的时间因此也就难以指出确定的年代。大致说来,唐朝初年已经发明了印刷术,但开始时并不是用来印书籍,而是印刷那些大众化的商品,如民间使用的日历、占卜书,或大量印行以为功德的佛经、佛像。这些印刷品是不被上层统治者重视的,而日历一类还要严加禁止,所以很难流传下来。敦煌当地流行的这几种印刷品,却完整地保存了下来。其中最著名的是斯坦因劫走的《金刚经》刻本(图15-4),有图有文,而且明确刻着"咸通九年四月十五日王玠为二亲敬造普施",时在公元868年,是迄今人们所能见到的世界上第一件标有年份的木板印刷品[23]。此外,敦煌藏经洞中还保存有晚唐、五代、宋初刻印的佛经、佛像、陀罗尼、押座文、《切韵》等等,有些书籍写本还注明是从某种印本上过录下来的。这些印本或文字记录证明,除敦煌印制的外,还有唐朝都城长安东市、四川成都等地产品,它们为中国早期印刷史提供了实物和史料证据。

敦煌发现的科技史料远不止上述几种,其他零散的篇章也不乏有价值的材料。如今藏敦煌市博物馆的《占云气书》,虽与行军占候有关,但所保存的彩绘云图和文字说明,是气象学研究的珍贵史料。又如参照《水部式》《敦煌地区用水细则》和《沙州图经》及户籍,可以了解唐代沙州全境的水利工程设施情况和其经营管理的方法。还有一件关于印度制糖法传入中国的残卷,记录了科技史上的中外交流,是十分难得的史料。在敦煌莫高窟北区元代洞窟中,找到了不少回鹘文木刻活字,证明了维

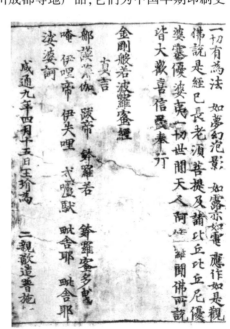

图15-4 咸通九年刻本《金刚经》

吾尔族的先民在传播印刷术上的贡献,也部分说明了敦煌、吐鲁番出土大批回鹘文印刷品佛经的原因。至于那些藏在宝库中还没有被识别出来的科技史料,还有待人们的继续努力。

注　释

〔1〕 李约瑟《中国科学技术史》中文译本第四卷天学分册,北京:科学出版社,1975年,211—213页。

〔2〕 马世长《敦煌星图的年代》,《1983年全国敦煌学术讨论会文集·文史遗书编》上,兰州,1987年,367—372页。

〔3〕 夏鼐《另一件敦煌星图写本》,李国豪等编《中国科技史探索》,上海:上海古籍出版社,1982年,151—162页。

〔4〕 何丙郁、何冠彪《敦煌残卷占云气书研究》,台北:艺文印书馆,1985年。

〔5〕 马世长对全卷正背面内容都进行过细致的研究,见《敦煌吐鲁番文献研究论集》,北京:中华书局,1982年。

〔6〕 参看荣新江《敦煌本〈天宝十道录〉及其价值》,唐晓峰等编《九州》第2辑,1999年,116—129页。

〔7〕 据传40年代在敦煌发现的《太平真君十一年(450)、十二年(451)历日》,现藏敦煌研究院,一般认为是最早的敦煌历本,但因为这件写本来历不明,此处不计。

〔8〕 《册府元龟》卷一六《帝王部》革弊二。

〔9〕 参看藤枝晃《敦煌历日谱》,《东方学报》(京都)第45册,1973年,377—441页。

〔10〕 南京:江苏古籍出版社,1996年。作者本人之补正,载《吴其昱先生八秩华诞敦煌学特刊》,台北:文津出版社,2000年,141—156页。

〔11〕 菊池英夫《敦煌发现的〈算书〉所见军制模式之研究》,《中央大学文学部纪要·史学科》第35号,1990年,57—83页。

〔12〕 郭正忠《一部失落的北朝算书写本》,《中国学术》2001年第2辑,北京:商务印书馆,207—232页。

〔13〕 参看许康《敦煌算书透露的科学与社会信息》,《敦煌研究》1989年第1期,96—103页。

〔14〕 《吉石盦丛书》影印本第一集,1914年。

〔15〕 《敦煌写本本草集注序录·比丘含注戒本》,京都:法藏馆,1997年。

〔16〕 《新修本草》,上海:上海古籍出版社,1985年。

〔17〕 此书有谢海洲、马继兴等辑本:《食疗本草》,北京:人民卫生出版社,1984年。

〔18〕 南昌:江西科学技术出版社,1988年。

〔19〕 南京:江苏古籍出版社,1998年。

〔20〕 罗秉芬、黄布凡《敦煌本吐蕃医学文献选编》,北京:民族出版社,1983年。

〔21〕 参看陈明《印度梵文医典〈药理精华〉及其敦煌于阗文写本》,《敦煌研究》2000

年第 3 期,115—127 页;同作者《敦煌出土的梵文于阗文双语医典〈耆婆书〉》,《中国科技史料》第 22 卷第 1 期,2001 年,77—90 页。
〔22〕 潘吉星《中国造纸技术史稿》,北京:文物出版社,1979 年。
〔23〕 邓文宽《敦煌三篇具注历日佚文校考》,《敦煌研究》2000 年第 3 期,108—110 页考证俄藏 Dx.2880 残片是《唐太和八年甲寅岁(834)具注历日》,则是目前经过考证而得知确切年代的最早印刷品。

第十六讲
考古、艺术视角中的敦煌

敦煌学是由于藏经洞的发现和对其中珍藏的敦煌写本的研究而产生的,但随着研究的深入和交通条件的改善,越来越多的学者认识到了藏经洞所在的敦煌石窟的重要性。人们发现,敦煌石窟和敦煌文献一样,同样蕴藏着历史、社会、民俗、文化等丰富的内涵,当然最主要的价值在考古学和艺术史方面。敦煌考古和艺术的研究,也一直处在中国石窟研究的前列,弄清楚敦煌石窟的内涵,有助于研究中国的其他石窟,从某种意义上说,敦煌石窟的研究对整个中国考古和艺术的研究作出过贡献。

以下简要介绍莫高窟的形制、雕塑、壁画、图案的内容[1],这是我们认识其他石窟的基础,也是研究文献资料时应当作为参考的另一个方面。

一 石窟形制与艺术风貌

从广义上来讲,敦煌石窟应包括敦煌的莫高窟、西千佛洞,安西的榆林窟、东千佛洞以及肃北的五个庙石窟。狭义的敦煌石窟即指莫高窟(图16-1)。

敦煌石窟艺术是由洞窟形制(即建筑)、塑像和壁画三部分组成的,形式和内容构成一座石窟的整体,并随着时代的发展,佛教的演化,不断变换着格局和题材。莫高窟自前凉建元二年(344)或前秦建元二年(366)开凿以来,经过北凉、北魏、西魏、北周、隋、唐、五代、宋、西夏、元代近千年的陆续修建,形成内容丰富、形制多样的巨大石窟群。已经编号的洞窟有492个,保存了四万五千多平方米的壁画,二千四百余身彩塑,按照它们的艺术风格特点,可以分为北朝、隋、唐、五代宋初、西夏、元等几个发展阶段[2]。

现存的北朝时期开凿的洞窟有30多个。洞窟的形制有三种:一、禅窟(图16-2)。主室为方形或长方形,覆斗形顶,正壁开凿一大龛,塑佛像,南北

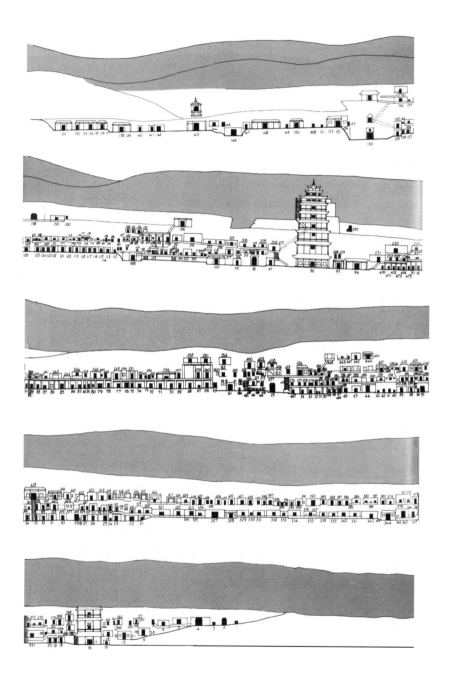

图 16-1 莫高窟洞窟位置图(由南至北)

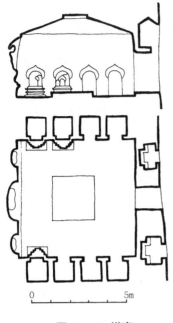

图 16-2 禅窟

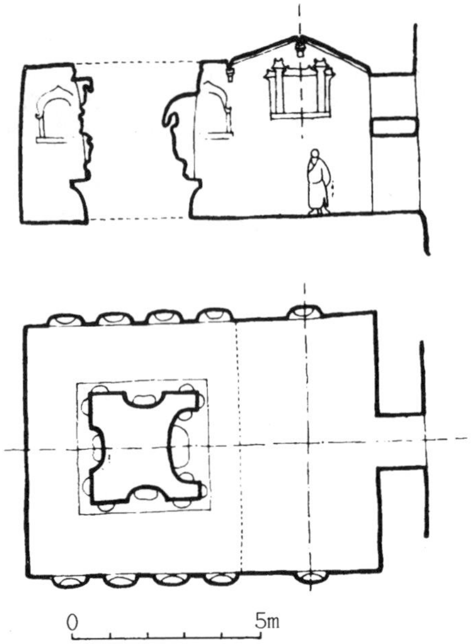

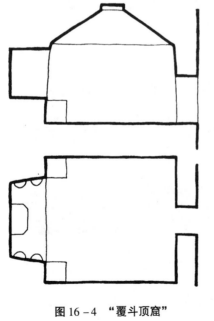

图 16-4 "覆斗顶窟"

图 16-3 中心塔柱窟

两壁凿出两个或四个小禅室,供僧侣在里面结跏趺坐,修禅观像。这种形式是从印度的毗诃罗(僧院窟)演变而来的,通过西域,传入敦煌。二、中心塔柱窟(图 16-3)。洞窟为长方形,中间偏后部凿出方形塔柱,直通窟顶,四面开龛,塑佛像及侍从,供僧侣及男女信徒绕塔观像。窟顶前部作"人字披"形,后部用平棋顶。这是在西域形成并传入敦煌的形制,也是北朝时期敦煌的主要窟形。三、"覆斗顶窟"(图 16-4)。石窟呈方形,顶为倒斗形,正壁开龛塑像。这种窟形在北朝晚期出现,主要仿自汉晋以来的宫殿建筑形式,也叫"殿堂窟",隋唐以后成为敦煌石窟的主要形式。

莫高窟所在的鸣沙山崖体，在地质上属玉门系砾岩层，由砂和小石粒胶结而成，质地松软，不适宜制作像云冈石窟那样的石制圆雕和浮雕。当地的匠师因地制宜，制作了大量的敷彩泥塑，即彩塑。北朝时期的塑像，主像一般是释迦牟尼或弥勒，两侧有夹侍菩萨像，又有释迦、多宝并坐像、菩萨像和禅僧像等。北周时期，出现一佛、二弟子、二菩萨一铺的组合像。早期塑像一般具有印度、中亚的简朴风格。北魏晚期，随着北魏王室的西来敦煌，传入了中原甚至南朝的一些艺术风格，塑像脸形消瘦，褒衣博带，大冠高履，追求一种"秀骨清像"的风采。

除了中心塔柱和四壁上部有时贴有影塑千佛、供养菩萨和飞天等像外，窟室顶部和四壁，一般都绘满壁画。顶部和四壁上部绘天宫伎乐和装饰图案，四壁中部位置适中处，除某些窟绘千佛外，大多绘释迦牟尼生前身后的本生故事或佛传故事，如萨埵那舍身饲虎、月光王施头等等，以方形或长方形的单幅画面，连续成横卷形式的连环画。四壁的下部为供养人像、力士、药叉或装饰花纹。北魏壁画多用土红为底色，以青、绿、赭、白等色敷彩，色调热烈浓重。后来多用白色为底色，显得清新雅致。从艺术手法上来看，北朝的壁画比较粗犷放达，给人以遒劲有力的感觉，在画面中突出人物，正是张彦远《历代名画记》所说的"人大于山"的"古人之意"。

隋朝统一了南北，佛教在隋文帝、炀帝的支持下迅速发展，敦煌莫高窟也掀起了一个造窟热潮，短短三十余年，洞窟大量增加，现在仍然保存的就有七八十个，比现存早期 200 年间所开洞窟的总数还多一倍，而且从形式到题材，都冲破了北方佛教的局限，形成承上启下的隋代艺术特征。

隋代的洞窟形制是对前期的改造和发展。中心塔柱窟的柱子正面，一般不再开龛塑像，而是在前面设置三尊巨型塑像。一佛二菩萨立像成为洞窟主体，中心塔柱退居次要的地位，反映了北朝小乘思想主导下个人静修思想的衰落。隋朝还出现了另一种中心塔柱窟，中心柱的上部呈倒塔形，直通窟顶，塔刹四龙环绕，象征着须弥山。后来，倒塔干脆被取消，中心柱变成佛坛。最终连佛坛也不要了，敦煌的石窟形式终于从塔庙变成了殿堂。殿堂窟延续北朝晚期的形制，除了正面开龛者外，还有三面开龛、依壁造像等多种形式，这种中国化的建筑形制从隋朝开始，成为敦煌建筑结构的主流。

洞窟形制的变化是为了适应群塑和大幅经变画的出现。隋代彩塑继承了北周时开始出现的群像形式，在一龛内以佛像为主尊，两侧侍立二弟子、二菩萨或四菩萨，形成三至七身为一铺的群塑组合。因为出现了凸字形的重层龛口，龛内显得宽敞开阔，群像不会给人以重叠拥挤的感觉。塑绘技术也达到一个新的水平,摆脱了千篇一律的模式,突出了个性的刻画,如第419窟皱纹满面的迦叶[3],是其中的代表作。塑像的衣饰、璎珞、背光采用了波斯锦的纹样,重彩装金的手法,使塑像显得金碧辉煌,绚丽多彩。

随着主张累世修行的小乘佛教思想为宣扬顿悟成佛而至极乐世界的大乘思想所取代,隋代壁画的布局和内容都有所变化。一般在正壁龛内及龛外两侧画佛弟子及诸天,四壁上沿绘伎乐飞天,壁画中部主体位置上,除千佛外又有说法图和经变画,下部画供养人及药叉,窟顶为平棋、藻井或千佛和经变。在本生故事外出现了新的经变画,而且最终跃居主导地位,这是隋代绘画的创新,如西方净土变、东方药师变、维摩诘经变、法华经变等,虽然还比较窄小、简单,但却为唐代大幅经变画的出现开了先河。隋代艺术从早期的粗犷遒劲走向细腻圆润,晕染与素面相结合的表现手法,取代了传统的叠染,对山石背景的勾勒赋彩,标志着向写实的山水画的发展。

唐代是敦煌艺术的全盛时期,现存洞窟二百多个。洞窟形制以殿堂窟为主,龛形和数量都有变化。后期往往在长方形的主室龛内,凿出凹形低坛,坛上立塑像。唐朝前期出现了一种大像窟,高在30米以上,后室为方形,正壁为一身石胎泥塑大型倚坐像,绕像凿出供巡礼的隧道。唐朝后期又出现了两种窟形,一种是在方形的殿堂窟中,壁面不开佛龛,而在中间设置方形佛坛,塑像其上,有背屏通顶。另一种是大卧佛窟,平面呈横长方形,盝形窟顶,后部凿出通窟宽的涅槃台,其上塑佛涅槃像。

唐代的塑像技术进一步提高,所有的塑像都用圆塑的形式,前期的浮塑很少见了,一佛、二弟子、二菩萨、二天王或再加二力士的七身一铺或九身一铺的群像成为主要形式。特别是随着唐朝政治、经济实力的增强,在武则天延载二年(695),由禅师灵隐和居士阴祖主持,建造了第96窟的"北大像",高达33米。到开元九年(721),由僧处谚和乡人马思忠主持,建造了第130窟的"南大像",高26米。唐代的塑像强调写实,追求刻画人物的性格。那些腴肌秀骨、丰满而不显得臃肿的女性化菩萨塑像,尤其娇丽悦目。

唐代的壁画内容丰富,场面宏伟,色彩瑰丽。经变画成为主流。前期流行观无量寿经变、阿弥陀经变、东方药师变、弥勒经变、维摩诘经变、法华经变等,后期又出现了金刚经变、金光明经变、华严经变、楞伽经变、报父母恩重经变、劳度叉斗圣变等。还出现了如意轮观音、不空𦋺索观音等密宗题材。又有与上述题材密切配合的佛教感应故事画、瑞像图等。供养人像已经从北魏时的数寸小像,变成二三尺乃至等身高的大像,甚至第156窟出现了归义军节度使张议潮夫妇的大型出行图[4]。壁画的内容,最清楚地反映了唐朝净土思想的流行,民俗佛教的发展。佛教世俗化的结果,使供养人的地位提高,甚至把世俗统治者的功绩,大面积地绘在佛窟内部。在绘画手法上,除了敷彩晕染的水平进一步提高外,表现中国传统绘画六法之一"骨法用笔"的线描,成为描写规模宏大、内容丰富的经变画的主要技法。第220窟的维摩诘经变中的维摩诘居士[5],目光炯炯,奋髯蹙额,侃侃而谈的样子,使人想起瓦官寺顾恺之所绘的那幅"光照一寺"的维摩诘经变图。

五代宋初是归义军曹氏统治敦煌的时期(914—1036),属于这一时期的洞窟约100个,但其中大部分是利用旧窟改造、重绘而成的。新建的窟不多,形制主要有两种:一种是在长方形的主室中间设方形佛坛,坛上塑像,有背屏连接窟顶,窟顶为覆斗形,基本沿袭唐代后期的格局。另一种是没有佛坛的覆斗形窟,在墙的四角凿小龛,绘四大天王像。洞窟甬道顶一般作梯形。在下层的大窟前,多建有木结构的殿堂,成为前殿后窟的格局。并加修了部分洞窟的木构窟檐和连接上层洞窟的栈道。

这一时期的塑像,不论在内容还是在组合上,都和唐代基本相同。只是在中原五台山文殊菩萨崇拜热潮传入敦煌后,产生了第61窟以文殊为主像的塑像形式,可惜原像已毁,仅存基座。

壁画的题材和画法也是沿袭唐朝,变化不是太大。经变画仍是主要的题材,但除了佛顶尊胜陀罗尼经外,没有新的内容。佛教史迹画和瑞像图有所增加,这和倡言佛法行将毁灭的末法思想在敦煌的流行有关。在五台山文殊崇拜热潮的推动下,出现了第61窟西壁的五台山图。此图高近5米,长13.5米,贯通全壁,面积达60平方米,是莫高窟最大的一幅壁画。它把五台山周围约250公里内的山川形势和寺塔圣迹缩写了下来,有各种人物的活动场面,宗教与世俗的内容都非常丰富[6]。曹氏时期的供养人像更加高大,一般在2米以上,第98窟的像将近3米。另外,曹氏时期在整修一些崩毁的洞窟崖面时,创造了一种绘在露天的大型壁画,并采用细沙调和石灰的类似湿壁画的画法,所以历经千年而保存完好。大概是因为与中原往来不便,颜料来源不足,这一时期的绘画缺少朱红和石青、石绿等色,因此色彩显得不够鲜艳。

西夏和元朝的统治共三百多年,仍然在陆续修建,特别是改建敦煌石窟。在窟形和塑像的改造上,没有什么创新。西夏在壁画的题材上没有什么新内容,但在构图上却锐意简化,经变中的人物几乎和千佛像难以区分,构图和人物形象遵循着不变的程式,显得呆板而没有生气,用色比较冷淡。

元代信奉西藏的密教,壁画以密宗曼荼罗为流行的主题内容,出现了与汉画风格不同的藏画形式,给人以阴森、神秘的感觉。但出于当时汉族工匠之手的密宗绘画,其淡色的烘染和兰叶描法,都达到了高超的技艺。

二 雕塑艺术

莫高窟的佛教塑像总共有2415尊。从纵的角度看,经过一千多年的不断塑造,它们形成了一列中国乃至世界都很少见的佛塑长廊。这里的佛塑有早期犍陀罗艺术风格,也有唐代长安和洛阳的肥美风貌。从横的角度来讲,它们组成一个佛塑的世界,虽然对于佛教形象的塑造必须遵循某些固定的程式,如佛的"三十二相",要依样模制,但敦煌的塑匠却在狭窄的题材所容许的范围内,创造出许许多多各具特点的作品,寄托着当地工匠的理想和对美的追求。

敦煌彩塑的主要题材是佛、菩萨、释迦弟子、天王、力士和高僧等,上面介绍了各个时代塑像的题材变化和艺术总貌,以下将着重介绍一些塑像,以集中说明莫高窟佛塑艺术的主要成就[7]。

图16-5 第275窟交脚菩萨像

早期的一种交脚而坐的菩萨像十分引人注目,其代表作是第275窟的本尊交脚菩萨像(图16-5)[8]。像高3.34米,坐方座上,座两侧各蹲一只狮子,宝冠上有借业力而出现的化生佛像,左手施与愿印,右手腕处断掉。上半身通肩的天衣作锯齿纹,下身裹裙,紧贴大腿,而隆起的线状衣褶上施阴刻线的手法。这里的衣纹表现方式受到了印度、西域的影响,但整个身体的表现手法,则和中国传统的汉魏俑的表现手法一致。这种交脚菩萨像,一般都认为是即将从兜率天宫降生人间成为未来佛的弥勒菩萨。佛经宣称:"弥勒之世,一种七收,树上生衣,随意取用。山喷香气,地涌甜泉。路不拾遗,夜不闭户。"人们通过忍辱苦修,信奉弥勒,可以在"来世"上升兜率天宫,享受天国的快乐。莫高窟交脚弥勒菩萨塑像的本尊地位,正是北朝时期中国西北地区弥勒菩萨信仰兴盛的反映。

现世的佛释迦牟尼像是洞窟中最重要的礼拜对象,也是雕塑家精心刻画的中心形象,既要表现出佛的庄严高大,又要流露佛的仁爱慈祥。第259窟北壁下层北朝时期的坐佛(图16-6)[9],肉髻高耸,额头宽大,两肩两肘舒展自然,姿态雍容大度,表现出

图16-6 第259窟北壁坐佛

佛的宁静和庄重。另外,雕塑家通过对嘴角的精心细腻的刻画,使面部含笑而情不外露,佛的庄严中又包含了一种仁慈的情态,表现技巧极其高超。

第328窟西壁龛内居中的坐佛(图16-7)[10],是盛唐时期(712—786)塑像的代表作之一,它高2.19米,肉高髻,螺发细微而且刻痕深,脸为椭圆形,弧长的描眉,修长的眼睛,方正的鼻子,弯曲的胡须,纯厚的嘴唇。右手施无畏印,左手抚膝,威严端庄,显得浑重有力。但衣纹柔软,特别是紧贴莲座的衣襟,露出底下一片片莲花的挺实,就像真的一样,加上颜色的处理,更是灿烂多彩。

唐朝初期,虽然统治阶级极力扶持道教,但是佛教的势头仍不可抵挡,在地方上,佛教的地位一步一步地上升,佛教的造像也日渐增大加高。在技术进步的前提下,到武则天崇佛的浪潮来临时,敦煌出现了高达33米的大佛像,即第96窟的"北大像"[11]。高大的佛像占据了整个洞窟,窟前建有楼阁,可以供人在近处观看佛的慈容。可惜因为近代作了补修加色,不免有些失真,但丰满的脸庞,刻成波浪纹的肉髻,都还可以看出一些旧时的风貌。这座延载二年(695)建造的大像,和武则天出资助建的洛阳龙门奉仙寺大佛的表现手法极为相似,因此可以认为,这座大像的兴建和武则天上台后大

图 16-7　第 328 窟西壁龛内坐佛

力弘扬佛法,让全国各地建寺造像有关,它表明中原的雕塑样式,强烈地影响了敦煌。

开元九年(721)建造的第 130 窟"南大像"[12],高 26 米,洞窟进深仅 10 米,所以塑匠利用西壁断崖的砂砾岩,先凿出内胎,再敷泥塑成。塑匠们有意加大头部的比例,而且把五官的起伏也加以夸张,这样既可以利用光影的效果使面部显得十分清晰,也使站在下面仰视的人,能看清细长的眼睛和眉毛,有棱角的嘴唇和丰润饱满的双颊,使佛的尊容显得更加威严和慈祥。

除了站立或倚坐的主尊像外,中晚唐时出现了表现释迦牟尼佛涅槃相的卧佛塑像。涅槃,简言之,就是死亡的另一种说法,据佛经记载,释迦牟尼佛在经过80年的教化众生之后,于中天竺国拘尸那城跋提河畔的娑罗双树下,用了一天一夜,说完《大般涅槃经》,夜间,"右胁而卧,泊然大寂"。佛的圆寂,并不如同一般人的死亡,它是对生、老、病、死等各种苦难以及它们的根源即各种烦恼的彻底断灭,涅槃是佛教所讲求的所有修习应该达到的最高理想。第158窟的大卧佛像,就用高超的艺术手法表现了右胁而卧的释迦涅槃相[13]。佛的螺髻整洁,神情安详,表现了内心的安静,丰满的面部微含笑意,丝毫没有世间凡人临终时的痛苦和悲哀,就好像一位慈祥的哲人正舒

图16-8　第328窟胁侍菩萨

适地入睡。与之形成鲜明对比的是卧佛背后弟子信徒们种种悲痛欲绝的形象。这些举哀弟子,有的用壁画表示,有的用塑像表现,但现存的塑像多经后人的装修,早已面目全非。敦煌研究院的陈列馆中,还保存着几块保持旧貌的举哀弟子残塑头像,有的强忍着巨大的悲痛,有的号啕大哭,有的默然无声,表现出悲痛、惋惜、无奈、迷惘的各种神情。如果说158窟涅槃像是刻画内心世界的代表作,那么这几件举哀弟子的残头像,也可以说是在表现各种人物个性方面,达到了相当高的水平。

菩萨是心入佛道的众生,佛经中常提到的菩萨有文殊、普贤、观世音、大势至等,艺术家们塑造菩萨像要较塑造佛像自由得多,因此也就更能表现

他们的艺术才华。

北朝后期的塑像和早期的交脚菩萨像已有区别,新的艺术表现手法从中原传到敦煌莫高窟,使西域风格的佛教形象渐渐中国化。第428窟北周时塑造的菩萨像[14],脸形变圆,额头变窄,两颊显得丰满,口鼻显得小巧,虽然身体上下比例不当,手脚也还没有做细微的刻画,但姿态优雅,呈现出少女般冰清玉洁的姿容,特别是通过嘴唇的细微变化,眉眼的微妙动作,表现出内心宁静、安详的姿态,给人以一种女性特有的温柔和美丽的印象。

唐朝的写实风格和对崇高、美好理想的追求,在唐代菩萨造像中表现得最为突出,产生了一大批风格秀丽典雅的作品。其中的杰作之一,就是第328窟的胁侍菩萨(图16-8)[15]。菩萨一腿盘在莲座之上,另一腿从座上自然垂下,即所谓"游戏坐"。面部俊秀,双眸低视,表现出沉静和对世上众生的关怀。上半身肥瘦适中,裸露的肌肉在柔和中有适度的紧张,身上的璎珞、彩带等装饰华丽鲜明,谨严

图16-9　第45窟胁侍菩萨

的造型使得塑像庄严而不落俗套,体现了菩萨的深沉和智慧。这尊造像不仅是敦煌莫高窟彩塑中的代表作,也是整个唐代的雕塑艺术杰作之一。第45窟西壁龛内的胁侍菩萨(图16-9)[16],也是艺术家对美的追求的集中表现。头部向右略微倾斜,面带微笑。全身重心落在一只脚上,腰部微扭,使全身变成"S"形,加以洁净的皮肤,华美的衣饰,俨然一尊亭亭玉立的少女,秀美多姿,妩媚可爱,好像举步就能走出宗教世界而回到人间一样。

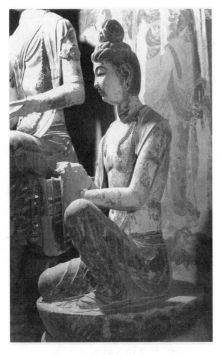 

图 16 – 10　第 328 窟龛内供养菩萨　　图 16 – 11　第 384 窟龛内北侧供养菩萨

唐代的供养菩萨像也达到了高超的艺术境地。第 328 窟龛内胡跪的供养菩萨(图 16 – 10)[17],身体比例合适,面部、身体等每一处刻画都十分细致,特别是通过文静的面部所表现的内心的虔诚,俨然是一个佛教精神的结晶品。目前,我们在莫高窟 328 窟中只能看到西壁龛内北侧的一尊供养菩萨,与之对称的南侧一尊,早在 1924 年就被美国人华尔纳盗走,现藏哈佛大学福格美术馆。专门研究东方艺术史的华尔纳,从数千尊塑像中选中这尊供养菩萨像,也说明了这尊塑像的强大艺术魅力。

更讨人喜欢的大概还是第 384 窟龛内北侧的盛唐供养菩萨像(图 16 – 11)[18]。她的发髻高耸,眉眼修长,双颊丰满而不过分,躯体柔和而不造作,双手合十,眸子凝视,这里跪着的好像不仅仅是一尊供养菩萨,而且还可以说是一个虔诚祈祷的美丽少女。

与旁边站立的妩媚多姿的女性化菩萨相比,立于本尊两侧的佛弟子迦叶和阿难,则是艺术家对男性的刻画,而两者又各具特征。迦叶以常修头陀苦行著称,号"头陀第一",塑像也真切地表现出他的这种精神面貌。如第 419 窟西壁龛内的隋代迦叶像(图 16 – 12),满脸皱纹,双眼深陷,张口露出

图 16 - 12　第 419 窟迦叶

图 16 - 13　第 45 窟阿难

残缺不全的牙齿,颈肩的瘦骨和简单朴素的袈裟,十分形象地刻画出一个饱经风霜、苦行磨炼的胡僧形象。此外,如第 328 窟、第 45 窟盛唐时的迦叶[19],虽然有各自的个性特征,但整个形体的结构和高度写实的技巧,表现出他被誉为"头陀第一"的品格。释迦牟尼佛的另一位大弟子阿难,聪明伶俐,乐观恭顺,因博闻强记,被称作"多闻第一"。隋代开凿的第 427 窟中心柱西向龛内北侧的阿难像[20],塑造出一个颖慧俊秀的少年弟子的形象,光光的头顶显示出智慧,沉静的面部表情表现了聆听释迦说法时的专注与谦恭。另外,第 328 窟和 45 窟盛唐塑阿难像[21],也是具有代表性的杰作,第 45 窟青年阿难的面部刻画细致入微(图 16 - 13),在倾心听法的文静表情中,透出一丝会心的微笑,好像他纯真至极的表情里面蕴含着不知多少佛教的哲思,这是给青年的僧人们树立了一个伟大的榜样。迦叶和阿难的塑像,是莫高窟彩塑中最具个性特色的人物形象。

天王和力士是佛教的守护神,他们的使命是叫各种恶鬼不得侵害佛教天国。唐代塑造的天王形象,艺术造诣极高,与菩萨像表现的女性的优美相反,它夸张地表现了男性的刚毅和力量。天王像一般是身穿盔甲,腿裹行縢,脚着毡靴,攒拳怒目,显示出武士的威严、勇猛、正直、坚毅的性格。天王有汉式天王,如第46窟四壁龛内北侧像(图16-14)[22],有西域胡式,如第322窟四壁龛内北侧像[23],这是唐朝统一西域并努力保持西域领地的反映,也是当时汉蕃兵将共同战斗在西域的艺术展现。力士往往裸露上身,艺术家对于裸露的部分作了合理的夸张,使肌肉凸起,青筋暴露,两眼圆睁,架式威猛,显示其蕴藏内部的力量,随时都可以迸发出来,扫除邪恶,主持正义。

晚唐时,大部分塑像由于程式化的倾向而显得呆板,值得一提的是第17窟中高僧洪䛒的真容塑像[24]。像高0.94米,结跏趺坐,作禅修像,身穿水田袈裟,通肩裹体,面部刻画细致写实,表现出庄重矜持的神情。简洁的造型真实地显示了这位高僧的深悟意境,是细腻刻画人物性格的佳作。洪䛒去世前,是总管包括莫高窟在内的归义军一十六所寺及三所禅窟的河西都僧统,他死后塑造的这身真容像,应当出自当时敦煌境内最高超的匠师之手。

图16-14　第46窟四壁龛内汉式天王

三　敦煌壁画

如果说塑像是一个洞窟的中心,那么壁画就是洞窟的主体内容,它的题材广泛,场面宏大,天上人间,过去未来,包罗万象,美不胜收。总面积达45000平方米的壁画,如果按自身高度一字排开,有30多公里长,不要说细细地看,就是坐上汽车扫一眼也要一个多小时。这里的介绍只能就其中最主要的内容简单地谈一谈。

1. 佛说法图

早期洞窟的显著位置都绘有说法图,是描写世尊在苦行六年后,向弟子说法的情形。佛跌坐或站立中央,手作"说法印"手势,佛头有项光,身后有火焰,头上有幢幡宝盖,两旁侍立佛的大弟子迦叶和阿难。再外面一层是胁侍菩萨,根据不同的佛经,本尊和菩萨的名目也不同。如依《华严经》,就以毗卢舍那佛为本尊,以文殊、普贤为左右胁侍,二菩萨分掌"德""智"二门。如依《阿弥陀经》,则以阿弥陀佛为本尊,以观音、势至为胁侍,二菩萨分别主"悲""智"二门。早期说法图,佛比菩萨要大一倍,用来表示尊崇,菩萨像上有飞天舞动翻飞。隋代说法图各尊像的比例渐趋自然,飞天也更为活泼可爱,与空中的花饰相映成趣。但随着唐代气势恢宏的经变画的出现,说法图渐被取代,或进入净土经变中成为经变画的一部分。

2. 佛传图

释迦牟尼佛的图像除说法图外,还有连续性的佛传图。佛传,大小乘的解释不同,主要有八相:下生、入胎(住胎)、出胎、出家、降魔、成道、初转法轮、入涅槃,叙述释迦成道行化的主要事迹。敦煌壁画的佛传图,以第290和第61窟保存的比较完整,它们是根据汉译佛典《修行本起经》《佛说太子瑞应本起经》《普曜经》等的内容敷演而成的,第290窟总共有87个画面,分上中下三栏绘在主室前部人字披形窟顶的东西两斜披[25]。第61窟的则分作33扇屏风,画在主室南、北壁后半段和西壁下部[26]。

佛传图的主要画面和情节如下:佛由燃灯佛护送,从天而降,乘白象入母胎。国王夫人同时梦见有乘白象菩萨入胎。占相者说此子生下当成佛,国王欢喜。十个月以后,四月八日那天,摩耶夫人出游兰毗尼园,攀无忧树枝,太子从右胁降生。太子初一坠地,向十方各行七步,右手指天,说:"天上天下,唯我为尊。三界皆苦,吾当安之。"每步均生莲花。天空中天人散花奏乐,九龙吐水为太子浴身。母子还宫,国王出迎。太子长大成人后,见人间生、老、病、死各种苦难,闷闷不乐,意欲出家。国王命令严加守卫宫城内外,以防太子出走。于是,太子乘马逾城离宫,由夜叉开道,天人导引而行。太子落发出家,四处访道,最后入山中苦行,在尼连禅河中洗澡,诸天散香花遍于河中。魔王波旬听说菩萨来到境内,命令诸魔女往菩提树下,以绮言妖姿诱惑释子,但菩萨不为所动。魔王又令夜叉用山石、兵器,并毒蛇、恶火等进攻菩萨,又被菩萨眉间放出白毫相光破灭,魔众伏地。降魔是佛传图中极具戏剧性的一幕,如第428窟北壁降魔图[27],释尊左手执袈裟一角,施降魔印,右手抚膝,结跏趺坐。左右立魔王及男女魔众,背光后也有手执毒蛇、弓箭、刀、杵作攻击状的群魔,场面极为动人。菩萨成道为佛后,为众生转大法轮。经传道说法,终至涅槃。第158窟中唐绘弟子及各国王子举哀图[28],有的举刃自残,有的抱头痛哭,胡僧梵相,表情极其生动。印度、西域佛传图还有再生说法和八王分舍利一节,敦煌则绘出八方起塔供养舍利作为终结。敦煌的佛传图,由山水切隔成连环画式的一个个画面,形象地展现了佛的一生,内容之丰富、完整,应是首屈一指的。

3. 本生图

在早期的佛教经典中,吸收了许多印度古老的民间寓言和故事,颂扬释迦牟尼在降生于净饭王家为太子之前,就已具有悲天悯人的伟大人格,他终成正果是因为积善历劫多世的报应。这些释迦牟尼在前生(相传有500年)积行善业的故事,叫作阇陀伽(Jataka),即本生故事。根据集录这些故事的《本生经》所绘的本生图,是对佛的善行的形象模写,比文字更能感召凡人。

敦煌莫高窟早期洞窟中多绘有本生故事画。常见的有尸毗王本生、月光王本生、九色鹿本生、睒子本生、善事太子本生、须大拏本生等等。现在选取其中的一种本生图简述之,以见一斑。

第257窟西壁九色鹿本生[29],采用汉代画像石的横卷形式,从两头开始,中间结束,描绘出八个场面(图16-15)。佛经说:有一人坠入水中将被淹没,在水中挣扎呼救,正逢菩萨化身的九色鹿路过水边,闻声而至,不顾安危,跳入水中将溺人驮上岸来。溺人愿作奴仆以谢救命之恩,鹿只请他不要泄露自己的住处,溺人应诺而去。当时这个国家的王后梦见一鹿,身毛九色,双角如银,想剥取鹿皮作衣。国王于是悬赏捉鹿,溺人见利忘义,密告国王鹿的住处。国王率兵入山捕鹿,四面合围,鹿无处逃脱,走到王前揭露溺人贪图富贵,出卖救命恩人。国王以鹿有功于人,放鹿归山,下令全国,禁止捕猎九色鹿。溺人也得到报应,周身生疮。王后则因阴谋未逞恚愤而死。九个画面都是选取的关键情节,特别是溺人告密的场面,最能表现人物的神

图16-15 第257窟西壁九色鹿本生(局部)

情。那个侧身依偎在国王身边的王后,回头看着跪在宫门外的溺人,右臂撒娇地搭在国王肩上,食指翘起,在国王肩上扣打,长裙下露出光脚,晃动着翘起的拇指。这些生动的细节刻画,深深表露了她促使国王加害九色鹿的内心活动。而正义的九色鹿,却一反佛经中"长跪问王"的原形,昂然挺立在国王面前,控诉溺人的丑恶行径——这里倾注了画家强烈的感情。本生图是人们对那些超乎常人的自我牺牲的菩萨圣行的歌颂,这在月光王以头施人、萨埵那太子以身饲虎等故事中表现得更为突出。因为它们内容通俗易懂,情节生动有趣,对佛教的教化、传播、普及作用极大,因此在北朝洞窟中数量很多,内容多有重复,但情节、景物和表现技巧方面又有所区别,形成各个时期的不同风格。

4. 菩萨图

菩萨最早是作为佛的胁侍出现在壁画上的,随着佛教向世俗化、民间化发展,一些菩萨的地位日趋重要,终于单独成铺,受大众供养。如果把敦煌莫高窟的壁画和藏经洞出土的绢画合起来看,重要的菩萨像有文殊、普贤、观音、大势至、地藏和引路菩萨。其中文殊、普贤是释迦三尊中的左右胁侍,文殊骑青狮居左,普贤乘白象居右,在所有菩萨中地位最高。文殊的悟道和普贤的行愿是入佛的二大法门,所以在唐代华严宗、净土宗并盛的情况下,二者也同样成为壁画的主要题材。

开始,文殊、普贤多是左右对称出现,绘于洞窟西壁龛外帐门两侧。中晚唐时期规模逐渐增大,而且出现了牵狮驯象的"昆仑奴"。与此同时,清凉山(山西五台山)是文殊菩萨道场的说法日益流行。唐代宗大历年间(766—779),宰相王缙在五台山建金阁寺,五台山佛教益盛,文殊在此显灵说法的声名远扬,吐蕃、新罗、日本、渤海等四方各国的僧侣,络绎不绝地前来瞻礼。到五代后唐同光二年(924),五台山文殊崇拜之风也随着沙州归义军曹氏政权的使者首次入京朝贡而传入敦煌。同光三年(925)三月二十五日,归义军节度押衙翟奉达请人根据中原传来的画样,在自家的窟中,绘制了一幅引人注目的"新样文殊"像(图16-16)[30]。所谓"新样",就是突出文殊菩萨的重要,打破以前文殊、普贤对称出现的惯例,使文殊单独出现。画面上文殊菩萨正面端坐在青狮之上,手执如意,面目端庄。前面为善财童子捧物相迎,左面的牵狮人由胡装的于阗国王换下了昆仑奴,于阗王头戴红锦风帽,身穿四楔衫,朱红袍,足登毡靴,手握缰绳,叉开双脚,作牵制狮子前进状。狮子则回首怒吼,与之呼应。人和狮子均为五色祥云所托。这幅出自曹氏归义军画院所属画师之手的新样文殊,线描流畅,晕染也处理得比较好,加上后来被宋代壁画覆盖住,直到1975年才重新揭露出来,所以保存完好,不失为莫高窟晚期的成功之作。这幅新样文殊中文殊菩萨的单独出现和于阗王换下昆仑奴等,反映了敦煌地区文殊信仰的兴盛,和与中原、于阗等地文化交往的情况。新样文殊后来还在敦煌雕成印板,广泛流传。在这种背景下,才有曹元忠统治时期(944—974)莫高窟第61窟文殊堂的开凿[31]。

5. 经变图

隋唐时期,也就是敦煌莫高窟的最盛期,由于大乘佛教的广泛流行,大乘佛典的艰涩难懂的文词已不适应一般俚俗大众的需要,于是产生了用于俗讲的讲经文和在民间演唱的变文。它们散韵相间,文字通俗,语言生动,更易于传情达

图 16-16　第220窟"新样文殊"像

意。与之相辅而行的是"变相"。"变相"是把佛经中可以表现的内容,用绘画的方式表现出来,如绘在墙壁上的,就是我们今天在莫高窟看到的壁画;绘在绢幡上的,就是藏经洞出土的绢画或者幡画,它们是在俗讲时挂在梁柱上的。

从唐代开始,经变画大盛,占据了洞窟中的主要壁面,由于佛教宗派的不同,各个时代流行的佛教思想不同,反映到壁画上就使得经变画种类繁多,花样翻新。有法华经变、维摩经变、弥勒经变、药师经变、阿弥陀经变、观经变、华严经变、地狱变、金刚经变、楞伽经变、金光明经变、报恩经变、报父母恩重经变、天请问经变、劳度叉斗圣变等等,这里只选取最重要的变相图做简要介绍。

佛本生故事,主要宣示佛的人格之伟大;佛传故事,则宣扬佛的苦行和法力。这些渲染虽然神妙,但佛与人终究是对立的。大乘净土宗以法门传入人心,使人们都去追求而达到净土世界,与诸菩萨一起修行,这样人的一生即使常苦,却能在死后忘却一切污秽的世事,找到欢乐的归宿。这一说教切合民心,因而从唐代开始,净土宗在民间最为盛行,敦煌壁画也以净土经变最多。达到净土世界有多种修持方法,弥勒净土说要求人们念佛以修来世的福业,东方药师净土说则是用念佛来消灾延寿以修当世的福寿,而阿弥陀净土说则是用念佛来修往生西方极乐世界。三种说法虽然不同,但经变的表现形式却有相似之处。

莫高窟第220窟南壁的阿弥陀变[32],是现存规模最大、保存最好的一铺。图中所绘西方极乐的净土有八宝池,池中以金沙布地,莲花盛开,阶道以金银琉璃合成,楼阁由金银玛瑙为装饰,树上的花果也是珠宝缀成,百乐齐奏,舞伎随着节拍翩翩起舞,形成光怪陆离的道场。阿弥陀佛结跏趺坐在池中央莲台上,观音、势至二菩萨胁侍左右,四周天人眷属围绕,充分表现了"无有众苦,但受诸乐"的西方净土世界。

第220窟北壁,绘的是与南壁西方净土变相对的东方药师经变[33]。画面主体是七身药师佛,手执钵、锡杖或数珠,两旁有日、月光菩萨及诸圣众、十二神将,空中有天花飞舞,前置灯明台,两侧皆有灯树,重楼虹桥之外是规模宏大的乐舞场面,两边是乐队,中间两对舞伎,胡腾飞舞,与阿弥陀净土同一匠心。

弥勒经变有上生、下生两种,上生经讲弥勒菩萨上生兜率天为天人说法。从隋代开始,一般用单幅形式绘于窟顶人字披或平顶。主要描绘弥勒坐兜率天宫大殿,两侧层楼中有伎乐,楼侧为天人听法,构图比较简单。下生经主要是说弥勒菩萨降世为佛,度众出家,以及弥勒净土的丰盛太平。唐代以后,上生、下生多绘于一图,以下生为主,如盛唐时的第445窟北壁弥勒下生经变[34],就是其中的代表作。弥勒居中而坐,两旁是法华林菩萨和大妙相菩萨及众菩萨、弟子、天人,下部中间为穰佉王施七宝,两侧绘穰佉王及后妃、太子、大臣、彩女等剃度出家,又有婆罗门拆幢、龙华三会等情节,以及弥勒净土的一种七收、树上生衣、路不拾遗、女人五百岁出嫁、老人入墓等等,内容十分丰富,并且从现实生活中吸收了不少内容,如一种七收,就描绘了耕田、播种、收割、扬场、入仓等农业生产全过程,还有婚丧嫁娶等许多生动的画面,为今天了解当时下层劳动民众生产生活情况,提供了形象的参考资料[35]。

以《妙法莲华经》为依据的法华经变,在唐代前期形成了它的巨型完整结构,成为敦煌壁画中画面最繁、变化最多的一种。它的构图形式不一,有的以佛和《序品》内容为中心,在四周环绕各品的故事情节;有的则单独成幅,如从《观世音普门品》逐渐发展成为独立的观音经变。特别值得提到的是第 217 窟南壁《化城喻品》中的山水人物画(图 16 – 17)。佛经中在解释《法华经》宣扬的"一佛乘"时,举了个"化城"的故事:说一群人到远方求宝,至一险恶无人处,因疲惫已极而产生了退还的念头。于是有一位"强识

图 16 – 17　第 217 窟南壁《化城喻品》中的山水人物画

第十六讲　考古、艺术视角中的敦煌

有智慧"的导师,采用"度脱"众生的方便法门变化出一座城来,其中有楼台亭阁,流水园林,让众人休息。众人进城后,又产生安稳下来的想法,于是导师把城化灭,告诉众人这只是暂时休息之所,应继续"勤精进"而共同到达宝物所在之地。画面上河水蜿蜒曲折伸向天边,山峦重叠耸峙,使道路回旋宛转,在山间盆地,画出一座西域风格的城廓,行人们三五一组被自然地分散在山间,表示故事中不同时段的情节,有的骑马缓行,有的驻马歇息,有的策马奔向化城,这些不同场合的画面,在同一空间里被融合为一个整体,形成一幅完美的山水人物图[36]。此外,我们还可以从法华经变中看到行船、战争、刑法、盗贼、医疗、宅院、宝塔等多种多样的生活场面和富有特色的景观[37]。

敦煌壁画中的维摩变,是根据鸠摩罗什译本《维摩诘所说经》绘制的,主要表现的是《文殊师利问疾品》,也就是《维摩经》的核心部分[38]。其大概情节是:在毗耶离城有一位居家信佛的大居士,名叫维摩诘,精通大乘佛教哲理,而且能言善辩。时在家装病,释迦牟尼知道后,派十大弟子、四大菩萨前去问疾,可谁都怕被他驳倒而不敢去,最后只好派智慧最胜的文殊师利菩萨前往。于是,文殊在前往听法的众菩萨、天人的簇拥下,进入毗耶离城。莫高窟在隋代即已出现维摩变,但画面很简单。自唐贞观年间(627—649)开始,维摩变的规模变得宏大起来,如第 220 窟和盛唐时期的第 103 窟,都是以窟门为界,把"维摩示疾"和"文殊来问"分别画在东壁南北两侧,使画面宽阔,可以比较细致入微地刻画人物形象。如第 220 窟的维摩诘[39],手握羽扇,凭几而坐,虽然面部略带病容,但身体向前微倾,目光炯炯,咄咄逼人,朱唇方启,洁齿微露,神思飞扬,胡须奋张,可以说是一幅传神的肖像画佳作。而对面的文殊,则从容就坐,举止端庄,神态自若,与慷慨激昂的维摩诘形成对比。与此构图基本相同的第 103 窟维摩变[40],在艺术手法上着力于线描,大概正是盛唐著名画家吴道子首创的"落笔雄劲,傅彩简淡"的新画风。值得一提的还有第 220 窟文殊像下的帝王图(图 16 - 18),图中汉族模样的皇帝,头戴冕旒,身着衮衣,一副中华帝王衣冠,在大臣、侍从的簇拥下,高视阔步,器宇轩昂,与传世的唐初画家阎立本的名作《历代帝王图》相比,毫不逊色。

在晚唐流行的经变中,最富戏剧性的要数劳度叉斗圣变了。因为在敦煌藏经洞中发现了《降魔变文》的抄本,所以知道这种经变画是根据变文绘出的,而不是直接来自某种经文[41]。经变画在变文渲染的购园波折和斗法的紧张气氛之上,进行了艺术形象的再加工,创造出宏大感人的画面,其中

图 16-18　第 220 窟帝王图

以第 9 窟和第 196 窟的两幅保存比较完整。故事的经过和主要场景如下：舍卫国大臣须达为爱子求婚而至王舍城大臣护弥家，不期遇佛，皈依佛法，立志于舍卫国为佛立精舍，佛派舍利弗与之前往择园建舍。六师外道劳度叉闻后，要求国王允其与佛家比试法术，以性命作抵押。画面除在下部分散表现了上述场景外，主体是舍利弗升狮子座于东，劳度叉居宝帐中于西，相对斗法。劳度叉先化出一山，被舍利弗化出手执金刚杵的金刚力士击碎；劳度叉化作一头水牛，舍利弗化作狮子，咬牛颈项，血流满地；劳度叉化作七宝池，舍利弗化作六牙白象，以鼻吸干池水；劳度叉化作毒龙推波作浪，舍利弗化作金翅鸟啄龙眼目；劳度叉化作夜叉鬼，舍利弗化作毗沙门天王，执枪托塔，恶鬼跪地求饶；劳度叉化作一树，枝叶繁茂，舍利弗化作风神持风囊鼓风，大树连根拔起，草木随风而倒，烈火顺风烧向劳度叉的阵营，只见劳度叉的帷帐倾斜，宝座摇摇欲坠，慌乱的外道徒众拽绳打桩，攀杆系索，扶梯支帐，但双足离地，有的已被狂飙吹得满地乱滚，欲止不能。劳度叉目瞪口呆，举止失措。外道阵营一片混乱，相继投降，剃发出家，皈依佛法。画家在这里巧妙地调整了《降魔变文》的斗法次序，用狂风席卷劳度叉阵营作最后一个回合，扩大了"风树之斗"的场面，可以说是创造性的发挥，给人以深刻的印象。

6. 瑞像图

除了上述几类壁画外，还有一些画面较小，却很有价值，如佛教史迹画和瑞像图，特别是瑞像图，在一所洞窟中有着其他壁画所无法取代的功用。

瑞像图主要流行于晚唐、五代、宋初的洞窟中，它们被彩绘的位置，除第220窟已毁的一组绘在主室南壁外，几乎全都画在特定的部位，即甬道顶部南北披、主室龛顶四披等令人仰望谛视的部位。瑞像图的总数有三十余幅，这些瑞像大多是释迦牟尼佛在印度、西域（特别是于阗）、中原等地显示灵迹的形象，如第237窟就有佛在毗耶离巡城行化紫檀瑞像、观世音菩萨于蒲特山放光成道瑞像、于阗媲摩城中雕檀瑞像、中天竺摩诃菩提寺造释迦瑞像、迦叶佛从舍卫国腾空而来于阗固城住瑞像、陈国圣容像、分身瑞像、于阗海眼寺释迦圣容像、于阗坎城瑞像、酒泉郡释迦牟尼瑞像、中天竺波罗奈国鹿野院中瑞像、盘和都督府御容山番禾县北圣容瑞像、天竺国白银弥勒瑞像、摩揭陀国须弥座释迦并银菩萨瑞像、中天竺摩迦陀国放光瑞像等等[42]，真容和具有放光、飞来等灵异，正是瑞像区别于其他诸佛像而成其为瑞像的条件。这种具有固定形式的显灵瑞像，其功用不仅仅像一般说法、本生、佛传、经变画那样是为了宣扬佛教，而主要是在佛教末法思想开始传播，敦煌及其周围地区战乱相寻，社会动荡不安的形势下，着眼于用灵瑞来护持日益受到各种威胁的佛法，并且庇护统治阶级和僧俗徒众的利益[43]。瑞像虽然构图简单，而且程式化严重，但它反映出丰富的社会历史内容，使人们对佛教思想的发展，古代中印文化交流加深了认识，也为佛教图像学提供了一批标准佛像，是绘画史的宝贵资料。

四 石窟装饰图案

敦煌石窟中的图案是把洞窟建筑、塑像和壁画连接在一起的纽带，它们衬托出作为石窟主体的塑像和壁画，同时也独立存在，成为敦煌佛教艺术的一个重要组成部分。而且，与壁画和塑像相比，图案的描绘限制较少，可以使艺术家未得施展的技巧在这里充分表现，因此，敦煌的图案纹饰多变，纷繁复杂，并且历久不衰，不断吸收新的营养，创造新的形式[44]。

图案主要用于装饰窟顶的人字披、平棋或藻井、龛楣、佛背光以及各处边缘部分，所用的花纹形式多种多样，有团花、半团花、联珠、莲花、石榴、牡丹、宝相花、葡萄纹、回纹、棋格纹、几何纹、彩铃、帏幔、流苏、山、云、各种卷草、孔雀、鹦鹉、三兔、飞天、舞童等等。

早期中心柱窟的前部,窟顶起脊成人字形斜坡,在坡内用土红作椽柱而间隔出若干长方形格,绘制图案,其中以忍冬、莲花为主,穿插各种禽鸟,如孔雀、猕猴、鹭鸶、双鸽等,又有散花或奏乐的飞天、伎乐天,姿态窈窕,仪容柔雅,颇具韵味。

早期另一种窟顶是在中心柱的四周,用花边分成若干呈棋盘式的正方形格,每格绘一图案,称作平棋图案。这种图案一般是中心画莲花、水涡纹,四角有忍冬、莲花、飞天、伎乐、火焰等。早期图案色彩为青、绿、黑、赭、白,色调偏冷,但简朴大方。

仿自中国古代屋顶建筑结构的藻井,是隋、唐以后窟顶图案的主要形式。在下大上小的倒斗形窟顶上所绘的藻井图案,总共有四百余幅,是敦煌图案的代表。每个时期的藻井图案各有特点,就是同一时期的不同藻井,也不完全相同,一般来说藻井的中心绘一朵盛开的大莲花,在五彩的色轮上,用白色短弧线描绘出莲瓣,使莲花既具有立体感,又好像是在色轮上自由地旋转。外围四周,围绕着石榴纹、葡萄纹等边饰,四面垂华幔,饰彩铃,重萼复瓣,有的达六七层之多,花形结构饱满,色彩用石青、石绿、朱砂、黑白等交错其间,相互映衬,显得鲜艳绚丽,且层次分明,富丽堂皇。有的藻井图案,在莲花外绘四身飞天,以飘着彩云的蔚蓝天空为背景,环绕莲花嬉戏、散花。再外一层是数身伎乐飞天,载歌载舞,吹奏乐曲,增加了音乐的旋律和舞蹈的节奏感。

藻井的画面大,使艺术家对花草的每个细部描写都能畅尽其意,也使各种花卉的美能全部展示出来,如在藻井的边饰中,可以见到低垂宛转的花朵,昂扬向上的花蒂,含苞欲放的花蕊,剖形露籽的石榴,曲折缠绕的花枝,千姿百态的花瓣,可谓繁花似锦。

在每座佛龛的上部,都有一块弓形的装饰空间,称作龛楣图案。龛楣的上沿是代表佛光的火焰纹,中间尖突,形状就像菩提树叶。下沿沿龛口浮塑出隆起的龙身和鱼鳞纹,有的则平绘出龙、鱼纹;两端塑龙头或螭首,有的则用忍冬花。早期的龛楣图案,在"坐禅苦修"的佛教思想支配下,往往绘一幅装饰性的苦修图,佛龛顶部作为供僧侣在山中打坐参禅的庐庵,中间绘五色火焰、莲花纹、忍冬纹和各种动物、化生童子、伎乐天等。隋代时,龛楣加大,而且强调火焰,用熊熊燃烧的火苗组成的火焰纹,构成尖顶状的龛顶,气势逼真。龛楣内部,以化生童子为中心,两侧用忍冬纹、莲花纹、火焰纹等陪衬。加上用黑、青、绿、红及金色等重彩涂染描绘,使画面颜色浓郁、鲜丽,生气勃勃。

佛教传说,佛和菩萨甚至某些高僧,可以放出神光,表示他们的法力和威仪。神光在头后称"头光"或"项光",在身后称"背光",合称"光背"。光背图案也是敦煌装饰艺术的重要组成部分。早期的图案大多用火焰表示光明,再用花卉作陪衬,比较简单粗糙。唐代摆脱了火焰纹形式,而用多层同心圆来表示光圈层层外射,画面也日益丰富多彩。各层光圈之间,装饰以莲花为主的各种花卉纹样,色彩富丽,形成美丽的花环。如第321窟的莲花光背图案,莲花共五圈,用石青、石绿、朱砂、酱红等色叠晕而成,中心是四个对称的莲花花苞,合成一朵卷瓣莲。周围再绘四个饱满的蓓蕾,蓓蕾上各生出两片小叶,连续环绕。圆圈外用白描绘出连续性的朵朵团花,使花形清楚明快。

在窟顶与四披壁画交界处,在不同内容的壁画间隔处,以及龛边、莲座和藻井图案中,有大量的边饰图案起着装饰、分隔画面的作用,这些边饰形形色色,变化无穷。早期的边饰是以大波浪形作为主体结构,向二方连续展开,以龟背纹忍冬和几何纹忍冬为最主要的纹饰,在形式各异的忍冬纹中间,夹杂着联珠、龙、凤、虎、鹰、猴、鸟、孔雀等动物,使规整的纹样不至于滞板。隋朝时期,大概受到波斯萨珊王朝织锦纹饰的影响,开始出现对兽联珠纹边饰,有对马等形式,如第277窟西壁龛顶上方的对马联珠纹边饰[45],把对马绘在连环的联珠纹内,并用丰厚的忍冬花叶,间隔开两匹对马,使边饰既对称,又连续。除此之外,隋代还有飞马、团花、童子等主要边饰形式,第427窟横贯窟顶的波形忍冬童子边饰[46],长10多米,是大型边饰图案之一。波形忍冬缠枝卷曲,变化多端,化生童子弹琴吹笛,稚气可爱。唐朝边饰盛行用卷草纹,纹饰各不相同,有的长达10余米而不重复,枝叶翻转,仪态万端。

这些装饰性的图案并不是没有生命的自然物的艺术化,它们也是佛国世界中的一员。如以牡丹、莲花的特征为根据绘制的一种团花图案——宝相花,就象征着佛、法、僧三宝的"庄严相",而圣洁的莲花、童子的化身都深有寓意。当然,作为装饰图饰的飞天和伎乐天,应当是最生动活泼的形象,备受人们的喜爱,成为雅俗共赏、妇孺皆知的美好艺术形象,仅莫高窟一处,就绘有四千五百余身。飞天的佛教名称是香音神,能歌善舞,每当佛在讲经时,众飞天就凌空飞舞,奏乐散花。早期的飞天虽矫健有力,粗犷奔放,但形体较短,显得有些呆板。隋唐以来,飞天婀娜苗条,凌空倒立的身体,飘逸飞扬的长带,姿态柔美,满壁飞扬,加之线条纯熟,色彩豪艳,风神气韵,构成一幅仙子下凡的景象。

此外，彩塑和壁画中的佛、菩萨、供养人的服装上，绘有精细的染织图案，表明了各个时期人们对服饰的要求，这种图案以唐代时的最精美，除宝相团花、小簇花、对鸟、对兽等主要形式外，还有波斯的联珠立鸟纹锦、葡萄缠枝纹锦等，反映了唐代中西文化交流的盛况。

五　莫高窟以外的石窟群

除了莫高窟之外，敦煌、安西境内的西千佛洞、榆林窟、东千佛洞、五个庙石窟，也属于广义的敦煌石窟范围，现分别简单介绍如下。

西千佛洞位于敦煌县城西南30多公里处，在党河北岸临流绝壁之上，凿崖为窟。因为岩层虽然和莫高窟同属玉门系，但所含砾石远较莫高窟粗大，所以洞窟崩塌比较严重，洞窟的木结构阁道及前室大多崩毁。1983年我去攀临时，只能沿着凿通窟壁的险道前进，一面即是峭壁悬崖，脚下的党河在深深的河谷间蜿蜒东流。这里环境幽雅，又有树影水声，是古代寿昌县城东的一处佛教圣地，开窟当不在少数，唐朝官府编纂的《沙州图经》中就有专条记载[47]。但因塌毁严重，现存编号的洞窟仅16个[48]。

洞窟大概始凿于北魏时期，魏窟和莫高窟北魏窟形制一样。中间是中心塔柱，四面开龛塑像，四面壁画有佛跌坐说法图和贤劫千佛及伎乐天一类。中心柱下部和四壁佛像下，绘金刚力士像。佛塑像则为早期的犍陀罗

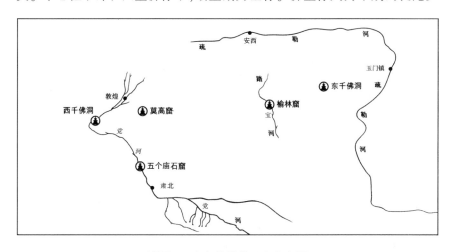

地图4　广义的敦煌石窟分布图

风格。从北魏经北周、隋、唐、五代、宋、西夏,陆续都有兴修,窟中有武则天"如意元年五月"的题记,"年""月"二字皆用武周新造字,说明这里同样受到中原王朝的强烈影响。壁画的内容,也和莫高窟同时代的洞窟内容大体相同。如第 15 窟有中唐时期画的观无量寿经变。但第 12 窟北周窟中就出现了劳度叉斗圣图[49],开莫高窟唐代特别是晚唐流行此图的风气。窟中的供养人像也十分引人注目,其中有于阗嫁给归义军节度使曹延禄的公主李氏,又有回鹘可汗供养像,为宋朝初年西州回鹘曾占领敦煌的说法,提供了形象的证据;另外,还有西夏的供养人像。

榆林窟,俗名万佛峡,位于安西县城南约 70 公里处,发源于南山的踏实河,经此处蜿蜒北流,两岸峭壁耸立,如若劈削而成。洞窟就开凿在踏实河东西两岸的峭壁上,现存洞窟共 41 个。榆林窟所在的河谷,东西宽不过百米,春夏之际,红柳掩映,杂花蒙茸,也是一处佛家圣境。

榆林窟大概始凿于北魏,经唐、五代、宋、西夏、元等朝代,陆续兴建。在现存的东崖 30 窟,西崖 11 窟中,有唐代 3 窟、五代 8 窟、宋代 13 窟、西夏 4 窟、元代 4 窟、清代 9 窟,归义军曹氏时期开凿和重修的洞窟,占总数的 1/2 以上。

榆林窟的洞窟形制基本上和莫高窟各个时代的洞窟形制相同,但洞窟中的一些精美画面,却可以和莫高窟最精美的壁画媲美。其中以第 25 窟的作品最值得细心观赏。第 25 窟位于东崖中部,有前后室,前室为横向的长方形,主室为方形,中部设方形佛床,上为佛塑像(已毁)。根据窟中的古藏文题记和一些吐蕃人形象,知该窟是 776 年吐蕃占领瓜州以后建造的,属于唐代中期。洞窟的顶部为倒斗藻井,但已坍毁;前室和甬道在五代时作了重新修绘,但主室四壁还保存着唐代精美的壁画原貌[50]。

和莫高窟唐代壁画题材一样,第 25 窟壁画的主题,主要宣扬大乘净土思想。主室幅面最大的南北壁,分别画表现净土信仰的观无量寿佛经变和弥勒净土变。观经变用三联式,中间是西方极乐世界,绘无量寿佛结跏趺坐于中间莲座上,观音、势至菩萨以及诸天人、侍从围绕两旁,众圣人均在七宝池中的宫殿楼阁之上,阁台之间有曲栏桥梁相连,前面是两组乐队,吹奏各种乐器,中间的舞伎,作快速旋转的胡旋舞。七宝池中,莲花盛开,化生童子自由自在地游戏,各种珍禽宝鸟飞翔其间,绘出一派佛国的净土极乐情景。南壁左、右二联,分段画未生怨故事和十六观想修行法,感化教育人们如何进入净土世界。北壁的弥勒变与上面介绍的莫高窟弥勒变大同小异。该窟除了场面宏大、人物和自然景物都绘写精细的经变画外,主室门两侧的文殊、普贤像也表现出了相当高的技法。文殊的坐骑青狮,怒目翘尾,张口大吼,昂首欲奔,驭狮的昆仑奴双手紧拉缰绳,咬紧牙关,用力制止狮子起步狂奔。与此相反,普贤的坐骑六牙白象,却慢慢悠悠,俯首帖耳,缓缓而行,昆仑奴怒眼圆睁,举鞭欲打,企图让它快些前进。两种不同生性的动物,和同样人物的不同神态,都描绘得栩栩如生。此外,主室东壁的密宗画八大菩萨曼荼罗,以及前室门南北的南方毗琉璃天王和北方毗沙门天王,都具有一定的代表性。

五代宋初的曹氏归义军时期,榆林窟也是曹氏家族成员经常光顾的地方,有许多供养人像保存了下来。如第 16 窟的"北方回鹘国圣天公主陇西李氏",就是曹议金的回鹘夫人[51]。归义军节度使曹元德、曹元忠、曹延禄的画像和题记,也都能在榆林窟中见到。

西夏统治瓜、沙地区的中心在今安西境内,因此榆林窟的西夏壁画丰富多彩,甚至可以补莫高窟的不足。如第 3 窟东壁(正壁)南侧的千手千眼观世音菩萨广大圆满无碍大悲心陀罗尼经变图[52],是用汉族和党项族相混合的艺术手法来绘制的一幅密宗画,它着重描绘了菩萨的千手中所执的各种法物,以及一些人物较多的场景,其中有华盖、玛瑙、摩尼宝珠等法器、宝物;有刀、矛、斧、钺等兵器;有锯、锄、斗、尺等生产工具;有龙、牛、鸡、狗等动物,荷叶、棉花、葡萄、宝树等植物;有塔、寺、殿、阁等建筑物;甚至有酿酒、犁耕、锻铁、商旅等各行各业活动的场面,内容丰富,包罗万象,展示了西夏的社会生活风貌和真实的历史画面。同窟东壁的文殊、普贤图[53],从构图上看,颇具匠心。文殊、普贤乘青狮、白象居于茫茫云海中心,前后左右都簇拥着各种风格的侍从,背景是耸峙的山峰,葱郁的树木,楼阁掩映其间,彩虹横绝山畔。不论是水墨画法的山水,还是精心白描的人物,都可视为西夏壁画的代表作。普贤像侧,还绘有唐僧取经的画面[54],三藏法师玄奘合掌望空礼拜,孙悟空牵着满载佛经的白马(图 16 – 19),他的猴相,和《西游记》中所描写的没什么两样。此外,第 2 窟的水月观音图[55],画观音潇洒自若地坐在岩石上神思遐想,身边彩云环绕,脚下碧波荡漾,青石、绿竹、红莲以及观音的金身、朱裙,交相辉映,富丽多彩。

榆林窟的西夏壁画,可以说是敦煌壁画中西夏时期的代表,它除了继承敦煌壁画的主题和技法外,还吸收了宋朝的白描人物画法,取得了前所未有的一些成就,并为莫高窟和榆林窟元代壁画的某些技法,打下了深厚的基础。

东千佛洞位于安西县东南 105 公里处,洞窟原来开凿在河床峡谷的两

图16-19 榆林窟第3窟唐僧取经图

岸崖壁上，今河水已断流干涸，河滩上长着骆驼刺等野草，崖前没有高大树木，早就人迹罕至，十分荒凉，成为野兽出没的场所。这里地质结构与敦煌莫高窟一样，属玉门系砾岩结构，但质地比较疏松。在两岸崖壁上保存下来的洞窟共23个，东崖9窟，分上下两层排列，有壁画、塑像的窟共3个。西崖14窟，也分上下两层，有壁画、塑像的窟共5个，总共编作8个号；按时代来划分，有西夏3窟、元代3窟、清代2窟，属于晚期敦煌艺术遗存。

洞窟形制大多是只有主室的单室窟，正壁两侧下部，各向里凿出一条可供信徒们作旋转礼佛的马蹄形通道，窟顶为复斗形藻井，窟前的木构窟檐建筑，都被拆毁他用。塑像一般都经清代改装，只可以从中窥见一二早期的形迹。因没有保护，壁画也塌毁，脱落严重，或者蒙上厚厚的尘土，使画面模糊不清。

第2窟是西夏时期开凿的，年代最早，而且壁画的艺术成就也是东千佛洞各窟中最高的。洞窟为长方形，后凿马蹄形通道。窟内塑像完好，为清代改妆。主室四壁是各种题材的曼荼罗，如北壁有净土曼荼罗、八臂观音曼荼罗，南壁有药师净土曼荼罗、十一面观音曼荼罗等，但大多已经模糊不清，只有藻井中心的坛城图还比较清新。马蹄形通道中，保存了几幅比较精美的壁画，如南壁的唐僧取经图，绘三藏法师玄奘和猴面孙悟空师徒二人，可与榆林窟第3窟的唐僧取经图相媲美，也说明了这一唐朝前期发生的故事，在西夏时就已流传广远，像瓜州这样边远的地区尚且如此，中原就可想而知了。北壁的水月观音，也和榆林窟第2窟的水月观音同一形制，同一风格，可称佳作，而涅槃图中的弟子举哀图和体态优美的菩萨像，在白描、敷色等技法的运用上，都十分熟练。此外，甬道画有西夏供养人，题记为西夏文，为敦煌晚期石窟艺术研究增加了新的形象和文字资料。

五个庙石窟位于敦煌县城南60公里处，现属肃北蒙古族自治县辖境，南距肃北县城所在的党城湾20公里，发源南山的党河经此处北流，五个庙石窟就坐落在党河上游左岸一个叫做狼湾的山沟里，窟前是盆地，林木茂密。

五个庙石窟一带原是个石窟群，后来就只剩下5个窟了，所以当地的蒙古人称之为"五个庙"，庙即石窟之意。目前只剩下4个窟，编作4号，从窟形和壁画内容看，有北魏1窟（后经西夏或元代重修），五代、宋（曹氏归义军时期）3窟。北魏窟为中心塔柱窟，其余都是分前后室的长方形窟，前室均毁，主窟为人字披顶，正壁凿出佛坛塑像，但塑像均已毁坏，仅有部分壁画保存下来。其中第3窟内容比较丰富，正壁（北壁）佛塑像（已毁）两侧，绘弟子、菩萨、天王、力士共七身，色彩华丽。东壁绘维摩变，西壁绘劳度叉斗圣变，与莫高窟晚唐以来的题材相同，南壁左右两侧，绘十六臂和四臂观音，属密宗绘画。第4窟东壁有文殊像，有众多部众随侍，可惜已模糊不清，但旁边的回鹘文题记，隐含着一些新的信息。第1窟西夏或元代重绘的炽盛光佛像，上方两侧绘有黄道十二宫和二十八宿，与敦煌莫高窟第61窟甬道所绘黄道十二宫相似，为天文史和中西科学交流提供了新证[56]。

　　此外，在五个庙以南约5公里处，也即肃北县城北约12公里处党河东岸吊吊水沟中，还有一所石窟，称为一个庙石窟，仅有1窟保存有壁画，但漫漶不清，或经后代涂抹。剥掉表层后，发现了"本镇游弈使"等人的供养人像，应当属于曹氏归义军时期。当时，归义军在今肃北县城东南2公里处的党城遗址设紫亭镇，是瓜沙二州所辖六镇之一，位于归义军辖境的南界，为统治当地各族百姓、守卫边防的重要门户和军政中心。所以，在这一带留存有五代、宋初修建的石窟，是不难理解的。可惜的是后来这里成为荒凉之地，与敦煌的联系不便，更没有保护措施，致使石窟破落，不能完整地反映当时边地文化的面貌。

注　释

〔1〕以下叙述，主要参考敦煌文物研究所整理《敦煌莫高窟内容总录》，北京：文物出版社，1982年；同编者《中国石窟·敦煌莫高窟》，五册，北京：文物出版社，1982—1987年。

〔2〕以下关于洞窟形制的叙述，参考了萧默《敦煌莫高窟的洞窟形制》，《中国石窟·敦煌莫高窟》二，187—199页。

〔3〕《中国石窟·敦煌莫高窟》二，图版79。

〔4〕《中国石窟·敦煌莫高窟》四，图版133—138。

〔5〕《中国石窟·敦煌莫高窟》三，图版34。

〔6〕《中国石窟·敦煌莫高窟》五，图版55—64。参看赵声良《莫高窟第61窟五台山图研究》，《敦煌研究》1993年第4期。

〔7〕邓健吾曾依时代顺序概述了敦煌彩塑，见所撰《略论敦煌彩塑及其制作》，《中国

石窟·敦煌莫高窟》三,198—210页。

〔8〕《中国石窟·敦煌莫高窟》一,图版11。

〔9〕《中国石窟·敦煌莫高窟》一,图版25。

〔10〕《中国石窟·敦煌莫高窟》三,图版114。

〔11〕见华尔纳《在中国漫长的古道上》(纽约,1925年)书前的照片(第2讲图6),拍摄时正值敦煌地震把大佛前面的楼阁震塌,而显露出正面的慈容。

〔12〕《中国石窟·敦煌莫高窟》三,图版120。

〔13〕《中国石窟·敦煌莫高窟》四,图版63。

〔14〕《中国石窟·敦煌莫高窟》一,图版160。

〔15〕《中国石窟·敦煌莫高窟》三,图版115。

〔16〕《中国石窟·敦煌莫高窟》三,图版128—129。

〔17〕《中国石窟·敦煌莫高窟》三,图版119。

〔18〕《中国石窟·敦煌莫高窟》四,图版22。

〔19〕《中国石窟·敦煌莫高窟》三,图版117、128。

〔20〕《中国石窟·敦煌莫高窟》二,图版54。

〔21〕《中国石窟·敦煌莫高窟》三,图版116、130。

〔22〕《中国石窟·敦煌莫高窟》三,图版149。

〔23〕《中国石窟·敦煌莫高窟》三,图版17。

〔24〕《中国石窟·敦煌莫高窟》四,图版126。

〔25〕《中国石窟·敦煌莫高窟》一,图版176—177。

〔26〕《中国石窟·敦煌莫高窟》五,图版65—67。参看万庚育《敦煌莫高窟第61窟壁画〈佛传〉之研究》,《1983年全国敦煌学术讨论会文集·石窟艺术编》上册,1985年,84—164页。

〔27〕《中国石窟·敦煌莫高窟》一,图版163。

〔28〕《中国石窟·敦煌莫高窟》四,图版64—65。

〔29〕《中国石窟·敦煌莫高窟》一,图版44。

〔30〕《中国石窟·敦煌莫高窟》五,图版20。

〔31〕参看荣新江《敦煌文献和绘画反映的五代宋初中原与西北地区的文化交往》,《北京大学学报》1988年第2期,55—62页。

〔32〕《中国石窟·敦煌莫高窟》三,图版24—26。

〔33〕《中国石窟·敦煌莫高窟》三,图版27—29。

〔34〕《中国石窟·敦煌莫高窟》三,图版175—177。

〔35〕参看李永宁、蔡伟堂《敦煌壁画中的〈弥勒经变〉》,《1987年敦煌石窟研究国际讨论会文集·石窟考古编》,沈阳:辽宁美术出版社,1990年,247—272页。

〔36〕秋山光和《唐代敦煌壁画中的山水表现》,《中国石窟·敦煌莫高窟》五,202—203页。

〔37〕 参看施萍婷、贺世哲《敦煌壁画中的法华经变初探》,《中国石窟·敦煌莫高窟》三,177—191页;贺世哲《敦煌壁画中的法华经变》,《敦煌研究文集·敦煌石窟考古篇》,兰州:甘肃民族出版社,2000年,127—217页。

〔38〕 关于维摩变,参看贺世哲《敦煌壁画中的维摩诘经变》,《敦煌研究文集·敦煌石窟考古篇》,8—67页。

〔39〕《中国石窟·敦煌莫高窟》三,图版34。

〔40〕《中国石窟·敦煌莫高窟》三,图版155。

〔41〕 参看李永宁、蔡伟堂《〈降魔变文〉与敦煌壁画中的"劳度叉斗圣变"》,《1983年全国敦煌学术讨论会文集·石窟艺术编》上册,165—233页。

〔42〕《中国石窟·敦煌莫高窟》四,图版104、106、108—109。

〔43〕 参看张广达、荣新江《敦煌瑞像记、瑞像图及其反映的于阗》,《敦煌吐鲁番文献研究论集》第三辑,1986年,69—147页。

〔44〕 参看欧阳琳《敦煌图案简论》,《1983年全国敦煌学术讨论会文集·石窟艺术编》下册,1987年,43—72页。

〔45〕《中国石窟·敦煌莫高窟》二,图版120。

〔46〕《中国石窟·敦煌莫高窟》二,图版59。

〔47〕 李正宇《古本敦煌乡土志八种笺证》,137、152页。

〔48〕 西千佛洞的图录,附载于《中国石窟·安西榆林窟》,北京:文物出版社,1997年。

〔49〕《中国石窟·安西榆林窟》,图版218—220。

〔50〕《中国石窟·安西榆林窟》,图版12—43。

〔51〕《中国石窟·安西榆林窟》,图版57。

〔52〕《中国石窟·安西榆林窟》,图版144—148。

〔53〕《中国石窟·安西榆林窟》,图版158、165。

〔54〕《中国石窟·安西榆林窟》,图版160。参看段文杰《玄奘取经图研究》,《1990年敦煌学国际研讨会文集·石窟艺术编》,沈阳:辽宁美术出版社,1995年,1—19页。

〔55〕《中国石窟·安西榆林窟》,图版137页。

〔56〕 参见孟嗣徽《炽盛光佛变相图像研究》,《敦煌吐鲁番研究》第2卷,北京:北京大学出版社,1997年,101—148页。

第十七讲
敦煌写本学

宋代以后，中国的图书主要是以刻本形式流传的，因此形成一整套有关版本的学问，在确定年代等问题上，颇见功效。宋代以前，书籍主要是以写本的形式流传，但迄今还没有正式的"写本学"著作问世，原因之一，是学者不容易接触如此众多的写本原件，特别是英、法两国所藏种类较为丰富的敦煌写本，应当是确立写本学的主要根据。日本的藤枝晃先生和法国的戴仁教授，是从书籍史角度研究写本最有成就的两位，本讲主要依据他们的研究成果，简要介绍作为书籍的敦煌写本的外部特征[1]。

一　纸张和形制

中国古代的书写材料有甲骨，有金石，春秋战国以来的书籍，往往是用竹简和丝帛来抄写，简重而难以携带，帛贵而难以普及，抄写和阅读书籍，主要是贵族的事。虽然说西汉时期就已经发明了纸，但直到东汉中期，才有蔡伦用廉价的材料来制造纸张，促进了纸的应用。从史籍记载和考古发现来看，纸取代木简的时间大概在魏晋时期，而且时间较长，各地的情形也不会完全一样。

敦煌吐鲁番保存的写经表明，从十六国早期开始，西北地区抄写佛经就使用纸张了。较好的抄写图书的纸是麻纸，唐人又称作小麻纸。麻纸的好坏可以从麻丝的均匀程度看出来，我们可以通过显微镜来观察，一般长安或中原的写经纸麻丝分布十分均匀，而一些麻丝较粗，且分布不均的纸，大概是敦煌本地所产。在敦煌，虽然纸有好坏，但从十六国时期以来没有停止使用。而西域南道在吐蕃占领时期（8世纪末至9世纪中），阻断与中原的往来，因而没有中原纸张的供应，以至于回过头来用起木简了，所以我们不应该用一般的木简使用年代来判定这些吐蕃时期的木简的年代。其实,吐蕃统治时期的敦煌,纸也是缺乏的,所以佛寺往往把废弃的唐朝官文书收集起来,用背面抄经。到了归义军时期,好纸是由官府控制使用的,归义军的军资库司负责纸的管理和支用[2],一般佛寺和民众所用的纸,往往是十分粗糙的纸或者背面已经写了字的纸。

抄写图书或佛经的纸,按传统的中国尺度来说,是1尺乘1.5尺或1尺乘2尺,相当于26厘米×39厘米或26厘米×52厘米。其高度1尺(=26厘米),是木简的高度,所以说纸作为书写材料取代了木简,但它的规格还是从木简书写形式来的,纸上画的竖线,实际就是把纸区分成一支支的简。这种从木简高度而来的尺在唐朝被称作"小尺",所以用小尺所限定高度的纸张就被称作是"小麻纸"了。唐朝官府文书的用纸规格与书籍不同,是按照唐朝官尺的1尺乘1尺或1尺乘1.5尺,相当于30厘米×45厘米,这个高度要比书籍的高度略高一些,所以造成一些佛寺在用唐朝官文书抄写佛经或装裱与经卷宽度大体相同的经帙时,往往把官文书纸的天头地脚裁掉一些,以致损失掉一些文字[3]。与此同时,我们在考察写本的年代时,也不能用写经纸的规格,来判定官文书的年代。

比较讲究的书在抄写之前,要先把纸放到黄檗浸泡的水中染潢,这样可以防止虫蛀。我们看到的六朝隋唐时期的精抄本,纸张都呈黄色,就是上潢的结果。英国图书馆最近出版了一本用科学手段研究敦煌写经纸上的黄檗的专著[4]。

被用来抄写图书的标准纸的上下要画横线,中间相距18—19厘米,然后再分割成宽1.5—1.8厘米的竖线,使每行抄17个字,因为每张纸的宽度不同,所以一纸上所写的行数有20至31行不等,最普遍的是一纸28行。最标准的写经是一纸28行,一行17字,这样人们可以很容易计算出一部经大体上的字数和用纸多少。

抄写经书时,正文的前面要写题目、撰者或译者,这个题目称作"首题"或"内题",一般用全称,如"金光明最胜王经卷第一",有时还有品名;而卷尾的题目,称"尾题",则往往用简称,如"金光明经"。卷子本的书籍要经常展开,所以卷首最容易脱落而残缺,而卷在里面的尾题保存较多。因此,我们今天常见到的是简称的尾题,所以在正式编目和指称敦煌写卷的名称时,要根据尾题复原首题,使用全称。

一部书或佛经是一张纸一张纸顺序抄写的,等全书抄完后,再把纸张按顺序粘贴起来,以一卷为单位,形成一个卷子(图17-1),所以古书即使到

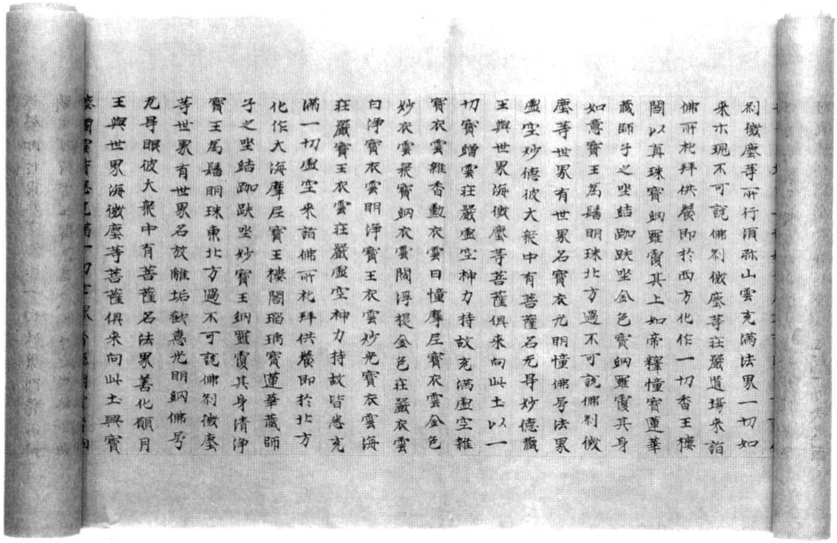

图 17-1 标准的写经卷子

了版刻时代,还是分作一卷一卷的。应当注意的是纸叶的颠倒错乱问题,造成这种情况的原因,一是抄好以后就粘错了,一是后来纸叶脱胶散落,图书馆修复人员在复原时粘错了。例如 P.3726 + P.4660 + P.4986《邈真赞集》,现在的顺序和每一单篇赞文的年代顺序正好相反,可以推测是抄者当时按年代先后抄,基本上是一叶一篇赞文,层层累积为一叠,然后就一张张粘起来了,形成了现在这种样子。我们一旦明白了这一点,就可以把这些纸叶的顺序倒过来,而中间那些没有明确纪年的赞文,也可以根据前后赞文的年代来大体上系年了[5]。

卷尾如果有空,常常写题记,最标准的写经,是一定要写题记的,即使没有纸也要加纸写完。题记一般包括年代、抄写者和供养人的姓名、发愿文,但大多数题记比较简单,甚至只有一个人名。敦煌写经中,有一组咸亨二年(671)至仪凤二年(677)唐朝长安宫廷所写的《金刚般若波罗蜜经》和《妙法莲华经》(图17-2),其尾题包括年代、抄写者、用纸数、装潢手、初校、再校、三校和四位详阅以及监督者的署名,格式极其谨严,是最标准的唐人写经题记[6]。池田温《中国古代写本识语集录》一书[7],专门收录写本题记,收罗宏富,而且每条题记都有详细的参考文献索引,便于对比研究。

有的佛经首尾,有寺院或个人藏经的印记。主要有:1)"三界寺藏经",长方形,阳文,楷书,墨印;2)"净土寺藏经",长方形,阳文,楷书,墨印;

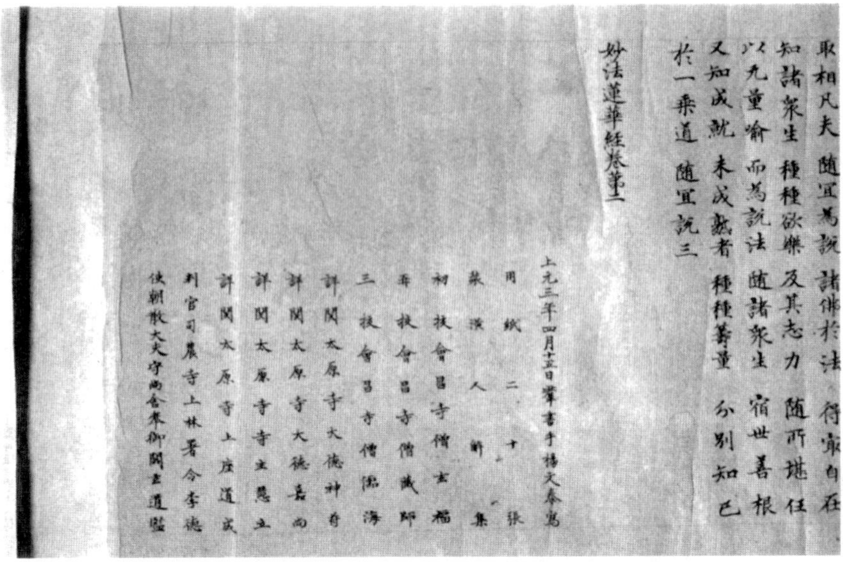

图17-2　上元三年(676)唐朝长安宫廷写《妙法莲华经》

3)"报恩寺藏经印",长方形,阳文,篆书,红印。其他还有几个寺院藏经印,但不敢肯定是敦煌寺院所有。还有一枚"瓜沙州大王印",有的人读作"瓜沙州大王印",使用年代和所有者目前尚无定论。

尾题或题记后的纸叶边缘,有时加木制或竹制的轴,用来卷经卷。在纸的开头一端,有时也装一个木条,木条上加一丝带,以便捆扎卷子。在纸卷开头的背面,有时写书题,称作"外题",其下面有时还写所属寺院和个人的名字,如"界"指三界寺。应当特别注意的是,在斯坦因所获敦煌卷子上,往往外题的地方是由斯坦因的中文秘书蒋孝琬据正面内容给予的题目,有时也写在卷子背面的某些地方[8]。辨认的方法是这些题名或注记的上方,几乎都有传统数码标记,因为这些数码往往用红钢笔水所写,过去我们在缩微胶片和分辨率不高的照片上难以看出,所以要格外小心,切莫把这些文字看成是古人留下的而信以为真。比如《英藏敦煌文献》所拟S.328的名字"列国传",就是蒋孝琬所拟,似不如用今天人们所习用的"伍子胥变文"[9]。

以一卷为单位卷起来的卷子,一般直径在一寸左右。有的经只有一卷,而且文字较少,则直径要小得多。把平均十卷或十二卷用包裹皮包起来,就成为一帙。这种包裹皮就叫"帙""帙子""经帙",也叫"经巾",它们有的是用丝绸制作的,十分讲究,有的是用竹制的,也有的是用普通的麻布或皮纸制作的。帙的里面系住一根带子,可以把卷子捆扎起来。帙的一头

图 17-3 经折装写本

有时是尖状的,系出一根带子来把包裹好的经卷捆起来。帙的外面一般是用丝锦装饰,上面写经名帙号,如我们在第四讲中提到过斯坦因所获四十卷本《摩诃般若经》第二帙,上面就写着"摩诃般若 海"。又如敦煌研究院藏麻布经帙上,有"宝女所问经等帙 殷"和"正法念处经第三帙 美"的注记。这些是晚期敦煌藏经所用的帙,因为它们都能对应于《开元录·入藏录》所记录的经名和千字文编号。敦煌在归义军时期才开始用《千字文》帙号,以前则有不同的安排藏经顺序的方法[10],目前敦煌发现的经帙上的注记文字还不能全部解明,原因之一是斯坦因、伯希和在盗宝时把佛经和经帙分离,从而打散了原来的藏经顺序。

除了上面所述标准的写经外,敦煌写本中还有不少其他类型的写经。

有一种细字写经,每行用小字可写34字,为标准写经的两倍,这样可以节省纸张。还有经折装写本(图17-3),即把卷子每4至6行折叠一下,形成一侧像手风琴一样,可以自由打开任何一处,这是受印度或吐蕃所使用贝叶形书籍的影响而在8世纪末叶出现的[11]。到9世纪前半叶,又出现了新式的册子本(图17-4),一般是5至7张纸一折叠,再把一叠叠纸的折叠一边缝合,就成为册子本了,很像今天的线装书。这种册子本比较小,便于携带,和细字写经及经折装写本一样,大概都是为个人所用的文本。比如我们现在见到的《六祖坛经》,主要都是册子本,表明它们最初是由个人收藏使用的,而不是寺院图书馆的正式藏书[12]。

图17-4 册子本

吐蕃统治敦煌时期,也流行贝叶形的梵夹装写本(图17-5),纸叶为长条形,藏文是沿长边横着写,汉文则是沿长边竖着写。一般的贝叶在长条状纸叶左右中间部位,有两个圆孔,以便系绳,汉文写本有时只钻一个孔,或者仅仅划出圆孔,而不透空。

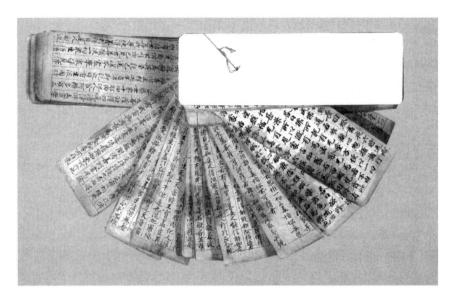

图 17-5 梵夹装写本

此外,还有素经(写在绢上的经)、佛塔形写经、扇面写经等。

二 字体和年代

敦煌卷子跨越了从公元 5 世纪初到 11 世纪初的六百年的范围,吐鲁番出土写经的年代还要更早一些,其间的书法并非一成不变,我们从书法的变化中,可以大体上判断一个写本的年代。

公元 5 世纪,正是中国书法从隶书变为楷书的时代,经过一个长期的过渡阶段,到了隋代,可以说已经变成正楷了。唐朝前期正规的写经都是正楷,到了吐蕃统治时期,书法开始不够整洁,以后的归义军时期,书法水平普遍较差。藤枝晃曾选取斯坦因收集品中近三十件写本,从 406 年到 986 年,按近乎均匀的年代间隔来排列,依原件大小,影印在日本的书法刊物《墨美》第 97 号上[13],以见各个时代书体的演变。后来,他又把英藏敦煌写本中属于 5、6 世纪的纪年写本,影印刊布在《墨美》第 119 号上[14]。这为我们根据书法来判定敦煌其他没有年代的写本时代,提供了一个工具手册,可以随时比照。

由隶变楷的原因,藤枝晃认为是由于毛笔的不同造成的,即隶书是用书写汉代木简的鹿毛制的木笔所写,而楷书的发达是由于使用了从南方发展起来的用兔毛制成的竹笔,隋朝统一中国以后,这种南方的书法流派占据了主导地位。吐蕃统治敦煌以后,当地人无法从中原获得毛笔,除了使用比较粗糙的毛笔外,还使用吐蕃人书写藏文时用的木笔[15]。

从书法来判断写本的年代是有风险的,因为书法因人而异,不可一概而论;同时,书法作为一种艺术作品,模仿性很强,唐朝人照样可以写出很好的隶书,甚至篆书,我们应当把握的是社会风尚和有影响的书体。

早期的书法资料较少,难以究其详情。到了北魏延昌初年(6世纪20年代早期),敦煌地

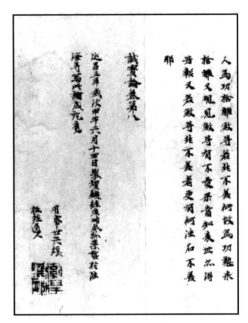

图 17-6　P.2179 令狐崇哲写经

区有一个由令狐崇哲主持的官方写经机构,他们抄写了一批佛典,都写有题记,并在卷尾加盖黑色"敦煌镇印"(图17-6)。这批写经书法相似,代表了敦煌写经的一个时代的特征。

前面已经提到过,公元6世纪30年代,东阳王元荣供养了一大批写经,部分在敦煌藏经洞中保存下来。这批写经的书法,要比令狐崇哲写经更加流畅,因此推测是东阳王从中原带来的书手所写的。

隋朝统治中国,带来了书体的"南朝化"。到了唐朝初年,在大书法家虞世南、褚遂良、欧阳询等人的影响下,书法渐渐趋于标准的唐朝经生体。

上述咸亨二年(671)至仪凤二年(677)唐朝长安宫廷所写的《金刚般若波罗蜜经》和《妙法莲华经》,最后署名的监督人有两位,前段时间是虞昶,即虞世南的儿子;后段时间是阎玄道,因为唐初画家阎立德子名玄邃,因此推测这里的阎玄道,很可能是阎立德、阎立本兄弟的子、侄辈中人[16]。显然,这些唐朝的宫廷写经,直接受到当时最好的书法家的书体影响,代表着当时书法的较高水平。

武则天曾经在载初元年(689)造"照""载""初""年""月""日""星""正""天""地""君""臣"十二个新字,以后又陆续发明出"授""证""圣"

"国""人"等五字,总共十七个武周新字,一般行用到武则天统治结束的神龙元年(705)。这些字在写本中出现,特别是在官府文书中出现,可以作为判定其写于武周时代的标志。但是,这些新字在朝廷正式废弃之后有时候仍然继续使用,因为抄书手有时只是照抄旧本,而不去做相应的改动,所以也就把武周新字一起抄上了。在这种情况下,往往只是出现个别的新字,而不是全部,特别是常用的"年""月""日"等字,往往在后来的写经上不再使用了[17]。其实不仅仅是武周新字有被后代抄书手照抄下来的情况,就连一些写经后面的题记,也有被原封不动地抄下来的,所以我们也不能仅凭题记的年代,来定抄本的年代。

吐蕃和归义军时期都曾有过官府组织抄经的活动,但并没有见到形成一种统一的书体。

三 写本的正背面关系

除了写本形制、书法字体等方面的问题外,还应当注意的问题是写本正背面的关系。

正式的书籍和写经,不论儒家经典、佛教和道教文献,背面都是不写其他文字的。但是,有的典籍在唐朝是珍贵的,到了吐蕃和归义军时期可能就不受重视,于是有人在背面涂鸦,也是在所难免。更多的情况是,寺院把公私文书收集起来,用反面抄写佛经。

唐朝的文书档案,一般保存九年,存在州县的籍库当中。当这些官文书废弃以后,由于这些纸的质地较佳,所以往往会被再次利用,最普遍的用途,一是用来抄书,特别是寺院中用来抄经;一是用来裱糊东西,如吐鲁番文书中所见裱糊的鞋样、帽子,甚至棺材,或敦煌藏经洞所见裱糊的经帙,因为经帙经常翻阅而易破,所以寺僧用官文书的硬纸来加固。

敦煌地区在吐蕃占领以后,切断了与中原的联系,纸张供应紧张,所以在此后一段时间里,大量唐朝的官文书被用来抄经。如 P.3559《唐天宝十载(751)敦煌郡敦煌县差科簿》的背面,就抄写了一组禅宗文献(图 17-7);S.514《唐大历四年(769)沙州敦煌县悬泉乡宜禾里手实》的背面,抄的是《众经要攒》(图 17-8)。唐朝的官文书对于历史研究意义重大,备受关注。但有时候我们得到的文书已经是残片,看似相同的字体,应当属于同一件文书,但不能明了它们之间的联系。此时背面的内容有时会帮我们大忙。如 1983 年土肥义和发表了在伦敦未刊敦煌残片中找到的两件可以缀合的

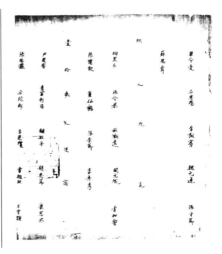

图17-7 P.3559《唐天宝十载差科簿》(正),禅宗文献(背)

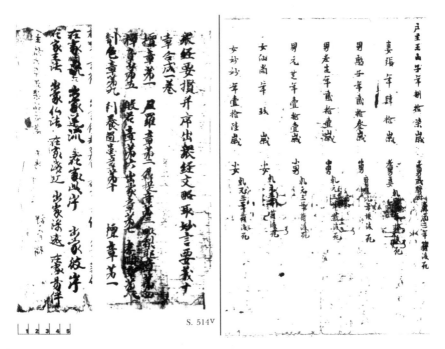

图17-8 S.514《唐大历四年手实》(正),《众经要攒》(背)

天宝年间敦煌县受田簿(S.8387＋S.9487),与此同时,丘古耶夫斯基发表了同样类型的三个残片,少者只有两行文字,多者六行。池田温发现它们的背面抄写的,都是吐蕃统治时期的著名学僧昙旷的《大乘起信论略述》卷下,于是可以按照《大乘起信论略述》的全文,把这四个残片的背面相对位置考订出来,甚至可以根据佛经一行的字数,推断出正面《田簿》各片间的距离,其中 S.8387＋S.9487 和 Dx.3160 两片之间,只有一行之差[18]。

一些胡语文献,解读本身就十分困难,要把残片加以缀合,更非易事。日本学者利用对汉文文献的熟悉,成功地利用正面所抄的汉文佛经,来比定背面所抄的于阗文或粟特文文献,大大推进了这两类文献的研究[19]。

类似的例子还有,相信今后在研究中会有更多的发现。

应当特别指出的是,目前各个敦煌收藏单位所定的正面(Vecto)、背面(Verso),是图书馆员随意而定的,比如在英国图书馆,往往把卷在里面的一面当作正面,或把文字多的一面当作正面,如上举 S.514,就是把《众经要攒》当作正面,而把《唐大历四年(769)沙州敦煌县悬泉乡宜禾里手实》当作背面,事实上,唐朝的手实这种官文书,绝对不会用佛经的背面书写。所以,真正的正、背面与英图所定恰恰相反。由此可见,我们在确定写本的正、背面时,应当首先根据内容来确定。

敦煌文书种类繁多,形式也多种多样,不论形制还是文字,都还有一些方面我们这里没有论述,如不同地区写本的判别、标点符号、朱笔改写或印记、原卷与复制的不同等等,随着敦煌写本学的不断完善,我们可以不断增补。事实上,对于写本外观的判断,要通过观察原卷或最佳的影本,反复对比,积累经验,才能在遇到新的写卷时,给出一个基本正确的判断。

注　释

[1] 特别是藤枝晃"The Tunhuang Manuscripts: A General Description I",《人文》(*Zinbun*) No.9,1966 年,1—32 页;II,《人文》No.10,1970 年,17—39 页;徐庆全、李树清汉译,荣新江校《敦煌写本概述》,《敦煌研究》1996 年 2 期,96—119 页。范围更为广阔的讨论,见藤枝晃《文字の文化史》,东京:岩波书店,1971 年;1991 年重版(列为《同时代图书馆丛书》第 83 种);翟德芳、孙晓林汉译本题《汉字的文化史》,北京:知识出版社,1991 年。

[2] 卢向前《关于归义军时期一份布纸破用历的研究》,《敦煌吐鲁番文献研究论集》第三辑,北京:北京大学出版社,1987 年。

[3] 参看荣新江《英国图书馆藏敦煌汉文非佛教文献残卷概述》,饶宗颐编《敦煌文

薮》下,台北:新文丰出版公司,1999年,124页。

[4] P. J. Gibbs and K. R. Seddon, *Berberine and Huangbo: Ancient Colorants and Dyes*,伦敦,1998年。

[5] 参看荣新江《敦煌邈真赞年代考》,饶宗颐编《敦煌邈真赞校录并研究》,台北:新文丰出版公司,1994年,354—360页。

[6] 藤枝晃《敦煌出土の长安宫廷写经》,《塚本博士颂寿记念佛教史学论集》,京都,1961年,647—667页。

[7] 东京大学东洋文化研究所,1990年。

[8] 参看方广锠《斯坦因敦煌特藏所附数码著录考》,《1990年敦煌学国际研讨会文集·石窟史地、语文编》,沈阳:辽宁美术出版社,1995年,526—534页。

[9] 荣新江《〈英藏敦煌文献〉定名商补》,《文史》2000年第3辑,116—117页。

[10] 参看方广锠《8—10世纪佛教大藏经史》,北京:中国社会科学出版社,1991年。

[11] 戴仁《敦煌的经折装写本》,《法国学者敦煌学论文选粹》,北京:中华书局,1993年,577—589页。

[12] 邓文宽、荣新江《敦博本禅籍录校》前言,南京:江苏古籍出版社,1998年。

[13] 藤枝晃《敦煌写经の字すがた》,《墨美》第97号,1960年,1—40页。

[14] 藤枝晃《北朝写经の字すがた》,《墨美》第119号,1962年,1—36页。

[15] 藤枝晃《敦煌遗书之分期》,中国敦煌吐鲁番学会编《敦煌吐鲁番学研究论文集》,上海:汉语大词典出版社,1990年,12—15页。

[16] 由于唐初政治斗争成败的影响,阎立德之子阎庄就没有在史籍中留名,赖新出墓志方知其事迹。见臧振《西安新出阎立德之子阎庄墓志铭》,《唐研究》第2卷,北京:北京大学出版社,1996年,455—462页。

[17] 参看王三庆《敦煌写卷中武后新字之调查研究》,《汉学研究》第4卷第2期,1986年,437—464页。

[18] 池田温《唐代敦煌均田制考察之一——以天宝后期敦煌县田簿为中心》,《东洋学报》第66卷,1985年,1—30页;孙继民汉译文,载《唐研究论文选集》,北京:中国社会科学出版社,1999年,312—335页。

[19] 熊本裕(H. Kumamoto)《Thyai Pada-tsa关连于阗语二断片》(Two Khotanese Fragments concerning Thyai Pada-tsa),《东京大学语言学论丛》(*Tokyo University Linguistics Papers*)第11卷,1991年,101—120页;吉田丰(Y. Yoshida)《龙谷—柏林藏吐鲁番伊朗语写本缀合项目的初步成果》(First Fruits of Ryukoku-Berlin Joint Project on the Turfan Iranian Manuscripts),《亚洲学刊》(*Acta Asiatica*)第78卷,2000年,71—85页。

第十八讲
敦煌写本的真伪辨别

1900年莫高窟第17窟（藏经洞）发现的公元5—11世纪初所写的文献，没有及时完整地得到保护。看管洞窟的王道士开始是少量地送人。1907年，英国人斯坦因攫取到一大批。1908年，法国人伯希和又取其精华。1910年，清朝学部收取劫余之物不够干净，使得1911—1912年的大谷探险队、1914年的斯坦因、1915年的俄国奥登堡等人，又都多少不等地获得了一批批敦煌写本。而民间流散在甘肃乃至全国和海外公私收藏者手中的也不在少数。

除了英、法、中、俄四国国家图书馆或科学院中的藏品外，许多流散在外的敦煌写本，逐渐成为北京、天津、上海等政治、经济、文化中心的收藏家的玩物，或者进入古物市场，成为商品。一些古物商人为了牟取暴利，仿造敦煌卷子，并且在市场上或私下里交易。这些伪卷有的造伪水平极高，几经周转，有的落入私家，与真卷混在一起；有的进入博物馆或图书馆，成为国家珍藏的"宝物"。随着近年来一些来历不明的敦煌写本小收集品的发表，辨别其中的伪本成为敦煌研究的一项越来越重要的课题，也是敦煌学界面临的新的挑战。

一 关于伪本的最新说法

过去，我们知道英、法、俄国所藏，以及北京图书馆1910年入藏品和大谷探险队所得敦煌写本，都是真真切切的敦煌文献，虽然在英、法、俄所藏写本中有同一探险队把其他地方出土的文书混入的情况，也有这些敦煌写本入藏英、法、俄的博物馆或图书馆以后混入了其他探险队在中国新疆、甘肃等地所获古代写本或印本的情况，如莫高窟北区、吐鲁番、和田、黑城文献，但从来没有听说其中混入了今人伪造的写本。

然而，英国《泰晤士报》(The Times)1997年6月23日发表《英国图书馆发现数百件敦煌赝品》一文(图18-1)，介绍了英国图书馆国际敦煌学研究项目负责人魏泓(Susan Whitfield)博士转述的日本著名敦煌学家藤枝晃教授的观点，即早在1911年，中国北京的官员李盛铎就开始制造伪敦煌写本，在1937年李盛铎死后，他的八个儿子继续这种作伪的活动直到50年代。这种伪卷很早就流入敦煌，1911年以后来敦煌的大谷探险队、斯坦因、奥登堡都曾买到这些伪卷[1]。

伦敦的英国图书馆一向以收藏全世界最精美、最可靠的敦煌写本而自

图18-1 1997年6月23日英国《泰晤士报》

豪，现在竟然被指出斯坦因第三次中亚探险所获五百多卷敦煌写本中有许多是伪卷。为此，英图中文部在1997年6月30日至7月1日召开"20世纪初叶的敦煌写本伪卷"研讨会，邀请世界上主要敦煌吐鲁番写本收藏机构的代表和敦煌学界的专家学者，共同研究这一问题。会上，日本学者石塚晴通教授明确表示了藤枝晃教授和他自己的看法："斯坦因第二次探险队和伯希和探险队之后各国探险队所买的写本一多半(约80%)是假的!"并对比一些写本字体的演变和书写材料如纸笔的变化，确指斯坦因第三次探险所获卷子S.6383、S.6688、S.6830、S.6957、S.6577、S.6568、S.6536、S.6580、S.6476等为伪卷，其理由是纸张不同，字体差异和铅笔划栏等。英国图书馆把相关的写卷从库房拿到会场，便于更多的专家仔细观察，一些与会者表

示很难认同石塚氏的看法,如英国的韦陀、法国的戴仁、俄国的孟列夫和我本人,基本上都不同意20世纪初叶敦煌就有伪本买卖的说法,并讨论了20年代以后出现的一些真正的伪本[2]。我在会上发表《李盛铎藏敦煌写卷的真与伪》,还特别指出李氏本人并没有作伪,作伪者是李氏的外甥陈益安[3]。

《泰晤士报》的有关报道由莫武译成中文,发表在《中国书法》1998年第5期。史树青先生对此发表短文《大英图书馆藏敦煌写经无伪品》,指出所谓李盛铎组织人伪造敦煌写经的说法没有根据。他以亲身调查的结果,揭示出天津冒称李盛铎而作伪的人叫陈逸安[4]。这和上引拙文从其他人的记录中所得知的作伪者名字基本相同,只有一个字是音同字异,应当是同一个人无疑。藤枝晃先生在探索敦煌写本真卷的基本特征的同时,对来历不明的敦煌写本抱有极高的警惕心理。1961年,当京都国立博物馆馆长、原京都大学同事塚本善隆先生邀请他参加整理该馆所藏守屋孝藏氏收集的敦煌写经时,藤枝先生因为感到写本有伪而拒不参加。时过境迁以后,1986年他在《京都国立博物馆学丛》上发表了《关于"德化李氏凡将阁珍藏"印》,指出他对这批藏品怀疑的主要根据是上面所钤的李盛铎藏书印[5]。他的这一看法由京都国立博物馆扩大到所有日本的小收藏品;由"德化李氏凡将阁珍藏"扩大到所有盖着李盛铎藏书印的写本。日本的报刊对此加以报道,如《每日新闻》1986年1月22日所载一文,即称日本所藏敦煌写本的98%是伪物!1988年8月,藤枝先生应邀参加在北京召开的敦煌吐鲁番学术讨论会,在参观北京图书馆展出的敦煌卷子时,他当面告诉笔者中国所藏的小收集品和日本一样,大多数是假的。近年来,他对龙谷大学图书馆所藏大谷探险队所获敦煌写经卷子也产生疑虑,由此认为伦敦所藏斯坦因第三次探险所获敦煌卷子可能也有伪物。藤枝先生还以八十六岁高龄,亲自参加英图的"20世纪初叶的敦煌写本伪卷"学术研讨会,并发表《敦煌真本特征图示引言》,会后还在伦敦大学亚非学院作了讲演。我有幸与藤枝先生同场发言,同台讲演,为他对敦煌写本学的执着追求而深深感动。

但是,敦煌写本的真伪问题,牵涉到我们对于一大批写本是否在研究中加以利用的问题,我们也需要弄清楚已有的研究成果是否建立在这样的伪本基础上,如果是的话,那么这样的研究成果就将大打折扣。与此同时,如果这些写本是真的敦煌写本的话,把它们误当作伪本而剔除于研究范围,又会极大地伤害敦煌学的正常研究,阻碍敦煌学的发展。因此,敦煌真伪写本问题不得不予争辩。

二　敦煌写本的真伪辨别

所谓伪本,是指今人用各种方法、程度不同地仿制的敦煌写本。自 1985 年以来,我有机会先后走访过英、法、俄、日、美、德、中国香港、中国台湾、中国大陆许多公私收藏敦煌写卷的单位和机构,也一直在关注写本的真伪问题。以下根据我的经验,特别以我深入调查过的有关李盛铎所藏真伪写卷的问题为例,来谈谈敦煌写本的真伪辨别问题。

要判断一件写本的真伪,应当注意的问题很多,以下几点尤为重要。

1. 要明了清末民国的历史和相关人物的事迹

按照指称大谷探险队收集品、斯坦因第三次探险所获和奥登堡敦煌所得有赝品者的说法,当 1910 年清朝政府把斯坦因、伯希和劫余的敦煌写经运回北京后,商人们就知道敦煌写本的样子,故此仿造,然后在敦煌卖给了大谷探险队、斯坦因和奥登堡。

这种说法纯属想象。因为,第一,如果是敦煌当地人仿造的话,根据当时民间流散的敦煌真卷的情况,敦煌人并不难得到真卷,何必作伪？第二,从斯坦因等人的记录来看,当时敦煌的文化水平很低,我们很难想象当地人能够伪造出像斯坦因第三次探险所获得的那样精美的写经,我们也很难想象他们具备了仿造法成讲经记录本的文化水平。第三,假如说是兰州、北京等地的商人造了伪卷而拿到敦煌去卖的话,我们很难相信这种长途贩运的买卖是否做得成,或者说是否值得做。因为如果我们熟悉清末民初河西的社会状况,如果我们仔细读一读记录斯坦因敦煌之行的《沙埋契丹废址记》,读一读华尔纳记录 1924 年敦煌之行的《在中国漫长的古道上》,读一读常书鸿记录 40 年代去敦煌的《铁马响叮当》,我们不难体会民国初年跋涉在河西道路上的艰难,而且要提防土匪和饥民的打劫。

从另一个角度讲,如果说 20 世纪 10 年代敦煌确实有伪卷存在,并且骗过了没有什么考古学知识,又在此前没有见过敦煌写卷的大谷探险队成员橘瑞超和吉川小一郎的话,我想是骗不过斯坦因的。斯坦因曾经在第一次中亚探险中,识破和田制造假古董的团伙的阴谋,而他在第二次中亚探险中,获得了数以万计的敦煌真本,他既有防伪的机警,又有破伪的对比资料,不太可能受此欺骗,而把假古董千里迢迢地运回伦敦。

《泰晤士报》的记者当然不知道多少李盛铎其人其事,就是藤枝晃先生,从他的文章中看出,也主要是依据人名词典来解说李盛铎的生平。事实上,李盛铎并非简单的人物。据我收集的资料,李盛铎(1858—1937),字椒微,号木斋,江西德化人。1889年中殿试一甲第二名(榜眼),赐进士及第,授翰林院编修,后任国史馆协修。曾任江南道监察御史、京师大学堂总办。1898年,署理使日钦差大臣。回国后历任内阁侍读学士、顺天府府丞、署理太常寺卿、考察宪政大臣。1905—1906年,任驻比利时钦差大臣,获英国剑桥、牛津两大学名誉博士学位。1909年回国。1911年2月任山西提法使;11月晋布政使;12月署理巡抚。后被袁世凯聘为总统府政治顾问,历任约法会议议员、参政院参政、农商总长兼全国水利局总裁、参议院议长等。1920年以后退隐不问政事。李家累世藏书,多有秘籍。李盛铎出使日本时,得日本目录学家岛田翰之助,购得许多日本、朝鲜古本。编有《木犀轩书目》《木犀轩宋本书目》《木犀轩收藏旧本书目》《德化李氏行笈书目》,其藏书题记由后人编成《木犀轩藏书题记及书录》[6]。

熟悉清末民初历史掌故的人都知道,1910年,当甘肃解送入京之敦煌写卷抵达北京后不久,李盛铎因为与押运敦煌写经的甘督何彦升子鬯威(震彝)有亲戚关系,遂伙同刘廷琛等人,攫取到一批敦煌写卷。由于李盛铎精通版本目录之学,故所得多为佛经以外之四部典籍、景教文献及公私文书,数量质量均堪称私藏敦煌写卷第一家。李氏曾自编过所藏敦煌写本目录,即《李木斋氏鉴藏敦煌写本目录》,共著录432号,从中可见他选择之精[7]。因此,我们应当承认,李盛铎藏有直接来自藏经洞的真本写卷,而且他所得到的是一批精华。

但是,指称李盛铎伪造敦煌写经的人,却对李盛铎藏有从甘肃运回的真实敦煌写卷避而不谈。他们所指为李氏伪造的卷子,多是根据其上所钤李盛铎的藏书印。其实这是不明了李盛铎整个藏书及其印鉴情况所致。李盛铎晚年因涉官司,藏卷始由子女分次售出。1935年12月15日及21日《中央时事周报》,刊有《德化李氏出售敦煌写本目录》。此目底本即《李木斋氏鉴藏敦煌写本目录》,共著录敦煌写本432号,李氏所藏精品都在其中。据报称,这批写本以八万元日金售诸日本。在京都大学羽田亨纪念馆中,有一些羽田氏留下来的敦煌写卷照片(图18-2),我们把其上所钤李盛铎的印鉴与北京大学图书馆善本部所藏李氏旧藏宋元善本书上的同一印鉴做了对比,再与上述目录勘同,可以判断出是摄自这批写本,表明这批写本售到日本时,羽田亨曾加以研究[8]。这批材料现仍密藏在一个日本私家,迄今没有公布[9]。

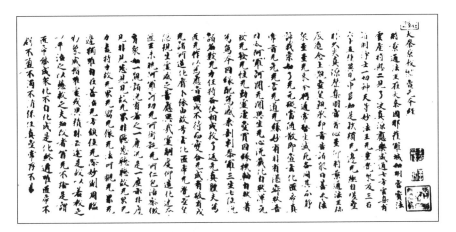

图 18-2　京都大学羽田亨纪念馆藏李盛铎旧藏卷照片

至于李盛铎的善本书,在 1937 年他去世后,最终售诸北大图书馆。可惜的是北大在李盛铎死后收购其藏书时,没有把其印章一同购买。恽如莘《书林掌故续编》记载:"传闻李盛铎的印记都流落在北平旧书店中,店主凡遇旧本,便钤上他的印记,以增高价。"[10]李家的善本书有名,可以增值。李家的敦煌卷子更有名,因此,也就有了大量印有李盛铎印的敦煌卷子出现。李盛铎印鉴的流失,为这种造假提供了更好的条件,造假者可以用真印印在伪卷上,也可以模造一个假印印在价值本不高的真卷上,以李家真卷的名义来求得高价。

迄今为止,我们找不到李盛铎本人造伪卷的直接证据,学界风传李盛铎家有造伪卷的作坊,主要依据实际是许多伪卷上钤有李氏藏书印,但这并不能说明这些印鉴是何时印上去的,因为它们很可能是李氏藏书印散出以后被他人印上去的,也有的根本就不是真正的李氏藏书印。

2. 要弄清藏卷的来历

我们可以以小岛文书为例来说明。所谓小岛文书,是指 20 世纪 40 年代日人小岛靖得到的《大秦景教大圣通真归法赞》和《大秦景教宣元至本经》两件写本(图 18-3)。其中《大秦景教大圣通真归法赞》有尾题:"沙州大秦寺法徒索元定传写教读,开元八年五月二日。"《大秦景教宣元至本经》的尾题作:"开元五年十月廿六日法徒张驹传写于沙州大秦寺。"如果真是开元年间的景教文献,那么确实价值连城。而这两件写本,经过日本景教研究专家佐伯好郎和东方学家羽田亨整理刊布[11],成为以后景教研究的基本文献。

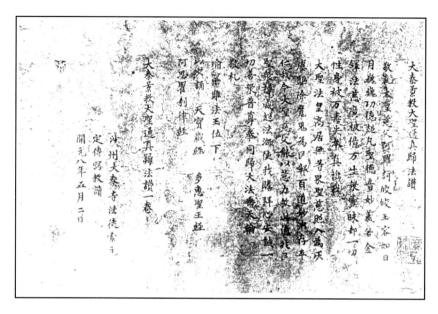

图 18-3　小岛文书之一

然而,有关"小岛文书"的来历,迄今为止,我们所知均本于佐伯好郎的说法:"1943 年 2 月及 11 月,畏友小岛靖君从故李盛铎氏之遗爱品中发现,由李氏的遗产继承人相让得到的",并且说"同年末",小岛氏把这两篇经典的照片"寄赠"给他。为了表示对小岛氏的敬意,佐伯好郎把这两篇经典命名为"小岛文书",以 A、B 相区别。又云"小岛文书 B",即《大秦景教宣元至本经》已幸运地带到日本,而"小岛文书 A",即《大秦景教大圣通真归法赞》的原件,却于 1945 年 9 月从天津撤退混乱之际,与小岛氏其他贵重物品一起被盗,业已去向不明[12]。

可是,我们知道李盛铎卒于 1937 年 2 月 4 日,在此之前已经把家藏敦煌写本售于日本某氏,在此之后不久,全部藏书又售归北京大学图书馆,怎么可能在李氏卒后六年,即 1943 年 2 月,还会有敦煌卷子被"发现",并转让给小岛。

我从写本的来历上,觉得这两件小岛文书十分可疑,于是和研究景教的林悟殊先生一起,进行深入调查,从小岛文书上的印记、所谓李盛铎题记、开元题记和文本内容等多方面综合考察,结果认为小岛文书很可能是某一或某些古董商人在李盛铎去世后伪造出来的,作伪者对于杜撰唐代景教文献、李氏题记等所需的背景知识,远为不足,故我们不难发现其间之漏洞。我们宣布:从严谨的科学态度出发,对于名为小岛文书的《大秦景教大圣通真归法赞》和《大秦景教宣元至本经》这两件写本,我们不能轻信其为出自敦煌藏经洞的唐代景教文献,也不应在有关景教史或敦煌史的研究中无条件地引以为据[13]。这一看法,已经得到许多敦煌学者的肯定。

因此,弄清楚一件散藏敦煌文献的来历,有时是判断其真伪的最好出发点。同时,了解一件藏经洞文物的流传过程,也可以确定其作为真品的价值。比如美国弗利尔美术馆藏于阗公主供养地藏菩萨像,也有人认为是假的。正如本书第三讲所详细叙述的那样,我们可以明了从这件绢画于1904年由敦煌王宗海送给叶昌炽,又在1930年由上海中国书店主人金颂清出售,然后到入藏弗利尔美术馆的全部过程,再加上对绢画的技法、题材、题记内容等方面的综合考虑,我们可以相信这件美术品的真实性。

3. 要弄清文书的格式

我们如果看多了敦煌写本,就会对敦煌写经、敦煌公私文书的格式和书法都有所认识,藤枝晃、戴仁也为我们总结出敦煌写本外观的不少特征,但也还有一些特殊情况值得考虑进去。下面以有邻馆藏长行马文书为例来说明这个问题。

1956年,《墨美》第60号刊出长行马文书专号,收藤枝晃先生长文《长行马》,发表了23件文书的图版,并附有录文和考释。1990年9月16日,由京都大学砺波护先生联系,藤枝晃、池田温、陈国灿先生和我一起参观了有邻馆藏卷。观摩完这些长行马文书后,藤枝晃先生据上面的李盛铎收藏印(德化李氏凡将阁珍藏)和纸张的厚度与一般唐代官文书的不同,对他早年发表的这些文书提出怀疑,而池田温先生从文书内容着眼,认为今人很难作伪。1991年,我转赴伦敦,在英国图书馆整理未刊敦煌残卷,发现S.8877、S.11450、S.11451、S.11458四号经帙上揭出的一批文书,与有邻馆这组长行马文书字体、内容关系密切,有的署名判案者为同一人,显然是同组北庭地区长行马文书无疑。而且,我在1991年7月走访圣彼得堡时,发现东方学研究所所藏Dx.354号中的八件残文书,也是同组文书。英、俄所藏文书的背面纸缝上,都有原文书的编号,与《吐鲁番出土文书》第十册所收《唐天宝十三—十四载交河郡长行坊支贮马料文卷》正同。英藏文书是揭自经帙无疑,这些被古代敦煌僧人用来裱糊经帙的文书,大多按经帙的大小作了切割,一般不宽于28厘米。试看藤枝晃《长行马》一文所给出的有邻馆文书的宽度,均在27—28厘米之间,与英藏的情形全同。唐朝官文书的用纸高度

图 18-4　有邻馆藏长行马文书(真)　　图 18-5　有邻馆藏长行马文书(伪)

一般在 30 厘米,因此,在把官文书糊在经帙上时,文书上下往往会被割掉一行或半行字,这就是我们在有邻馆藏许多文书上所看到的情况。细看有邻馆藏的一些文书正背面,还可以发现一些没有揭干净的残纸片,如第 13 号背有残经块,第 30 号也有没揭清的残片贴在文书上。由此不难判断,有邻馆的这组北庭长行马文书也是揭自一二个敦煌藏经洞散出的经帙。由此可以推测,有邻馆文书是经过水处理后揭下来的,纸张已经变形,不可能与标准的唐代官文书纸张厚度相同,因此,藤枝晃先生提出的纸张厚度不符的理由不能成立,而印鉴也可能是以后人加盖上去的。所以,有邻馆长行马文书的真实性似无疑义。唯有第 41 号一件,字体与众不同,书法不像唐朝官吏书写文书的笔法,格式也很别扭,内容也没有超出其他长行马文书的文字(图 18-4、

图 18-6　书道博物馆藏《药师琉璃光如来本愿功德经》题记

18-5),很可能是后人在唐朝旧文书上加笔写成的,也就是说,纸是真的,文书是假的。

造伪者有时会利用已有的敦煌写本,特别是在普通的写经后面添加题记。但不同时代的题记也有一定的格式,文字也有一些惯用语,造伪者所见不多,因此常常露出马脚。如书道博物馆藏《药师琉璃光如来本愿功德经》题记(图18-6),先写发愿文,最后是"大唐开国武德二年四月八日"[14],格式与一般的题记不同,而且年代中"开国"的写法也无他例,非常可疑。还有上举小岛文书《大秦景教大圣通真归法赞》和《大秦景教宣元至本经》,都有开元年间"沙州大秦寺"的说法,而据《唐会要》卷四九所载诏书,天宝四载(745)九月唐朝才把全国的波斯寺改称作大秦寺。作伪者不懂景教历史,出了硬伤。

总之,敦煌写本的真伪鉴别是十分复杂的问题,写本内容、题记和收藏印是三个应当分别考虑的因素,有的三者全是真的;有的写本是真,而题记、印章是假;有的印章是真,而写本是假;有的三者全是伪造。基于我们对李盛铎藏卷的真伪认识,再来看一些散藏的收集品,我们不否认有些敦煌卷子上有伪印的事实,但这还不能证明卷子本身也是伪造的。有些卷子纪年较早,使人颇感怀疑。但有些世俗文书,是今人很难伪造的。中日收藏写卷者也多从书法角度着眼,所以造伪者多写佛经或四部书。要判别一个写卷的真伪,最好能明了其来历和传承经过,再对纸张、书法、印鉴等外观加以鉴别,而重要的一点是从内容上加以判断,用写卷本身所涉及的历史、典籍等方面的知识来检验它。我们不应轻易否定有价值的写本,也不能把学术研究建立在伪卷基础之上。

注　释

[1] Dalya Alberge, "Hundreds of fakes found in library's Chinese collection", *Times*, Monday June 23,1997.

[2] 参看荣新江《"20世纪初叶的敦煌写本伪卷"学术研讨会简介》,《敦煌研究》1997年第4期,179—182页。

[3] 中文本《李盛铎写卷的真与伪》,载《敦煌学辑刊》1997年第2期,1—18页。英文本将刊会议论文集。

[4] 《中国文物报》1999年1月3日。

[5] 《京都国立博物馆学丛》第7号,1986年,153—173页。

[6] 关于李盛铎生平,参看张玉范《李盛铎及其藏书》,《文献》第3辑;收入《木犀轩藏

书题记及书录》,北京:北京大学出版社,1985 年;郑伟章、李万健《李盛铎与木犀轩》,《中国著名藏书家传略》,北京:书目文献出版社,1986 年;苏精《李盛铎木犀轩》,《近代藏书三十家》,台北:传记文学出版社,1983 年。

〔7〕 稿本现藏北京大学图书馆善本部。《敦煌遗书总目索引》散录四就是王重民先生让人抄录的这个目录,但抄手不够认真,有不少错误和删节。

〔8〕 荣新江《海外敦煌吐鲁番文献知见录》,南昌:江西人民出版社,1996 年,218 页。对于羽田照片的详细考察记录,见池田温《李盛铎旧藏敦煌归义军后期社会经济文书简介》,《吴其昱先生八秩华诞敦煌学专刊》,台北:文津出版社,1999 年,29—56 页。

〔9〕 落合俊典《羽田亨稿〈敦煌秘笈目录〉简介》,《敦煌文献论集——纪念敦煌藏经洞发现一百周年国际学术研讨会论文集》,辽宁人民出版社,2001 年,91—101 页。

〔10〕 转引自苏精《近代藏书三十家》,台北:传记文学出版社,1983 年,28 页。

〔11〕 佐伯好郎《清朝基督教の研究》,东京:春秋社,1949 年,1—24 页;羽田亨《大秦景教大圣通真归法赞及び大秦景教宣元至本经残卷につって》,《东方学》第 1 辑,1951 年,1—11 页;该文已收入《羽田博士史学论文集》下卷,京都,1958 年,292—307 页。

〔12〕 上引佐伯好郎文。

〔13〕 林悟殊、荣新江《所谓李氏旧藏敦煌景教文献二种辨伪》,香港《九州学刊》第 4 卷第 4 期敦煌学专号,1992 年,19—34 页。

〔14〕 池田温《中国古代写本识语集录》,东京大学东洋文化研究所,1990 年,178 页,No. 481,图 207。

后　　论

陈寅恪先生在《敦煌劫余录序》中说:"一时代之学术,必有其新材料与新问题。取用此材料,以研求问题,则为此时代学术之新潮流。""敦煌学者,今日世界学术之新潮流也。"敦煌学之所以一直作为世界学术之新潮流而长盛不衰,原因之一是敦煌文献收藏单位在不断地公布新材料,敦煌学者也在不断地思考新问题。

20世纪90年代以来,敦煌文献四大藏家的最后一家——俄藏敦煌文献开始全面公布,北图也开始发表内容可观的未刊资料,而中国各个小馆藏的资料也陆续公布出来,其中不乏文献精品,如北京大学、天津艺术博物馆、敦煌市博物馆、敦煌研究院、上海图书馆的一些藏卷。这些出版物为21世纪的敦煌学研究提供了许多全新的材料。但敦煌学研究要保持其世界学术新潮流的地位,还需要我们思考新问题,利用新方法,做出新贡献。

敦煌写本的编目、整理、校录、考释和敦煌学的个案研究,仍将在21世纪持续下去,而且相信会做得越来越精细。但从敦煌学的资料来看,还有不少课题值得开拓。这里仅从四个方面,来展望一下新时代的敦煌学。

1. 中古时代的宗教史

敦煌是丝绸之路上的佛教圣地,敦煌藏经洞中出土的写本主体是佛教文献。藤枝晃教授曾经警告敦煌学界,伯希和从汉学角度选取敦煌写本中的世俗文书,把大多数敦煌学者引入到社会经济史和文学方面的研究中去了,而忽视了敦煌写本的主题是佛教。日本学者曾经从宗派的立场出发,对禅宗、净土宗等不同佛教宗派的文献作过细致的研究。在这些文献研究的基础上,进一步考察各个宗派间的关系、佛教宗派与世俗社会的关系、佛教教团与统治集团和下层民众间的关系等等问题,仍然有着广阔的天地。

道教是另一个重要的宗教史研究课题,因为从魏晋南北朝到隋唐,道教得到了迅猛的发展,从被农民起义利用的"三张伪法",变成李唐王朝的"国家宗教",其历史过程值得深入探讨。敦煌文献中因为保留了许多南北朝到唐朝时期的道教佚经,极大地丰富了道教史的内容。在这一领域,欧美和日本学者,贡献尤多。道教是更具中国特色的宗教,也和中国的政治、社会紧密相关,值得从社会史的角度来深入研究。敦煌文献的另一特点,是具有唐代边疆的边缘性和远离政治中心的民间性,道教典籍也不例外,由此还可以考察道教的地方特性和对西域影响的深度问题。

从西亚、中亚传入的祆教、摩尼教,对北朝、隋唐社会产生过程度不同的影响。祆教是古老的波斯发源的宗教,由于粟特人的中介而广泛流传于中国北方。粟特地区持续不断的考古和粟特语文献的陆续解读,使我们可以重新阐释敦煌吐鲁番汉文文献和图像资料中的祆教内涵,并由此扩展到整个中古中国一些现象的理解。吐鲁番出土了大量的中古伊朗语和回鹘语的摩尼教经典,利用这些伊朗语学者解读的材料,与敦煌出土的汉文摩尼教经典相发明,仍是研究摩尼教在中国流行问题的重要课题。

2. 唐朝各个阶层的社会和文化

敦煌莫高窟是今天我们所能见到的最集中而且最丰富的唐朝文化景观,敦煌藏经洞出土文献,也是今天我们能够见到的最为集中和最为丰富的唐朝图书博物馆了。但在唐朝时期,这里不过是边陲城市周围的一所佛教石窟,而藏经洞文献,在我看来,也不过是敦煌十七个寺院之一——三界寺图书馆的藏书。不论绘画还是文献,都无法与同时期的唐朝都城——长安和洛阳相媲美。然而,不论长安还是洛阳,以及唐朝大大小小的州郡,地面的建筑现在都已经荡然无存,而中原和东南文化昌盛之区,由于没有西北干燥的自然保存条件,留存下来的文献往往都是出自社会精英阶层人物之手的著作,它们反映了唐朝的上层社会和精英文化,但这并非唐朝社会和文化的全貌。敦煌的绘画和文献为我们提供了唐朝社会文化的立体图像,这里既有经师们读的《尚书》《礼记》等儒家圣典,也有学仕郎抄写的《论语》《孝经》练习册;既有高僧读的唯识学经书,也有老百姓听讲的变文;既有文人雅士读的《文选》和李白诗歌,也有农夫乡民唱的俚曲小调;既有艺术家创作的壁画雕塑,也有画工照猫画虎的平庸复写。我们从文献和绘画中,可以看到社会各个阶层的物质生活与精神文化的不同景象。这样丰富多彩的立体画面,是在敦煌之外很难集中找到的,为社会史和文化史的研究提供了不可多得的素材。

3. 吐蕃王朝对敦煌的统治与汉藏文化交流

唐朝安史之乱以后,青藏高原的吐蕃王朝乘虚而入,占据了唐朝河西、陇右大片领土。自786年至848年,吐蕃王朝一直占领敦煌,对敦煌的政治、经济、文化产生了巨大的影响。这一阶段留存下来了丰富的藏文和汉文材料,但由于古藏文资料的语言障碍和吐蕃时期十二生肖纪年法在文书系年上造成的困难,使得敦煌学界对于吐蕃统治敦煌时期的研究远远不能与其前的唐朝时期和其后的归义军时期相比。但随着大量古藏文文书渐渐有了汉、日、英、法文的翻译,必将推动这方面的历史研究。而吐蕃统治敦煌时期,也正是吐蕃王朝从唐朝大力汲取文化营养的时期,敦煌文献中保留了大量的汉藏文化交流的史料,涉及唐朝政治制度的影响,汉地禅宗的输入,其他宗教派别的渗透等方面,这些课题都可以由此而得到更为深入的研究。

4. 用本民族的史料研究西北民族史

敦煌不仅出土了大量的汉藏文写本,也有多少不等的于阗文、粟特文、回鹘文、梵文等语言文字所写的文献和文书,莫高窟的壁画上,除了与写本同样的文字外,还有晚期的西夏文和蒙古文。在这些语言文字当中,有些更是属于自11世纪以来就灭绝的"死文字",但它们记录了丝绸之路上各个民族的历史,特别是操各自语言的本民族的历史。敦煌位于东西南北各民族交往的孔道上,沿丝绸之路的各个古代民族,对于东西方文明的传播都有所贡献,这可以从敦煌出土的这些各民族文献材料本身得到印证。同时,由于这些民族传世的文献绝少或是根本没有传世作品,过去我们对于这些民族的认识都是来自其周边较大的政治、文化势力的记载,如汉文中各个封建王朝正史的四夷传,观念上不免有所偏见,取材上也有不少限制。敦煌及周边地区出土的大量各民族语言的材料,包含有大批文书档案,真实地记录了这些民族的历史。但由于这些文书解读上的困难,真正的历史研究恐怕要在本世纪才充分开展起来。

我们乐观地相信,只要把眼界放宽,各个学科之间能够相互沟通,加强国际协作,取长补短,不断总结提高,思考新问题,敦煌学仍然能够在21世纪保持青春活力,继续开拓出学术的新天地。

参考文献

一 主要参考文献解说

姜亮夫《敦煌——伟大的文化宝藏》,上海:上海古典文学出版社,1956年。
  50年代一本全面介绍敦煌及敦煌学对中国学术史的贡献的入门书,内容略显陈旧,但并未完全过时。因为在相当一段时间里影响着敦煌学的入门人,对学术史的研究也有参考价值。

霍普科克著,杨汉章译《丝绸之路上的外国魔鬼》,兰州:甘肃人民出版社,1983年。
  作者是《泰晤士报》记者,利用西方探险者的记录撰写的通俗敦煌、新疆考古历史读物,语言生动,观点平实,情节吸引人,远胜于探险者的本人记录。能读英文原著更佳:Peter Hopkirk, *Foreign Devils on the Silk Road: the Search for the Lost Cities and Treasures of Chinese Central Asia*, Hong Kong 1980。

向达译《斯坦因西域考古记》,上海:中华书局,1936年。有上海书店重印本。
  斯坦因关于他三次中亚探险的讲演稿的中文翻译,是中国读者了解斯坦因及其敦煌盗宝的主要史源。但这并非斯坦因的正式考古报告,记载比较简单。

荣新江《海外敦煌吐鲁番文献知见录》,南昌:江西人民出版社,1996年。
  在多次走访调查的基础上,对欧美、日本所藏敦煌吐鲁番文献资料的考察报告,按收藏单位介绍各国的收集、收藏、整理、研究情况。

藤枝晃著,翟德芳、孙晓林译《汉字的文化史》,北京:知识出版社,1991年。
  关于敦煌写本及其他文字载体的通俗著作,集中了作者多次访问欧洲所见敦煌原卷的心得体会,是作者建立"写本学"的初步成果。

林聪明《敦煌文书学》,台北:新文丰出版公司,1991年。

有关阅读、使用敦煌文书的基本方法的详细介绍,但书中图版经过修饰,不够真实。

王重民等《敦煌遗书总目索引》,北京:商务印书馆,1962 年。施萍婷等《敦煌遗书总目索引新编》,北京:中华书局,2000 年。

截至 60 年代已经公布的北图、英图、法图三大馆藏敦煌写本的目录,是很长时间里人们利用敦煌文献的指南。王重民先生的后记颇多心得体会。《新编》虽然未脱旧目格局,但内容有很大的补充,也订正了许多错误。

季羡林主编《敦煌学大辞典》,上海:上海辞书出版社,1998 年。

涉及敦煌学各个方面的参考工具书,极富参考价值。但研究成果截止到 1994 年底,有些词条撰写年代更早,已经不能代表今天的研究水准。

宁可、郝春文《敦煌的历史与文化》,北京:新华出版社,1993 年。

有关敦煌历史和莫高窟史的通俗读物,取材丰富,文笔流畅,可惜限于体例,没有出注。

姜伯勤《敦煌吐鲁番文书与丝绸之路》,北京:文物出版社,1994 年。

利用敦煌吐鲁番文书研究中古中外关系史的佳作,也可作为利用文书研究历史的范例来看。

姜伯勤《敦煌艺术宗教与礼乐文明》,北京:中国社会科学出版社,1996 年。

作者利用敦煌文献、图画等研究中国艺术、宗教、礼乐文明的论文合集,所涉广泛而且深远,极富参考价值。

姜伯勤《敦煌社会文书导论》,台北:新文丰出版公司,1992 年。

分礼仪、氏族、学校和礼生、选举、良贱、城乡、教团、社等八章,对有关敦煌文书加以分类介绍,兼有作者的研究结晶。

荣新江《归义军史研究——唐宋时代敦煌历史考索》,上海:上海古籍出版社,1996 年。

利用敦煌文书研究归义军史的初步总结,主要集中在政治史和归义军对外关系史方面。

郝春文《唐后期五代宋初敦煌僧尼的社会生活》,北京:中国社会科学出版社,1998 年。

利用敦煌文书研究敦煌僧尼社会生活的各个方面,揭示晚唐五代宋初敦煌僧尼生活中与戒律相违背的情况,以及许多传世文献所不及的生活细节。

马德《敦煌莫高窟史研究》,兰州:甘肃教育出版社,1996 年。

结合敦煌石窟现状和敦煌文书的有关记载,考述敦煌莫高窟的营建历史,并探讨了围绕莫高窟的佛教教团与社会各阶层的关系问题。

王重民《敦煌古籍叙录》,北京:商务印书馆,1958 年;北京:中华书局,1979 年。

有关敦煌经史子集四部书的提要、考证文字汇编,是利用敦煌文献的主要参考书。

荣新江《鸣沙集——敦煌学学术史与方法论的探讨》,台北:新文丰出版公司,1999 年。

有关敦煌学的论文、书评等合集,内容涉及藏经洞文献的性质、敦煌写本真伪、研究方法等问题。

谢和耐等《法国学者敦煌学论文选萃》,北京:中华书局,1993 年。

收集了当代国外研究敦煌学最有代表性的法国学者的一组论文,其中关于敦煌写本学的研究成果尤其值得参考,因为法国学者得地利之便,可以多次仔细地直接观察原卷。

二 一般参考文献

因为敦煌学的范围广泛,读者若对某类问题感兴趣的话,可以根据郑阿财、朱凤玉主编《敦煌学研究论著目录》(台北汉学研究中心,2000 年)查找中日文论著。日文论著,可查李德范、方久忠编《(1886—1992.3)敦煌吐鲁番学论著目录初编(日文部分)》(北京:北京图书馆出版社,1999 年)。1995 年以前出版的专著,可查《敦煌学大辞典》著作类。1995 年以后的新书,可查《敦煌吐鲁番研究》专刊(北京:北京大学出版社)每卷后附的"新书目"。敦煌学的论文,主要刊载于季羡林、饶宗颐、周一良先生主编的《敦煌吐鲁番研究》(北京大学出版社)、武汉大学历史系的《魏晋南北朝隋唐史资料》、敦煌研究院的《敦煌研究》、兰州大学敦煌学研究所的《敦煌学辑刊》等刊物上。

后　　记

　　敦煌学是我多年来的一个研究方向,也在北京大学历史学系开过多次课。撰写一本敦煌学讲义的想法,很早就盘桓于心中,但因冗事繁多而无暇顾及。由于朱庆之教授的鼓励,张文定先生的督促,这半年来陆续着手,整理讲义,编次旧文。这原本看似容易的事,也并不简单。因为敦煌学原本就不是一门有系统的学问,所以,过去我讲敦煌学的课程时,也没有一定之规。除了最基本的内容外,每次总是想换些新的内容,因此,我的讲义是不固定的,有不少临时加进去的内容没有形成文字,而有些思考成熟的问题已经写成文章发表。这次编纂,一方面是把有想法而没有文字的部分写出来,另一方面是把已经发表的文章整合到讲义中去。

　　敦煌学的内容比较庞杂,因为我主要是给历史系的学生上课,所以还是偏重历史和文献方面。十八讲的内容大体上有六个方面,一是敦煌简史(第一、第二讲),二是敦煌藏经洞的发现和文物流散、研究的历史(第三至第八讲),三是敦煌材料的史学研究问题(第九至十一讲),四是各种敦煌文献及其价值的介绍(第十二至十五讲),五是对敦煌石窟各个方面的概说(第十六讲),六是敦煌写本外观和辨伪问题(第十七、第十八讲)。这样大体上囊括了敦煌学的主要内容,而又突出了历史学所关注的主要问题。

　　撰写敦煌学讲义与其他学科的讲义有所不同的是,我不仅要依靠史料,更大程度上是要依靠中外学者的研究成果。因此,本书包含了比较多的注释,这既是不得已而为之,也是敦煌学的研究现状所决定的。我倒是希望借此方法,给想深入一步的学子,多提供一些参考文献的出处,免去他们的翻检之劳。

　　无论如何,撰写敦煌学讲义是一个新的探索,必然有一些错误没有发现,希望读者不吝赐教。

　　本书的编写获得了北大教材基金的资助。余欣、王静、孟宪实、姚崇新、雷闻、朱玉麒诸位同学帮助做了一些文字和校对工作,使本书得以顺利完成,在此表示诚挚的谢意。最后,我还要感谢历年来选修过我的敦煌学课程的同学,教学相长,每次上课,我都会从同学们那里得到启发,乃至教益,这也正是我们这些教书匠工作中的最大乐趣。

2001 年 7 月 18 日

第二版后记

《敦煌学十八讲》是笔者根据多年来在北京大学历史学系授课的讲义和相关研究论文整理而成的一本教材，2001年8月由北京大学出版社首印，受到希望学习敦煌学的学子和一些敦煌学圈外的学人的喜爱，有些学者还撰写了书评，我看到的就有：孟宪实《敦煌学也在中国》，《中国图书商报》2001年9月20日第14版；白化文《全面总结与介绍当代敦煌学最新成就的力作》，《中华读书报》2001年10月17日第12版；余欣《教科书的范式创新之作——读荣新江教授新著〈敦煌学十八讲〉》，《北京大学学报》2002年第4期；李更《学贵知津——〈敦煌学十八讲〉读后》，《中国典籍与文化》2002年第3期；朱玉麒《书评：〈敦煌学十八讲〉》，《书品》2002年第3期；张小贵《读荣新江〈敦煌学十八讲〉》，《敦煌学辑刊》2002年第2期；韦宝宏《新世纪的学术关怀——评荣新江先生的〈敦煌学十八讲〉》。以后这本教材又多次重印，挖改了一些错字，但总体内容没有改动。北京大学出版社曾经建议我加以增订，有些出版社也约我写一本新的敦煌学通论或教材性质的书，我都婉拒，因为虽然这本书已经出版了二十多年，但敦煌学的基本内容都包含在里面，特别是我主要阐述的学术史、历史和文献方面的内容，需要增补的并不多，而敦煌学新拓展的一些方面，如敦煌美术史、敦煌考古、敦煌写本学等，需要专门的教科书，而无法容纳到这本教材当中去。

在北京大学出版社的努力下，这本书得到"中华学术外译项目"的支持，翻译成几种文字出版，我所知道的有高奕睿（Imre Galambos）的英译本：*Eighteen Lectures on Dunhuang*（*Brill's Humanities in China Library* vol. 5），莱顿与波士顿的博睿（Brill）出版社，2013年；古丽努尔·卡利耶娃的哈萨克语译本：*Дұнхуантану туралы он сегіз дәріс*，吉尔吉斯东方文学与艺术出版社，2017年；勃洛特别克·阿米拉库洛夫的吉尔吉斯语译本 *Дунхуа таануу илими. Он сегиз лекция*，吉尔吉斯东方文学与艺术出版社，2017年；

列奥尼德·伊夫列夫的俄语译本 *18 лекций о Дуньхуане*，莫斯科尚斯出版社，2018年。其中尤其以英译本影响最大，不止一位外国同行告诉我，他们在自己的学校讲敦煌学，都使用我这本教材，这让我无比欣慰。

今年，北京大学出版社拟推出本书的"第二版"，虽然说是第二版，但内容上基本没有增补，原因有如上述。但文史哲事业部的吴敏老师帮忙做了一些文字加工，比如年号前增补统治者的名字，删除重复出现的外语或年代括注，外语著作名称排成斜体，有些中文数字改用阿拉伯数字等等，使本书更加方便阅读和符合规范。但因为原书图版的安排颇有讲究，与文字对照，有些跨页的图版是连续性的，所以这一版的版式仍然照旧，只是在一页中文字多少略有调整，排版十分用心周到。可以说，这是一个新的"第二版"，一定会受到读者的喜欢。

在此我要对北京大学出版社特别是文史哲事业部表示感谢，感谢相关领导、编辑为这本教材的编辑、出版、外译、修订、发行所做出的种种努力，特别感谢吴敏老师的细心工作，以及对我这位颇为挑剔的作者的尊重。

2024年9月3日